EUROPAVERLAG

PETER A. HENNING

WIDER DIE ANGST

Medien, Meme, Manipulationen

EUROPAVERLAG

Das Geheimnis des Glücks ist die Freiheit,
und das Geheimnis der Freiheit ist der Mut.
Perikles

Angst ist der Weg zur Dunklen Seite.
Angst führt zu Wut. Wut führt zu Hass.
Hass führt zu Leid.
Yoda

INHALT

INFORMATION OVERLOAD

Die Anfänge des Internets habe ich als junger Wissenschaftler an vorderster Front miterleben können. Allerdings interessierten mich dabei weniger die technischen Aspekte als die Frage, wie es sich auf das Denken und Arbeiten der Menschen auswirken würde. Gestehen muss ich dazu, dass ich diese Frage schon immer für das spannendste Forschungsthema gehalten habe – unabhängig von meinem aktuellen Fachgebiet in den »harten« Wissenschaften Physik oder Informatik. Bei meinen Fachkollegen konnte ich diese Veränderungen in der Arbeits- und Denkweise unmittelbar beobachten. Sie waren geradezu revolutionär und betrafen schon in den 1990er-Jahren die Art, wie sie Informationen suchten, beurteilten und miteinander teilten – und die Prozesse, nach denen sie, nicht nur im Bereich der Wissenschaften, ihre Entscheidungen trafen.

Solche menschlichen Entscheidungsprozesse werden seit ungefähr 70 Jahren erforscht.[1] Fast ebenso lange ist bekannt, dass dabei eine genaue Überlegung und ein rationales Abwägen der Vor- und Nachteile verschiedener Wahlmöglichkeiten nur stattfinden, wenn die Anzahl dieser Wahlmöglichkeiten klein ist.[2] Sobald sie nämlich unsere Fähigkeit zur Informationsaufnahme überschreitet, werden wir als Erstes immer versuchen, diese Anzahl zu verringern.

Ein aufschlussreiches Experiment dazu haben die beiden US-amerikanischen Wissenschaftler Sheena Sethi Iyengar von der Columbia University und Mark Lepper von der Stanford University im Jahr 2000 durchgeführt.[3] In einem Supermarkt präsentierten sie an einem Probierstand ein Sortiment von Marmeladen eines bestimmten Herstellers, verbunden mit der Ausgabe eines Einkaufsgutscheins. An zwei aufeinanderfolgenden Samstagen wechselten sie nun stündlich zwischen einem Sortiment aus 24 und einem aus nur sechs Marmeladen. Wie man auch naiverweise erwarten würde, zeigten deutlich mehr Kunden des Supermarktes Interesse an dem Stand mit 24 Marmeladen (nämlich 60 Prozent der Anwesenden) als an dem Stand mit nur sechs Marmeladen (nur 40 Prozent der Anwesenden). Beim Probieren der Auswahl war dann kein signifikanter Unterschied festzustellen.

Der eigentlich interessante Aspekt dieses Experiments, auf das ich bei den Recherchen zu einem Buch über Internetkultur gestoßen war,[4] ergab sich aber beim Umsetzen der Wahlmöglichkeit in konkretes Handeln. Denn am Probierstand mit der beschränkten Auswahl aus nur sechs Marmeladen war der Anteil derjenigen, die hinterher ein Glas davon kauften, mit 31 Prozent mehr als zehnmal so hoch wie bei der Auswahl aus 24 Marmeladen. Nur drei Prozent derjenigen, die etwas aus der großen Auswahl probiert hatten, kauften hinterher ein Glas davon.

Auch im Bereich des Marketings sind diese Effekte gut bekannt. 1997 beispielsweise steigerte ein US-Konzern den Umsatz seiner Haarshampoos um zehn Prozent, indem die Anzahl der Wahlmöglichkeiten, also die Angebotsvielfalt, reduziert wurde.[5] Offenbar begrüßen wir es, viele Wahlmöglichkeiten zu haben – sind damit aber eigentlich überfordert.[6, 7] Dieser Effekt kommt keineswegs nur beim Einkauf zum Tragen, sondern steuert in vielen Bereichen unser Verhalten. Dabei gehen wir ganz radikal vor:

> *Information Overload* führt dazu, dass die Verringerung der
> einlaufenden Informationsmenge wichtiger wird als Genau-
> igkeit, Wahrheit und Faktentreue. Um den Informationsfluss
> zu verringern, sind wir nur allzu schnell bereit, Vorurteile,
> faule Kompromisse und zweifelhafte Entscheidungen zu
> akzeptieren.

Herbert Simon hat 1955 für dieses Verhalten die Bezeichnung
Satisficing geprägt.[8] In vielen Publikationen wurde seitdem
gezeigt, wie schnell sich die »Pi-mal-Daumen«-Regeln, die sogenannten *Heuristiken*, wandeln können, nach denen die Entscheidungen dann getroffen werden: Wir werden zu adaptiven
Entscheidern.[9, 10]

Weniger offensichtlich ist, dass der *Information Overload* in
einer Gesellschaft, deren wichtigstes Gut die Information geworden ist, auch missbraucht werden kann.[11] Dazu muss man
lediglich wissenschaftlich etablierte Fakten – mindestens aber
von Wissenschaftlern verkündete Erkenntnisse – aufgreifen und
so darstellen, dass Menschen mit der Informationsmenge überfordert werden. Wird eine dadurch begründete Gefahrensitua-
tion wieder und wieder analysiert, über sie »berichtet« und vor
ihr gewarnt, werden breite Bevölkerungsschichten Angst und
Verunsicherung entwickeln. Sie werden dadurch in einen Zustand versetzt, für den der Futurologe Alvin Toffler 1970 den
Begriff *Zukunftsschock*[12] geprägt hat. Der mediale *Information
Overload* sorgt dafür, dass die Betroffenen nahezu beliebig steu-
erbar sind. Diese Angst ist eine große Gefahr für unsere liberale
Gesellschaftsordnung, denn wie schon so unterschiedliche Denker wie Charles-Louis de Montesquieu[13] und Hannah Arendt[14]
feststellten:

Angst ist die Grundlage der Tyrannei.

Auch dass Information schädlich sein kann, ist keineswegs offensichtlich. Viele ökonomische Theorien und Modelle gehen auch heute noch davon aus, dass sogar eine geringe Informationsmenge einen positiven Wert hat. Dass dies gar nicht richtig ist, konnte erst 2001 durch Klaus Schredelseker von der Universität Innsbruck bewiesen werden.[15, 16] Ganz im Gegenteil kann man nämlich durch ein klein wenig mehr an Informationen erreichen, dass sogar die bestmögliche Strategie zu einem schlechteren Ergebnis führt, als wenn man diese Informationen nicht gehabt hätte. Anders ausgedrückt: Wenn man nur einseitig mit beängstigenden Informationen aus einem großen Wissenspool gefüttert wird, kann das dazu führen, dass der scheinbar beste Weg in die Irre führt und keineswegs zur Problemlösung beiträgt. Das ist, wie wir sehen werden, in vielen Bereichen unserer modernen Gesellschaft der Fall.

Die erste Idee zu diesem Buch hatte ich im Frühjahr 2005, als ich von der Eastern Michigan University als Sprecher eines öffentlichen Abendvortrages in der sogenannten Spring Lecture Series eingeladen wurde. Der Titel des Vortrags lautete *Information Overload. The Effect of Media Hype on the Adult Mind*, und er befasste sich mit den Folgen des Anschlages auf das World Trade Center am 11. September 2001.

Im Vortrag hielt ich meinem amerikanischen Publikum einen Spiegel vor – nicht zu krass natürlich, schließlich war ich Gast. Aber ich versuchte, mein Unbehagen darüber in Worte zu kleiden, wie sich die Gesellschaft der USA seit dem 11. September 2001 verändert hatte. Von 1989 an hatten wir ein Jahr lang auf Long Island gelebt und waren ziemlich viel im Land umhergekommen; wir hatten die offene Gesellschaft schätzen und viele Freunde kennengelernt. Jetzt, 16 Jahre später, erschien mir das Land irgendwie krank. Anstelle der Offenheit war, auch und gerade seitens der Behörden, ein tief sitzendes Misstrauen getreten – wie bei einem Kind, das ein Trauma erlitten hatte. Bei vielen Menschen in den USA war etwas Neues vorhanden:

Angst und die Suche nach *Sicherheit*. Verloren war die möglicherweise schon früher zu naive Vorstellung, dass es irgendwie immer weiter bergauf gehen müsse, dass jedes Jahr ein klein wenig besser als das vorangehende sein würde, auf keinen Fall aber schlechter.

In den Gesprächen nach dem Vortrag stellte sich heraus, dass auch die wissenschaftlichen Kollegen in den USA aufgrund der Nähe zum Geschehen und der Spezialisierung auf ihr eigenes Fachgebiet von diesem *Information Overload* betroffen waren. Die Thesen des Vortrags füllten eine Lücke, und das Thema ließ mich auch in den folgenden Jahren nicht los.

Als wir dann im *Ersten Corona-Lockdown* des Frühjahrs 2020 unter Berufung auf wissenschaftliche Erkenntnisse mehr oder weniger eingesperrt wurden, machte ich aus den vagen Ideen des Jahres 2005 die feste Absicht zu diesem Buch. Die Texte wuchsen so langsam vor sich hin, richtig entstanden ist das Werk allerdings erst im Frühjahr 2021 während des *Zweiten Corona-Lockdowns*. Denn was im Frühjahr 2020 noch ein vages Unbehagen war, erfüllte mich ein Jahr später mit Entsetzen: 400 Jahre der Aufklärung, der Entwicklung einer *vernünftigen* Weltsicht und des inneren Fortschritts erwiesen sich bei rund der Hälfte der Bevölkerung als dünner Lack, der mithilfe des *Information Overload* ausgehebelt werden konnte.

Angst war das dominante Thema der Corona-Pandemie für diesen Teil der Bevölkerung, und willig folgten die Betroffenen denjenigen, die ihnen Schutz und Sicherheit versprachen. Dass dabei die als sicher geltenden Grundrechte außer Kraft gesetzt und durch stumpfe *Regeln* statt Eigenverantwortung ersetzt wurden, war für viele Menschen zweitrangig. Dass junge Menschen nicht nur diejenigen sein würden, die am stärksten zu leiden haben, sondern dass ihnen auch Hypotheken aufgebürdet wurden, an denen sie noch viele Jahre tragen müssen, wurde von der älteren Generation mit schockierender Bereitwilligkeit in Kauf genommen.

In diesem Buch soll nun keineswegs die Geschichte, sollen auch nicht die Fehler und Erfolge der Pandemiebekämpfung aufgearbeitet werden. Darüber werden sicher Tausende von Büchern erscheinen. Es sollen auch nicht alle Details der Halb- und Unwahrheiten untersucht werden, die benutzt worden sind, um die Menschen zu steuern. Vielmehr möchte ich die *Meme* untersuchen, mit denen diese Steuerung in vielen Fällen erfolgt und die wir, ach so häufig und so bereitwillig, übernehmen. Dieser Begriff wurde 1976 von dem Genetiker Richard Dawkins in seinem Buch *The Selfish Gene* geprägt[17] und steht für eine ideenhafte Grundeinheit, die durch Kommunikation verbreitet werden kann.

Ebenso wenig soll dies eine allgemeine Diskussion der inneren Befindlichkeiten der Deutschen sein, wie sie der Historiker Frank Biess in seinem Buch *Republik der Angst*[18] versucht hat, sondern ich will mich auf die vielen falschen Ängste konzentrieren, die uns an der Bewältigung der unbekannten Zukunft hindern können.

Vielfach wurden diese Ängste durch staatliches Handeln erzeugt oder gefördert; ich werde also nicht umhinkönnen, dieses auch zu kritisieren. Damit soll aber nicht einer generellen Ablehnung des staatlichen Handelns das Wort geredet werden, sondern diese Kritik muss konstruktiv verstanden werden. Politische Extremisten von Links und Rechts sind mir ein Gräuel, ich glaube an die *liberale* Demokratie und ihre Verbesserung durch *vernünftiges* und *aufgeklärtes* Handeln und Denken, so wie das Stephen Pinker in seinem großartigen Buch *Enlightenment Now*[19] formuliert hat:

We will never have a perfect world, and it would be dangerous to seek one. But there is no limit to the betterments we can attain if we continue to apply knowledge to enhance human flourishing.

Wir werden niemals eine perfekte Welt haben, und es wäre gefährlich, eine solche zu suchen. Aber es gibt keine Grenze für die Verbesserungen, die wir erzielen können, wenn wir weiterhin Wissen einsetzen, um das Gedeihen der Menschen zu fördern.

Ebenso wenig will ich Verschwörungstheorien verbreiten, die eine sinistre Macht im Hintergrund für allerhand verantwortlich machen. Die Welt wird weder durch amerikanische Milliardäre noch durch verkleidete Echsenmenschen, noch durch einen verborgenen »Deep State« gelenkt. Sondern wir sind für alles, was wir an Rückschlägen auf dem Weg zu einem für alle gleichermaßen lebenswerten, liebenswerten und freien Planeten erleben und erfahren, in großem Umfang selbst verantwortlich.

Ich will aber die Frage stellen und diskutieren, ob es wirklich notwendig und sinnvoll war, dass wir weltweit in den vergangenen 20 Jahren viele unserer in Jahrhunderten errungenen Freiheiten gegen eine zweifelhafte Sicherheit eingetauscht haben. Oder ob es nicht auch anders sein könnte. Ob man nicht vielmehr durch Kenntnis und Aufdeckung der Meme und Mechanismen, mit denen uns faktenwidrig Angst gemacht wird, eine bessere und freiere Welt schaffen könnte.

Dabei spielt Wissenschaft eine wichtige Rolle, denn sie wird – gerade in letzter Zeit unter dem Slogan »Hört auf die Wissenschaft« – häufig herangezogen, um die angeblich notwendige Angst zu begründen. Natürlich hat das auch etwas mit dem *Information Overload* zu tun, denn die schiere Menge unseres Weltwissens ist im 21. Jahrhundert so sehr angewachsen, dass kaum ein Mensch noch einen Überblick darüber behalten kann, ob die aus »der Wissenschaft« erhaltenen Informationen denn überhaupt wahr sind. Oder, wenn wir dem hehren Anspruch der *Wahrheit* misstrauen, ob sie wenigstens hilfreich sind, um uns einen Weg in die noch unbekannte Zukunft finden zu lassen und den *Zukunftsschock* zu überwinden.

Eine weitere wichtige Rolle für dieses Buch spielen deshalb Medien, in denen diese unbekannte Zukunft vorhergedacht und extrapoliert worden ist. Ob wir das nun als *Science Fiction* bezeichnen oder als *fantastische Literatur:* Kluge Köpfe haben sich schon seit vielen Hundert Jahren mit dem befasst, was sein könnte. Sie haben die Auswirkungen von technischen, natürlichen und gesellschaftlichen Veränderungen analysiert, bevor diese stattgefunden haben. Das hat natürlich neben der frühzeitigen Warnung vor Risiken, neben sinnvollen und tatsächlich inzwischen umgesetzten Lösungsvorschlägen auch absurde Meme hervorgebracht, die unser Denken nach wie vor hemmen. *Atome* und ihre Veränderungen gelten beispielsweise immer noch als eine Art der »schwarzen Magie«, und unser Blick auf *Gene* wird durch »Zombies« und »Mutanten« verstellt.

Ich will deshalb mit diesem Buch dazu beitragen, dass wir Wissenschaft wieder aufgeklärt und ohne Angst vor ihren Ergebnissen betrachten. Als *Methode und Chance* zur Überwindung von Risiken eben, und nicht nur als Warner vor Gefahren, wie das gerne getan wird. Die beiden Begriffe *Gefahr* und *Risiko* müssen wir dabei sehr sorgfältig unterscheiden:

> Eine Gefahr ist die Ursache für einen möglichen Schaden, ein Risiko ist die Wahrscheinlichkeit für den Eintritt des Schadens.

Wir werden sehen, dass uns oft mit Gefahren Angst gemacht wird, bei denen das damit verbundene Risiko sehr gering ist. An vielen Stellen, etwa bei Atomen und Genen, muss ich dabei etwas ins historische Detail einsteigen. Soll also der *Information Overload* durch noch mehr Informationen bekämpft werden? Nicht ganz, denn wir wollen die Wissenschaft nicht vertiefen, sondern viele der Angst-Meme in einen historischen und gesellschaftlichen Zusammenhang stellen, also eher über die Wissenschaft als *aus* der Wissenschaft berichten. Dabei erhebe ich nicht den Anspruch, eine tiefere oder bessere Wahrheit zu vertreten –

diese Einordnung der Dinge ist den Leserinnen und Lesern überlassen. Ich will deshalb gerade so viel Kontext hinzufügen, dass Menschen imstande sind, selbst den Wert derjenigen Informationen zu verstehen und einzuordnen, mit denen die Angst begründet worden ist.

Denn wenn man wenigstens ein Grundwissen über die Angst-Themen hat, wenn man auch versteht, welchen Irrungen und Wirrungen die Wissenschaft auf ihrem Weg unterliegt und wie menschlich Wissenschaftler sind, wird man die Forderung *Hört auf die Wissenschaft!* mit anderen Augen sehen.

Und vielleicht wird man aus der falschen Angst heraus wieder den Mut fassen, sich dieser Wissenschaft auch zu bedienen, um die Zukunft lebenswerter zu machen. Nur wenn wir alle gemeinsam diesen Mut aufbringen, um uns aus der Angst zu befreien, werden wir unsere Freiheiten wiedergewinnen und erneut verteidigen können. Das ist ein Projekt, dessen Ziel der Staatenlenker Perikles vor mehr als zwei Jahrtausenden in die Worte gekleidet hat:[20]

Das Geheimnis des Glücks ist die Freiheit,
und das Geheimnis der Freiheit ist der Mut.

KRIEG UND TERROR

Vor 60 Jahren hat eine Flugreise damit begonnen, dass man von einer netten Flugbegleiterin zu Fuß auf das Flugfeld geleitet wurde. Heute muss man sich stattdessen von wildfremden Menschen in den Hosenbund greifen lassen oder die Schuhe mit dem etwas höheren Absatz ausziehen, weil sie ja Mordwaffen enthalten könnten. Dass man damit diejenigen, die in den letzten 30 Jahren Anschläge begangen haben, nicht hätte aufhalten können, ist irrelevant. Dass unter den sogenannten Sicherheitsmaßnahmen die möglichen Opfer leiden und nicht die Täter, wird kaum noch hinterfragt. Deshalb will ich mit der Frage nach Krieg und Terror beginnen, denn ich habe den Eindruck, dass wir irgendwann in den letzten 60 Jahren falsch abgebogen sind und uns vielleicht vor den falschen Sachen ängstigen.

Kriege und Terror gegen Unbeteiligte begleiten die Menschheit vermutlich schon seit ihren frühesten Anfängen. Keineswegs aber sind sie menschliche Erfindungen, die uns gegenüber einer idealisierten Natur irgendwie minderwertiger sein ließen, denn auch bei unseren engsten Verwandten in der Natur, den Schimpansen, sind Krieg und Terror bekannt. Das sicher berühmteste Beispiel für den Stammeskrieg im Tierreich ist der *Schimpansenkrieg von Gombe,* den die Wissenschaftlerin Jane Goodall von 1974 bis 1978 akribisch dokumentiert hat.[21] Ein Schimpansenvolk, die sogenannte Kasakela-Gruppe, griff die konkurrierende Kahama-Gruppe über Jahre hinweg immer wieder an. Im weiteren Verlauf töteten sie alle Kahama-Männchen (oder sollten wir nicht besser sagen: *Männer?*), mehrere Weibchen und eigneten sich das Territorium der anderen Gruppe an. Goodall hatte auch aggressiven Kannibalismus beobachtet und war darüber zutiefst entsetzt. In ihren Memoiren schrieb sie:[22]

Often when I woke in the night, horrific pictures sprang unbidden to my mind – Satan [one of the apes], cupping his hand below Sniff's chin to drink the blood that welled from a great wound on his face; old Rodolf, usually so benign, standing upright to hurl a four-pound rock at Godi's prostrate body; Jomeo tearing a strip of skin from Dé's thigh; Figan, charging and hitting, again and again, the stricken, quivering body of Goliath, one of his childhood heroes.

Oftmals kamen mir, wenn ich in der Nacht aufwachte, entsetzliche Bilder unaufgefordert in den Kopf – Satan [einer der Affen], wie er seine Hand unter Sniffs Kinn hält, um das Blut zu trinken, das aus einer großen Wunde in seinem Gesicht fließt; der alte Rodolf, normalerweise so nett, aufrecht stehend, um einen Vier-Pfund-Stein auf den ausgestreckten Körper von Godi zu schleudern; Jomeo, einen Streifen Haut von Dés Oberschenkel reißend; Figan, immer wieder losgehend und einschlagend auf den angeschlagenen, zitternden Körper von Goliath, einem Helden seiner Kindheit.

Der Krieg ist also keine Erfindung des bösen Menschen, und die Natur ist nicht sanft, harmlos und konfliktfrei. Vielmehr ist es bei uns Menschen und anderen Primaten ein ganz tief verankertes Erbe, sich in der eigenen sozialen Gruppe zu solidarisieren, mit den »Anderen« aber durchaus aggressiv um Ressourcen zu konkurrieren. Neben dem Vorteil kurzfristiger Gewinne – auch territorialer Art – hat sich dieses Verhalten auch deshalb durchgesetzt, weil es die Wehrhaftigkeit der sozialen Gruppe stärkt und dadurch ihre Überlebenswahrscheinlichkeit erhöht. Und machen wir uns an dieser Stelle nichts vor: Dieses Erbe werden wir so schnell nicht los, auf keinen Fall zu unseren Lebzeiten.

Doch warum werfe ich hier Krieg und Terror in einen Topf? Ist nicht auch das Narrativ vom *Krieg für die gerechte Sache* zu bedenken, etwa zur Befreiung Kuwaits von den irakischen Truppen, die es am 2. August 1990 besetzt hatten? Ist nicht Terror nur das unmittelbar Böse, das uns aus heiterem Himmel trifft und uns – wie am 11. September 2001 – in tiefes Grauen stürzt?

Das ist, sagen wir auch dies ganz klar, eine Frage des Standpunkts. Der syrische Diktator Baschar al-Assad wird sicher den Abwurf von Fassbomben in Wohngebieten anders beurteilen als die inzwischen nahezu ausgelöschten Rebellen. Den zivilen Opfern hingegen wird der Unterschied kaum erklärbar sein – sie leiden einfach nur darunter.

Wenn wir also schon so lange Angst vor Krieg und Terror haben, sollte dieses Angstphänomen eigentlich gut erforscht und dokumentiert sein. Diese Annahme geht aber meilenweit an der Realität vorbei, denn erst in der jüngeren Vergangenheit wendet sich die Forschung diesen Fragestellungen zu. Erst seit 2011 veröffentlicht das Meinungsforschungsinstitut Allensbach im Auftrag des *Centrums für Strategie und Höhere Führung* jährlich die Ergebnisse einer Umfrage zum Thema Sicherheit, den Sicherheitsreport[23].

Die Ausgabe des Jahres 2020 erschien im Februar 2020, also kurz vor den massiven Veränderungen unseres Lebens durch die Corona-Krise. Dieser Sicherheitsreport 2020 erscheint heute wie ein Bild aus goldenen Zeiten: Wirtschaftliche Zukunftsängste waren seit Jahren kontinuierlich zurückgegangen, es dominierte die Angst, zum Pflegefall zu werden oder an Krebs zu erkranken. Bemerkenswert war den Autoren der Analyse aber der deutliche Anstieg der Angst vor Krieg und militärischer Auseinandersetzung durch eine immer instabilere Weltlage, vor allem verursacht durch einzelne Machthaber. Dem steht 2020 ein deutlicher

Rückgang der Angst vor Terroranschlägen gegenüber. Darum und weil sich die Situation wegen das Abzuges des Westens aus Afghanistan im Sommer 2021 erneut drehen könnte, werden wir als Nächstes einen Blick auf den Terrorismus werfen.

Nine Eleven

Fast jeder Mensch über 40 weiß noch, in welcher Situation er am 11. September 2001 die Nachricht vom Anschlag auf das *World Trade Center (WTC)* erhalten hat. Wir hatten gerade die Einschulung unserer Tochter auf das Gymnasium im Nachbarort hinter uns gebracht. Da ihr noch ein ganz bestimmter Ordner fehlte, parkten wir für ein paar Minuten vor der Papierhandlung. Meine Frau stieg zusammen mit der Tochter aus, um das Fehlende zu besorgen. Sie reagierte ziemlich konsterniert, als ich sie wenige Minuten später beim Einsteigen anherrschte: »Ruhe!« Gerade war – kurz vor den Nachrichten – die Sondermeldung über den ersten Flugzeugeinschlag im WTC zu hören. Wir fuhren, zugegeben etwas schneller als normal, die drei Kilometer nach Hause, ich sauste in das Wohnzimmer und schaltete den Fernseher ein. CNN zeigte das Geschehen live, wir waren zu fasziniert und zu schockiert, um irgendwelche Kommentare abzugeben.

Wer sich die Aufzeichnung der CNN-Berichterstattung heute ansieht,[24] wundert sich über die Gelassenheit, mit der diverse Zeugen und Kommentatoren das Geschehen begleiteten. Diese Gelassenheit endete genau um 9:03 New Yorker Zeit, als wir live am Bildschirm miterlebten, wie ein zweiter großer Jet in den anderen Turm des WTC raste und explodierte. In diesem Moment wurde klar, dass es sich nicht um ein schreckliches Unglück handeln konnte, sondern um einen Angriff. Dem US-Präsidenten George W. Bush wurde drei Minuten später während einer Vorlesestunde in einer Grundschule die Nachricht überbracht, dass »Amerika angegriffen« würde. Er blieb weitere sieben Minuten ruhig sitzen, bis ihm die Bedeutung der Mitteilung klar wurde.

Wir hatten die Twin Towers des WTC kennengelernt, als wir ab August 1989 in den USA lebten. Alleine mit unserem ältesten Sohn, zusammen mit Freunden oder mit Besuchern waren wir fast jedes Wochenende in New York City unterwegs. Die Aussichtsterrasse des WTC bot einen spektakulären Blick über die Stadt und stellte einen feststehenden Programmpunkt für jeden neuen Besucher dar; den unteren Bereich haben wir bei der Suche nach einer Toilette ebenfalls erkundet. Unauslöschlich verankert war in unserem Gedächtnis deshalb schon der Bombenanschlag auf das WTC im Jahr 1993, der diese Twin Towers auch bei allen Angehörigen der westlichen Nationen als ein Symbol unserer freiheitlichen Lebensweise etablierte. Damit war 2001 schon direkt nach dem zweiten Einschlag deutlich, dass der Angriff ebendiese Lebensweise zum Ziel hatte.

Innerhalb von 50 Minuten wurde durch die US-Flugsicherheitsbehörde FAA der erste *Lockdown* des 21. Jahrhunderts verfügt, indem sie den kompletten Flugbetrieb in den USA einstellen ließ. Zeitgleich entfaltete sich ein schreckliches Panorama: der dritte Angriff auf das Pentagon, die Todessprünge verzweifelter Menschen aus den oberen Stockwerken und schließlich der Einsturz des Südturms. Um 10:28 Uhr Ortszeit stürzte der Nordturm des WTC ebenfalls in sich zusammen. Die Nachricht vom vierten Flugzeugabsturz, mit dem mutmaßlich ein weiterer Anschlag auf das Weiße Haus verhindert worden ist, kam erst später hinzu.

Wer in Echtzeit die in immer größerer Anzahl und Detailtiefe hereinkommenden Bilder verfolgt hat, wird sie nie mehr vergessen: sterbende, entsetzte, flüchtende und vollkommen von Staub bedeckte Menschen – doch ebenso die disziplinierte Art, mit der viele über die Brücken und Ausfallstraßen die Insel Manhattan verließen. Bedeuten würde dies also, das wussten wir schon am Abend des 11. September, eine schwere Prüfung für die westliche Zivilisation – doch wir würden sie bestehen, mit Disziplin und unseren eigenen Fähigkeiten. Die Welt würde sich also irgendwie verändern, doch wir würden uns anpassen können und, ganz sicher, irgendwie weitermachen.

Halt, wird nun mancher sagen: Das war doch an diesem Abend gar nicht klar. Es hätte ja sein können, dass noch weitere Angriffe erfolgen. Dass auch Staaten daran beteiligt sind, denn immerhin hat ja auch 1941 ein unvermittelter Angriff auf die USA deren Eintritt in den Zweiten Weltkrieg ausgelöst. Hier aber sehen wir zwei mögliche Reaktionen auf den Terror, der von außen an uns herangetragen wird: Wir können natürlich Angst bekommen, uns zusammenkauern und – unfähig zu einer rationalen Reaktion – in Schockstarre wie das Kaninchen auf die Schlange warten. Oder wir können, im Angesicht einer drohenden Gefahr, Stärke finden und uns auf einen inneren Punkt konzentrieren. Dass solche ganz unterschiedlichen Angstreaktionen durchaus etwas mit unserem genetischen Erbe zu tun haben, ist noch gar nicht so lange bekannt und wird uns im Abschnitt »Angst durch die Gene?« beschäftigen.

Die Fähigkeit, Kraft aus einem Desaster zu schöpfen, scheint insbesondere in der US-amerikanischen Gesellschaft weiter verbreitet zu sein als bei uns. Schon wenige Minuten nach dem erfolgreichen Angriff trat der US-Präsident vor die Kameras und verkündete, man werde die Schuldigen finden und bestrafen. Für eine trotzige Angriffsreaktion gibt es ebenfalls Beispiele aus dem Tierreich. So gibt sich eine Spitzmaus keineswegs geschlagen oder flüchtet, wenn sie mit einer vielfach größeren und schwereren Katze konfrontiert ist. Die Spitzmaus pfeift der Katze vielmehr eine wütende Herausforderung entgegen und macht ihr auf diese Weise klar, dass sie nicht aufgeben, sondern sich stattdessen verteidigen und mit fliegenden Fahnen untergehen wird.

Es gibt aber auch noch eine dritte Reaktion auf Terror: das Weglaufen in eine von anderen Menschen beabsichtigte Richtung. Das Erstaunliche ist nun, dass diese Richtung keineswegs von den Terroristen vorgegeben sein muss, sondern es können durchaus Trittbrettfahrer auftreten, die sich die Angst der Menschen zunutze machen, um davon zu profitieren. Der US-amerikanische Filmemacher Michael Moore hat dies im Zusammenhang mit dem 11. September 2001 schon früh erkannt und 2004 darüber den Dokumentarfilm *Fahrenheit 9/11* gedreht. Der Name leitet sich ab von einer Science-Fiction-Geschichte von Ray Bradbury aus dem Jahr 1953 mit dem Titel *Fahrenheit 451*. Darin geht es um eine pervertierte, unfreie Gesellschaft, die ihre Bürger in Unwissenheit hält. Feuerwehrmänner dienen nicht dazu, Brände zu löschen, sondern um Bücher aufzuspüren und zu verbrennen. 451 Grad Fahrenheit (das entspricht etwa 233 Grad Celsius) ist die Entzündungstemperatur von Papier. Moore wählte den Titel für seinen Film mit dem Hinweis darauf, dass bei der »Temperatur« 9/11 die Freiheit anfange zu brennen.

Dass dies nicht sofort von der Hand zu weisen ist, erkennt man im Jahr 2022 an einer simplen Tatsache: Der Ausnahmezustand, der in den USA nach den Anschlägen des 11. September 2001 verhängt wurde, gilt auch heute noch.[25] Er wurde am 9. September 2021 von Präsident Joe Biden erneut um ein Jahr verlängert und schreibt die weitgehenden Sondervollmachten des Präsidenten und bestimmter Exekutivorgane weiterhin fest. Als Moore seinen Film drehte, war das natürlich noch nicht absehbar. Mindestens von einem zwischenzeitlichen demokratischen Präsidenten Barack Obama hätte man sicher gehofft, dass er den Ausnahmezustand beendet. Dass er das nicht getan hat, dass auch eine unmenschliche Einrichtung wie das Gefangenenlager in der Militärbasis Guantanamo Bay nach wie vor existiert, ist allerdings weniger alarmierend. US-Präsidenten sind nun einmal nicht frei, sondern in ein komplexes Geflecht von Vorschriften, Beziehungen und Behinderungen eingebunden.

Alarmierend ist vielmehr die Tatsache, dass sich nahezu die gesamte US-amerikanische Gesellschaft mit diesem Ausnahmezustand abgefunden hat und seine Konsequenzen eigentlich gar nicht mehr diskutiert werden. John Bolton, der ehemalige Sicherheitsberater des vorigen US-Präsidenten Donald Trump, erklärt dies in seinem Buch *The Room where it happened* damit, dass für die USA mit dem 11. September 2001 eben die »Illusion der Friedensdividende« geendet hätte,[26] die nach dem Zusammenbruch der kommunistischen Regierungen in Europa verbreitet gewesen sei. Und dass eben der Rest der Welt noch in dieser Illusion lebe. Mir ging beim Lesen dieser Passage die Geschichte des Autofahrers durch den Kopf, der auf der deutschen Autobahn unterwegs ist. Er hört im Radio die Warnung vor einem Geisterfahrer in seiner Region und denkt prompt: »Einer? Das sind doch Hunderte!«

In seinem Film machte Moore bereits 2004 deutlich, dass nach den Anschlägen Vorgänge abgelaufen sind, die keineswegs in das Bild der entschlossenen, trotzigen und kampfbereiten Gegenreaktion einer aufgeklärten Gesellschaft passen. Dabei ist beispielsweise zu nennen, dass die saudische Familie Bin Laden finanziell eng mit der Familie des Präsidenten George W. Bush verbandelt war (und vermutlich auch heute noch ist). »Normale« Bürger in den USA mussten unter dem Lockdown des Flugverkehrs massive Einschränkungen hinnehmen, und »normale« Muslime wurden unter Generalverdacht gestellt. Gleichzeitig gestatteten die Behörden mehreren Mitgliedern der Familie Bin Laden die schnelle Ausreise aus den USA, obwohl die Urheberschaft Osama Bin Ladens zu diesem Zeitpunkt bereits offen diskutiert wurde. In den zwei Dekaden, die seitdem vergangen sind, wurden diese Vorgänge durch keinen Untersuchungsausschuss behandelt. Ich bin, um dies vorwegzunehmen, der festen Überzeugung, dass die heutige Zerrissenheit der USA ihre Ursache im Trauma des 11. September 2001 hat.

Während *Fahrenheit 9/11* der erfolgreichste jemals gedrehte Dokumentarfilm war, ist die 2018 erschienene Fortsetzung *Fahrenheit 11/9*, die ziemlich entsetzt darüber erzählt, wie sehr Freiheit und Wahrheit in den USA seitdem gelitten haben, beim Publikum eher durchgefallen. Der Titel dieses Films bezieht sich auf das Datum 9. November 2016, an dem der Wahlsieg von

Donald Trump verkündet worden ist. Der Inhalt rechnet aber mit dem Versagen der Politik aller US-Präsidenten ab, die das Land in seine heute so zerrissene Situation geführt haben. Generalkritik unabhängig von der Parteizugehörigkeit kommt beim US-amerikanischen Publikum jedoch nicht gut an.

2022 sind immer noch etwa 40 Personen im Lager Guantanamo inhaftiert,[27] immer noch befinden sich die USA im Ausnahmezustand. Schon im Oktober 2001 begannen die USA mit massiven Luftschlägen in Afghanistan, um die dort mit einem nach allen Maßstäben üblen Regime herrschenden Taliban zur Auslieferung von Osama Bin Laden zu zwingen – erfolglos. In den folgenden Jahren wurde die Terrorgefahr immer wieder betont, um schließlich die USA und mehrere andere Länder durch gezielte Unwahrheiten in den zweiten Krieg gegen den Irak zu zwingen. Bekannt ist auch, dass der verabscheuungswürdige sogenannte Islamische Staat aus diesem Konflikt hervorging. Darüber hinaus hat sich die gesamte westliche Zivilisation durch die Reaktion auf den 11. September 2001 in eine Falle locken lassen, die neben dem Verlust vieler eigener Freiheiten auch zum Verrat der eigenen zivilisatorischen Werte führte.[28]

2021 zogen sich die USA und mit ihnen auch alle NATO-Truppen einschließlich der deutschen Soldaten aus Afghanistan zurück und überließen das Land wieder den islamistischen Taliban. Der folgende komplette Zusammenbruch der zivilisatorischen Ordnung, die über 20 Jahre lang künstlich am Leben gehalten wurde; das vorhersehbare Leid der Frauen und der jüngeren Generation leidlich gebildeter Menschen bietet Stoff für viele Bücher. Darum sollte man vielleicht die Frage stellen, wie denn eigentlich das Gesamtergebnis dieses *Krieges gegen den Terror* lautet. Und wie hoch eigentlich die gesellschaftlichen und wirtschaftlichen Kosten für einen Krieg sein dürfen, den man nicht gewonnen hat und der auch nie zu gewinnen war.

Die Reiter der Apokalypse

Auch wenn ich die Bibel nicht als seriöse wissenschaftliche Quelle ansehe, ist sie dennoch eine Fundgrube für menschliche Erfahrungen. Dabei wird sie heute als Folge der schwindenden christlichen Religiosität oft falsch zitiert. Ein gutes Beispiel dafür sind die vier apokalyptischen Reiter. In der dunklen, oft mit Zukunftsängsten in Verbindung gebrachten *Offenbarung des Johannes,* die nach heutigem Wissen etwa zur Regierungszeit Kaiser Domitians (81 bis 96 n. Chr.) entstanden ist, treten diese vier Reiter auf. Vielen Menschen gelten sie als Feinde von außen, die zur Maßregelung der bösen Menschheit gesandt worden sind. Kaum eine mediale Umsetzung kann diese Angreiferrolle der vier Reiter besser illustrieren als der Holzschnitt des jungen Albrecht Dürer in dem Werk *Die heimlich offenbarung iohannis* aus dem Jahr 1498.[29] Tatsächlich zeichnet der Text in der Offenbarung aber ein ganz anderes Bild:

Dann sah ich: Das Lamm öffnete das erste der sieben Siegel; und ich hörte das erste der vier Lebewesen wie mit Donnerstimme rufen: Komm! Da sah ich und siehe, ein weißes Pferd; und der auf ihm saß, hatte einen Bogen. Ein Kranz wurde ihm gegeben, und als Sieger zog er aus, um zu siegen. Als das Lamm das zweite Siegel öffnete, hörte ich das zweite Lebewesen rufen: Komm! Da erschien ein anderes Pferd; das war feuerrot. Und der auf ihm saß, wurde ermächtigt, der Erde den Frieden zu nehmen, damit die Menschen sich gegenseitig abschlachteten. Und es wurde ihm ein großes Schwert gegeben. Als das Lamm das dritte Siegel öffnete, hörte ich das dritte Lebewesen rufen: Komm! Da sah ich und siehe, ein schwarzes Pferd; und der auf ihm saß, hielt in der Hand eine Waage. Inmitten der vier Lebewesen hörte ich etwas wie eine Stimme sagen: ein Maß Weizen für einen Denar und drei Maß Gerste für einen Denar. Aber dem Öl und dem Wein füge keinen Schaden zu! Als das Lamm das vierte Siegel öffnete, hörte ich die Stimme des vierten Lebewe-

sens rufen: Komm! Da sah ich und siehe, ein fahles Pferd; und der auf ihm saß, heißt »der Tod«; und die Unterwelt zog hinter ihm her. Und ihnen wurde die Macht gegeben über ein Viertel der Erde, Macht, zu töten durch Schwert, Hunger und Tod und durch die Tiere der Erde.

Der erste Reiter ist also ein Triumphator, der siegen will, der zweite Reiter ist dagegen die bittere Realität des Krieges. Der dritte Reiter symbolisiert die katastrophalen wirtschaftlichen Folgen des Krieges, und der vierte Reiter schließlich trägt Krankheit und Tod mit sich. Genau entgegen der populären Interpretation sind die vier Reiter der Apokalypse also nicht fremde, äußere Angreifer der Menschheit, sondern sie tragen die Warnung an die Menschen vor dem eigenen Verhalten mit sich: Wenn sie sich mit dem Ziel des Sieges in eine kriegerische Auseinandersetzung stürzen, werden sie den Tod auf dem Schlachtfeld, bittere wirtschaftliche Not und tödliche Seuchen erleiden. Die Offenbarung hält den Menschen also einen Spiegel vor.

Eine der ersten medialen Umsetzungen dieser alternativen (und eigentlich richtigen) Sichtweise ist der Stummfilm *The Four Horsemen of the Apocalypse* von Rex Ingram aus dem Jahr 1921, der sich mit den Folgen des Ersten Weltkriegs befasst. Das Werk gilt heute als einer der ersten Antikriegsfilme; es zeigt, wie der Krieg auf beiden Seiten Leid verbreitet und Familien zerstört. Überhaupt läutete der Erste Weltkrieg in der künstlerischen Sichtweise auf das Thema Krieg eine Zeitenwende ein.

Auch die literarische Aufarbeitung, beispielsweise in Erich Maria Remarques *Im Westen nichts Neues,* wandte sich zunehmend vom weißen Reiter, dem Triumphator, ab und befasste sich mit den Folgen. Die Seuche als Folge des Krieges ist der menschlichen Erfahrung entnommen, schon in der Antike gab es diese sehr häufig. Historisch gut belegt ist beispielsweise die *Attische Seuche* oder Pest des Thukydides, an der 430–426 v. Chr. in Athen während der Belagerung durch die Spartaner rund ein

Viertel der Bevölkerung starb.[30] Der athenische Stratege Perikles erlitt durch seine, wie wir heute sagen würden, Management-fehler in dieser Krise einen dramatischen Ansehensverlust und wurde im September 429 selbst Opfer der Seuche.

Den meisten kriegführenden Befehlshabern war auch immer schon klar: Was bei ihnen entsetzliche Opferzahlen hervorruft, kann für den Gegner auch nur schlecht sein. Immer wieder zi-tiert wird, obwohl historisch nicht sicher belegt, dass bei der Belagerung der genuesischen Pelzhandelsniederlassung Kaffa auf der Halbinsel Krim, dem heutigen Feodossija, durch mongoli-sche Truppen im Jahr 1347 Pestleichen mit Katapulten in die Stadt geschleudert worden sind. Die Pest hatte in den Heerlagern der Mongolen gewütet, und nach diesem improvisierten Einsatz eines innovativen Waffensystems flohen viele genuesische Schiffe nach Italien. Sie trugen die erste große Pest-Pandemie nach West-europa, die dramatische Auswirkungen auf Umwelt und Gesell-schaft hatte. Als Indiz für die Wahrheit dieser schauerlichen Ge-schichte mag gelten, dass heute tatsächlich aufgrund von genetischen Analysen bei Pestopfern die Gegend von Bolgar in der russischen autonomen Region Tatarstan als Ursprung des *Schwarzen Todes* gilt.[31] Allerdings hat es schon sehr viel früher die Pest als Seuche gegeben, mehr dazu im Kapitel »Die Angst vor der Pandemie«.

Auch in den meisten kriegerischen Auseinandersetzungen der Neuzeit starben mehr Menschen (auch unter den Soldaten) an Krankheiten als an den eigentlichen Waffengängen. Als Beispiel hierfür kann der US-amerikanische Bürgerkrieg dienen, der von 1861 bis 1865 die USA erschütterte. Bis vor wenigen Jahren galt für ihn, dass darin etwa 618 000 Menschen gestorben seien. Erst 2011 wurde diese Zahl durch sorgfältige Analysen der Volks-zählungsdaten des 19. Jahrhunderts nach oben korrigiert.[32] Da-nach starben wahrscheinlich etwa 750 000 und möglicherweise bis zu 850 000 Menschen in diesem Konflikt – und zwei Drittel von ihnen durch Seuchen.[33] Der vermutlich erste Krieg, in dem insgesamt mehr Menschen durch die Kampfhandlungen starben als durch Krankheiten, war der Deutsch-Französische Krieg der Jahre 1870/71. Allerdings kamen auf dem pazifischen Kriegsschauplatz auch im Zweiten Weltkrieg noch mehr US-amerikanische Soldaten durch Malaria um als durch Feindeshandlungen.

Den dritten Reiter der Apokalypse haben wir bisher übersprungen, denn die ökonomischen Folgen des Krieges werden gerne verschwiegen. Schauen wir deshalb einmal auf die wirtschaftlichen Folgen des 11. September 2001. Kurzfristig waren diese – gemessen an den Maßstäben des Jahres 2021 – gering. Ökonomen haben die direkten Schäden der Terroranschläge auf etwa 60 Milliarden Dollar, indirekte Schäden auf etwa 109 Milliarden Dollar geschätzt.[34] Noch am Abend des 11. September erklärte Präsident George W. Bush den Krieg gegen den Terror[35] und überzog, ganz weißer Reiter und Triumphator, an der Spitze einer weltweiten Koalition den Nahen Osten mit militärischen Maßnahmen. Eine konservative Schätzung des renommierten *Watson Institute* der Brown University kam 2018 zum Schluss, dass als Folge dieser Kriegshandlungen mindestens 480 000 Menschen ums Leben gekommen seien – ohne die Opfer in Syrien mitzurechnen.[36] Die Vereinigung *International Physicians for the Prevention of Nuclear War (IPPNW)* stellte 2016 im Ausschuss für Menschenrechte des Deutschen Bundestages eine Studie vor, die auf einen *Body Count* von einer Million Menschen kommt.[37] Die finanziellen Kosten des *War on Terror* betragen nach einer weiteren Studie des Watson Institute etwa 6,4 Billionen Dollar[38] – nur für die USA wohlgemerkt. Seriöse Zahlen darüber, welche wirtschaftlichen Schäden diese Kriege in Afghanistan und im Irak angerichtet haben, gibt es nicht. Eine der Spekulationen im Zusammenhang mit dem 11. September ist außerdem, dass die von der US-amerikanischen *Federal Exchange Commission* danach zur Stützung der Banken betriebene Politik des lockeren Geldes ursächlich für den Aufbau der Immobilienblase war, deren Zusammenbruch dann die weltweite Bankenkrise von 2008 ausgelöst hat.

Drei der Apokalyptischen Reiter sind also als Folge des 11. September, vor allem aber der danach getroffenen Entscheidungen, schon über die Welt gezogen. Man kann auch leicht ausrechnen, dass man in den USA mit den genannten 6,4 Billionen Dollar problemlos ein zeitgemäßes Gesundheitssystem hätte aufbauen können, das mit der Corona-Pandemie sehr viel besser zurechtgekommen wäre. Die Kosten für eine nachhaltige Finanzierung von *Obamacare* betragen jedenfalls nur einen Bruchteil dieser Summe.

Das gilt natürlich in gleicher Weise für die Gegner der USA in diesem *War on Terror:* Die Regierung des Iran wäre vermutlich sehr viel besser beraten gewesen, mit ihren Öleinnahmen nicht den internationalen Terrorismus und die Entwicklung nuklearer Waffen zu fördern, sondern stattdessen auch in diesem einst reichen und fortschrittlichen Land ein solches Gesundheitssystem aufzubauen.

Milzbrand per Post

Eine Woche nach den Anschlägen des 11. September wurden in den USA fünf Briefe verschickt, die ein grobes bräunliches Pulver enthielten. Adressaten waren drei Nachrichtensender und zwei Zeitungen. Drei Wochen später wurden zwei weitere mit einem feineren Pulver gefüllte Briefe an zwei demokratische US-Senatoren verschickt. Neben dem Pulver enthielten diese Briefe dilettantische Drohungen und den Hinweis auf *Anthrax,* also Milzbrand. Dabei handelt es sich um eine gefährliche bakterielle Tierseuche, die vorwiegend Pflanzenfresser wie Rinder und Schafe, aber auch Wildtiere befällt. Das verursachende Bakterium *Bacillus anthracis* kann Sporen bilden, die jahrzehntelang, möglicherweise sogar jahrhundertelang infektiös sind.

Menschen können ebenfalls an Milzbrand erkranken, wenn

sie mit infizierten Tieren oder den Sporen in Kontakt kommen. Die Gefährlichkeit ist dabei weniger in der unkontrollierbaren Vermehrung der Bakterien zu suchen als in der hohen Giftigkeit des von ihnen abgesonderten Milzbrandtoxins. Daher kann auch eine Erkrankung mit Hautmilzbrand tödlich enden, wenn dieses Toxin in die Blutbahn gelangt. Das Essen von sporenverseuchtem Fleisch führt zu Darmmilzbrand; so erkrankten beispielsweise 2001 in Südkorea fünf Menschen, nachdem sie Fleisch von einem aufgefundenen Rinderkadaver gegessen hatten. Die gefährlichste Form ist der Lungenmilzbrand, für den man lediglich etwa 3000 der mikroskopisch kleinen Sporen einatmen muss. Die Milzbrandsporen haften an Fellen und Häuten erkrankter Tiere, daher ist Lungenmilzbrand früher häufig in Gerbereien aufgetreten. Auch beim Sortieren und Zerschneiden von Altkleidern und Lumpen (Hadern) kann es zur Übertragung kommen – weshalb der Lungenmilzbrand in vergangenen Zeiten auch als Hadernkrankheit bekannt war. Heute noch gilt der Abriss alter Gerbereien als hoch riskante Tätigkeit und wird besonders überwacht.

An den in den USA verschickten Milzbrandsporen erkrankten 22 Personen, davon die eine Hälfte an Hautmilzbrand durch das grobe Pulver aus den ersten Briefen. Die zweite Hälfte erkrankte durch das Einatmen von Sporen aus den beiden letzten Briefen an Lungenmilzbrand. Fünf Menschen starben bei diesem Anschlag – davon zwei Postmitarbeiter und zwei vollkommen Unbeteiligte, an die keiner der ursprünglichen Briefe gerichtet war. Vermutet wird, dass ihre eigenen Briefe in einem Postverteilzentrum kontaminiert worden sind.

Natürlich stand die Welt erneut kopf, ein Zusammenhang mit dem Anschlag auf das World Trade Center lag nahe; wir waren plötzlich der Gefahr des Bioterrorismus mit »Todes-Bakterien« (so die Bild-Zeitung) ausgesetzt. Das war nicht einmal aus der Luft gegriffen, denn die lange Haltbarkeit der Milzbrandsporen und der Wegfall einer Mensch-zu-Mensch-Übertragung von Anthrax haben entsprechend veranlagte Personen schon sehr früh dazu verleitet, von einem Einsatz als Waffe zu träumen.

Nach der Isolation des Milzbranderregers durch Robert Koch war das eine echte Option. Im 20. Jahrhundert haben deutsche[39], japanische[40], englische[41], französische und US-amerikanische[42] Militäreinrichtungen nachweisbar mit Milzbranderregern als biologischer Waffe experimentiert.

Sehr schnell war 2001 klar, dass hinter den Milzbrandbriefen keineswegs irgendwelche fanatischen Gotteskrieger steckten. Nach den sieben versandten Briefen gab es keine weiteren Fälle, auch Bekennerschreiben lagen nicht vor. Eine im Dezember 2001 durchgeführte Gensequenzierung ergab, dass die Sporen aus einem Erregerstamm gezüchtet worden waren, der in der US-amerikanischen Biowaffen-Einrichtung *United States Army Medical Research Institute of Infectious Diseases (USAMRIID)* in Fort Detrick, Maryland, verwendet worden war.[43] Mitte 2002 wurde der ehemalige USAMRIID-Wissenschaftler Steven Hatfill öffentlich verdächtigt, in den Anschlag verwickelt zu sein. Er verlor deswegen unter anderem seine damalige Anstellung und wurde Opfer einer medialen Vorverurteilung – bis er vollkommen entlastet wurde. Als Entschädigung für diese unberechtigte Verfolgung erhielt er 5,8 Millionen Dollar.

Das FBI begab sich unmittelbar nach den Anschlägen auf eine akribische Spurensuche. Im August 2002 wurden Milzbrandsporen an einem öffentlichen Briefkasten in Princeton, New Jersey, nachgewiesen. Der hohe politische Druck auf die Ermittler führte zu der ungerechtfertigten Verdächtigung von Hatfill. Erst einige Jahre später wurden – zeitgleich mit der Rehabilitierung von Hatfill – Indizien gefunden, die auf einen anderen USAMRIID-Mitarbeiter deuteten. Offenbar war schon 2001 das Büro von Bruce Edward Ivins in der Biowaffeneinrichtung USAMRIID mit Milzbrandsporen kontaminiert worden, er selbst galt als depressiv mit angeblichen Allmachtsfantasien.

Ivins, Inhaber zweier Patente zu Milzbranderregern,[44] hatte darüber hinaus in den Tagen vor dem Versand der Briefe Überstunden im Labor eingelegt. Am 7. August 2008 veröffentlichte das FBI die Ermittlungsdaten und benannte Ivins als einzigen Verdächtigen. Leider hatte der »einzige Verdächtige« schon am 29. Juli 2008 mit einer Überdosis Schlafmittel Selbstmord begangen, nachdem er mit entsprechenden Andeutungen konfrontiert worden war.

Nach Ivins' Tod äußerten sowohl sein ehemaliger Vorgesetzter als auch andere Wissenschaftler erhebliche Zweifel an den Indizien des FBI. Unter anderen argumentierten sie damit, dass ihm die entsprechende Ausrüstung nicht zur Verfügung gestanden habe. 2011 schließlich kam ein Konsortium der *National Academy of Sciences* der USA zum Schluss, dass kein Zusammenhang zwischen den versandten Milzbrandsporen und der Arbeit von Ivins bestände. Die Milzbrandaffäre bleibt also ungeklärt, wird aber wegen der abgeschlossenen FBI-Ermittlungen nicht weiterverfolgt – von einen »Hört auf die Wissenschaft« kann also hier keine Rede sein.

Nun bin ich kein Anhänger von Verschwörungstheorien. Dennoch fällt auf, dass in den USA immer wieder Hauptverdächtige in großen Ermittlungen plötzlich zu Tode kommen, bevor man sie über ihre Vernetzungen und eventuelle Hintermänner befragen kann. Im konkreten Fall gab es, Ivins eingeschlossen, sechs Todesopfer und weltweite Alarmmeldungen vor Bioterrorismus.

Das Mem vom Bioterrorismus durch Einzelpersonen ist eine relativ neue Erfindung. Eine frühe Vorstellung, dass eine Einzelperson durch ihre Forschungen absichtlich eine weltweite Seuche auslösen könne, finden wir bei dem französischen Schriftsteller Robert Charroux. In seinem 1965 erschienenen Werk *Histoire inconnue des hommes depuis cent mille ans*[45] (deutsch als *Phantastische Vergangenheit. Die unbekannte Geschichte der Menschen seit hunderttausend Jahren*) beschreibt er, wie man seiner Auffassung nach mithilfe von Krötenblut aus dem furchtbaren Kaninchen-Myxomatosevirus eine für Menschen gefährliche Variante erzeugen kann. Das Überspringen tierischer Viren auf den Menschen ist eine Realität, die uns im Kapitel »Die Angst vor den Genen« noch beschäftigen wird. 1995 hatte der Film *Twelve Monkeys* von Terry Gilliam einen bioterroristischen Anschlag zum Inhalt, an dessen Folgen 99 Prozent aller Menschen gestorben seien. Die Vergangenheitsform ist dabei bewusst gewählt, denn dieses Narrativ ist in eine eher wirre Zeitreisestory eingebettet. Auch als großer Fan der Science-Fiction wollte mir beim Ansehen dieses Films nicht in den Kopf, dass die Rettung vor einer solchen Katastrophe durch einen geistesgestörten Verbrecher erfolgen solle.

Die Realität sieht allerdings anders aus: Außer der Milzbrandattacke ist nur ein weiterer bioterroristischer Anschlag bekannt geworden. 1984 verunreinigte die Bhagwan-Sekte in den USA unter Führung von Ma Anand Sheela die Salatbars von zehn Restaurants in der Kleinstadt The Dalles in Oregon mit Salmonellen. 751 Menschen erkrankten, 47 mussten stationär behandelt werden. Die bisher einzigen Todesopfer des Bioterrorismus sind also die Milzbrandtoten des Jahres 2001 – und das geschah mit Mitteln aus der Waffenforschung des eigenen betroffenen Staates.

Jährlich gibt es weltweit ca. 2000 Infektionen von Menschen mit Milzbrand. Ein lokaler Ausbruch, der Schlagzeilen machte, fand 2016 in Sibirien statt. Die *Siberian Times* berichtete, dass mehr als 40 Menschen erkrankt waren, davon die Hälfte Kinder.[46] Unter den dort lebenden Viehzüchtern ist Milzbrand seit langer Zeit bekannt, wegen der Langlebigkeit der Sporen werden die daran verendeten Tierkadaver oft nur mangelhaft im Permafrostboden verscharrt und dann jahrzehntelang gemieden. Allerdings waren 75 Jahre in diesem Fall nicht ausreichend. Interessanterweise war dem Ausbruch von 2016 eine Hitzewelle vorausgegangen – was prompt zu Spekulationen führte, dass im

Zuge des Klimawandels weitere alte Erregerreservoirs auftauen und die Menschen bedrohen würden.

Neben den »klassischen« Erkrankungen hat sich dabei in den letzten Jahren noch eine weitere Möglichkeit herausgestellt, an Milzbrand zu Tode zu kommen. 2010 gab es in Schottland und Deutschland mehrere Todesfälle, bei denen offenbar Heroin durch solche Sporen verunreinigt war.[47] Nun wird der besorgte Bürger sicher argumentieren, dass Heroinsüchtige noch ganz andere Risiken haben und man das nicht mit dem harmlosen Empfang von Briefen vergleichen darf. Doch sollte man die Opferzahlen in Relation zueinander setzen und einen klaren Schluss ziehen:

> Zu kompliziert und zu aufwendig sind die Methoden und zu unsicher der Erfolg, als dass Einzelpersonen oder nicht-professionelle Gruppen einen realistischen Ansatz zur Entwicklung biologischer Waffen fänden. Die Gefährlichkeit sei nicht bestritten – aber das *Risiko* des Bioterrorismus existiert faktisch nicht.

Bevor die Spuren der Milzbrandaffäre im Sande verliefen, hatte sie aber noch eine weitere Folge. Denn im Gegensatz zu Einzelpersonen oder Sekten sind Staaten sehr wohl imstande, Abermillionen in die Entwicklung biologischer Waffen zu investieren. Politische Kräfte in den USA benutzten diese Tatsache nach der Milzbrandaffäre, um die möglichen Verbündeten zur Mitwirkung beim endgültigen Sturz des irakischen Diktators Saddam Hussein zu bewegen.

Im *Zweiten Golfkrieg* der Jahre 1990–1991 (als *Erster Golfkrieg* gilt derjenige zwischen dem Irak und Iran 1980–1988) war lediglich die irakische Armee aus Kuwait vertrieben worden. Mitverantwortlich für diese »halbe Sache« war Colin Powell als damaliger Vorsitzender der *Joint Chiefs of Staff*. Später wechselte er in die Politik und war ab 2001 Außenminister der USA. Am 3. Februar 2003 hielt Powell vor dem Sicherheitsrat der Vereinten Nationen eine denkwürdige Rede. Dabei präsentierte er eine Ampulle, die angeblich Milzbrandsporen enthielt – mit Sicherheit ein gravierender Verstoß gegen die Sicherheitsvorschriften im UN-Gebäude.

Er behauptete, der Irak verfüge neben anderen Massenvernichtungsmitteln wie Giftgas (zutreffend) und Nuklearwaffen (gelogen) auch über Biowaffen.[48] Die mögliche Menge der Milzbrandsporen gab er mit 25 000 Litern an und behauptete, dass der Irak schon 1991 den Besitz von 7500 Litern Milzbrandsporen zugegeben habe. Außenminister Powell galt im Gegensatz zu anderen Mitgliedern der US-Regierung als intelligent und integer und überzeugte mit seiner 80 Minuten dauernden Präsentation, die auch angebliche Tonbandaufnahmen irakischer Offiziere beinhaltete, viele Menschen in aller Welt vom gerechten Krieg gegen den irakischen Diktator.

Tatsächlich hatte der Irak früher ein solches Waffenprogramm, das bereits 1990 einsatzbereit war. Das war auch bekannt und führte dazu, dass 1991 mehr als 150 000 Soldaten des Zweiten Golfkrieges vorbeugend gegen Milzbrand geimpft wurden. Mit der Kapitulation hatte sich der Irak weitgehenden Inspektionen seiner militärischen Einrichtungen zu unterwerfen. Diese endeten nach etwa zehn Jahren unter anderem, weil die CIA sie gezielt zu Spionageaktivitäten ausgenutzt hatte. Das irakische Militär verfügte 1991 nach dem Bericht der Inspektoren »nur« über 3400 Liter *Bacillus anthracis*. Diese wurden zusammen mit anderen biologischen Waffen, darunter 7500 Liter *Clostridium botulinum* und 340 Liter Aflatoxin, im Juli 1991 vernichtet. Am 19. Juni 1991 ratifizierte der Irak die Internationale Bio- und Chemiewaffenkonvention *Convention on the Prohibition of the Development, Production and Stockpiling of Bacteriological (Biological) and Toxin Weapons and on their*

Destruction,[49] die das Genfer Protokoll aus dem Jahr 1925 ergänzt. Dieses hatte bereits den Einsatz dieser Mittel im Krieg verboten.

Nach der endgültigen Eroberung des Irak und dem Sturz von Saddam Hussein wurden denn auch weder nukleare noch biologische Waffen gefunden. Die Behauptungen von Colin Powell vor dem Sicherheitsrat der Vereinten Nationen waren also vollkommen unbegründet. Es erübrigt sich beinahe schon zu schreiben, dass eine offizielle Untersuchung dieser Unwahrheiten niemals stattgefunden hat. Allerdings entschuldigte sich Powell später dafür, Falschinformationen durch die US-Geheimdienste aufgesessen zu sein, und äußerte glaubwürdige Reue für seine Kriegstreiberei.

Natürlich wird niemand annehmen können, dass die Ratifizierung internationaler Abkommen schurkische Wissenschaftler oder Schurkenstaaten davon abhalten könne, Massenvernichtungswaffen zu produzieren. Die Gefährdung der Welt durch staatlich hergestellte chemische, nukleare und biologische Waffen ist real. Der Milzbrand-Fall ist allerdings ein frappantes Beispiel dafür, wie die von interessierten Kräften gestartete und medial geschürte Angst ganzer Bevölkerungsgruppen ausgenutzt werden kann, um eine kollektive Reaktion hervorzurufen.

Das Thema der militärischen Nutzung von Milzbranderregern hat noch eine besondere Pointe. Natürlich muss man sich vor der Erpressung durch Schurkenstaaten schützen. Neben der Impfung von Soldaten gegen mögliche Biowaffen gehört auch, dass man in der Lage sein sollte, solche Erreger (oder ihre Sporen) nachzuweisen. Zu den regelmäßigen Manövern, die von der NATO auf deutschem Boden veranstaltet werden, gehört deshalb auch der Einsatz der sogenannten ABC-Abwehrtruppen. Zum Zweck des Nachweises von Milzbranderregern werden regelmäßig Sporenproben von der amerikanischen Einrichtung *Dugway Proving Ground* an das Biowaffenlabor der US-Armee in Landstuhl (Rheinland-Pfalz) geliefert. Diese Sporen sollten eigentlich durch Bestrahlung inaktiv gemacht worden sein, also nur noch in Form von Proteinbruchstücken vorliegen. Am 24. Juni 2015 teilte man der deutschen Botschaft in Washington per E-Mail mit, dass es in den Jahren 2007, 2009 und 2010 »Unregelmäßigkeiten« bei der Inaktivierung gegeben habe und man nicht ausschließen könne, dass die Proben keimfähige Sporen enthalten hätten. Die einzig reale Gefahr einer absichtlichen Freisetzung von Milzbrandsporen in Deutschland ging also von Fehlern einer freundlich gesinnten und verbündeten Staatsmacht aus. Das hat, wie wir im folgenden Abschnitt sehen werden, schon eine gewisse Tradition.

Krieg im Fulda Gap

Während des Kalten Krieges waren beide Seiten sicher, dass bei einem echten Konflikt die Frontlinie mitten durch Deutschland verlaufen würde. Ab Beginn der 1970er-Jahre hatte sich die Strategie des Warschauer Paktes von einer eher defensiven Ausrichtung in eine offensive Form gewandelt. Man betrachtete den konventionellen Krieg in Europa als führbar, entsprechend wurden die konventionellen Streitkräfte und insbesondere die motorisierten Einheiten in der damaligen DDR stark aufgerüstet. In der Vision des Ostens diente dies der vorbeugenden Abwehr der aggressiven NATO-Strategie, es handelte sich also um eine »friedenssichernde Maßnahme«.

In der Vision des Westens, die selbstverständlich auch noch bis zum Ende der 1970er-Jahre allen jungen deutschen Soldaten vermittelt wurde, standen hinter der innerdeutschen Grenze Zehntausende von kommunistischen Panzern, bemannt mit aggressiven Rotarmisten und bereit zur Invasion. Einig waren sich beide Seiten darin, dass der erste Vorstoß durch den Warschauer Pakt erfolgen würde.

Ich erinnere mich sehr genau an die entsprechenden Unterweisungen während meiner Zeit als Wehrpflichtiger: Als einziger sicherer Garant gegen diese Invasion galt, dass man diese Ansammlungen von Panzern durch nukleare Explosionen vernichten könne – denn die eigenen westlichen Panzerarmeen waren angeblich zu schwach und die Ausrüstung zu schlecht gewartet. In einer realen nuklearen Auseinandersetzung bestehen allerdings keine Grenzen für die Zerstörung auf beiden Seiten. Dass sich dabei die Gegner in der Doktrin der *Mutually Assured Destruction* (Gesicherte gegenseitige Zerstörung) – sinnigerweise als *MAD* abzukürzen – belauern und so etwas wie einen »Sieg« gar nicht mehr ins Auge fassen, macht nukleare Kriege unführbar. In Kapitel »Die Angst vor dem Atom« werden wir uns mit den nuklearen Waffen genauer befassen, für den Moment wollen wir diese von Strategen so genannte »nukleare Option« einmal außen vor lassen.

Das Szenario eines konventionellen Krieges in der Mitte Europas ist schon schlimm genug. Die beiden potenziellen Gegner waren sich auch darin einig, wo der erste Vorstoß des Warschauer Paktes erfolgen würde – nämlich im sogenannten *Fulda Gap* (Fulda-Lücke) im mittelhessischen Bergland.[50] Sowjetische Panzer würden sehr schnell in Richtung Frankfurt vorstoßen, von dort aus innerhalb kürzester Zeit den Rhein und damit schon fast die französische Grenze erreichen. Da Frankreich seit 1966 kein Mitglied der NATO mehr war, konnte der Warschauer Pakt mit einer gewissen Wahrscheinlichkeit darauf hoffen, dass mit der Besetzung Westdeutschlands ein Ende des Konfliktes und damit das operative Ziel, die sozialistische Einflusssphäre nach Westen auszudehnen, erreichbar sei. Die Annexion der Krim durch Russland im Jahr 2014 zeigt, dass diese Hoffnung eines begrenzbaren Konfliktes auch heute noch die Politik des Kremls durchdringt – und dass sie nicht unbegründet ist.

Eine auf genau recherchierten Informationen beruhende und damit sehr realistische Schilderung des konventionellen Dritten Weltkriegs auf deutschem Boden findet man 1986 in dem Buch *Red Storm Rising* (deutsch 1994 als *Im Sturm*) von Tom Clancy.[51] Clancy versuchte in dem Buch, die Eskalation in eine chemische oder nukleare Kriegsführung zu umgehen. In einem Interview sagte er 1988:[52]

Nobody wants to fight a nuclear war, least of all the people in the military. The whole point of having conventional forces is to be able to fight and win a war without having to blow the world up.

Niemand möchte einen Atomkrieg führen, am allerwenigsten die Leute im Militär. Der ganze Sinn von konventionellen Streitkräften besteht darin, einen Krieg zu führen und gewinnen zu können, ohne gleich die gesamte Welt in die Luft zu sprengen.

Wie nahe er mit seiner Schilderung den tatsächlich geplanten und damals noch geheim gehaltenen Abläufen kam, stellte sich erst im Nachhinein heraus. Jedenfalls wurde sein Roman auch als Lehrbuch in militärischen Schulen verwendet.[53] Allerdings sind erhebliche Zweifel anzumelden, ob die von ihm künstlich eingeführten Begrenzungen des Konflikts in der Realität gehalten hätten. Zum einen wird in seiner Fiktion die NATO geschwächt, indem man Westdeutschland die Verantwortung für einen feigen Bombenanschlag im Kreml in die Schuhe schiebt – mit der Folge, dass NATO-Partner abspringen und ihre vertraglichen Pflichten nicht erfüllen wollen. Zum anderen wird bei ihm die chemische Kriegsführung aufseiten des Warschauer Paktes durch eine Demarche der DDR-Regierung ausgeschlossen, in der die sowjetische Führung nachdrücklich aufgefordert wird, auf den Einsatz von Chemiewaffen zu verzichten. Diese Frage der Chemiewaffen werden wir im nächsten Abschnitt noch einmal ansprechen. Das Fulda Gap wurde später auch zum fiktiven Schauplatz eines apokalyptischen Romans über den Nuklearkrieg von Gudrun Pausewang (siehe Seite 88).

Ab 1968 wuchs das Interesse der deutschen Bevölkerung an dem, was ihr in einem neuen Krieg drohen würde. Eine ganze Generation war bereits mit der festen Überzeugung aufgewachsen, dass der Dritte Weltkrieg im Fulda Gap stattfinden würde. Die schrecklichen Bilder des Vietnamkrieges rüttelten zusammen mit den Studentenprotesten und der Notstandsgesetzgebung auch vorher unpolitische Menschen auf. Hatten 1967 nur etwa 6000 junge Männer den Wehrdienst verweigert, wuchs diese Zahl bis 1972 auf 36 000 an. Immer neue absurde Pläne traten in das öffentliche Bewusstsein – etwa eine vergrabene Sprengstoffpipeline entlang der gesamten innerdeutschen Grenze.

Der konventionelle Krieg wurde immer »führbarer«, gleichzeitig wurde in den deutschen Medien und der Politik weiter die Angst vor diesem Krieg geschürt – und sei es, indem Deutschland in eine erneute globale Auseinandersetzung hineingezogen würde.[54] Mit dem Abschluss des innerdeutschen Grundlagenvertrages 1972 und der Unterzeichnung der Schlussakte der *Konferenz für Sicherheit und Zusammenarbeit in Europa (KSZE)* 1975 trat zwar diplomatisch eine gewisse Entspannung ein, doch militärische Doktrin war weiterhin ein Gleichgewicht des Schreckens: Jedem Waffensystem auf einer Seite musste ein äquivalentes Waffensystem auf der anderen Seite entgegengesetzt werden. Dabei setzte die NATO weiterhin darauf – gerne auch unter Einsatz von strahlungsverstärkten taktischen Nuklearwaffen, den sogenannten Neutronenbomben (1977) –, die Panzerarmeen des Warschauer Paktes zu stoppen. Mit deren Einsatz würden nur die bösen kommunistischen Panzerbesatzungen sterben, die schöne mitteldeutsche Landschaft würde dabei weniger in Mitleidenschaft gezogen.

Allerdings hatte sich inzwischen etwas Neues ergeben, denn die UdSSR hatte seit Anfang der 1970er-Jahre begonnen, die veralteten Mittelstreckenraketen auf »ihrer« Seite zu modernisieren. Dazu gehörte auch die *RSD-10 Pionier*, die im NATO-Jargon die Bezeichnung *SS-20 Saber* erhalten hatte. Bei einer Reichweite von 5000 Kilometern, einer aufgrund der fortschrittlichen Elektronik hohen Treffsicherheit und der Bestückung mit einem Mehrfachsprengkopf mit drei nuklearen Bomben wurde sie von der NATO als extrem bedrohlich eingestuft. Diese Mittelstreckensysteme waren nicht Bestandteil der immer wieder stattfindenden Rüstungskontrollverhandlungen. Der deutsche Bundeskanzler Helmut Schmidt mahnte dies im Herbst 1977 auf einer Konferenz im Londoner *International Institute for Strategic Studies IISS* an und forderte seine NATO-Partner zu Gegenmaßnahmen auf. Ganz im Geiste des Gleichgewichts des Schreckens war diese Gegenmaßnahme der 1979 gefasste NATO-Doppelbeschluss, mit dem in Deutschland ebenfalls neue nukleare Mittelstreckenraketen des Typs Pershing II sowie nuklear bestückte Marschflugkörper stationiert werden sollten.

Bei beiden Systemen handelt es sich um klassische Erstschlagwaffen, die für Verteidigungszwecke ungeeignet sind. Dem Gleichgewicht des Schreckens wurde durch diese Waffensysteme auf beiden Seiten ein unendlicher Summand hinzugefügt – sie machten jede beliebige Zahl von Panzern oder Soldaten auf beiden Seiten bedeutungslos. Den meisten Menschen, denen dies klar wurde, stellten sich folgerichtig die Fragen:

Ist es sinnvoll, einem möglichen Gegner mit totaler Vernichtung und gleichzeitig dem eigenen Selbstmord zu drohen? Welchen Preis sind wir bereit, für unsere Sicherheit zu zahlen?

Bis dahin vollkommen unpolitische Mitbürger gingen deshalb plötzlich zu Demonstrationen, es entstand die Friedensbewegung mit ihren Ikonen Petra Kelly und Gert Bastian. Generalmajor Bastian war Kommandeur der 12. Panzerdivision und ließ sich 1980 pensionieren, weil er von den gerade durchgeführten Übungen seiner Truppe zum Abschuss taktischer Nuklearwaffen entsetzt war und den NATO-Doppelbeschluss nicht mittragen wollte. Die wesentlich jüngere Petra Kelly wurde seine Lebensgefährtin, gemeinsam legten sie den Grundstein für das Entstehen der Partei *Die Grünen*. Kelly und Bastian begingen 1992 gemeinsam Selbstmord. 1993 wurde nachgewiesen, dass die Aktivitäten Bastians in den Jahren nach 1980 maßgeblich durch das *Ministerium für Staatssicherheit MfS* der DDR gesteuert und finanziert worden sind[55] – und bis heute ist vollkommen unklar, ob dies in irgendeinem Zusammenhang mit den Freitoden von Bastian und Kelly stand.

Ein Fokus der Aktivitäten waren Demonstrationen gegen die in Deutschland lagernden Atombomben (mehr dazu im Abschnitt »Atombomben in Deutschland«). Mehr und mehr wendete sich die öffentliche Meinung gegen die offizielle Darstellung, dass der militärische Aufmarsch in Deutschland der Verteidigung diene. Aus diesem Meinungswandel, für den die Offenlegung der Pläne eines Krieges im Fulda Gap maßgeblich waren, kann man eine wichtige Schlussfolgerung ziehen:

> Man kann Menschen zwar durch Informationsüberflutung in Angst versetzen – diese lässt sich aber nicht beliebig steigern oder beliebig lange aufrechterhalten. Irgendwann ist für die meisten Menschen Schluss, die Kur erscheint ihnen dann schlimmer als die Krankheit.

Das kann nicht nur dazu führen, dass die Betroffenen sich gegen die Angstmacher wenden, sondern, schlimmer noch für diese Angstmacher: Menschen fangen möglicherweise im Angesicht einer unendlichen Bedrohung wieder an, rational zu denken.

Giftgas in Krieg und Terror

Die Geschichtsschreibung und die Mythologie kennen viele Beispiele für den Einsatz giftiger Waffen. Die Vergiftung von Brunnen durch hineingeworfene Leichen kann als Grenzfall zwischen biologischer und chemischer Kriegsführung gesehen werden. Sowohl in Homers Beschreibung des Trojanischen Krieges als auch in anderen antiken Sagen werden vergiftete Pfeile und Speere verwendet. Römische und griechische Historiker geben sogar Rezepte für die Herstellung vergifteter Projektile an. Aus dem chinesischen Kulturkreis ist die frühe Anwendung von Stinktöpfen bekannt, deren üble Gerüche für Konfusion auf dem Schlachtfeld sorgten. Bekannt ist auch der Einsatz vergifteter Pfeile durch amerikanische Ureinwohner.

Der Einsatz von chemischen Giften, die direkt über Augen, Atemorgane, Schleimhäute oder die Haut wirken und massenhaft eingesetzt werden können, ist leider als deutsche Erfindung zu bezeichnen. Das erste Ablassen von Chlorgas auf den Schlachtfeldern des Ersten Weltkriegs im April 1915 läutete diese Phase der Kriegsführung ein, mit grausamen Folgen auf beiden Seiten. Menschen starben unter schrecklichen Qualen an *Grünkreuz* (Lungenkampfstoffen wie Chlorgas, Phosgen oder Arsenwasserstoff), *Blaukreuz* (Nasen- und Rachenkampfstoffen), *Gelbkreuz* (Hautkampfstoffen wie Senfgas) und *Weißkreuz* (Augenkampfstoffen, zu denen auch Tränengas, Pfefferspray und CS-Gas gehören).

Sie lesen ganz richtig – Tränengas wird als Giftgas einsortiert. Tatsächlich wurden solche Reizstoffe im Ersten Weltkrieg zusammen mit anderen Mitteln beim »Buntschießen« eingesetzt, weil die heftigen Reaktionen darauf (etwa Übelkeit beim CS-Gas) die Menschen dazu bringen sollten, die Gasmasken abzusetzen und somit den wirklich tödlichen Mitteln der anderen »Farben« zum Opfer zu fallen.

Aber auch für sich alleine tragen die Weißkreuz-Reizstoffe bereits ein erhebliches Gefährdungspotenzial, weil sie bei stärkerer Dosierung oder lang anhaltender Intoxikation gesundheitliche Schäden verursachen können. Sie wurden deshalb in das *Genfer Protokoll* von 1925 aufgenommen, das den Einsatz chemischer Kampfstoffe im Krieg verbietet. Halten wir dies sehr präzise fest: Polizeibehörden in aller Welt (auch in Deutschland) dürfen zur Auflösung von Demonstrationen Waffen einsetzen, deren Verwendung im Kriegsfall wegen nachgewiesener Grausamkeit nicht gestattet ist. Auch Privatpersonen können Pfeffersprays erwerben, das führt zu einer nicht genau untersuchten Anzahl von Unfällen oder absichtlichen Körperverletzungen mit teilweise gravierenden Folgen.

Heute gibt es allerdings ein ganzes Arsenal von wesentlich tödlicheren Bedrohungen. Die zufällige Entdeckung der verwandten Kampfstoffe *Tabun* und *Sarin* durch eine an Insektiziden forschende Arbeitsgruppe der *I.G. Farben* in den Jahren 1936 bis 1939 mündete in die Produktion von Gasgranaten. Diese wurden allerdings nie eingesetzt, mit hoher Wahrscheinlichkeit auch deshalb nicht, weil Adolf Hitler in den letzten Kriegswochen des Ersten Weltkriegs kurzzeitig durch Senfgaseinwirkung erblindet war und diese Art der Kriegführung verabscheute.

Gerade diese Historie machte es auch für die offizielle Politik des realen Deutschlands klar, dass Chemiewaffen für immer ein *No-Go* sein würden (sehen wir mal vom autorisierten Einsatz durch Polizeibehörden ab). Es war darum ein kleineres Erdbeben in den transatlantischen Beziehungen, als die USA 1983 zugaben, dass sie – wie von der Friedensbewegung immer vermutet worden war – jahrelang auf westdeutschem Boden die Chemiewaffen *Agent VX* und *Sarin* gelagert hatten. Relativ schnell erzielte Bundeskanzler Helmut Kohl 1986 deshalb eine Vereinbarung über den Abzug der 102 000 Giftgasgranaten; diese wurden im Jahr 1990 in der *Aktion Lindwurm* abtransportiert und – mutmaßlich – später im Pazifik vernichtet.[56] Für die Frage eines Krieges auf deutschem Boden ist das insofern relevant, als die NATO-Verteidigungsdoktrin einen Ersteinsatz weder für Nuklearwaffen noch für chemische Waffen ausgeschlossen hatte.[57] Auch den bündnistreuesten deutschen Politikern war daher sofort klar, dass es hier nicht um die Verteidigung Deutschlands ginge, sondern dass man willens war, die Bevölkerung im Namen einer fragwürdigen Abschreckungswirkung zu opfern.

Sarin, chemische Bezeichnung *Methylfluorphosphonsäure-*

isopropylester, ist eine farblose, leicht flüchtige Flüssigkeit. Über die für seine Herstellung nötigen chemischen Kenntnisse verfügt heute jeder Chemiestudent im fünften Semester. Schon etwa 80 Milligramm des über die Haut aufgenommenen Stoffes genügen, um einen Menschen zu töten. Dabei greift Sarin in die Erregungsübertragung am synaptischen Spalt zwischen Nervenzellen ein – alle beteiligten Nervensysteme werden dauererregt. Betroffene zittern, erleiden Krampfanfälle und sterben innerhalb von Minuten mit Schaum vor dem Mund.

Besonders perfide an Sarin ist, dass es auch als sogenannter binärer Kampfstoff eingesetzt werden kann. Zwei vergleichsweise harmlose Stoffe reagieren dabei kurz vor Abschuss einer Granate miteinander und erzeugen dadurch erst das tödliche Gift. Ein Gipfel dieser binären Technik ist das ähnliche Mittel *Agent VX,* das in den 1950er-Jahren von Ranajit Ghosh, Chemiker bei British Imperial Chemical Industries, ebenfalls bei der Insektizidforschung entdeckt wurde. Schon 9 Milligramm VX auf der Haut genügen für den Tod unter ganz ähnlichen Symptomen wie bei Sarin – es ist also sehr viel giftiger, dazu langlebiger und schwerer zu entfernen. Es sollte uns noch heute mit Schaudern erfüllen, dass in Deutschland große Mengen davon einsatzbereit lagerten.

Nach dem Ende des Kalten Krieges wurde die *Internationale Chemiewaffenkonvention* auf den Weg gebracht, die meisten Staaten haben dieses Übereinkommen ratifiziert. Eine der Ausnahmen bildet Nordkorea, und hier tut sich eine interessante Querverbindung auf. Mehrere im Laufe von Jahrzehnten abgefangene Lieferungen von Material und Waffen führten nämlich zur Vermutung, dass die in Syrien gegen die Zivilbevölkerung eingesetzten Giftgase aus Nordkorea stammen.[58] Die beiden Kampfstoffe Sarin und Tabun wurden seit ihrer Entdeckung mehrfach in verbrecherischer Weise eingesetzt. 1988 ließ der irakische Diktator Saddam Hussein die Stadt Halabdscha im Nordirak mit Giftgas angreifen. 5000 Menschen, vor allem Frauen,

Kinder und ältere Männer, starben bei diesem Angriff. Im verwendeten Giftgascocktail konnten Sarin, Tabun und Senfgas nachgewiesen werden, die Verwendung von VX gilt als möglich. Nach dem Sturz von Saddam Hussein wurden im Irak zwar keine Produktionsstätten für VX entdeckt – aber man konnte Spuren von VX an Granathülsen nachweisen.

Nachgewiesen ist ferner, dass der Japaner Shōkō Asahara, Anführer der japanischen Weltuntergangssekte Aum (Ōmu Shinrikyō), in den 1990er-Jahren mit selbst erzeugtem VX einen Menschen tötete und zwei verletzte. 1995 ließ er in der U-Bahn von Tokio eine nicht genau bekannte Menge Sarin freisetzen, 13 Menschen wurden getötet und mehr als 1000 erlitten Vergiftungen. Sarin wurde 2013 auch vom syrischen Diktator Baschar al-Assad gegen die eigene Zivilbevölkerung eingesetzt.[59]

Der jüngste bekannte Fall eines Einsatzes von VX ist die Ermordung von Kim Jong-Nam, dem Halbbruder des nordkoreanischen Diktators Kim Jong-Un am 13. Februar 2017 am Flughafen von Kuala Lumpur in Malaysia. Das Gift wurde ihm von einer jungen Frau ins Gesicht gesprüht, die später behauptete, sie sei von einem Scherz mit versteckter Kamera ausgegangen.

Bei dem russischen Mittel, das unter dem Codenamen *Nowitschok* bekannt ist, handelt es sich um eine ganze Gruppe von Kampfstoffen derselben Wirkungsweise – allerdings sind diese noch tödlicher als VX. Nach den heute bekannten Daten genügt die Menge von einem Milligramm auf der Haut, um einen Menschen zu töten. Nowitschok wurde ab etwa 1970 in der damaligen Sowjetunion entwickelt, es handelt sich um organische Phosphorverbindungen, ganz ähnlich dem Sarin. Die Existenz der Nowitschok-Stoffe wurde erst 1991 durch den Chemiker Wil Mirsajanow öffentlich bekannt, nachdem er gefährliche Kontaminationen rund um Produktionsanlagen festgestellt hatte.

Mirsajanow überführte damit den russischen Generalsekretär Michail Gorbatschow öffentlich der Lüge, denn dieser hatte

1987 behauptet, dass die Sowjetunion die Produktion chemischer Waffen einstellen wolle. Die Entwicklung von Nowitschok ging allerdings unter Verletzung des Chemiewaffenverbotes im Geheimen weiter.

Anfang der 1990er-Jahre ließ der Bundesnachrichtendienst BND durch eine Spionin eine Nowitschok-Probe nach Schweden bringen und dort analysieren. Bei der Unterrichtung der NATO-Partner über das Analyseergebnis erfuhr die Bundesregierung dann zu ihrem nicht geringen Erstaunen, dass diese zum Teil längst über die Substanz informiert waren.[60] Als Belohnung wurde Deutschland anschließend ermöglicht, in einer entsprechenden Arbeitsgruppe mitzuwirken.

Einer breiteren Öffentlichkeit wurde Nowitschok erst bekannt, als damit am 4. März 2018 auf den russischen Überläufer Sergei Skripal und seine Tochter Julia in ihrem englischen Exil ein Anschlag verübt wurde. Wie dieser genau ablief, ist ungeklärt – vermutlich haben zwei inzwischen namentlich identifizierte Mitarbeiter des russischen Militärgeheimdienstes GRU das Gift auf die Türklinke des Privathauses von Skripal gesprüht. Die beiden Agenten reisten mit echten Papieren, aber falschen Identitäten wenige Tage vor dem Anschlag ganz legal nach Großbritannien ein und verließen es einen Tag später wieder. Ein großer Teil der Recherchearbeit über diesen Ablauf wurde von einem Freiwilligenteam mit der Bezeichnung *Bellingcat* durchgeführt; es identifizierte die beiden Attentäter als Oberst Anatoli Tschepiga[61] und den Militärarzt Alexander Mischkin[62].

Die Verwendung echter Pässe, die Lebensläufe der Attentäter und die Reinheit der verwendeten Nowitschok-Variante weisen sehr stark darauf hin, dass der Auftraggeber des Attentates die russische Regierung war – was diese natürlich nach wie vor vehement bestreitet. Am 20. August 2020 verlor der bekannte russische Oppositionspolitiker Alexei Nawalny auf einem Flug vom sibirischen Tomsk nach Moskau das Bewusstsein. Nach einer Zwischenlandung in Omsk wurde er zunächst im dortigen

Krankenhaus behandelt – angeblich habe man bei ihm eine »industrielle Substanz« nachgewiesen. Auf massiven Druck seiner Angehörigen und ausländischer Regierungen wurde er am 22. August nach Berlin ausgeflogen und in der dortigen Charité behandelt. Die deutschen Ärzte stellten eine Vergiftung durch einen Stoff fest, der das Enzym Acetylcholinesterase zerstört – das wiederum für den Abbau des Neurotransmitters Acetylcholin zuständig ist, nachdem dieser ein Signal über den synaptischen Spalt zwischen Nervenzellen transportiert hat. Mit anderen Worten: Er wurde durch einen chemischen Kampfstoff vergiftet, der in einem Bundeswehrlabor als Nowitschok-Variante identifiziert wurde. Auch hier bestreitet die russische Regierung, wie immer, jede Beteiligung.

Dass Nervengifte wie Sarin – wenn auch vielleicht nicht in »militärischer Reinheit«, nicht in der schlimmsten Ausprägung als Nowitschok und nicht in sehr großer Menge – durch Privatpersonen hergestellt werden können, macht ihren Einsatz durch Terroristen zu einer realen Gefahr für unsere Welt. Allerdings ist die Wahrscheinlichkeit, Opfer eines solchen Angriffs zu werden, extrem gering – auch hier ist also das *Risiko* gegenüber anderen Risiken unseres Lebens zu vernachlässigen.

Psychische Folgen der Kriege

Das Ende des Zweiten Weltkriegs war in vielerlei Hinsicht ein gravierender Einschnitt. Für viele endete glücklicherweise die Gefahr, in nationalsozialistischen Lagern oder als Soldat zu Tode zu kommen, für andere wurde der letztlich ebenfalls durch die Nationalsozialisten ausgelöste Horror von Besetzung und Vertreibung Realität. Über die Schäden an Leib, Leben und Eigentum gibt es viele Bücher und mediale Dokumentationen, aber nur wenige haben sich mit den verborgenen psychischen Schäden befasst. Das mag daran liegen, dass viele Menschen aus der Kriegsgeneration nach außen eigentümlich emotionslos erschienen. Hannah Arendt befand dazu in einem Bericht aus dem Deutschland des Jahres 1950:[63]

Amid the ruins, Germans mail each other picture postcards still showing the cathedrals and market places, the public buildings and bridges that no longer exist. And the indifference with which they walk through the rubble has its exact counterpart in the absence of mourning for the dead, or in the apathy with which they react, or rather fail to react, to the fate of the refugees in their midst.

Inmitten der Ruinen senden sich die Deutschen gegenseitig Bildpostkarten, welche immer noch die Kathedralen und Marktplätze, die öffentlichen Gebäude und Brücken zeigen, die nicht mehr existieren. Die Gleichgültigkeit, mit der sie durch den Schutt laufen, hat ihre genaue Entsprechung im Fehlen der Trauer um die Toten oder in der Apathie, mit der sie auf das Schicksal der Flüchtlinge in ihrer Mitte reagieren, oder vielmehr nicht reagieren.

Heute wissen wir, dass dies ein Symptom für eine *Posttraumatische Belastungsstörung (PTBS,* englisch *Posttraumatic Stress Disorder = PTSD)* ist. Tatsächlich dauerte es Jahrzehnte, bis dieser Aspekt der dunklen Zeit systematisch aufgearbeitet wurde. Erst 2011 stellte ein Team der Universität Leipzig um Heide Glaesner fest, dass etwa zwölf Prozent der über 60-jährigen Deutschen die Symptome einer PTBS aufwiesen und dass diese Zahl dramatisch höher als in anderen Ländern und auch deutlich höher als unter jüngeren Deutschen sei.[64, 65] Über die Hälfte der Älteren erinnere sich an traumatische Ereignisse aus der Kriegszeit.

Nun ist PTBS deutlich mehr als eine abstrakte Symptomatik. PTBS-Erkrankte leiden oft über Jahrzehnte hinweg unter wiederkehrenden Erinnerungen an ihr Trauma, das sie in Form von Flashbacks oder Angstträumen wiederholen – ohne dass es sich abschwächt. Sie neigen dazu, mögliche Auslösesituationen zu vermeiden, haben oft Schlafstörungen und Konzentrationsprobleme. Tatsächlich leiden PTBS-Opfer etwa dreimal so häufig an Erkrankungen der Herzkranzgefäße, Bronchitis und Schlaganfällen wie ihre nicht durch ein Trauma belasteten Altersgenossen. Es wird geschätzt, dass insgesamt, und gemittelt über alle möglichen Arten von Traumata, etwa zehn Prozent der Betroffenen eine PTBS erleiden, was gut mit dem oben genannten Anteil übereinstimmt.

Wie stark ein Trauma sein muss, um eine PTBS auszulösen, ist individuell sehr unterschiedlich. In etlichen Gesprächen mit meiner Mutter, die als 18-Jährige das Kriegsende und die Nachkriegszeit in Berlin erleben musste, habe ich viel über die Ausbildung einer gewissen Resilienz, einer Widerstandskraft, gegen immer schlimmere Erlebnisse gelernt. Auch meine Großmutter, zu deren Aufgaben im Bombenkrieg es gehörte, Brandbomben auf Dachböden mit Sand zu löschen, war in späteren Jahren kaum noch zu erschrecken. Gleichzeitig empfand sie alles Gute, das ihr im Leben später widerfahren ist, als ein großes Geschenk.

Solche persönlichen Erfahrungen ersetzen natürlich nicht die Analyse systematisch dokumentierter Traumata. Gerade aus der Zeit des Zweiten Weltkriegs gibt es hierzu gewaltige Mengen an Literatur, für die ich beispielhaft nur die Erinnerungen des italienischen Schriftstellers und Chemikers Primo Levi nennen will. Auf einem Einsatz als Widerstandskämpfer wurde er gefasst und im Februar 1944 nach Auschwitz deportiert. Seine Erinnerungen an diese Hölle schrieb er 1947 in dem Werk *Se questo è un uomo?* (deutsch 1961 als *Ist das ein Mensch?*)[66] nieder. Nach der Befreiung von Auschwitz irrte er monatelang durch das zerstörte Europa, eine für ihn sehr wichtige Erfahrung, die er ebenfalls niederschrieb *(La tregua*, 1963; deutsch 1964 als *Die Atempause).*[67] Levi schildert in seinen Werken nicht nur den Schrecken und das Böse, sondern auch sein eigenes Wachsen am Überstehen der schlimmsten Gräuel und die eigenen Schuldgefühle:[68]

Nicht wir, die Überlebenden, sind die wirklichen Zeugen. Das ist eine unbequeme Einsicht, die mir langsam bewusst ge-

worden ist, während ich die Erinnerungen anderer las und meine eigenen nach einem Abstand von Jahren wiedergelesen habe. Wir Überlebenden sind nicht nur eine verschwindend kleine, sondern auch eine anomale Minderheit; wir sind die, die aufgrund von Pflichtverletzung, aufgrund ihrer Geschicklichkeit oder ihres Glücks den tiefsten Punkt des Abgrunds nicht berührt haben. Wer ihn berührt hat, konnte nicht mehr zurückkehren, um zu berichten, oder er ist stumm geworden.

Dieses sogenannte *Survivor Guilt Syndrome (Überlebens-Schuld-Syndrom)* wurde zuerst in den 1960er-Jahren durch den deutsch-amerikanischen Psychiater und Psychoanalytiker William G. Niederland beschrieben.[69] Es gilt inzwischen als eine spezielle Ausprägung der PTBS und tritt heute in ähnlicher Form vielfach bei den Opfern sexualisierter Gewalt auf.

Über die Traumatisierung von Menschen und die Auswirkung dieser Traumata auf Geist und Körper kann man noch sehr viel schreiben. Eine der bekanntesten psychologischen Analysen wurde 1971 von dem deutschen Wissenschaftlerpaar Walter von Baeyer und Wanda von Baeyer-Katte veröffentlicht.[70] Viel interessanter für den Zweck dieses Buches erscheinen mir aber zwei Fragen, die man anhand des Lebens von Primo Levi ebenso stellen kann wie in Kenntnis der persönlichen Erfahrungen in meiner Familie:

» Lässt sich aus dem Durchlaufen von Traumata und aus der erfolgreichen Verarbeitung in den nachfolgenden Jahren auch etwas Positives gewinnen?
» Ist das Durchlaufen der Traumata notwendig, um die Resilienz gegenüber weiteren Verletzungen auszubilden?

Die erste Frage können viele Trauma-Opfer leicht beantworten, und die Antwort lautet natürlich, wie dem gesunden Menschenverstand schon immer bekannt: Man lernt, das Gute zu schätzen, das einem gegeben wird. Erst in jüngerer Zeit hat sich aber die psychologische Forschung dieser Frage angenommen und dem Ergebnis – endlich, meine Großmutter würde sich bestimmt freuen – einen wissenschaftlich begründeten Namen gegeben. 2004 veröffentlichten die beiden US-amerikanischen Wissenschaftler Richard Tedeschi und Lawrence Calhoun ihr Modell des *Posttraumatic Growth PTG* (Posttraumatisches Wachstum).[71] Sie stellten sozusagen nachprüfbar fest, dass die Mehrheit der Traumatisierten nach der erfolgreichen Verarbeitung ihrer Erlebnisse eine intensivierte Wertschätzung persönlicher Beziehungen, der eigenen Stärken und des Lebens im Allgemeinen erfuhr. Studien, die an Terroropfern in Israel durchgeführt worden sind, bestätigten diese Grundaussagen im Wesentlichen[72] und zogen eine wichtige Grenze: 80 Prozent der Trauma-Opfer erleben PTG (also wachsen an den Erfahrungen). Einschränkend muss man festhalten, dass »Studien« in der Regel nur Korrelationen aufzeigen und keine kausalen Zusammenhänge.

Das Folgende ist daher nur eine sehr grobe Einteilung: 80 Prozent überstehen Traumata sehr gut durch PTG, 10 Prozent leiden unter PTBS[73] und die restlichen 10 Prozent sind wahrscheinlich nicht klar diagnostizierbar. Allerdings steht diese grobe Einteilung auf wackeligen Füßen, weil sich die psychologische Forschung einig ist darüber, dass PTG ebenso wie PTBS eher als länger andauernde Prozesse zu sehen sind denn als Endresultate. Auch haben wir keinerlei Vorstellung davon, welche Menschen eher dem einen oder dem anderen zuneigen und ab welcher Schwere der Traumata sich kein positiver Effekt mehr einstellen kann. Zweifelsfrei gibt es solche Grenzen, denn von den US-Soldaten, die im oben geschilderten War on Terror eingesetzt wurden, kommen bis zu 30 Prozent mit PTBS zurück.

Deutlich höhere Fallzahlen als zehn Prozent werden heute auch bei Bundeswehreinsätzen im Nahen Osten diskutiert, obwohl die Bundeswehr nicht in harte und verlustreiche Kämpfe verwickelt war. Tatsächlich berichten Betroffene davon, dass eher die andauernde Bedrohung in einem asymmetrischen Krieg, bei dem jedes zivile Fahrzeug sich als eine Autobombe herausstellen kann, sie zermürbt und stark belastet hat. Die Zahl der deutschen Soldatinnen und Soldaten, die wegen psychischer Einsatzfolgen behandelt worden sind, stieg jedenfalls von 602 im Jahr 2013 auf 1116 im Jahr 2020.[74]

Leider ist offenbar eine weitere psychische Folge des Kriegsgeschehens auch die Traumatisierung der nachfolgenden Generation. Die Journalistin Sabine Bode hat dies ausführlich untersucht[75] und kommt zu dem Schluss, dass die Kinder der traumatisierten Eltern ebenfalls Leid erfahren, weil sie ihre Eltern als belastet und dysfunktional erleben. Die Eltern können über bestimmte Dinge nicht reden, schrecken vor manchen Handlungen und Entscheidungen zurück. In der Folge müssen ihre Kinder früh »erwachsen« werden und Aufgaben übernehmen – wie etwa substanzielle Beiträge zur Organisation eines Familienlebens, ein Vorgang, der auch als *Parentisierung* bezeichnet wird.

Krieg durch Zufall

Kriege werden immer von Menschen begonnen und von anderen Menschen geführt – jedenfalls solange wir nicht Maschinen diese Macht in die Hand geben. Allerdings geht dem Eintritt in den Krieg immer eine ganze Kette von menschlichen Entscheidungen voraus, die zufälligen Einflüssen unterworfen sind. In einer Situation, bei der uns zwei Möglichkeiten zur Entscheidung vorliegen, kann durchaus ein winziger Zufall über den Beginn der Katastrophe entscheiden.

Vielleicht hat es schon früher Kriege gegeben, die durch solche zufälligen Ereignisse ausgelöst worden sind. Allerdings ist das erste wirklich belegte Beispiel dafür der Erste Weltkrieg. Der australische Historiker Christopher Clark hat in seiner hervorragenden Dokumentation *Die Schlafwandler: Wie Europa in*

den Ersten Weltkrieg zog[76] die Situation vor dem Kriegsaus-
bruch minutiös aufgearbeitet. Die europäischen Mächte hatten
ein extrem explosives Szenario aufgebaut. Hochgerüstete Ar-
meen auf allen Seiten, neue Technologien, die von den Strategen
geplant worden waren und auf deren Einsatz die Taktiker be-
gierig warteten; großspurig-nationalistische Machthaber hier
und da – und das Ganze gewürzt mit wechselnden Allianzen und
Garantien.

Der Zufall kommt nun ausgerechnet beim Besuch des österreichischen Thronfolgers Erzherzog Franz Ferdinand in Saraje-
vo ins Spiel. Seine Gattin Sophie und er fuhren am 28. Juni
1914 in einem Konvoi mit offenen Autos durch die Stadt, um
an ihrem Hochzeitstag den Jubel der Massen zu genießen. Auch
wenn ihnen zu Beginn der Rundfahrt möglicherweise nicht
klar war, welche Gefahren ihnen drohten, hätte sich das spätestens beim ersten Anzeichen für ein Attentat ändern müssen.
Unter die Zuschauer hatten sich nämlich mehrere serbische Terroristen gemischt. Der erste Attentäter mit einer Bombe traute
sich nicht. Der zweite warf eine Bombe, die – zufällig – entweder am Verdeck des erzherzoglichen Autos abprallte oder vom
Erzherzog selbst abgewehrt wurde. Sie rollte unter das nachfolgende Begleitfahrzeug, explodierte und verletzte mehrere In-
sassen.

In der heutigen Zeit hätte man den Besuch sofort abgebro-
chen. Seinerzeit aber bestand der Thronfolger zunächst darauf,
sich um die Verletzten zu kümmern. Danach setzte man die Fahrt
wie geplant fort, besuchte das Rathaus, hielt Reden und wollte
hinterher in Abänderung des ursprünglichen Programms noch
ins Krankenhaus, um die Verletzten zu besuchen. Sage und
schreibe drei weitere mit Bomben bewaffnete Terroristen konnten währenddessen nicht die Nervenstärke aufbringen, ihre
handlichen Geräte zu zünden. Der Fahrer des Paares hatte die
Planänderung nicht mitbekommen und bog falsch ab. Von Franz
Ferdinand angepflaumt, setzte er langsam zurück – und das gab

dem verbliebenen Terroristen Gavrilo Princip die Zeit, seine Pistole zu ziehen und das erzherzogliche Paar zu erschießen. Wie man so sagt: Der Rest ist Geschichte.

Es ist das große Verdienst von Clark, mit seiner Dokumentation gezeigt zu haben, dass gerade die kollektiven Effekte aufgrund der Allianzen der hochgerüsteten Mächte zu einer immer weiteren Eskalation führten, die letztlich in 20 Millionen Tote und 21 Millionen Verletzte mündete. Schlimmer noch: Es besteht heute weitgehender Konsens unter den Historikern, dass die Situation am Ende des Ersten Weltkrieges bereits den Keim des Zweiten Weltkriegs in sich trug. Und inwieweit die Pandemie der *Spanischen Grippe,* die im Abschnitt »Die Grippe im 20. und 21. Jahrhundert« näher diskutiert wird und bis zu 100 Millionen Opfer forderte, ohne den Ersten Weltkrieg so schlimm gewütet hätte, bleibt ebenfalls offen.

Nun lässt sich trefflich spekulieren, was anders hätte laufen können. Keineswegs ist sichergestellt, dass ohne die Ermordung des erzherzoglichen Paares der Erste Weltkrieg nicht stattgefunden hätte. Möglicherweise hätte auch ein anderer Zündfunke ausgereicht, um das von den Schlafwandlern bereitgestellte Pulverfass zu entzünden. Glaubhaft ist aber immerhin, dass bereits zwei Wochen Bedenkzeit ausgereicht hätten, um dem einen oder anderen klugen Kopf vor Augen zu führen, was hier passiert. In der Konsequenz hätte man sich – vielleicht – besonnen, in der einen oder anderen Frage nachgegeben und sich doch noch an einen Tisch gesetzt. Wir wissen dies nicht, wir können es auch gar nicht wissen.

Sichtbar ist an diesem Beispiel aber, dass der blinde Zufall von erheblichem Einfluss auf unsere Geschichte sein kann. Als zweiten Beleg für diese Behauptung will ich mich mit einer Krise befassen, in der durch eine Verkettung unwahrscheinlicher Umstände der Krieg *eben nicht* ausgelöst wurde. Und in der wir, sagen wir es ganz deutlich, um Haaresbreite der Vernichtung der gesamten Zivilisation entgangen sind.

Zu Beginn der 1960er-Jahre war der Kalte Krieg so weit gediehen, dass die USA und die UdSSR sich gegenseitig mit einem nuklearen Erstschlag bedrohten. Beide Seiten horteten in großem Umfang nukleare Bomben und bemühten sich um die Entwicklung immer leistungsfähigerer Trägersysteme. Zur Verkürzung der Vorwarnzeit für einen solchen Angriffskrieg versuchte man, statt der vergleichsweise langsamen Interkontinentalraketen lieber Trägersysteme mittlerer Reichweite nahe beim Feind aufzustellen.

Ab 1959 wurden in Befolgung dieser Doktrin durch die USA nukleare Mittelstreckenraketen in Italien und der Türkei stationiert. Im April 1962 waren zwei Staffeln mit je 25 Raketen des Typs Jupiter in der Nähe von Izmir einsatzbereit. Zwischen dem 25. April und dem 11. Juli führten die USA im Rahmen der *Operation Dominic* über dem Pazifik in der Nähe der Weihnachtsinsel insgesamt 24 Kernwaffentests durch.[77]

Die sowjetische Regierung konterte, indem sie im Juli 1962 heimlich mit dem Ausbau der Militärbasen auf Kuba begann.[78] Offenbar hatte der deutsche Bundesnachrichtendienst bereits kurz vorher entsprechende Informationen erhalten,[79] über welche die USA nicht verfügten. Die US-amerikanischen Dienste versuchten in den nachfolgenden Wochen, vor allem durch Aufklärungsflüge ihrer U2-Staffeln an genauere Informationen zu gelangen. Am 9. Juli zündeten die USA unter dem Namen *Starfish Prime*[80] eine Wasserstoffbombe mit 1,45 Megatonnen Sprengkraft etwa 400 Kilometer über dem Pazifik – dabei entdeckte man den Effekt des *Elektromagnetischen Pulses (EMP)*, der 1600 Kilometer entfernt in Hawaii die Telefone ausfallen ließ. Ab August war offensichtlich, dass in Kuba zumindest Flugabwehrraketen aufgebaut werden sollten.

Am 9. September 1962 legte ein sowjetisches Frachtschiff mit einer Ladung von SS4-Mittelstreckenraketen in Havanna an. Am 14. Oktober wurden auf Fotos der U2-Missionen die im Bau befindlichen Startrampen dieser Raketen entdeckt. Präsident John F. Kennedy, der gerade Wahlkampf führte, schwankte zunächst zwischen den »Falken« um General Curtis LeMay, die einen sofortigen Angriff auf Kuba empfahlen, und der eher moderaten Linie für eine Seeblockade Kubas der »Tauben« um seinen Bruder Robert F. Kennedy, der zu der Zeit als Justizminister fungierte. Erst nachdem das *Tactical Air Command (TAC)* erklärte, dass auch ein Luftangriff auf Kuba keine Garantie für die vollständige Zerstörung dieser Raketen bieten könne, legte er sich auf die Seeblockade fest und informierte am 22. Oktober die Öffentlichkeit. Am gleichen Tag führte die UdSSR eine Kernwaffenzündung in 290 km Höhe durch, die den Einfluss des EMP auf die Kommunikationseinrichtungen testen sollte.

Die Stationierung auf Kuba ging in den nächsten Tagen weiter, eine Sondersitzung des UN-Sicherheitsrates am 25. Oktober, auf der Fotos der Raketenbasen gezeigt wurden, führte zu keiner Lösung. Die US-amerikanischen Streitkräfte befanden sich über Tage hinweg in der höchsten Alarmbereitschaft vor dem »heißen« Krieg, der *Defense Condition DEFCON-2*. Am Freitag, den 26. Oktober, stoppten die Blockadeeinheiten der US-Marine vor Kuba einen russischen Frachter und zwangen drei sowjetische U-Boote des Begleitschutzes zum Auftauchen.

Am Samstag, den 27. Oktober 1962, verhinderte Präsident Kennedy persönlich, dass das DDR-Kreuzfahrtschiff *Völkerfreundschaft* mit 500 zivilen Urlaubern an Bord vor Havanna angehalten wurde. Über Kuba wurde ein U2-Aufklärungsflugzeug abgeschossen, über sowjetischem Territorium entkam eine weitere U2 nur knapp den aufgestiegenen Jagdflugzeugen. Kurz darauf wurde vor Kuba erneut ein Frachtschiff gestoppt und das begleitende U-Boot B-59 durch Wasserbomben zum Auftauchen gezwungen. Zu diesem Zeitpunkt wusste die amerikanische Seite aber nicht, dass die Begleit-U-Boote der sowjetischen Schiffe mit nuklearen Torpedos ausgestattet waren, deren Einsatz zu Verteidigungszwecken schon autorisiert war.

An Bord der B-59 war der Kommandant Walentin Sawizki aufgrund des Beschusses sicher, dass man sich schon im Krieg befände. Auch der Politoffizier Iwan Maslennikow verlangte den Abschuss eines nuklearen Torpedos. Lediglich der Chef der Flottille, Wassili Alexandrowitsch Archipow, verweigerte die Einstimmigkeit der drei Offiziere, die für den Einsatz notwendig gewesen wäre. Stattdessen verlangte er aufzutauchen und einen expliziten Befehl aus Moskau einzuholen, zu dem es aber nie kam.

Diese Vorgänge an Bord der B-59 wurden erst im Jahr 2002 bekannt.[81] Aufgrund der Tatsache, dass zum Zeitpunkt des Vorfalls auf Kuba schon 80 nukleare Sprengköpfe lagerten und dass der Einsatz der taktischen Waffen ebenfalls schon autorisiert worden war, wäre eine globale nukleare Auseinandersetzung mit ziemlicher Sicherheit die Folge eines Abschusses gewesen. Es ist deshalb heute Konsens, dass Archipow durch seine Weigerung den Dritten Weltkrieg verhindert hat.[82] »Zufällig« ist das insofern, als es eigentlich höchst unwahrscheinlich ist, dass ein entsprechend ausgebildeter Offizier im entscheidenden Augenblick doch eher seinem Gewissen folgt. Mit Sicherheit kann man jedenfalls sagen, dass die Welt nie näher am nuklearen Abgrund stand als am 27. Oktober 1962.

Am Abend dieses Tages fand ein Geheimtreffen zwischen Präsident Kennedy und dem sowjetischen Botschafter in den USA statt, in dem Kennedy sich zum Abzug der Nuklearwaffen in der Türkei bereit erklärte. Dieser Kompromiss wurde in den nachfolgenden Tagen formalisiert und die Krise entschärft.

Die vor Enthüllung des echten Risikos im Jahr 2002 bekannten Fakten wurden natürlich in vielen politikwissenschaftlichen Artikeln behandelt. Der Literaturnobelpreisträger Leon Uris schrieb darüber schon 1967 den Roman *Topas,* der 1969 von Alfred Hitchcock verfilmt wurde. Der Film war kein großer kommerzieller Erfolg, weil in ihm eine amerikanische Heldenfigur fehlte und das Thema stattdessen in eine komplexe französische Spionagegeschichte eingebettet war. Robert F. Kennedy schrieb über die Krise und das Entscheidungsproblem seines Bruders das Buch *Thirteen Days. A Memoir of the Cuban Missile Crisis,*[83] das im Jahr 2000 verfilmt wurde.

Auch 1962 befürchteten Menschen bereits, dass dieser Zufall in einer hochgerüsteten und auf die Auseinandersetzung eingerichteten Welt zuschlagen könne. In dem Roman *Fail-Safe* (deutsch als *Feuer wird vom Himmel fallen*) spekulierten die Autoren Eugene Burdick und Harvey Wheeler, dass der Ausfall eines einzelnen Kondensators in den halbwegs automatisierten Warnsystemen den Mechanismus des Dritten Weltkriegs in Gang setzen könne. Dadurch wird, so das Buch, eine nicht zurückrufbare Staffel von Bombern zur Zerstörung Moskaus auf den Weg gebracht. Der einzige Weg für den US-Präsidenten, den russischen Führer von einem Versehen zu überzeugen und somit die Vernichtung der Zivilisation aufzuhalten, besteht letzten Endes in der Bombardierung von New York. Der Roman wurde 1964 verfilmt, 2000 erschien ein Remake.

Dass statt eines Zufalls auch die Absicht eines wahnsinnigen Einzeltäters Kriegsursache sein könne, begegnet uns schon zwei Jahre vorher in dem Buch *Two Hours to Doom* des walisischen Autors Peter Bryan George, das dieser unter dem Pseudonym Peter Bryant veröffentlichte. Der Titel wurde später in *Red Alert!* geändert und diente 1964 als Vorlage für Stanley Kubricks Film *Dr. Strangelove or: How I Learned to Stop Worrying and Love the Bomb*, deutsch als *Dr. Seltsam, oder wie ich lernte die Bombe zu lieben*. Mit diesem Film werden wir uns im Abschnitt »Der Weg zur Bombe« noch einmal befassen, denn der sinistre Dr. Strangelove hat tatsächlich ein reales Vorbild in der Person von Edward Teller. Auch General Curtis LeMay, der in der Realität gerne Kuba bombardieren wollte, wird in dem Film karikiert. Obwohl die Ursache des Krieges in ihrem Buch eine andere ist, verklagte George die Autoren Burdick und Wheeler wegen der Urheberrechtsverletzung, einigte sich mit ihnen dann aber außergerichtlich.

Beiden Werken ist die Thematisierung eines – zumindest von geistig normalen Menschen – ungewollt ausgelösten Krieges gemeinsam. Die absurde Einfachheit, mit der offenbar die Auslöschung von Millionen Menschenleben möglich war, rückte ins Bewusstsein der Menschen. Allerdings erschien Ende der 1960er-Jahre die Gefahr, dass man bei der Absicherung den menschlichen Faktor übersehen habe, die größere zu sein. Die Reaktion des Militärs bestand jedenfalls in einer weitergehenden Automatisierung der Abläufe.

Dass dies möglicherweise nicht der richtige Weg sei, war das Thema in dem Film *Colossus*, der 1970 nach dem gleichnamigen Roman von Dennis Feltham Jones gedreht wurde. Darin verständigt sich der Computer, der zur Steuerung des US-amerikanischen Nuklearwaffenarsenals gebaut wurde, mit dem entsprechenden System auf der Gegenseite und übernimmt schließlich die Weltherrschaft. Heute würden wir Colossus als Künstliche Intelligenz (KI) einordnen und in diesem Kontext diskutieren.

Eine etwas freundlichere Version schildert der Film *War Games* (deutsch *Kriegsspiele*) aus dem Jahr 1983, in dem die strategische KI *War Operation Plan Response (WOPR)* den Intellekt eines Kindes hat und durch einen Teenager zum Spiel *Global Nuclear War* angeregt wird. Erst durch den Vergleich mit dem Ankreuzspiel Tic Tac Toe kommt WOPR zum Schluss, dass ein nuklearer Schlagabtausch keinen Sieger kennt. In Bezug auf die reale Kuba-Krise ist dieser Film durch die Begründung für den Einsatz der KI WOPR von Bedeutung. Angeblich, so der Film, hätten bei einer Simulation eines sowjetischen Angriffs 22 Prozent der US-amerikanischen Soldaten den Befehl zum Starten der eigenen Nuklearwaffen nicht ausgeführt. Und darum hätte man diesen menschlichen Faktor eliminieren müssen.

In den 1980er-Jahren bewegte sich die weltweite Rüstung tatsächlich in diese Richtung einer automatisierten »Antwort«. 1983 ergab sich ein weiterer Vorfall, bei dem das Nicht-Handeln des sowjetischen Offiziers Stanislaw Petrow mindestens einen nuklearen Alarm verhindert hat.[84] Bei Licht besehen, war dies weniger kritisch als die Situation in der Kuba-Krise, denn 1983 lag weder schon eine Freigabe der Waffen vor, noch sprachen sich zwei Drittel der Verantwortlichen für den Krieg aus.

Wegen der realen Gefahr einer nuklearen Auseinandersetzung wurden unter dem Präsidenten Ronald Reagan verschiedene Rüstungsaktivitäten der USA unter der Bezeichnung *Strategic Defense Initiative SDI* zusammengefasst. Die zentrale Idee war, durch innovative satellitengestützte Sensoren den Start von nuklearen Interkontinentalraketen frühzeitig zu erkennen. Andere satellitengestützte Systeme würden dann die Abwehr übernehmen, indem beispielsweise Röntgenlaser und kinetische Waffen über Tausende von Kilometern hinweg kleine überschallschnelle Ziele ausschalten würden. Dabei müsste natürlich wegen der Kürze der Vorwarnzeit der Einsatzbefehl durch automatische Systeme erfolgen, ohne dass ein menschlicher Entscheider seine möglichen Bedenken vortragen könnte. Mehr zum Thema SDI werden wir im Abschnitt »Die irre Strategie der gegenseitigen Vernichtung« lesen.

Die 2002 aufgedeckte Wirklichkeit der Kuba-Krise zeigt knallhart, dass die beiden filmischen Darstellungen das reale Risiko deutlich besser schilderten, als militärische Planer es 30 Jahre lang für denkbar gehalten hatten. Denn die Verhinderung des Nuklearkriegs durch Archipow war nur deshalb möglich, weil die Abläufe eben nicht vollständig automatisiert oder durch eine KI ohne emotionalen Kompass erfolgten. Deshalb lässt sich eine wichtige Schlussfolgerung ziehen:

> Aus der Frage über Leben und Tod, über Nachgeben oder Abschuss dürfen wir den menschlichen Faktor nicht eliminieren.

Dies ist insbesondere wichtig, als derzeit in allen waffenprodu-zierenden Industrienationen Entwicklungen autonomer Waffen-systeme im Gange sind. Drohnen verfügen heute schon über ver-schiedene autonome Fähigkeiten, etwa für Start und Landung, aber auch zum Angriff auf identifizierte Radarsignale. Hier sind internationale Abkommen überfällig, und wir haben die Verant-wortung, diese auch einzufordern.

Mindestens einmal hat die Weigerung eines Menschen, den ihm antrainierten Befehl auf sture Weise auszuführen, den Rest der Menschheit vor dem Untergang bewahrt. Es wirft in meinen Augen ein ziemlich unschönes Licht auf diesen Rest der Mensch-heit, dass wir Denkmale berühmter Kriegshelden ebenso wie Mahnmale für Kriegsopfer pflegen – aber dass kaum jemand den Namen von Wassili Alexandrowitsch Archipow kennt, der den schlimmsten aller Kriege verhindert hat.

Terrorangst als Krankheit der Gesellschaft

Zu Beginn des Kapitels habe ich geschildert, wie sich die USA nach den Vorfällen des 11. September 2001 verändert haben. Aus einer weltoffenen und dem Fremden eigentlich zugeneigten Gesellschaft ist ein System des gegenseitigen Misstrauens und Belauerns geworden. Die Sondervollmachten der Exekutive, die jedes Jahr seit 2001 durch die US-amerikanischen Präsidenten verlängert worden sind, stellen nur ein Symptom dieser zutiefst repressiven Geisteshaltung dar. Die Ära des Präsidenten Donald Trump hat diesen Niedergang der US-amerikanischen Gesell-schaft nicht hervorgerufen, sondern nur ans Licht gebracht.

Anfang 1990 hatten wir während eines einjährigen Aufent-haltes in den USA einen Ausflug zu den Niagarafällen gemacht. In meiner Naivität waren wir kurz auf die kanadische Seite der Fälle hinübergefahren – nicht ahnend, dass die Vorschriften für mein Wissenschaftler-Visum besagten, dass ich bei jedem Ver-lassen der USA nur über mein Heimatland wieder einreisen durfte. Glücklicherweise sahen die Offiziere des *Immigration and Naturalization Service* an der Grenze ein, dass es für unser einjähriges Kind eine extreme Härte bedeuten würde, wenn wir zu einem Umweg zurück nach Deutschland gezwungen würden, und ließen uns auch wieder einreisen.

Nach dem 11. September 2001 wäre so etwas nicht möglich gewesen. »Fremde« waren spätestens ab diesem Zeitpunkt auch offiziell so lange als Gefahr einzuordnen, bis das Gegenteil bewiesen war. Tatsächlich war 2008 ein US-amerikanischer Flughafenpolizist kurz davor, gegen mich eine Waffe zu ziehen. Und das nur weil ich versuchte, meinen achtjährigen jüngeren Sohn zu schützen, den man von uns getrennt hatte und der nicht verstand, dass er die hoch erhobenen Hände unbedingt herunternehmen sollte. Wohlgemerkt, es handelte sich 2008 um einen inneramerikanischen Flug von Orlando nach Atlanta.

Wie sich unschwer auch als staatstreuer deutscher Bürger feststellen lässt, kann einem dies durchaus auch an einem deutschen Flughafen passieren. Es reicht aus, die unwürdige Behandlung durch die »Sicherheitskontrolle« auch nur im Geringsten kritisch zu kommentieren – was natürlich ein echter Gefährder niemals tun würde. Persönliche ebenso wie bekannt gewordene Erfahrungen dieser Art kann man zu einer These kombinieren:

> Reale Polizeigewalt ist in vielen Fällen die direkte Folge einer konstant aufrechterhaltenen diffusen Bedrohungslage ohne konkretes Feindbild.

Insbesondere in den USA ist die gut dokumentierte Polizeigewalt, die seit 2020 zu den eskalierenden Protesten der Bewegung *Black Lives Matter* geführt hat, nach meiner Einschätzung eine direkte Folge des seit dem 11. September 2001 bestehenden Ausnahmezustandes und der behaupteten Bedrohung durch das »Fremde«.

Auch 1990 gab es in den USA schon Rassismus, soziale Ungleichheit, Extremisten jeder Hautfarbe und Religion sowie Terrorismus von innen und von außen. Bedeutungsvoll ist dabei die Geschichte des *Unabombers* Ted Kaczynski, der von 1978 bis 1995 insgesamt 16 Bombenanschläge verübte. Seine Opfer waren Universitäten, Firmen und Einzelpersonen, die er beschuldigte, moderne Technologien zu verbreiten und auf diese Weise zur Zerstörung der Umwelt beizutragen. Der Unabomber, dessen Bezeichnung die Abkürzung des FBI-Begriffes *University and Airline Bombing* ist, hatte seine akademische Karriere als Professor für Mathematik aufgegeben, um ein Einsiedlerleben zu führen.

1995 sandte er einen langen Text mit dem Titel *Industrial Society and Its Future*[85] an die *New York Times* und die *Washington Post* und behauptete, seine Bombenattentate einstellen zu wollen, wenn diese den Text abdrucken würden. Das geschah auch tatsächlich im September des Jahres und führte zur Verhaftung Kaczynskis, denn sein Bruder hatte ihn aus Textstellen erkannt. Die sehr präzise und vorsichtige Vorgehensweise des hochintelligenten Unabombers hatte dafür gesorgt, dass das FBI auch nach 17 Jahren der Fahndung außer einem Täterprofil über keinerlei Anhaltspunkte zu seiner Identität verfügte.

Das sogenannte Unabomber-Manifest gilt heute noch als das Gründungsdokument einer radikalen technologiefeindlichen Bewegung, die auch mit gewaltsamen Mitteln die Abkehr von unserer Lebensweise und die Rückkehr zu einer »natürlichen« Existenz durchsetzen will. Dadurch würde zwar viel Leid entstehen, doch würde mit einer solchen Revolution ein größeres Leid verhindert, das durch den Fortbestand der industriellen Gesellschaft hervorgerufen würde. Mit der Frage, inwieweit dieses Manifest für die sogenannten Aktivisten zur Verhinderung des Klimawandels relevant ist, werden wir uns im Abschnitt »Wege aus der Angst« befassen. Hier interessiert uns für den Moment nur, dass Kaczynski sich in der Rolles eines Opfers sah und daraus eine Legitimation zu gewalttätigen Handlungen ableitete. Die Publizistin Bari Weiss, die im Jahr 2020 bei der *New York Times* wegen deren »Illiberalität« kündigte, beschrieb dies in ihrem Artikel Botschaften aus einer totalitären Gesellschaft mit den Worten:[86]

Die Opferrolle verleiht einem in dieser Ideologie Moralität. »Ich denke, also bin ich« wird ersetzt durch »Ich bin, also weiß ich« und »Ich weiß, deshalb habe ich recht«.

Nun ist diese Ideologie keineswegs erst durch den Unabomber in die Welt gekommen. Beispielsweise kann jeder Kenner der deutschen Geschichte sofort eine Parallele zu Adolf Hitler ziehen. Auch dessen Intention war schließlich, das deutsche Volk durch eine Art Fegefeuer zu schicken, aus dem es dann gestärkt (und, nebenbei, im Besitz der Weltherrschaft) hervorgehen sollte. Der norwegische Massenmörder Anders Behring Breivik, der 2011 kaltblütig 77 vorwiegend junge Menschen getötet hat, berief sich ebenfalls auf den Unabomber.

Wir stoßen hier auf eine der schlimmen Folgen des Information Overload, nämlich den Aufbau von hoch selektiven Filtern, die nur wenige ausgewählte Informationen durchlassen.

> Folge des *Information Overload* ist das Entstehen von *Informationsblasen*, die beliebige Mischungen aus wahren und gefälschten Informationen beinhalten und damit zu beliebig verdrehten Ideologien führen können.

Beispielsweise gelangte 2011 der junge, seit 20 Jahren in Frankfurt lebende Kosovo-Albaner Arid Uka durch Diskussionen in Internetforen zur Überzeugung, dass die USA einen globalen

Krieg gegen Muslime führen. Uka, der unter dem Pseudonym »Abu Reyyan« (»Wächter der Himmelspforte«) auftrat, radikalisierte sich innerhalb weniger Monate, obwohl seine Familie als gut integriert und in keiner Weise fundamentalistisch galt. Am 2. März 2011 erschoss er am Flughafen Frankfurt zwei unbewaffnete US-Soldaten und verletzte drei weitere lebensgefährlich. Nach eigenen Angaben war der unmittelbare Auslöser für seine Tat, dass er bei Youtube einen Ausschnitt des Films *Redacted* von Brian de Palma aus dem Jahr 2007 gesehen hatte, der die Vergewaltigung einer jungen Muslima durch US-amerikanische Soldaten zeigte. Der Film basiert, das sollte klar gesagt werden, auf einem echten Kriegsverbrechen durch US-Soldaten, dem sogenannten Massaker von Mahmudiyya im Dritten Golfkrieg 2006. Die nach Ansicht vieler Kritiker klischeehafte Darstellung im Film, der mehrfache Auszeichnungen erhalten hatte – unter anderem auf dem *Amnesty International Film Festival* –, passierte den Informationsfilter von Arid Uka ungehindert und unkritisiert, sie führte bei ihm zur Auflösung der Grenzen zwischen Fiktion und Wirklichkeit.

Wir haben also mit unserer Mediengesellschaft ein Umfeld geschaffen, das durch seine Informationsblasen immer wieder radikalisierte Einzeltäter mit ganz unterschiedlichen »Ich-weiß-also-habe-ich-recht«-Ideologien hervorbringt. Dazu gehören auch der rechtsradikale antimuslimische Brenton Tarrant, der 2019 im neuseeländischen Christchurch 51 Menschen erschoss, und der rechtsradikale antisemitische Stephan Balliet, der 2019 in Halle zwei Menschen erschoss. Und sie werden nicht die letzten Opfer dieser Einzeltäter sein.

Sollten wir also vor dieser Entwicklung die Angst haben, die man uns gerne einreden will? Sollten wir unsere Handlungen aus Vorsicht an diese Möglichkeit anpassen? Teilweise geschieht dies ja schon durch die absurden Sicherheitskontrollen an Flughäfen. Diese Sicherheitskontrollen eignen sich vor allem deshalb als Ausgangspunkt einer solchen Diskussion, weil sie zwar erwiesenermaßen die Millionen friedlicher Menschen, die eine Flugreise unternehmen wollen, kriminalisieren, demütigen und belästigen, aber ernsthafte Attentäter nicht an der Ausführung ihrer Pläne hindern können.

Sie tragen dazu bei, dass wir auch hier in Europa, und verstärkt seit dem 11. September 2001, in einem Dauerzustand der Angst gehalten werden – und zwar vor einer diffusen Gefahr, die von jedem Einzelmenschen ausgehen kann. Wie sehr sich das bereits verbreitet hat, lässt sich an dem zu Beginn dieses Kapitels genannten Sicherheitsreport ablesen. In der Presseerklärung zum Sicherheitsreport 2019 ist zu lesen:[87]

Trotz der rückläufigen Sorgen fühlt sich jeder fünfte Bundesbürger in Deutschland nicht sicher. Jeder Dritte hat den Eindruck, dass sich die Sicherheitslage im näheren Umfeld in den letzten Jahren verschlechtert hat.

Das ist kontrafaktisch, weil sich die individuelle Sicherheitslage in Deutschland seit Jahrzehnten kontinuierlich verbessert. Nur: Letzteres ist keine Aussage, die man in einem Nachrichtenmedium von Bedeutung unterbringen könnte. Infolgedessen werden wir einem Bombardement von Gefahrenmeldungen ausgesetzt – mit dem Resultat einer flächendeckenden Zukunftsangst. Eine solche Angst erfüllt keinen sinnvollen Zweck, sie ist pathologisch. Oder anders ausgedrückt: Eine Gesellschaft, die ständig in Angst vor ihren eigenen Auswirkungen auf Menschen leben will, soll oder muss, ist krank und bedarf der Heilung.

Natürlich will ich nicht behaupten, dass es keine realen Terrorgefahren gäbe. Als solche kann man durchaus auch die digitalen Angriffe auf unsere Infrastruktur nennen, die von sogenannten Hackern verübt werden. Beispielsweise legte ein solcher Angriff im Mai 2021 eine der größten Pipelines in den USA lahm. Nur: Solche Angriffe werden medial nicht als Terrorismus eingestuft, sondern die Täter erfahren im Gegenteil häufig eine Art medialer Glorifizierung als Freibeuter des 21. Jahrhunderts.

Wir stoßen hier also auf das Phänomen, dass wir offenbar vor den realen Risiken unserer Welt weniger Angst haben als vor den eingeredeten. Im Abschnitt »Risiken für die Zivilisation« werde ich darauf noch einmal zurückkommen.

DIE ANGST VOR DEM ATOM

Im April 2021 jährten sich zum 35. Mal die Reaktorkatastrophe von Tschernobyl und zum zehnten Mal die Havarie des Kernkraftwerks Fukushima. Grund genug, das Thema »Atom« wieder einmal medial zu verarbeiten. Sondersendungen ebenso wie eine Spielfilmserie wurden bemüht, um die Gefahren der *Atome* zu beleuchten und die Unmöglichkeit ihrer Kontrolle aufzuzeigen. Dabei wird gerne das Mem verbreitet, dass *Atome eine gefährliche Sache sind.*

Dabei hat jeder erwachsene Mensch in der Schule gelernt, dass Verbrennungsprozesse etwas mit Atomen zu tun haben. Auch ein Kohlekraftwerk wird also mit Atomen betrieben, und kein elektrisch betriebenes Auto kommt ohne atomare Prozesse in seinen Batterien aus. Die heutige Verwendung des Wortes »Atom« für Vorgänge in der Atomhülle ebenso wie – mit zehntausendfach höherer Energie – in den Atomkernen sollte kritische Menschen misstrauisch machen. Erstaunlich ist auch, dass diese Vermischung in kaum einem Land der Erde so stark ist wie im Hochtechnologieland Deutschland. Schauen wir uns also an, wie es in Deutschland zu dieser Entwicklung kam.

Zunächst einmal sind Atome keine Erfindung oder Entdeckung der Neuzeit, denn schon vor mehr als 2400 Jahren hatten zuerst der griechische Philosoph Leukipp und nach ihm sein

Schüler Demokrit die Vorstellung abgeleitet, dass sich alle Materie aus der Zusammensetzung kleinster Grundbestandteile, den *atomoi* (deutsch »Unteilbare«) aufbaue – im Gegensatz zum Modell, dass Materie ein immer weiter unterteilbares Kontinuum darstelle.[88] Indische Philosophen sind vermutlich unabhängig davon zu denselben Erkenntnissen gelangt.[89] Ein wichtiger Schritt zu dieser rein theoretischen Erkenntnis war, dass so etwas wie Bewegung nur möglich ist, wenn es neben Materie auch leeren Raum gibt, in den sich diese Materie hinbewegen kann.

In den nachfolgenden Jahrhunderten stellten zuerst Magier, dann Alchemisten und später Chemiker fest, dass bestimmte Stoffe – die Elemente – nicht weiter zerlegbar sind, sondern eben elementar. Das ist die Wurzel unseres heutigen Atombegriffs, denn ein Element besteht jeweils aus Atomen genau einer Sorte, wobei natürlich der Begriff »Sorte« eigentlich durch eine präzisere Bezeichnung ersetzt werden muss: die sogenannte Ordnungszahl, mit der die Anzahl der Protonen im Kern dieser Atome gemeint ist. Von solchen Spitzfindigkeiten bei der Definition des Elementbegriffs einmal abgesehen, war spätestens im 19. Jahrhundert klar: Mit chemischen Mitteln kann man Blei eben nicht in Gold verwandeln, also transmutieren. Diese Transmutation war über Jahrhunderte hinweg das Ziel vieler fehlgeschlagener Versuche und Ursprung schlimmer Geschichten. Sie hat dementsprechend einen historisch gewachsenen schlechten Ruf:

> Wer Atome und Elemente nicht als unwandelbar ansieht, ist entweder ein Betrüger oder ein Mensch, der mit dunklen und unheilvollen Mächten im Bunde steht und sich der »schwarzen Magie« bedient.

Erst am Ende des 19. Jahrhunderts haben sich Möglichkeiten ergeben, Atome auf eine innere Struktur zu untersuchen. Ganz schnell war dann durch die Experimente von Ernest Rutherford klar, dass Atome aus einer eher flüchtigen Hülle und einem sehr kleinen, schweren und von gewaltigen Kräften zusammengehaltenen Kern bestehen.

Die entscheidende Erkenntnis, die den Alchemisten gefehlt hatte, war: Um ein Atom in seinen Eigenschaften zu verändern, muss man diesen Kern aufbrechen, ihn spalten oder etwas hinzufügen. Wie so etwas gehen könnte, hatte als Erste die österreichische Physikerin Lise Meitner erkannt, die ab 1918 zunächst Leiterin der physikalisch-radioaktiven Abteilung des Kaiser-Wilhelm-Instituts für Chemie in Berlin und ab 1926 Deutschlands erste Professorin für Physik war. Deutschland war zu dieser Zeit das wissenschaftliche Zentrum der Welt. Geniale Köpfe wie Lise Meitner, Werner Heisenberg, Otto Hahn, Max Planck und Albert Einstein hatten Grundlagen der Quantenmechanik entschlüsselt und den Atomkern in den Fokus genommen.

1938 verließ Lise Meitner wegen ihrer jüdischen Abstammung Berlin, Otto Hahn führte das von ihr entworfene Experiment durch und entdeckte das Zerplatzen der Atomkerne von Uran. Meitner lieferte aus dem Exil in Stockholm auch noch die korrekte physikalische Erklärung des Vorgangs, dessen ungeheuerliche Bedeutung sich sehr schnell in der kleinen Fachwelt der Physiker verbreitete. Denn eines war sofort klar: Weil bei der Kernspaltung weitere Neutronen (einer der Kernbausteine) freigesetzt werden, die selbst wieder mehrere Spaltreaktionen hervorrufen können, besteht bei bestimmten Uran-Atomkernen die Möglichkeit zu einer *Kettenreaktion*. Dabei handelt es sich um das lawinenartige Anwachsen der Anzahl der Zerfälle, sodass in Millisekunden gewaltige Energiemengen freigesetzt werden. Mithilfe von Tischtennisbällen und Mausefallen kann man einen blassen Schimmer von der Dynamik dieses Prozesses gewinnen[90] – aber welche Gewalt sich dahinter verbergen kann, ist erst aus der Anwendung in der Atombombe erkennbar.

Der Weg zur Bombe

Im Juli 1939 verfasste der Physik-Nobelpreisträger Albert Einstein, der seit seinem »wunderbaren Jahr« 1905 als größter Physiker der Welt galt, auf Drängen seines ungarisch-amerikanischen Kollegen Leó Szilárd einen Brief an den US-Präsidenten Theodore Roosevelt, in dem er ihn auf die Gefahr einer neuartigen Bombe auf Basis der Kettenreaktion in Uran hinwies und gleichzeitig die Verbindung zu deutschen Forschungsarbeiten knüpfte:[91]

Some recent work by E. Fermi and L. Szilard, which has been communicated to me in manuscript, leads me to expect that the element uranium may be turned into a new and important source of energy in the immediate future ...

This new phenomenon would also lead to the construction of bombs, and it is conceivable – thoughmuch less certain – that extremely powerful bombs of a new type may thus be constructed. A single bomb of this type, carried by boat and exploded in a port, might very well destroy the whole port together with some of the surrounding territory ...

I understand that Germany has actually stopped the sale of uranium from the Czechoslovakian mines which she has taken over. That she should have taken such early action might perhaps be understood on the ground that the son of the German Under-Secretary of State, von Weizsäcker, is attached to the Kaiser-Wilhelm-Institut in Berlin where some of the American work on uranium is now being repeated.

Jüngste Arbeiten von E. Fermi und L. Szilard, die mir in einem Manuskript vorgelegt wurden, bringen mich zu der Erwartung, dass das Element Uran in der unmittelbaren Zukunft zu einer neuen und wichtigen Energiequelle gemacht werden kann ...

Das neue Phänomen würde außerdem die Konstruktion von Bomben gestatten, und es ist denkbar – allerdings viel unwahrscheinlicher – dass auf diese Weise extrem starke Bomben eines neuen Typs konstruiert werden können. Eine einzelne Bombe dieses Typs, die in einem Schiff transportiert und in einem Hafen gezündet würde, könnte durchaus den gesamten Hafen und mit ihm einen Teil der Umgebung zerstören ...

Ich habe mir sagen lassen, dass Deutschland tatsächlich den Verkauf von Uran aus den übernommenen tschechoslowaki- schen Uranminen gestoppt hat. Dass es so frühe Schritte unter- nommen hat, wird möglicherweise dadurch verstehbar, dass der Sohn des deutschen stellvertretenden Außenministers, von Weiz- säcker, im Kaiser-Wilhelm-Institut in Berlin wirkt, wo man der- zeit einen Teil der amerikanischen Arbeiten an Uran wiederholt.

Präsident Roosevelt gründete einen Tag nach Erhalt des Briefes das sogenannte *Advisory Committee on Uranium,* das 1940 in das *National Defense Research Committee (NDRC)* überführt wurde.[92] Bis zum Dezember 1941 koordinierte es die weitere Forschung über die Möglichkeiten des Urans. Einstein hat seinen Brief später bereut. 1954 teilte er dem Chemie-Nobelpreisträger Linus Pauling mit:

Ich beging einen großen Fehler in meinem Leben, als ich den Brief an Präsident Roosevelt unterschrieb, in dem ich die Her- stellung von Atombomben empfahl.

Im Jahr 1939 allerdings sah Einstein die Welt noch mit anderen Augen, denn seine Furcht vor der Möglichkeit, dass Deutschland zuerst Kernwaffen entwickeln könnte, ist durch viele Biografien gut belegt. In den folgenden Jahren hat er nach Darstellung eines Biografen sogar mindestens einmal noch einen Beitrag zur Ent- wicklung der Urananreicherung für Bombenzwecke geleistet.[93] Der Brief ist also ein gutes Beispiel dafür, dass Angst das folge- richtige Denken ausschaltet und auch kluge Menschen dazu bringt, auf kurzfristig erreichbare Ziele zu setzen.

Tatsächlich wurde auch in anderen Ländern als den USA kernphysikalische Forschung betrieben, und deutsche Forscher standen dabei in der ersten Reihe. Der Physiker Carl-Friedrich von Weizsäcker, von Einstein in seinem Brief persönlich erwähnt und Bruder des späteren deutschen Bundespräsidenten Richard von Weizsäcker, verfasste 1941 einen Patententwurf für Kernreaktoren und eine auf der Kernspaltung beruhende Bombe[94] – der glücklicherweise in seiner ersten Form nicht eingereicht wurde. Nach eigenem (und deutlich später geäußertem) Bekunden war den deutschen Kernphysikern, allen voran Weizsäcker und Heisenberg, zu diesem Zeitpunkt bereits klar, dass Deutschland schon im zweiten Kriegsjahr nicht die nötigen Ressourcen zum Bau einer solchen Bombe besäße. Sie konzentrierten sich deshalb im sogenannten *Uranverein* auf den Bau einer Uranmaschine, die eine langsame und damit kontrollierte Kettenreaktion zur Energieerzeugung beinhaltete. Nach diversen Versuchen unter anderem in Leipzig verlagerte man 1944 diese Arbeiten in einen Felsenkeller im kleinen Städtchen Haigerloch in Baden-Württemberg, wo heute das winzige Atomkeller-Museum an den Bau des ersten deutschen Kernreaktors erinnert. Wollte man der Bedeutung dieser Arbeiten gerecht werden, wäre der *Atomkeller Haigerloch* sicherlich ein weit bekannterer Ort.

Obwohl heute gesicherter Konsens der historischen Forschung ist, dass man in Deutschland zu keiner Zeit am Bau einer auf der Kernspaltung beruhenden Bombe arbeitete, kam es im September 1941 zu einem folgenschweren Irrtum. Weizsäcker und Heisenberg suchten im deutsch besetzten Kopenhagen den Physiker Niels Bohr auf, der mit ihnen gemeinsam einige Jahre vorher die Grundlagen der Quantenmechanik entwickelt hatte. Bei einem Spaziergang versuchte Heisenberg, seinem ehemaligen Chef Bohr vorsichtig und mit komplizierten Formulierungen klarzumachen, dass man zwar mit Uran arbeite, aber eben nicht den Bau einer Bombe anstrebe. Heisenberg wählte diese umständlichen Formulierungen, weil er berechtigte Angst vor Abhörmaßnahmen und damit um sein Leben hatte. Bohr aber verstand die vorsichtigen Andeutungen genau andersherum, nämlich als explizite Warnung davor, dass Deutschland nun den Bau einer Kernspaltungsbombe anstrebe. Bis zu ihrem Tode äußerten beide Teilnehmer dieses Spaziergangs unterschiedliche Versionen über den Inhalt, so etwas wie eine objektive Wahrheit gibt es also hierzu nicht. Tatsächlich wurde entweder während des Gespräches von Heisenberg selbst oder später von Bohr eine Skizze angefertigt, die eindeutig die Konstruktion der deutschen Forschungsreaktoren schilderte – die Bohr allerdings für eine Bombe hielt. Der Inhalt dieser Skizze, und welche Rolle sie später spielte, wurde erst 1995 geklärt.[95] Sie zeigte eine Anordnung von an Drähten aufgehängten Uranwürfeln mit einer Kantenlänge von fünf Zentimetern, so wie sie erst Jahre später von den Deutschen realisiert werden konnte. Ein Nachbau dieser Konstruktion wurde im Atomkeller-Museum Haigerloch gezeigt.

Bohr wurde nicht nur vom deutschen, sondern auch vom britischen Geheimdienst überwacht. Mit hoher Wahrscheinlichkeit hatte er auch Mittel und Wege, die Briten zu kontaktieren und sein Entsetzen (aber nicht die Skizze) weiterzugeben. Jedenfalls wurden als Reaktion darauf schon am 6. Dezember 1941, einen Tag vor dem Angriff auf Pearl Harbor, die US-amerikanischen Kernforschungsanstrengungen des NDRC verstärkt. Nach dem Kriegseintritt startete die US-Regierung 1942 das sogenannte *Manhattan Project* mit dem Schwerpunkt im heutigen *Los Alamos National Laboratory (LANL)*. Zeitweise arbeiteten in dem Projekt 125 000 Menschen an der Entwicklung der ersten Nuklearwaffen.[96] Bohr flüchtete 1943 mithilfe der Briten aus Kopenhagen und erfuhr noch auf der Flucht von seinen Kollegen, dass tatsächlich ein nukleares Waffenprogramm der USA existierte. Er besuchte im Dezember 1943 das Los Alamos National Laboratory; bei diesem Besuch wurde auch die berühmte Skizze diskutiert, die Mitarbeiter des Manhattan-Projekts erkannten diese sofort als den Entwurf eines Reaktors.

Die Anstrengungen der US-amerikanischen Kernforschung

mündeten am 16. Juli 1945 um 5:29 Uhr Ortszeit auf dem Test-
gelände in der Nähe der Kleinstadt Alamogordo, die trotz der
Namensähnlichkeit etwa 430 Kilometer weit von Los Alamos
entfernt liegt, in die erste nukleare Explosion der Weltgeschich-
te. Die Bombe, *The Gadget* genannt, basierte allerdings nicht auf
Uran, sondern auf dem Element Plutonium, das deutlich schwieriger zu einer Kettenreaktion zu bringen ist.

Kurz vor der Explosion bot der beteiligte Physiker Enrico
Fermi noch die Wette an, dass sich durch die Bombe die Atmosphäre entzünden und mindestens New Mexico, vielleicht aber
die ganze Welt vernichtet würde. Der wissenschaftliche Leiter
des Manhattan-Projekts, der deutschstämmige Physiker J. Robert Oppenheimer, wollte dagegenhalten und mutmaßte, die
Bombe *The Gadget* würde überhaupt nicht explodieren.

Der von Oppenheimer gewählte Codename für diesen Versuch war *Trinity* – Dreieinigkeit. Er bezog sich damit, wie er
später erklärte, auf zwei Gedichte von John Donne, die ihm
durch den Kopf gegangen seien, mit den Anfangszeilen:
Batter my heart, three person'd God ...
Zerschlage mein Herz, dreifalt'ger Gott ...
As West and East / In all flatt Maps – and I am one – are
one, / So death doth touch the Resurrection.
So wie Ost und West / In allen flachen Karten – und ich bin
eine – sind eins / So berührt der Tod die Auferstehung.

Damit wird die beinahe spirituelle Bedeutung offensichtlich,
welche die beteiligten Physiker dieser Angelegenheit beimaßen.
Oppenheimer war Anhänger der hinduistischen *Bhagavad Gita*
und erklärte später, dass ihm während der Explosion die Zeilen
einer Selbstbeschreibung des Gottes Krishna durch den Kopf gegangen seien:[97]
If the radiance of a thousand suns / were to burst at once into
the sky / that would be like / the splendor of the Mighty One and
I am become Death, the shatterer of worlds.

Wenn das Licht von tausend Sonnen / am Himmel plötzlich bräch' hervor / das wäre gleich dem Glanze dieses Herrlichen, und ich bin der Tod geworden, Zertrümmerer der Welten.

Über das Projekt, über die nachfolgenden Bombenabwürfe auf Hiroshima (6. August 1945) und Nagasaki (9. August 1945) sind zahlreiche Bücher geschrieben worden. Eines der besten ist das von Robert Jungk unter dem Titel *Heller als tausend Sonnen,* der sich ebenfalls auf diesen spirituellen Moment von Oppenheimer bezieht.[98]

Die wissenschaftlichen Augenzeugen des Trinity-Tests kannten Bombenexplosionen nur aus der Wochenschau und hatten den realen Bombenkrieg nicht erlebt. Das mag zum Teil erklären, warum sie so erschüttert waren.[99] Jedem Beteiligten war nun auch klar, was der Abwurf einer solchen Bombe auf eine dicht besiedelte Stadt bedeuten würde. Es setzte deshalb eine rege Diskussion ein, wie man diese Waffe zur Beendigung des Krieges einsetzen könne, ob nicht eine Testexplosion zu Demonstrationszwecken ausreichen würde. Wie wir alle wissen, setzten sich die Befürworter des realen Einsatzes aus vielfältigen Gründen durch, die in der Literatur ausgiebig diskutiert worden sind.[100]

Als Folge des Abwurfes auf Hiroshima am 6. August 1945 starben bis 1946 zwischen 90 000 und 166 000 Menschen, als Folge des Abwurfes auf Nagasaki am 9. August 1945 zwischen 70 000 und 80 000 Menschen. Die Reaktionen auf den ersten Atombombenabwurf reichten von Begeisterung über Opportunismus bis zu Skepsis und Entsetzen. Begeisterung war natürlich bei den Soldaten zu finden, die nun nicht mehr damit rechnen mussten, zu einer möglicherweise Jahre dauernden und schon detailliert geplanten Invasion des japanischen Festlandes in Marsch gesetzt zu werden. Als reiner Opportunismus Stalins kann hingegen der Eintritt der Sowjetunion in den Krieg mit Japan gesehen werden, den er am 8. August 1945 verkünden ließ.

Denn gleichzeitig beauftragte er Igor W. Kurtschatow damit, schnellstmöglich eine eigene Bombe zu entwickeln, um das Gleichgewicht der Mächte wiederherzustellen.

Skepsis finden wir, leider, auch aufseiten der japanischen Regierung. Sie brauchte Tage, um sich einen Überblick über die Lage in Hiroshima zu verschaffen – und damit zu lange, um die US-amerikanische Forderung nach Kapitulation als die einzig mögliche Option zu erkennen. Die USA verfügten zu dieser Zeit nur über eine weitere einsetzbare Bombe, die wie beim Trinity-Test auf der Basis von Plutonium konstruiert war. Auch weil der Test der anderen Technologie reizvoll schien, bestand in den USA nur ein geringer Widerstand gegen die Zündung einer zweiten Bombe, die am 9. August 1945 auf die Hafenstadt Nagasaki abgeworfen wurde. Das führte dann tatsächlich am 15. August zur bedingungslosen Kapitulation der japanischen Streitkräfte: Der Zweite Weltkrieg war zu Ende.

Eine wenig bekannte Konsequenz der japanischen Kapitulation ist, dass die USA dadurch in die Lage versetzt wurden, im April 1946 etwa 2,8 Millionen Lebensmittelrationen zu je 40 000 Kalorien, die ursprünglich für die Invasion Japans vorgesehen waren, in europäische Länder (außer Deutschland) zu verbringen. Da den Menschen im zerstörten Europa zu dieser Zeit in der Regel weniger als 2000 Kalorien pro Tag zur Verfügung standen, hat dies sicher einige Tausend Leben gerettet.[101]

Entsetzen löste der Einsatz bei vielen Wissenschaftlern aus, die an einen positiven Effekt ihrer Kernforschung für die ganze Welt geglaubt hatten. Seit 1945 erscheint deshalb das *Bulletin of the Atomic Scientists* als unabhängiges Magazin, das auch der öffentlichen Diskussion der Kernforschung dient.[102]

Für unsere Ziele ist es wichtig, sich mit dieser »Erweckung« des wissenschaftlichen Gewissens zu beschäftigen. Wissenschaft, insbesondere Naturwissenschaft, erzieht ihre Betreiber zu Emotionslosigkeit und starker Fokussierung auf das Naheliegende.

Der Biochemiker Erwin Chargaff, der uns im Kapitel »Die Angst vor den Genen« noch einmal begegnen wird, formulierte dazu: *Wir sind dazu erzogen, an der Wissenschaft ihre kalte Schnauze zu loben, als ob sie ein gesunder Hund wäre.*

Deshalb machen sich nicht alle Wissenschaftler Gedanken über die Konsequenzen ihres Handelns, wenn diese außerhalb ihres Fachgebietes liegen. Immer wieder, und quer durch alle Fachgebiete, kommt es deshalb zu wissenschaftlichen Entwicklungen, die benutzt werden können, um den Menschen Angst zu machen. Die Geschichte lehrt, dass sie dann auch dazu benutzt werden.

Gerade die Entwicklung der Nuklearwaffen lässt uns verstehen, wie die naive Herangehensweise der wissenschaftlichen Elite zu dem faustischen Pakt werden konnte, der nach dem Eintritt der Sowjetunion in die nukleare Rüstung entstand. Trotz der Detailinformationen, die der UdSSR durch Spione, allen voran durch Klaus Fuchs, zugespielt worden waren, erforderte deren technologische Rückständigkeit erhebliche Anstrengungen. Die erste sowjetische Zündung einer nuklearen Bombe geschah am 29. August 1949, das entsprechende Programm beschäftigte bis zu dreimal mehr Personen als das Manhattan-Projekt.

Die irre Strategie der gegenseitigen Vernichtung

Anfang der 1950er-Jahre war das wissenschaftliche Verständnis der Atomkerne so weit vorangeschritten, dass man auch die Energie der Kernfusion für Waffenzwecke nutzen wollte. Während bei den Kernspaltungsbomben die freigesetzte Energie begrenzt ist, gilt dies nicht für Fusionsbomben, auch als thermonukleare Bomben bezeichnet: Einfach durch Erhöhung der Menge an Wasserstoff-Isotopen, die zur Fusion gelangen, lässt sich ihre Sprengkraft theoretisch unbegrenzt steigern. Im Jahr 1953 zündeten die USA und die Sowjetunion im Abstand von nur neun Monaten ihre ersten Wasserstoffbomben, in denen die Kernfusion durch eine Kernspaltungsbombe eingeleitet wird.

Einer der führenden Köpfe, die in den USA stark für die Weiterentwicklung der vergleichsweise milden Kernspaltungsbomben eintraten, war der österreichisch-ungarische Physiker Eduard (Edward) Teller. Nach dem Studium an der Technischen Hochschule Karlsruhe und der Promotion in Leipzig unter anderem bei Werner Heisenberg emigrierte er 1933 über England und Dänemark in die USA und war einer der ersten Mitarbeiter des Manhattan-Projekts. Teller galt als ein sehr schwieriger Mensch, der sich mit vielen seiner Fachkollegen überwarf. Nach ihrer Auffassung verfolgte er die Entwicklung der Wasserstoffbombe mit übergroßem Elan, der auch viele falsche Wege einschloss. Andererseits lieferte er einen so eminent wichtigen Teilbeitrag, dass er oft als *Vater der Wasserstoffbombe* bezeichnet wurde. 1954 trug Teller mit einer Aussage vor einem Untersuchungsausschuss maßgeblich dazu bei, dass Oppenheimer seine Sicherheitseinstufung verlor.[103]

In der wissenschaftlichen Gemeinschaft galt Teller danach als Geächteter – was ironischerweise seine Hinwendung zum Militär und sein Engagement als politischer Berater beförderte. Er beriet die US-Regierung weiterhin in Angelegenheiten der Kernwaffenentwicklung und des Einsatzes der Kernenergie im Allgemeinen. Von ihm stammte auch die Idee, Wasserstoffbomben in Megatonnenstärke einzusetzen, um in Alaska einen künstlichen Tiefwasserhafen zu schaffen. 1958 hatte die *Atomic Energy Commission AEC* seinen Vorschlag akzeptiert, verwarf ihn 1962 glücklicherweise aber wieder.

Natürlich hatte auch die Sowjetunion ihren *Vater der Wasserstoffbombe,* den Physiker Andrej Sacharow. Von ihm stammten viele innovative Ideen zur Kernwaffenentwicklung, und er war zeitlebens ein Verfechter des Gleichgewichts des Schreckens als friedensstiftender Lösung. Erst mehr als zwei Jahrzehnte nach dem Abschluss der *Partial Nuclear Test Ban Treaty PNTB*

(Teilweise Nuklearer Teststopp-Vertrag) im Jahr 1963, in dem man die Einstellung der oberirdischen Kernwaffenversuche beschloss, wurde sein wichtiger Anteil an diesem Vertragswerk deutlich. Sacharow wandte sich ab 1970 gegen die immer restriktivere Herrschaft der kommunistischen Partei, was zu seiner Verbannung führte.[104] 1975 wurde ihm der Friedensnobelpreis zuerkannt. Seine Verbannung wurde erst 1986 durch Michail Gorbatschow beendet. 1988 griff er bei einer Konferenz seinen Gegenpart Edward Teller öffentlich an, weil dieser sich sehr stark für das SDI-Programm einsetzte. Es zeugt von einer gewissen Ironie, dass ebenfalls seit 1988 das Europäische Parlament jedes Jahr den *Sacharow-Preis für Menschenrechte und Demokratie* vergibt.

Großbritannien folgte 1952 mit der ersten eigenen Kernspaltungsbombe und 1957 mit einer Wasserstoffbombe, Frankreich 1960 und 1968, die Volksrepublik China 1964 und 1967. Indien zündete 1974 eine Kernspaltungsbombe, Pakistan 1998 und Nordkorea 2006. Israel nimmt insofern eine Sonderrolle ein, als es vermutlich seit 1967 über Kernwaffen verfügt, dies aber erst seit 2006 zumindest halboffiziell einräumt – und es wird spekuliert, dass deren Entwicklung zusammen mit Südafrika erfolgte. Auch hier begegnet uns wieder die dämonische Figur des Edward Teller, denn der hatte ab 1952 etwa 20 Jahre lang auch als Berater der israelischen Regierung gearbeitet. 1964 wurde er zum Vorbild für die Figur des Dr. Strangelove in dem Film *Dr. Strangelove or: How I Learned to Stop Worrying and Love the Bomb* von Stanley Kubrick, deutsch als *Dr. Seltsam, oder wie ich lernte die Bombe zu lieben.*

In dem satirischen Film wird thematisiert, dass General Jack D. Ripper, der durchgeknallte Kommandeur eines Luftwaffenstützpunkts, seine mit Kernwaffen bestückten Bomber in Richtung UdSSR in Marsch setzt. Alle Versuche des Rückrufes scheitern, sogar unter Beteiligung der Sowjetunion. Der Film endet mit der Vernichtung der menschlichen Zivilisation, und Dr.

Strangelove wird als heimlicher Hitler-Anhänger entlarvt. Mit der Figur des Jack D. Ripper persiflierte Kubrick den echten General Curtis LeMay, der während der Kuba-Krise (siehe Abschnitt »Krieg durch Zufall«) einen nuklearen Krieg führen wollte. Als Vorbild für Dr. Strangelove, im Film von Peter Sellers verkörpert, diente neben Edward Teller auch C. A. Rotwang, der fiktive Erfinder des Maschinenmenschen in dem Stummfilmklassiker *Metropolis* von Fritz Lang aus dem Jahr 1927. Rotwang, gespielt von Rudolf Klein-Rogge, kopiert in dem Epos von Fritz Lang die echte Maria (Brigitte Helm) in eine maschinelle Version. Kubrick übernahm für die Figur des Dr. Strangelove Rotwangs irres Verhalten ebenso wie die künstliche rechte Hand.

Insgesamt wurden auf der Erde etwa 2425 Kernwaffentests[105] durchgeführt. Dabei ist die Häufigkeit dieser Tests im Laufe der Zeit extrem stark gesunken. Dafür gibt es zwei Gründe: einerseits den Abschluss internationaler Verträge, andererseits aber auch die enormen Fortschritte bei der Simulation nuklearer Explosionen. Mit anderen Worten: Technik und Dynamik nuklearer Waffen sind so gut verstanden, dass die experimentelle Überprüfung der Konzepte nur selten nötig ist. Edward Teller machte zur Zeit der Einstellung dieser Tests erneut von sich reden, denn er war entschiedener Gegner des Testverzichts.

Das erwähnte *Bulletin of the Atomic Scientists* veröffentlicht seit weiterer Kernwaffentests der USA im Jahr 1947 die sogenannte *Doomsday Clock,* die in der Vorstellung eines wissenschaftlichen Rates anzeigt, wie viele Minuten bis Mitternacht (und damit der Auslöschung der Menschheit) es noch sind. 1947 wurde die *Doomsday Clock* auf sieben Minuten vor Mitternacht gestellt. Mit der sowjetischen Kernwaffenzündung 1949 sprang der imaginäre Zeiger auf drei Minuten vor Mitternacht, mit der Entwicklung der Wasserstoffbomben auf zwei Minuten vor Mitternacht.

Ab 1951 wurde in den USA eine mediale »Aufklärungskampagne« geführt, in der man der Bevölkerung suggerierte, dass ein

Nuklearkrieg möglich, führbar und sogar überstehbar sei. Bemerkenswertes Dokument dazu ist der Lehrfilm *Duck and Cover* aus dem Jahr 1951,[106] in dem die Comicfigur *Bert the Turtle* das angeblich notwendige Verhalten vorführt. Eine kritische Zusammenfassung der Kampagne wurde 1981 in dem Dokumentarfilm *The Atomic Café* von Jayne Loader sowie Kevin und Pierce Rafferty gezeigt.

Wie schon vorher bemerkt, hat das Gleichgewicht des Schreckens seinen Ursprung in der Doktrin der *Mutually Assured Destruction*:

MAD – Derjenige, der zuerst angreift, wird dennoch als Zweiter sterben.

Man kann viel hin und her argumentieren, ob das Gleichgewicht des Schreckens der Welt den Frieden erhalten hat. Dafür gibt es keinen Beweis – wohl aber dafür, dass die Welt mindestens einmal am Rande der nuklearen Katastrophe stand, wie im Abschnitt »Krieg durch Zufall« geschildert. Die nachträgliche Rechtfertigung der MAD-Doktrin ist darum nicht angebracht, es handelt sich um eine Fehlinterpretation des sogenannten Präventionsparadox (siehe dazu Abschnitt »Die Corona-Pandemie 2020–2021 – oder auch nicht?«).

Dabei wurden die Waffen immer kleiner, genauer und technisch eleganter. Von Multi-Megatonnen-Bomben kam man zugunsten kleinerer und präziserer Systeme ab. Diese sollten auch nur noch in Ausnahmefällen durch langsame Flugzeuge befördert werden, zum Transportmittel der Wahl wurden für die Militärs aller Seiten Raketen, die innerhalb kürzester Zeit das Gebiet des vermeintlichen Gegners erreichen könnten. Das ging mit der Vervielfachung der Bomben und der Bombentypen einher, im Jahr 1981 verfügten die USA über 23 031 und die UdSSR über 32 049 Kernwaffen. Diese Entwicklung war die Folge einer ganz spezifischen Überzeugung in den beiden konkurrierenden militärischen Organisationen:

Wenn der Gegner ein neues nukleares Waffensystem X mit den Eigenschaften Y besitzt, müssen wir ein vergleichbares System entwickeln/kaufen/stationieren, um dieser Bedrohung entgegenzuwirken.

Das Ziel dieser Rüstung war also keineswegs »Verteidigung« – sondern »Gegendrohung«. Dabei ist offensichtlich, dass nukleare Waffen eine so immense Bedrohung darstellen, dass es vollkommen irrelevant ist, ob man davon hundert, tausend oder gar zehntausend besitzt. Die Angst vor der Bedrohung durch das neue nukleare Waffensystem X ist also eine Angst ohne realen Hintergrund, somit eine eigentlich pathologische Angststörung. Natürlich versuchten die Regierungen auf beiden Seiten, diese Angst auch in die Bevölkerung zu transportieren, allerdings mit immer geringerem Erfolg.

Im vorigen Kapitel habe ich schon die *Strategic Defense Initiative (SDI)* erwähnt, mit der während der 1980er-Jahre die Situation destabilisiert wurde. Denn es kam bei einigen militärischen Planern die Idee auf, dass man ja den Gegenschlag eines Feindes verhindern könne. Damit aber wäre die MAD-Strategie ausgehebelt, der Erstschlag wäre eine reale Möglichkeit, um den ideologischen Gegner auszuschalten. Die fantastische neue Technologie hinter SDI waren satellitengestützte Waffen, wie etwa Röntgenlaser, die zur Zündung selbst eine nukleare Explosion erfordern würden. Deshalb wurde das SDI-Programm auch als »Krieg der Sterne« bezeichnet.

Viele der Dokumente über die ersten Kernwaffen waren in den 1980er-Jahren öffentlich; jedem Physikstudenten war also klar, wie man so etwas bauen kann. Standardwerke wie *The Effects of Nuclear Weapons* von Glasstone und Dolan[107] vermittelten realistisches Wissen über die Wirkung dieser Waffen. Dazu kamen auch neue, öffentlich bekannt gemachte Erkenntnisse – etwa über *Nuklearen Winter*. Mit diesem Begriff wird die Tatsache bezeichnet, dass die Zündung einer größeren Menge von

Nuklearwaffen die entsprechende Halbkugel der Erde für viele Monate in eine dichte Wolkendecke hüllen würde. Damit würden nicht Hunderte Millionen Menschen sterben, sondern Milliarden – und zwar auch bei einem Erstschlag der USA und einer Verhinderung des Gegenschlages durch die SDI-Waffen.

Hinzu kamen neue mediale Aufarbeitungen des Nuklearkriegsthemas. Von besonderer Bedeutung war der Film *The Day After* von Nicholas Meyer, der in den USA als Fernsehfilm und in Deutschland in den Kinos gezeigt wurde. Er schildert in sehr persönlichen Bildern das Schicksal einer Familie während und nach einem nuklearen Angriff auf die USA mit mehr als 300 Raketen. Dabei werden politische und militärische Fragen weitgehend ausgeklammert, auch bleibt das Ende offen. Allein in Westdeutschland sahen 3,6 Millionen Menschen diesen Film, einen der kommerziell erfolgreichsten des Jahres. Ebenfalls 1983 erschien der Roman *Die letzten Kinder von Schewenborn oder ... sieht so unsere Zukunft aus?* von Gundrun Pausewang,[108] das sich als apokalyptische Vision eines nuklearen Angriffs auf das Fulda Gap (siehe Abschnitt »Krieg im Fulda Gap«) darstellt. Pausewang stammt aus der Gemeinde Schlitz (alias Schewenborn) im hessischen Bergland und beschreibt das Sterben der Familie aus Sicht eines zwölfjährigen Jungen. Beide Werke, Film und Buch, enthielten viele sachliche Fehler, was die Folgen einer radioaktiven Belastung betrifft. Sie hatten aber gerade deswegen und wegen der übereinstimmenden Feststellung, dass ein nuklearer Krieg auch jedes zivile Verhalten innerhalb der Bevölkerung zerstören würde, enorme Auswirkungen auf die Sichtweise der Menschen in Deutschland. Gleichzeitig transportierten beide das Mem, dass erhebliches Misstrauen gegenüber dem Staat angebracht sei – nicht nur sei dieser unfähig, die Menschen zu schützen, sondern würde sich zur Aufrechterhaltung seiner Macht in der Krise zu einem totalitären System entwickeln.

Die öffentliche und die wissenschaftliche Meinung wendeten sich durch diese Meme schnell und relativ deutlich gegen die

Pläne der Strategic Defense Initiative. Sie waren in den USA durch den persönlichen Einsatz eines guten Bekannten vorangetrieben worden: Edward Teller, der »Vater der Wasserstoffbombe«, war seit den 1950er-Jahren nicht untätig gewesen. Er nahm nicht nur auf die Kernenergienutzung in den USA Einfluss, wie wir in Abschnitt »Die Störfälle von Three Mile Island und Tschernobyl« sehen werden, sondern hatte auch den US-Präsidenten Ronald Reagan von der Machbarkeit von SDI überzeugt. Dass er dabei überenthusiastisch war und technische Schwierigkeiten bewusst kleinredete (wie schon bei der Entwicklung der Wasserstoffbombe), sorgte für erhebliche Kritik. Diese technischen Schwierigkeiten führten dann tatsächlich dazu, dass das SDI-Programm nicht in vollem Umfang weiterverfolgt wurde.

Unbestritten ist jedenfalls, dass Edward Teller einer der einflussreichsten Wissenschaftler des 20. Jahrhunderts war.[109] Seine düstere äußere Erscheinung, sein geradezu soziopathisches Auftreten in öffentlichen Diskussionen (auch in Deutschland), seine Identifikation mit der filmischen Figur des bösen Wissenschaftlers Dr. Strangelove und seine offene Unterstützung der rechtspopulistischen Fidesz-Partei in seinem Herkunftsland Ungarn machen ihn darüber hinaus zu einer exzellenten Figur, Menschen Angst einzujagen.

Atombomben in Deutschland

Am 3. Oktober 1954 unterzeichnete Bundeskanzler Konrad Adenauer bei der Londoner Neun-Mächte-Konferenz die Verpflichtung, dass die Bundesrepublik Deutschland auf die Herstellung von nuklearen, biologischen und chemischen Waffen auf ihrem Hoheitsgebiet verzichtet. Diese Erklärung war Vorbedingung für die Wiederherstellung der Souveränität und eine Aufnahme der Bundesrepublik in die NATO.[110] Nicht ausgeschlossen war damit die Nuklearwaffenentwicklung gemeinsam mit anderen Staaten, diese wurde auch sehr schnell geplant. Entsprechende vertragliche Anstrengungen fanden ihr Ende erst mit der Unterzeichnung und Ratifizierung des Atomwaffensperrvertrages[111] (Vertrag über die Nichtverbreitung nuklearer Waffen, *Treaty on the Non-Proliferation of Nuclear Weapons*) im Jahr 1969.

Schon ab 1953 hatten die in Westdeutschland stationierten US-amerikanischen Truppen nukleare Gefechtsfeldwaffen, also taktische Atomwaffen, für das Verschießen in mächtigen Haubitzen vom Typ M65 *Atomic Annie* in ihrem Arsenal. Ironischerweise war dieses M65 eine Weiterentwicklung der deutschen 28-cm-Eisenbahnkanone K 5 (E) aus dem Zweiten Weltkrieg, als Reichweite der K 5 waren etwa 62 Kilometer bekannt. Von den 20 jemals gebauten M65 waren 16 in Deutschland stationiert – und bei der entsprechenden Reichweite war klar, an welcher Stelle die Explosion der nuklearen Granaten erfolgen würde – jede mit etwa 15 Kilotonnen TNT Sprengwirkung, also etwa der Wirkung einer Hiroshima-Bombe. Dass damit Deutschland zum nuklearen Schlachtfeld würde, sickerte langsam in das Bewusstsein der Öffentlichkeit und führte zum Entstehen einer Gegenbewegung, die wir schon kennengelernt haben.

Der erste regelrechte Skandal um diese Stationierung ereignete sich, als 1957 Bundeskanzler Konrad Adenauer, der immerhin im Krieg miterleben musste, wie seine Heimatstadt Köln in Schutt und Asche gelegt wurde, erklärte:[112]

Die taktischen Atomwaffen sind im Grunde nichts anderes als eine Weiterentwicklung der Artillerie.

Adenauer löste damit einen Proteststurm aus, dessen Speerspitze ein Telegramm war, das am 12. April 1957 von 18 namhaften Wissenschaftlern, den *Göttinger Achtzehn*, als Göttinger Manifest verfasst worden ist. Die Gruppe, der auch Heisenberg und von Weizsäcker angehörten, forderte, die Nutzung der Kernenergie ausschließlich auf friedliche Zwecke zu begrenzen. Adenauer reagierte empört und sprach den Beteiligten die notwendigen Kompetenzen ab. An den deutschen Universitäten fanden das Göttinger Manifest und Adenauers Reaktion darauf aber ein heftiges Echo; es brach, wie wir heute sagen würden, ein Shitstorm los. Wie wir im Abschnitt »Die Grippe im 20. und 21. Jahrhundert« sehen werden, waren plötzlich auch in deutschen Medien die Nuklearwaffen ein Thema, das mit dem »Bösen« assoziiert wurde, etwa indem sie als Auslöser von Pandemien gehandelt wurden.

Seinerzeit war die Politik jedoch gegenüber öffentlicher Kritik noch weitgehend immun, der Deutsche Bundestag beschloss daher am 25. März 1958 die Stationierung dieser taktischen Nuklearwaffen. Auf dem Höhepunkt des Kalten Krieges lagerten in Westdeutschland etwa 1500 US-Kernwaffen, dazu kamen noch britische und französische Kernwaffen in unbekannter Anzahl. Neben den nuklearen Granaten waren dies auch nukleare Minen (man beachte: zur Zerstörung der deutschen Infrastruktur) und nuklear bestückte Kurzstrecken- und Luftabwehrraketen, aber auch Wasserstoffbomben des Typs B61.[113] Auch auf dem Staatsgebiet der DDR lagerten entsprechende Bestände, allerdings in deutlich geringerem Umfang. Einer der Gründe war, dass die DDR-Führung unter Erich Honecker Nuklearwaffen als »Teufelszeug« bezeichnet hatte und ihnen sehr ablehnend gegenüberstand – während im Westen die NATO-Doktrin den Ersteinsatz nuklearer Waffen ausdrücklich nicht ausschloss.

Das Arsenal der Kurzstreckenwaffen in beiden deutschen Staaten hätte bei einem Einsatz dazu geführt, dass aus Deutschland eine nuklear verseuchte Wüste mit Millionen Opfern geworden wäre. Kurzstreckenraketen, z. B. des ab Mitte der 1970er-Jahre beschafften Typs *Lance* mit einer maximalen Reichweite von 130 Kilometern, hätten vielleicht noch das Territorium der DDR erreichen können. Die euphemistisch als »Sondermunition« bezeichneten Granaten und Minen waren ausdrücklich für den Einsatz innerhalb der westdeutschen Grenzen vorgesehen.

Hinzu kommen die größeren Bomben für den Abwurf aus einem Flugzeug. Die genannte B61 mit einer Sprengkraft von bis zu 400 Kilotonnen TNT, also dem mehr als 20-Fachen der Hiro-shima-Bombe, kann beispielsweise von einem Tornado-Kampf-flugzeug befördert werden. Tatsächlich wurde dies auch von deutschen Piloten trainiert – und bis zu 300 dieser Bomben wur-den in Westdeutschland gelagert.

Zu keiner Zeit hatten die beiden deutschen Regierungen ein nennenswertes Mitspracherecht über den Einsatz von Nuklear-waffen auf ihrem Territorium. Im Dezember 1958 beschloss der NATO-Rat, dass ausschließlich die USA eine Entscheidungsbe-fugnis über den Einsatz nuklearer Waffen in Westeuropa haben sollen. In der Formulierung der NATO heißt es auch heute noch *Nukleare Teilhabe,* dass in einem »Verteidigungsfall« entspre-chend ausgerüstete US-amerikanische NATO-Einheiten sich der Bundeswehr oder anderer Streitkräfte bedienen können, um nu-kleare Waffen ins Ziel zu bringen. Nach einer Freigabe durch das US-Militär müssen diese Geräte durch US-Soldaten »scharf gemacht« werden und bis zum Abschuss durch je zwei US-Sol-daten begleitet werden. Wir können davon ausgehen, dass ent-sprechende Regelungen auch in den Staaten des Warschauer Paktes existierten.

Nach dem Göttinger Manifest von 1957 ergab sich in West-deutschland für kurze Zeit eine Protestbewegung, die sich unter dem Motto *Kampf dem Atomtod* vorwiegend gegen eine nuklea-re Bewaffnung der Bundeswehr mit einem entsprechenden Ein-satzrecht wandte. Nachdem dieses Einsatzrecht nie zustande kam, verlief der Protest im Sande. Einer der Gründe kann sicher darin gesehen werden, dass in Westdeutschland die Angst der Bevölkerung vor dem Kommunismus und dem Warschauer Pakt massiv geschürt wurde und die nuklearen Waffen als einzige »Verteidigung« dagegen gesehen wurden, so wie ich das oben geschildert habe. Nach der Wiedereinführung des Zivilschutzes in Westdeutschland ab 1957 versuchte die Bundesregierung des-halb, in der Bevölkerung die Überzeugung zu stärken, dass ein nuklearer Krieg gar nicht so schlimm sein würde. 1961 ließ sie eine Broschüre des Bundesinnenministeriums mit dem Titel *Jeder hat eine Chance* an alle Haushalte verteilen.[114] Diese enthielt (sachlich zweifelhafte) Hinweise darauf, wie man sich im Falle eines nuklearen Angriffs zu verhalten habe, und war in vielen Aspekten eine Kopie der zuvor in den USA geführten »Aufklärungskampagne«, über die ich im vorigen Abschnitt geschrieben habe. Allerdings traf die deutsche Initiative für mehr Zivilschutz auf erheblichen Widerstand in der Bevölkerung, sodass das Thema erst einmal an Bedeutung verlor.

In den 1960er- und 1970er-Jahren richteten sich die Ängste der deutschen Bevölkerung eher auf die Bedrohung der inneren Sicherheit. Studentenproteste ebenso wie die Terroristen der *Rote Armee Fraktion (RAF)* rückten in den Fokus. Die zur gleichen Zeit stattfindende Liberalisierung der Gesellschaft und die immer engere Anbindung an den Westen und die USA ließen die Bedrohung durch Nuklearwaffen gering erscheinen. Die Doomsday Clock ging bis zum Jahr 1972 auf 12 Minuten vor Mitternacht zurück.

Danach verstärkte sich das internationale Wettrüsten massiv, kriegerische Auseinandersetzungen nahmen stark zu. Von 1984 bis 1987 stand der Zeiger wieder auf drei Minuten vor Mitternacht. Wir haben in dem genannten Abschnitt schon gesehen, wie die Stationierung modernen nuklearer Mittelstreckenraketen, die auf beiden Seiten als Angriffswaffen zu sehen waren, die militärische Situation in Europa destabilisierte und die deutsche Bevölkerung zumindest teilweise gegen die nukleare Aufrüstung auf die Barrikaden brachte. Dabei kam es auch zu Stilblüten, beispielsweise trat die Studentenschaft der damaligen Fachhochschule Dieburg mit der Forderung an die Öffentlichkeit, den Landkreis Dieburg zur »Atomfreien Zone« zu erklären.

Eine der größten jemals in Deutschland durchgeführten Demonstrationen fand am 10. Juni 1982 in Bonn statt. Etwa 500 000 Menschen protestierten anlässlich einer NATO-Tagung unter Anwesenheit des US-Präsidenten Ronald Reagan friedlich gegen die Stationierung nuklearer Waffen. An anderen Orten wurde durch Menschenketten demonstriert. Auch der Faden des Göttinger Manifests wurde wieder aufgenommen. Unter Führung des Münchner Physikers Hans-Peter Dürr und des Chemie-Nobelpreisträgers Linus Pauling engagierten sich insbesondere Naturwissenschaftler gegen die nukleare Rüstung. Dürr war ein Schüler des schon diskutierten Nuklearwaffenfans Edward Teller und wandte sich auch aufgrund seiner persönlichen Erfahrungen gegen die Kernwaffenrüstung. In lebhafter Erinnerung ist mir eine Tagung in Mainz aus dem Sommer 1982, bei der wir den Beschluss fassten, mit Dürr und Pauling zum Abschluss durch die Stadt zu laufen. Das Medienecho war immens, die Schlagzeilen lauteten etwa: *Hunderte Wissenschaftler demonstrieren in Mainz gegen Atomrüstung.*

Die Zukunft und die Folgen der Bombe

Vor den nuklearen Kurzstreckenwaffen und den Mittelstreckenraketen sind wir heute relativ sicher, das muss eindeutig als Erfolg der Friedensbewegung gesehen werden. Die Kurzstreckenwaffen wurden nach dem Zusammenbruch des Warschauer Paktes abgezogen. Aufgrund der *Intermediate Range Nuclear Forces Treaty (INF*-Vertrag vom 8. Dezember 1987) wurden bis Ende 1991 alle nuklearen Mittelstreckenraketen abgezogen. Leider wurde dieser INF-Vertrag vom damaligen US-Präsidenten Donald Trump mit der Begründung, dass Russland dagegen verstoße, am 2. August 2019 außer Kraft gesetzt. Bei einem Treffen zwischen Trumps Nachfolger Joe Biden und dem russischen Präsidenten Wladimir Putin im Juni 2021 wurde das Thema nach den öffentlich bekannten Informationen ausgespart. Die Situation ist also instabil, und wir tun gut daran, sie im Auge zu behalten. Mehr noch: Wir haben in diesem Kapitel gesehen, dass Deutschland das Schlachtfeld einer Auseinandersetzung wäre, und haben alles Recht, eine Einigung der möglichen Kontrahenten zu fordern.

Etwas anders sieht es bei den strategischen Waffen aus. Die Nuklearmächte verfügen immer noch über gewaltige Arsenale, die geeignet sind, die gesamte menschliche Zivilisation mehrfach zu zerstören. Nach Zählung der *International Campaign to Abolish Nuclear Weapons (ICAN)* verfügten die neun Nuklearmächte im Jahr 2019 noch über 13 400 Kernwaffen, von denen einige Hundert in ständiger Einsatzbereitschaft gehalten wurden.[115] Das schwedische Friedensforschungsinstitut SIPRI geht davon aus, dass die Gesamtzahl der Sprengköpfe 2020 leicht auf 13 080 gesunken, die Anzahl der einsatzbereiten jedoch gestiegen ist.[116]

2022 lagern noch etwa 20 gerade erst modernisierte strategische Bomben des Typs B61-12 auf dem deutschen US-Stützpunkt Büchel nahe der Grenze zu Luxemburg. Zu ihrem Transport werden bis 2024 entsprechend ausgerüstete Tornado-Kampfflugzeuge der Bundeswehr bereitgehalten, danach will man offenbar US-amerikanische Flugzeuge kaufen.

In den Koalitionsverhandlungen der letzten »schwarz-gelben« Bundesregierung 2009 setzte die FDP durch, dass alle nuklearen Waffen aus Deutschland abgezogen werden sollten. Außenminister Guido Westerwelle leitete im gleichen Jahr die ersten Schritte dazu ein, wurde jedoch von Bundeskanzlerin Angela Merkel gestoppt, da sie darauf bestand, dass dies nur gemeinsam mit allen NATO-Partnern geschehen dürfe. Die NATO hingegen formulierte 2010 die Strategie, so lange auch ein nukleares Waffenbündnis mit »Nuklearer Teilhabe« bleiben zu wollen, wie es nukleare Waffen gäbe.[117]

Im Jahr 2017 haben 122 der 193 UN-Mitgliedsstaaten den Atomwaffenverbotsvertrag (AVV) oder *Treaty on the Prohibition of Nuclear Weapons (TPNW)*[118] unterzeichnet und beschlossen, dass er in Kraft tritt, wenn ihn mehr als 50 Staaten ratifiziert haben. Das geschah am 22. Januar 2021 durch die Ratifizierung in Honduras. Der AVV verbietet die Mitarbeit und Unterstützung von Kernwaffenprogrammen, die Beteiligung an nuklearen

Allianzen und natürlich den Besitz nuklearer Waffen sowie die Drohung mit ihrem Einsatz. Kein Mitgliedsstaat der NATO ist unter den Unterzeichnern.

Meine Position dazu stimmt weitgehend mit der Position des ehemaligen Bundesaußenministers Westerwelle überein:

> Ich halte es für verwerflich und in höchstem Maße unmoralisch, unseren Mitmenschen mit dem Einsatz nuklearer Waffen zu drohen. Auch eigene Angst kann keine Rechtfertigung für den Einsatz von Massenvernichtungswaffen sein.

Allerdings teile ich eine Überzeugung des AVV nicht. Denn es kann durchaus sein, dass wir irgendwann in der Zukunft nukleare Bomben benötigen, um kosmische Katastrophen wie den Einschlag eines Asteroiden abzuwehren.

Obwohl die Gefahr eines ungewollten zufälligen Krieges heute sicher geringer ist als noch vor 40 Jahren, ist sie nicht ganz verschwunden. Dass Kriege der Zukunft möglicherweise mit autonomen Systemen geführt werden, könnte diese Gefahr wieder deutlich steigern.

Ebenfalls besteht weiterhin die Gefahr, dass Schurkenstaaten oder Terroristen außerhalb aller internationalen Vereinbarungen nukleare Waffen einsetzen. Da heute jeder Physikstudent weiß, wie man eine auf Kernspaltung beruhende Bombe herstellt, lässt sich diese Gefahr auch nicht durch Exportverbote, Technologie-Embargos und »Sanktionen« eindämmen, sondern wir müssen sie hinnehmen und mit ihr zu leben lernen.

Eine der langfristigen Folgen der Kernwaffenentwicklung ist auch ihr Beitrag zur »normalen« alltäglichen Radioaktivität in der Umwelt. Zum größten Teil stammt dieser Beitrag aus den oberirdischen Kernwaffenversuchen. Sie führten beispielsweise um das Jahr 1965 zu einem deutlichen Anstieg des ^{14}C-Gehaltes in der Atmosphäre,[119] der die Altersbestimmung mithilfe der Radiokarbon-Methode erheblich komplizierter macht (mehr dazu im Abschnitt »Radioaktivität in der Natur«). Sie führten aber auch zur Anreicherung anderer radioaktiver Isotope in menschlichen Knochen und Zähnen, wie etwa von Strontium ^{90}Sr.[120] Dadurch ergab sich mit ziemlicher Sicherheit ein Anstieg der durch Strahlung verursachten Krebsfälle. Die tatsächliche Anzahl der zusätzlichen Todesfälle ist allerdings kaum seriös zu schätzen, je nach Quelle werden weltweit zwischen ca. 10 000 und eine Million Fälle genannt. Es ist deshalb gut, dass wir weltweit seit 1980 damit aufgehört haben, Nuklearwaffen oberirdisch zu testen. Auch wenn diese zusätzlichen Belastungen nach dem Ende der oberirdischen Tests im Jahre 1980 zurückgegangen sind, lässt sich das radioaktive Material in Zähnen wegen ihrer großen Haltbarkeit noch für Tausende von Jahren nachweisen.

Viele der Warner vor den Gefahren der Atombomben und der Radioaktivität haben in diesem Zusammenhang die Situation auf dem Bikini-Atoll herangezogen. Die USA haben dort von 1946 bis in die 1960er-Jahre 67 ganz unterschiedliche Kernwaffentests durchgeführt und dadurch große Teile des Atolls mit radioaktiven Stoffen belastet. Die insgesamt 197 Bewohner der beiden Hauptinseln wurden natürlich vorher evakuiert. Allerdings wurden dabei wohl falsche Versprechungen einer baldigen Rückkehr gemacht, denn die soziale Struktur der kleinen Gemeinschaft zerfiel und sie war nahezu vollständig auf externe Hilfeleistungen angewiesen. 1968 leitete man die Rückkehr ein – immerhin war die Gruppe inzwischen auf 540 Personen angewachsen. Die relativ wenigen Personen, die sich zur Rückkehr entschlossen, blieben aber nur bis 1978 auf Bikini, denn inzwischen waren radioaktive Rückstände in der lokalen Meeresfauna entdeckt worden, die eine langfristige Ernährung aus lokalen Quellen nicht sinnvoll erscheinen ließen. 139 Menschen wurden auf andere Südseeinseln umgesiedelt. Seit 2011 versuchen die Bikinianer, von der US-Regierung Schmerzensgeld und Schaden-ersatz in Höhe von 1,1 Milliarden Dollar zu erhalten, sind aber bisher mit dieser Forderung gescheitert.

Kritischer ist die Situation auf der weiter entfernten Insel Ron-gelap, einer ehemaligen deutschen Kolonie, die am 1. März 1954 bei der Explosion der 15-Megatonnen-Wasserstoffbombe *Castle Bravo* ungeplant durch radioaktiven Fallout verseucht worden ist. Die USA evakuierten die etwa 60 mehrheitlich unter Strahlen-folgen leidenden Bewohner, brachten sie aber schon 1957 wieder zurück. Es zeigte sich in den Folgejahren ein signifikanter Anstieg z. B. von Schilddrüsenkrebs, weil sich die Menschen von mit ra-dioaktivem Jod belasteten Meerestieren ernährten. Interessanter-weise hätte man diese Erkrankungen durch die Gabe von Jodta-bletten problemlos verhindern können – mehr dazu im Abschnitt »Die Störfälle von Three Mile Island und Tschernobyl«.

Eine dauerhafte Umsiedlung durch die USA wurde den Insu-lanern verweigert, sodass die Evakuierung der inzwischen auf 300 Personen angewachsenen Bevölkerung 1985 unter großem Medienecho durch das Greenpeace-Schiff *Rainbow Warrior* er-folgte.[121] Die Betroffenen wurden von den USA für diese Härte mit insgesamt 150 Millionen Dollar entschädigt – allerdings for-dern sie insgesamt etwa eine Milliarde Dollar. Die US-Regierun-gen unter George W. Bush (2006) und Barack Obama (2012) entschieden unabhängig voneinander, dass die gezahlten Ent-schädigungen ausreichend seien.[122]

Auch wenn man über die Höhe der Entschädigung diskutie-ren kann, handelt es sich bei diesen Beispielen bekanntlich nicht um Einzelfälle beim Umgang der US-Regierung mit indigenen Völkern. Im Vordergrund der medialen Berichterstattung steht aber meist nicht der rüde Umgang mit Menschen, sondern die »schreckliche Radioaktivität«, in die man die armen Menschen entlassen habe.

Auch unter dem Eindruck dieser Berichterstattung charterte 2015 eine unabhängige Gruppe von »Aktivisten« der Columbia

University New York unter Leitung der Studentin Autumn S. Bordner ein Schiff, um die Strahlenbelastung der Inseln festzustellen.[123, 124] Teilweise konnten sie keinerlei signifikante Belastung der Bewohner durch die Umgebung feststellen, teilweise fanden sie höhere Werte als vermutet – mit einer deutlichen Spitze auf den (nicht bewohnten) Inseln Rongelap und Bikini. Hier ist es also für eine Wiederbesiedlung noch zu früh.

Allerdings stellte sich zur Überraschung der »Aktivisten« die radioaktive Belastung durch die Umgebungsstrahlung auf Rongelap als deutlich geringer heraus als die im Central Park in New York. Dort tritt der Granituntergrund der Insel Manhattan zutage – und der ist eben ganz natürlich radioaktiv.

Radioaktivität in der Natur

Bei allen Betrachtungen über Atome und Radioaktivität sollten wir etwas im Auge behalten:

> Das Zusammenfügen und das Zerreißen von Atomkernen und die dabei entstehende Radioaktivität sind ganz natürliche Vorgänge.

Diese Vorgänge haben schon wenige Minuten nach dem Urknall vor 13,8 Milliarden Jahren begonnen und dauern seitdem an[125] – vorher war es im Kosmos einfach zu heiß dafür. Unsere besten Modelle der kosmischen Entwicklung stimmen alle darin überein, dass in diesem Urknall fast nur die einfachsten Atomkerne des Wasserstoffs ^{1}H, weiterer Wasserstoffisotope (Deuterium ^{2}H mit einem und Tritium ^{3}H mit zwei zusätzlichen Neutronen) sowie des Heliums ^{4}He (zwei Protonen und zwei Neutronen) entstanden sind sowie verschwindend kleine Reste anderer leichter Atomkerne. Buchstäblich alle anderen Elemente und damit auch ein großer Teil der Materie, aus dem dieser Planet und seine Bewohner bestehen, wurden in nuklearen Reaktionen von Sternen erzeugt. Unsere Sonne ist ein gigantischer Kernfusionsreaktor mit einem Durchmesser von über einer Million Kilometern, der uns nur deshalb als nett, freundlich und lebensspendend warm erscheint, weil er 149 Millionen Kilometer von uns entfernt ist.

Hinzu kommt noch, dass nur Atomkerne, die nicht schwerer sind als Eisen (genauer: ^{56}Fe mit 26 Protonen und 30 Neutronen), während der langen Lebensdauer der Sterne durch Fusion zusammengefügt werden. Schwerere Kerne können dabei nicht entstehen – weil man dann mit der Fusion, also dem Zusammenfügen, keine Energie mehr gewinnen kann. Alle schwereren Atomkerne, also beispielsweise auch Silber, Gold und Uran, können nur entstehen, wenn man Energie hineinsteckt. Sie wurden in gigantischen Sternexplosionen am Ende der Lebensdauer sehr großer Sterne erzeugt. Solche Supernova-Explosionen beobachten wir auch heute noch, in unserer Milchstraße mit rund 200 Milliarden Sternen gibt es davon etwa 12 bis 28 pro Jahrtausend.

Die bisher jüngste Beobachtung einer Supernova in unserer Milchstraße (also sozusagen gerade um die Ecke) ereignete sich 1604 und heißt deshalb SN1604 oder Keplers Stern. Johannes Kepler war allerdings nicht ihr Entdecker, dieser Ruhm gebührt den beiden Italienern Ilario Altobelli und Raffaello Gualterotti. Altobelli war Angehöriger des Franziskanerordens, Professor für Mathematik und Astronom in Verona, Gualterotti ein angesehener Dichter. Die ersten Beobachtungen des »neuen Sterns« erfolgten am 9. Oktober 1604, das Phänomen blieb danach für fast drei Wochen so hell, dass es am Tageshimmel sichtbar war. Da erst kurz vorher im Jahr 1572 eine Supernova beobachtet worden war, erregte dieser neue Ausbruch erhebliches Interesse in der Bevölkerung. Unbestreitbar haben diese beiden rein zufällig kurz aufeinanderfolgenden Ereignisse dem Zeitalter der Aufklärung einen wichtigen Impuls verliehen und die kirchliche

Doktrin des unveränderlichen Himmels nachhaltig erschüttert. Hervorzuheben ist, dass SN1572 und SN1604 maßgeblich zur Motivation von Galileo Galilei beitrugen, auch noch an anderer Stelle gegen die astronomischen Vorstellungen seiner Zeit aufzubegehren.

Kepler führte seine ersten Beobachtungen am 17. Oktober 1604 durch und verfasste darüber eine Schrift unter dem Titel *Gründtlicher Bericht Von einem ungewohnlichen Newen Stern*.[126] Zum Namensgeber wurde er wegen der Tatsache, dass er alsbald auch in der damaligen Wissenschaftssprache Latein eine Abhandlung *De Stella nova in pede Serpentarii* (deutsch Über den neuen Stern im Fuß des Schlangenträgers) verfasste.[127] Der Überrest dieser Explosion ist ein ziemlich schwach leuchtender Nebel, der erst 1941 im optischen Bereich aufgefunden wurde. Aufgrund der Datenlage kann man nicht einmal genau entscheiden, wie weit dieses Objekt entfernt ist – die Angaben schwanken zwischen 10 000 und 23 000 Lichtjahren.

Supernovae und ihre Bedeutung für das Leben auf unserer Erde, aber auch für den Einfluss auf die realistische Bestimmung der Stellung des Menschen im Universum sind ein faszinierendes Subjekt. Unser heutiges Verständnis der sogenannten Nukleosynthese, also des Entstehens der schweren Atomkerne in diesen Explosionen, ermöglicht auch eine andere Sichtweise auf die in den beiden vorigen Abschnitten behandelten Atombomben. Denn deren Energie, die vom Zerplatzen der schweren Atomkerne, etwa des Urans oder des Plutoniums, herrührt, wurde während einer Supernova-Explosion in diese Kerne hineingepackt.

Nun mag man sich fragen, warum ich in einem Buch über die Angst der Menschen etwas von Supernovae schreibe. Schauen wir also noch einmal auf Keplers Stern: Seine mittlere Entfernung von 14 000 Lichtjahren entspricht rund 120 000 000 000 000 000 (oder 120 Billiarden) Kilometern – und das ist auch gut so. Denn wäre dieser Vorgang in unserer direkten Nachbarschaft abgelaufen, sagen wir in wenigen Lichtjahren Entfernung, wäre die Erde dabei ganz einfach durch radioaktive Strahlung sterilisiert worden und Sie würden dieses Buch heute nicht lesen. Wir wissen heute sehr genau, warum solche schweren Sterne explodieren und was dabei abläuft (mehr dazu im Abschnitt »Die Sonne auf die Erde holen«).

Das zur Erde am nächsten stehende Objekt, bei dem eine solche Explosion ganz sicher geschehen wird, ist der rote Überriese *Beteigeuze,* der linke Schulterstern und hellste Stern des Sternbildes Orion. Auch für ihn ist die Entfernung nicht genau bekannt, eben weil er vergleichsweise nahe ist: Er ist nur zwischen 499 und 725 Lichtjahre von der Erde entfernt. Beteigeuze ist ein sehr interessantes Objekt, weil seine Helligkeit und sein Durchmesser stark schwanken. Die Helligkeit fiel im Februar 2020 kurzzeitig auf 40 Prozent ihres langjährigen Durchschnittswertes, sodass schon Spekulationen angestellt wurden, ob das nun das Vorzeichen der kommenden Supernova-Explosion sei, die sich schon innerhalb der nächsten tausend Jahre ereignen könnte. Das ist natürlich nicht ganz richtig: Wenn diese Explosion morgen erfolgen würde, bekämen wir sie erst 499 bis 725 Jahre später zu sehen. Dabei würde Beteigeuze für wenige Tage mindestens so hell sein wie der Vollmond – vielleicht aber auch um ein Vielfaches heller. Zwar würden wir dabei auch ein wenig radioaktive Strahlung, vorwiegend Gammastrahlung, abbekommen. Das wäre aber nicht lebensbedrohend, weil die Rotationsachse des Sterns – zufällig – nicht in Richtung der Erde zeigt und die Gammastrahlung bei der Explosion vorwiegend in Richtung dieser Rotationsachse ausgesandt wird.

Sollten wir deshalb Angst vor diesem Kosmos haben? Ganz sicher nicht – denn die Wahrscheinlichkeit, dass sich eine solche Supernova während unserer Lebenszeit in unserer Nähe ereignet, ist extrem gering. Erneut treffen wir also auf den Unterschied zwischen Gefahr und Risiko. Dennoch: Das Universum ist ein Ort gewaltiger Energien und grandioser Prozesse – den wir als kleine Menschheit nur deshalb bewohnen können, weil er auch ungeheuer weitläufig ist. Vor diesen Energien sind wir deshalb nur durch Zufall sicher. Und in diesem gewaltigen Kosmos ist es aus genau diesem Grund bestimmt schon irgendwo vorgekommen, dass ein Planet mit lebendiger Biosphäre durch eine benachbarte Sternexplosion zu einer leblosen Wüste wurde.

Auch ohne Strahlungsausbrüche durch Supernovae sind wir der kosmischen Radioaktivität ausgesetzt. Zum einen natürlich dadurch, dass die auf der Erde befindlichen schweren Atomkerne nicht nur in den Bomben zerfallen – sondern mit einer gewissen Wahrscheinlichkeit auch »einfach so«, zufällig eben. Wie schnell das geht, hängt extrem stark vom Typ des Atomkerns ab. Uran-Atomkerne des Typs ^{238}U (92 Protonen und 146 Neutronen) zerfallen so, dass von einer Ansammlung von ihnen nach 4,468 Milliarden Jahren nur noch die Hälfte vorhanden ist. Für Urankerne des Typs ^{235}U (92 Protonen und 143 Neutronen) beträgt diese sogenannte Halbwertszeit nur 7,038 Millionen Jahre. Es gibt auch instabile Kerne, die leichter sind – beispielsweise zerfällt radioaktives Cäsium ^{137}Cs (55 Protonen und 82 Neutronen) mit einer Halbwertszeit von 30,17 Jahren, und manche Kerne zerfallen bereits in Mikrosekunden. »Kosmisch« ist diese Radioaktivität, weil viele der Ausgangsstoffe schon in dem aus den Sternen erzeugten Elemente-Cocktail enthalten waren, aus dem unser Sonnensystem entstanden ist.

Nicht alle, wohlgemerkt – denn wenn z. B. ein natürlicher Urankern zerfällt, sind seine Bruchteile mit hoher Wahrscheinlichkeit auch wieder instabil und zerfallen weiter, bis irgendwann in dieser Zerfallskette ein stabiler Kern erreicht wird. Bestandteil vieler dieser natürlichen Zerfallsketten ist das Edelgas Radon, das schwerer als Luft ist. Es kann sich deshalb, wenn es in Gebäude eindringt (etwa durch Kellertüren), ansammeln[128] und trägt etwa 53 Prozent zur natürlichen radioaktiven Belastung der Menschen bei.

Solche radioaktiven Stoffe, quer durch alle Ecken des Periodensystems, finden wir mehr oder weniger überall auf der Erde.

Die schweren Kerne haben sich dabei bevorzugt im Erdinnern angesammelt und liefern durch ihren Zerfall rund die Hälfte der Wärme des Erdinnern, etwa 24 Terawatt Wärmeleistung,[129, 130] und damit rund das 100-Fache der gesamten Kraftwerksleistung Deutschlands. Oder, auf die ganze Welt bezogen: rund den gesamten derzeitigen Energiebedarf der menschlichen Zivilisation.

Diese radioaktiven Zerfälle im Erdinneren haben aber noch einen weiteren wichtigen Einfluss. Sie treiben offenbar die Plattentektonik an und sorgen für das Vorhandensein des Erdmagnetfelds, das uns wiederum vor den schlimmsten Auswirkungen der kosmischen Strahlenbelastung schützt.[131]

Ein wichtiger Beitrag zur natürlichen Radioaktivität stammt nämlich in Form der sogenannten Höhenstrahlung tatsächlich direkt aus dem Kosmos. In jeder Sekunde treffen pro Quadratmeter etwa 1000 schnelle und sehr schnelle Teilchen, vorwiegend Protonen (= Wasserstoff-Atomkerne ^1H), auf die Erdatmosphäre, die von der Sonne, von fernen Sternen, hochenergetischen kosmischen Prozessen und sogar aus fernen Galaxien stammen. Diese Strahlung wurde 1912 von dem österreichischen Physiker Victor Franz Hess entdeckt, der dafür den Nobelpreis für Physik erhielt.[132] Die energiereichsten dieser Teilchen gelangen bis zur Erdoberfläche, die meisten aber lösen durch Stoßprozesse mit anderen Atomkernen die sogenannte Sekundärstrahlung aus. Diese ist auch in Meereshöhe durchaus messbar und wird für *Single Event Burnout* Schäden in Leistungshalbleitern verantwortlich gemacht.[133] Wie man leicht folgern kann, ist es durchaus denkbar, dass diese Teilchenschauer auch Schäden im menschlichen Körper hervorrufen.

Außerdem entstehen durch die Stoßprozesse noch andere radioaktive Atomkerne in der Atmosphäre, beispielsweise mit ziemlich konstanter Rate das Kohlenstoffisotop ^{14}C (6 Protonen und 8 Neutronen). ^{14}C wird von jedem Lebewesen aufgenommen und in den Körper eingebaut. Beim Tod des Lebewesens hört der Nachschub auf, die Atome mit einem ^{14}C-Kern zerfallen mit einer Halbwertszeit von 5730 Jahren. Je länger das Lebewesen tot ist, desto höher wird also der Anteil der stabilen Kohlenstoffatome mit ^{12}C- und ^{13}C-Kernen im Vergleich zum ^{14}C-Anteil. Das ist die Basis der Altersbestimmung von organischen (also aus Lebewesen stammenden) Substanzen, der sogenannten Radiokarbon-Datierung (siehe dazu auch Abschnitt »Kosmische und geologische Einflüsse«).

Die in Deutschland insgesamt durch eine erwachsene Person aufgenommene natürliche Strahlungsdosis beträgt etwa 2,1 mSv (Millisievert) pro Jahr. Davon entfallen

» mit 1,1 mSv rund die Hälfte auf das Einatmen, vorwiegend des schon erwähnten Edelgases Radon
» mit 0,3 mSv etwa ein Siebtel auf natürliche radioaktive Stoffe in der Nahrung
» mit 0,3 mSv jeweils ein weiteres Siebtel auf die kosmische Strahlung und die Belastung durch radioaktive Stoffe im Innern von Gebäuden
» mit 0,1 mSv auch noch ein kleiner Beitrag durch radioaktive Stoffe und Mineralien außerhalb von Gebäuden

Nur rund ein Drittel der natürlichen Strahlungsexposition kommt also von externer radioaktiver Strahlung, den größten Teil davon (insgesamt etwa ein Viertel) machen Gammastrahlen aus. Das wiederum hängt damit zusammen, dass nur diese (weil es sich nicht um »schwerere« Teilchen, sondern um hochenergetische elektromagnetische Wellen handelt) eine nennenswerte Reichweite in der Atmosphäre haben. Die sogenannte Gamma-Ortsdosisleistung kann man sich für seinen Wohnort sehr leicht anzeigen lassen, weil das Bundesamt für Strahlenschutz ein weitverzweigtes Messnetz unterhält.[134]

Bei mir daheim wird typischerweise ein Wert von 0,08 µSv/h gemessen – mit einem deutlichen Anstieg nach Regenfällen, die radioaktives Material, unter anderem Radon, aus der Luft waschen und am Boden ablagern. Bei einem einzelnen Transatlantikflug nimmt man etwa fünf Prozent der Jahresdosis auf.[135] Diese Strahlenbelastung ist unbedenklich für Gelegenheitsflieger, führt aber bei Piloten und Kabinenpersonal wegen der häufigen Flüge zu einem deutlich erhöhten Krebsrisiko.[136]

Die natürliche Radioaktivität ist also überall: im Erdboden, in der Luft, in unserem Körper. Sie ist nicht ungefährlich, aber wir haben uns vor diesem Hintergrund als Lebewesen entwickelt. Unser Körper verfügt deshalb über ausgeklügelte Reparaturmechanismen für Strahlenschäden, die uns im nächsten Abschnitt noch beschäftigen werden. Bereits ein einzelnes Neutron, das durch den Stoß eines kosmischen Protons mit einem Sauerstoff-Atomkern in der oberen Atmosphäre freigesetzt worden ist, könnte theoretisch das Programm einer menschlichen Körperzelle stören. Wird dieser Schaden zufällig nicht repariert (es könnte ja sein, dass die Prozesse der Zelle gerade überlastet sind), könnte das Zellprogramm Amok laufen und einen Krebstumor starten. Das geschieht auch – aber es geschieht selten und erscheint uns deshalb als akzeptables Risiko, vor dem wir keine Angst empfinden. Wir sollten also erneut festhalten, dass unsere normale menschliche Umwelt keineswegs ein Hort der Sicherheit ist. Das Leben auf der Erde birgt ein Grundrisiko, zu dem auch die normale radioaktive Belastung zählt. Wir können diese nicht abschalten, können uns vor ihr nicht verstecken und müssen mit diesem Risiko leben. Wir könnten aber daran wachsen, im Sinne der *Posttraumatic Growth (PTG)*, die ich bereits diskutiert habe: Das, was uns gegeben ist, sollten wir schätzen.

Zum Hintergrund der natürlichen Radioaktivität kommt wie erwähnt noch ein Anteil menschengemachter Radioaktivität aus Kernwaffenversuchen hinzu. Eine Erhöhung der Hintergrundstrahlenmenge durch irdische Vorgänge hat sich allerdings auch schon früher ergeben. Vor zwei Milliarden Jahren war der Anteil des Uranisotops ^{235}U im natürlichen Urangemisch mit etwa drei Prozent noch deutlich höher als heute mit nur 0,7 Prozent. In Westafrika, im heutigen Staat Gabun, ergaben sich durch die geologischen Bedingungen die Voraussetzungen dafür, dass die beim Zerfall freigesetzten Neutronen wieder andere Atomkerne des Urans trafen. Mit anderen Worten: An 15 verschiedenen Stellen in der Region Oklo entstanden natürliche Kernreaktoren, die etwa 500 000 Jahre in Betrieb blieben und bis zu 100 kW Wärmeleistung erzeugten.[137] Heute kann man an dieser Stelle sehr gut studieren, wie sich die Überbleibsel radioaktiver Zerfallsprozesse in 1,5 Milliarden Jahren entwickelt haben. Das betrifft auch die Interaktion von Radionukliden mit Wasser – denn natürliche Wasservorkommen haben dieses natürliche Kernkraftwerk erst ermöglicht, indem sie die freigesetzten Neutronen so weit verlangsamten (moderierten), dass diese von anderen Urankernen eingefangen werden konnten.

Halten wir das zum Ende dieses Kapitels noch einmal sehr präzise fest: Nukleare Vorgänge, also die Spaltung schwerer Atomkerne und die Fusion leichterer Atomkerne, sind nicht nur im ganzen Universum und überall auf der Erde verbreitet, sondern spielen für die Existenz des Lebens auf diesem Planeten eine ganz wichtige Rolle. Im nächsten Kapitel werden wir uns noch einmal damit befassen, dass auch die Sonne ein gigantischer Kernreaktor ist.

Kernreaktionen spenden uns Licht und Wärme und bilden auch die Basis für Windenergie und andere »regenerative« Energieformen. Ohne das durch radioaktiven Zerfall angetriebene Erdmagnetfeld wäre die Erde fast so lebensfeindlich wie der Mars.

ENERGIE AUS ATOMKERNEN

Mit diesem Buch verfolge ich nicht das Ziel, Leserinnen und Leser für oder gegen Kernenergie einzunehmen – diese Entscheidung müssen sie schon selbst treffen. Vielmehr möchte ich die Meme und Methoden aufdecken, mit denen wir in bestimmte Richtungen gedrängt worden sind, genauer, mit denen wir zur Ablehnung der Kernenergie gebracht worden sind. Dass dies wichtig ist, haben wir im vorigen Kapitel gesehen: Nach jahrzehntelanger Gefolgschaft glaubt heute kaum noch jemand an das Mem, dass die Stationierung von Nuklearwaffen der Sicherung des Friedens diene. Um es mit Worten von Abraham Lincoln zu sagen:[138]

You can fool some of the people all of the time, and all of the people some of the time, but you can not fool all of the people all of the time.

Man kann einige Leute für alle Zeit zum Narren halten, und alle Leute für einige Zeit, aber man kann nicht alle Leute für alle Zeit zum Narren halten.

Also schauen wir zunächst einmal darauf, wie es eigentlich zur heutigen Situation in Bezug auf die Kernenergie kam.

Nachdem erst einmal ein grundlegendes Verständnis des Atomkerns vorhanden war, entstand sehr schnell die Vorstellung, dass man die Energie, die aus der Explosion gewaltiger ferner Sterne in die schweren Atomkerne hineingewandert ist, auch wieder herausholen könne. Der erste von Menschen gebaute Kernspaltungsreaktor war der *Chicago Pile 1 (CP-1)*, der aus 5,4 Tonnen metallischem Uran, 45 Tonnen Uranoxid und 360 Tonnen der Kohlenstoffvariante Grafit als Moderator unter der Tribüne eines Sportstadions in Chicago aufgeschichtet wurde. Am 2. Dezember 1942 wurde er durch Enrico Fermi und andere Wissenschaftler das erste Mal in Betrieb genommen und lieferte den Beweis, dass auch eine kontrollierte, also langsame Kettenreaktion möglich ist. Die deutsche Uranmaschine, die ich im Abschnitt »Atombomben in Deutschland« beschrieben habe, war hingegen nicht wirklich funktionsfähig.

In den nachfolgenden Jahren wurden immer neue Reaktortypen entwickelt. Anwendungen wie das 1964 vom Stapel gelaufene und durch einen Kernreaktor angetriebene Frachtschiff *Otto Hahn* dominierten das Bild der Kernenergie in der Öffentlichkeit. Leider fehlte es immer an internationalen Regularien für den Betrieb ziviler nuklearer Schiffe, sodass die *Otto Hahn* nur vergleichsweise wenige Häfen anlaufen und große Kanalsysteme wie den Panamakanal nicht passieren durfte. 1979 wurde daher der Kernreaktor stillgelegt. Das Schiff fuhr noch bis 2009 unter verschiedenen Namen und Flaggen als nicht nukleares Frachtschiff und wurde anschließend in Bangladesch verschrottet. Nur wenige Bestandteile dieses Pionierstücks – etwa der nicht nutzbare Schornstein und der Reaktorleitstand – werden im Deutschen Schifffahrtsmuseum Bremerhaven ausgestellt. Schon bei der Stilllegung des Reaktors war es den Verantwortlichen offenbar peinlich, eine technische Pionierleistung erbracht zu haben, denn inzwischen hatte sich die öffentliche Meinung ins Gegenteil verkehrt.

1973 wurde in Deutschland der Bau des Kernkraftwerks Wyhl beschlossen. Befürchtungen, dass die vorgesehenen Kühltürme das Mikroklima am Kaiserstuhl verändern und sich somit negativ auf den Weinbau auswirken könnten, sorgten schnell für Proteste der lokalen Bevölkerung.[139] Dabei zog sich schon früh ein Riss durch die Einwohnerschaft: 55 Prozent der Wahlberechtigten aus Wyhl stimmten im Januar dem Verkauf des Baugeländes an den Kraftwerksbetreiber zu, doch 89 000 Einwendungen sorgten für ein langwieriges Genehmigungsverfahren. Der Teilerrichtungsgenehmigung folgte ein Baustopp, der zunächst jedoch wieder aufgehoben wurde. Besetzungen des Baugeländes wechselten mit Freigaben. 1977 stoppte das Landgericht Freiburg den Bau erneut, bis auch dieses Urteil im März 1982 durch den Verwaltungsgerichtshof Baden-Württemberg aufgehoben wurde.[140]

Parallel dazu änderte sich, auch als Folge der Protestaktionen, die politische Einschätzung zunächst zu diesem speziellen Kernkraftwerk. Noch 1975 hatte der Ministerpräsident Hans Filbinger erklärt:[141]

Ohne das Kernkraftwerk Wyhl werden zum Ende des Jahrzehnts in Baden-Württemberg die ersten Lichter ausgehen.

1983 hingegen befand der neue Ministerpräsident Lothar Späth das Kraftwerk als verzichtbar und schob später den Bau bis ins Jahr 2000 auf. 1994 wurde der Bau offiziell eingestellt, das Kernkraftwerk Wyhl wurde nie gebaut.

Für die politische Landschaft sind die Auswirkungen allerdings enorm gewesen. Die Studentenunruhen der 1968er-Jahre waren im Wesentlichen verpufft, weil sich die breite Bevölkerung nicht mit dem Wunsch nach mehr Freiheit in der Gesellschaft solidarisieren konnte. Bei den Protesten gegen Kernkraftwerke zeigte sich aber, dass Protestierer diese Solidarwirkung erreichen konnten, wenn sie sich bodenständige Werte wie etwa den Schutz unserer Lebensgrundlagen zu eigen machten. Dabei wird ein bestimmter, angeblich ursprünglicher Zustand der Natur idealisiert, romantisch verklärt und als unbedingt erhaltenswertes Ziel deklariert. Besonders in den Großdemonstrationen gegen den Bau des Kernkraftwerks Brokdorf, an denen sich 1981 mehr als 100 000 Menschen beteiligten, zeigte sich diese »Acker-Wald-und-Boden«-Ideologie und die daraus erwachsende Macht der Kernkraftgegner. Doch:

> Es ist seit 1984 bekannt, dass dieser Sinneswandel zuungunsten der Kernenergienutzung vor allem durch die mediale Berichterstattung herbeigeführt wurde.

Der Wissenschaftler Hans Mathias Kepplinger hat die internationale Berichterstattung schon 1984 ausgewertet und präzise aufzeigen können, dass bis 1973 in deutschen Redaktionen ein überwiegend positives Bild der Kernenergienutzung geherrscht hatte.[142] Die US-amerikanischen Forscher William Gamson und Andre Modigliani kamen zum gleichen Ergebnis und führten dies auf die überstandene Ölkrise des Jahres 1973 zurück.[143] Kernenergie wurde als wichtiger Beitrag zur Versorgungssicherheit gesehen, der von den politisch motivierten Aktionen der Öl-produzierenden Staaten unabhängig machte.

Ab 1974 drehte sich zunächst die Meinung in den Redaktionen, Kernenergiebefürworter kamen in Deutschland nicht mehr zu Wort.[144] Zu diesem Ergebnis gelangte 1984 auch eine Untersuchung von Klaus Overhoff, der die Zeitschriften *Der Spiegel* und die *ZEIT* für den Zeitraum von 1975 bis 1981 analysierte[145] und feststellte, dass diese in Bezug auf die Kernenergie fast nur noch die Risiken betonten. Die öffentliche Meinung folgte dieser Berichterstattung erst mit einer Verzögerung von mehr als einem Jahr – und zwar nur in Deutschland. In anderen Ländern mit engagierter Kernenergienutzung, wie etwa den USA oder Frankreich, fand diese Transformation noch nicht statt. In einem Artikel der Zeitung *WELT* vom 11. März 2021 wird dazu die ehemalige Beraterin der deutschen Regierung Brigitte Sauzay zitiert, die dies auf die Tradition der deutschen Romantik und die in ihr betriebene Naturverherrlichung zurückführte – im Gegensatz zu einer eher pragmatischen Naturausbeutung in Frankreich.[146] Obwohl sicher nicht alle der Protestierenden von Wyhl und Brokdorf ausführliche Kenntnisse der deutschen romantischen Dichtung gehabt haben, charakterisiert Sauzay damit genau die »Acker-Wald-und-Boden«-Ideologie der deutschen Kernkraftgegner.

Die Störfälle von Three Mile Island und Tschernobyl

Am 28. März 1979 ereignete sich im US-amerikanischen Kernkraftwerk *Three Mile Island* am Susquehanna River ein Störfall, bei dem schlecht ausgebildetes Personal im Zusammenhang mit unzureichender Sensorik im Reaktor zu einer partiellen Kernschmelze führte und letztlich zur Freisetzung von erheblichen Mengen des radioaktiven Wasserstoffs Tritium ^3H, kontaminierten Wassers und radioaktiver Isotope des Edelgases Krypton.[147] Bei einer Kernschmelze schmelzen nicht etwa die Atomkerne, sondern die Brennelemente, das sind Bündel langer Stäbe aus Zirkoniumlegierungen mit dem eigentlichen Spaltmaterial als Füllung. Danach existiert im Reaktorkern eine unkontrollierbare Mischung aus dem Spaltmaterial und anderen Substanzen, in der weiterhin nukleare Reaktionen stattfinden und Wärme erzeugen. Bei hohen Temperaturen reagiert außerdem das Zirkonium mit dem Wasser und setzt Wasserstoff frei – der wiederum mit dem Luftsauerstoff zusammen eine hochexplosive Mischung bildet, die nicht umsonst Knallgas genannt wird. In Three Mile Island bestand über Tage hinweg die Befürchtung, dass es zu einer chemischen Explosion dieses Wasserstoff-Luft-Gemisches kommen könnte; letztlich wurde diese aber abgewendet.

Als direkte Folge des Unfalls war glücklicherweise kein einziges Menschenleben zu beklagen, es gab aber natürlich erhebliche wirtschaftliche Schäden für die Betreiber. Eine Studie, in der 18 Jahre lang mehr als 30 000 Personen überwacht worden sind, kam ferner zum Ergebnis, dass auch in den Folgejahren keinerlei gesundheitliche Schäden in der Bevölkerung aufgetreten sind. Die Internationale Atomenergieorganisation IAEO und die Organisation für Wirtschaftliche Zusammenarbeit OECD stufen den Störfall auf ihrer Bewertungsskala *International Nuclear and Radiological Event Scale* als INES-Level 5 ein, das bedeutet »Ernster Unfall«. Studien nicht staatlicher Stellen sprechen von geringfügig erhöhten Krebsraten in der Umgebung. Allerdings liefern solche »Studien« nur Korrelationen und sind darum hinsichtlich einer behaupteten Kausalität kritisch zu sehen (mehr dazu in Abschnitt »Hört auf die Wissenschaft?«).

Eine Woche vor der Havarie in Three Mile Island erschien in den USA der Film *The China Syndrome* von James Bridges (deutsch als *Das China-Syndrom*). Darin wird der Beinahe-Unfall eines Kernkraftwerks geschildert, der auf absichtliche Billiglösungen der Betreiberfirma beim Bau des Reaktors zurückzuführen ist. Der Kern des Reaktors würde sich nach erfolgter Kernschmelze angeblich »bis nach China« durchschmelzen. Das ist natürlich vollkommener Unsinn, weil solches Material im Erdinneren zur Ruhe käme, wo wegen der natürlichen Ansammlung schwerer radioaktiver Elemente bereits eine starke Radioaktivität herrscht. Trotz dieser eklatanten Falschbehauptung erzeugte der Film im Zusammenhang mit Three Mile Island ein erhebliches Publikumsinteresse, wurde vielfach ausgezeichnet und unter anderem für vier Oscars nominiert.

Das Mem von der Gefährlichkeit und Unbeherrschbarkeit der Kernenergie wurde durch dieses Zusammentreffen vor allem in der Medienindustrie und in den Zeitungen fest etabliert, medial galt danach die Gleichung:

Kritik an der Kernenergie = Publikumserfolg

Jane Fonda, eine der Hauptdarstellerinnen des Films, hat sich außerdem unmittelbar nach der Havarie vehement öffentlich gegen die Nutzung der Kernenergie ausgesprochen. Sie übernahm in der Folge ein weiteres Mem von Personen, die ursprünglich als Kernwaffengegner begonnen hatten:[148]

Kernenergienutzung ist böse, weil Kernwaffen etwas Böses sind.

Ein interessanter Zusammenhang kommt auch hier wieder durch die Person Edward Teller ins Spiel. Er regte sich über die öffentlichen Statements von Jane Fonda so auf, dass er offenbar einen Herzanfall erlitt. Darüber schrieb er am 31. Juli 1979 einen Artikel für das *Wall Street Journal* mit dem Titel *I was the only victim of Three-Mile Island (Ich war das einzige Opfer von Three-Mile Island):*[149]

On May 7, a few weeks after the accident at Three-Mile Island, I was in Washington. I was there to refute some of that propaganda that Ralph Nader, Jane Fonda and their kind are spewing to the news media in their attempt to frighten people away from nuclear power. I am 71 years old, and I was working 20 hours a day. The strain was too much. The next day, I suffered a heart attack. You might say that I was the only one whose health was affected by that reactor near Harrisburg. No, that would be wrong. It was not the reactor. It was Jane Fonda. Reactors are not dangerous.

Am 7. Mai, ein paar Wochen nach dem Reaktorunfall auf Three-Mile Island, war ich in Washington. Ich war dort, um etwas von der Propaganda zu widerlegen, die Leute wie Ralph Nader, Jane Fonda und ihresgleichen in die Medien speien, um die Leute durch Verängstigung von der Kernenergie abzubringen. Ich bin 71 Jahre alt und ich habe 20 Stunden am Tag gearbeitet. Die Belastung war zu groß. Am nächsten Tag erlitt ich einen Herzanfall. Man könnte sagen, dass ich die einzige Person bin, deren Gesundheit durch den Reaktorunfall nahe Harris-

burg beeinträchtigt wurde. Aber das wäre falsch. Es war nicht der Reaktor, sondern Jane Fonda. Reaktoren sind nicht gefährlich.

Nun galt Edward Teller auch 1979 schon als Archetypus des dämonischen Wissenschaftlers, des Alchemisten. Sein Artikel bewirkte deshalb das Gegenteil der von ihm intendierten Wirkung, wir werden dies im Folgenden als das *Teller-Fonda-Problem* bezeichnen:

> Wenn sich ein düster wirkender Edward Teller, bekannt als Vater der Wasserstoffbombe, *für* Kernenergie ausspricht und eine blendend schöne Jane Fonda, bekannt als Friedensaktivistin, *gegen* Kernenergie ist, wird der medial beeinflusste Mensch selbstverständlich sein Vertrauen eher Jane Fonda schenken.

In der *New York Times* wurde außerdem die Behauptung aufgestellt, dass Tellers Artikel von Dresser Industries bezahlt worden sei, einem der Hersteller der Ventilkomponenten, deren Versagen zu der Havarie geführt hatte.

Die mediale Berichterstattung über den Störfall von Three Mile Island wurde extensiv untersucht. Während der zwölf Tage, in denen die Lage kritisch war, beobachteten die Medienwissenschaftler einen erheblichen Druck auf die Journalisten, möglichst genaue Informationen für die lokale Bevölkerung zu liefern.[150] Das förderte natürlich die kritische Haltung gegenüber der Kernenergie, allerdings mit einem speziellen Zungenschlag:[151]

Die Gefahren der Kernenergie seien durch den engagierten Einsatz der Experten zu bewältigen. Reaktoren seien zwar möglicherweise ein Risiko, dieses aber beherrschbar.

Diese besondere US-amerikanische Eigenschaft, aus der vermeintlichen Niederlage neue Kraft zu schöpfen, habe ich schon im Abschnitt »Nine Eleven« erwähnt. Für den Störfall Three Mile Island hatte sie zur Folge, dass sich zwar auch eine Trendwende in der öffentlichen Meinung vollzog, diese aber deutlich milder als in Europa ausfiel – schließlich hatte auch Jane Fonda die letztliche Überlegenheit des Menschen bewiesen.

Am 26. April 1986 ereignete sich ein weit gravierenderes Unglück im Reaktorblock 4 des Kernkraftwerks Tschernobyl nahe der erst 1970 gegründeten ukrainischen Stadt Prypjat. Als Folge krasser Bedienfehler nach einem Sicherheitstest, die eindeutig den Betriebsanweisungen widersprachen, ereignete sich in den frühen Morgenstunden zunächst durch den starken Druckanstieg nach Teilverdampfung des Kühlwassers eine Dampferuption. Dieser folgte eine weitere chemische Explosion, in der Wasserstoff und Kohlenmonoxid explosiv mit dem Sauerstoff der Luft reagierten. Als unmittelbare Folge wurde das gesamte Reaktorgebäude zerstört und der Reaktorkern freigelegt. Der Reaktor verwendete als Moderator die Kohlenstoffmodifikation Grafit, ebenso wie schon der erste menschengebaute Kernreaktor. Diese Grafitblöcke gerieten in Brand, etwa 250 Tonnen davon verbrannten in den nächsten Tagen. Durch die Hitze dieses Brandes wurden große Mengen radioaktiven Materials bis in die hohe Atmosphäre getragen. Der Unfall war also keineswegs eine nukleare Explosion, sondern eine chemische Verbrennung.

Noch bis zum Abend des 26. April beharrten aber die Kraftwerksbetreiber auch gegenüber sowjetischen Regierungsstellen darauf, dass der Reaktor intakt geblieben sei und nur gekühlt werden müsse. Erst in den frühen Morgenstunden des 27. April war deshalb den Behörden klar, was wirklich geschehen war. Sie leiteten umgehend die Evakuierung der Stadt Prypjat ein und ließen große Transporthubschrauber zur Bekämpfung der Havarie aufsteigen. Diese warfen in den darauffolgenden Tagen etwa 6000 Tonnen verschiedener Stoffe ab, die zur Bekämpfung des

Brandes, zur Eindämmung der weiterlaufenden nuklearen Reaktionen und der Abschirmung der austretenden Gammastrahlung dienen sollten. Gleichzeitig wurden Tausende von »Freiwilligen« eingesetzt, die teilweise unter erheblicher Strahlenbelastung Schutt von den Dächern der benachbarten Reaktorblöcke entfernten. Die Freisetzung radioaktiven Materials wurde erst am 6. Mai hinreichend beendet. Von 190,3 Tonnen radioaktivem Material, das sich im Reaktorkern befand, wurden in dieser Zeit etwa 6,7 Tonnen freigesetzt.

Die Havarie wurde im Westen zunächst am 28. April 1986 im schwedischen Kernkraftwerk Forsmark bemerkt, weil die Kleidung der hereinkommenden Arbeitskräfte durch radioaktiven Staub kontaminiert war. Abends meldete die sowjetische Nachrichtenagentur *TASS* den Unfall und sprach von zwei Toten. Das erste im Westen gezeigte Foto der Unglücksstelle war am Abend des 30. April in der *Tagesschau* zu sehen.

Im Jahr 1986 arbeitete ich an meiner Promotion in theoretischer Kernphysik und war als Doktorand bei der Gesellschaft für Schwerionenforschung (GSI) angestellt, einer der großen Kernforschungseinrichtungen in Deutschland. Meine Einstellung zum Thema Radioaktivität war (und ist auch heute noch) sehr entspannt. Infolgedessen unternahmen wir am 1. Mai 1986, einem der ersten warmen Tage des Jahres, einen längeren Fahrradausflug. Erst nach der Rückkehr von diesem Ausflug sah ich im Fernsehen die vom neuen französischen Erderkundungssatelliten SPOT-1 gelieferten Bilder. Sie zeigten eine gigantische Wolke heißer Luft, die sich als Abgasfahne weit über Westeuropa ausgebreitet hatte. Wir waren alarmiert, warfen alle Kleidung sofort in die Waschmaschine und duschten ausgiebig. Erst danach übermittelten wir die Warnung an Freunde und Verwandte.

Bei vielen stießen wir auf Unglauben. Unsere unmittelbaren Nachbarn ließen auch noch am Freitag, den 2. Mai 1986, ihre kleine Tochter in den Sandkasten, während wir bei der GSI mit großem Interesse miterlebten, welche radioaktive Belastung besonders Schuhsohlen aufwiesen. Die vorhandenen Detektoren lieferten jedenfalls Werte, die wir als nicht mehr lustig empfanden – allerdings auch nicht als unmittelbar gefährlich. Unsere anfängliche Vorsicht war also durchaus gerechtfertigt, machte dann aber einer eher gespannten Wachsamkeit Platz.

In den darauffolgenden Wochen entwickelte sich in Deutschland das gesamte Panorama staatlicher Notfallfürsorge, und schon damals war es von Uneinigkeit gekennzeichnet. Die Stadt Hamburg riet etwa, bei Regen vorerst nicht nach draußen zu gehen (sinnvoll, weil der Regen die radioaktiven Stäube aus der Atmosphäre wäscht). Das Land Niedersachsen empfahl Kleingärtnern, die oberste Bodenschicht in ihren Beeten abzutragen (vollkommener Unsinn – wo hätten sie dieses Material lagern oder entsorgen sollen?).

Interessant war die Reaktion der Öffentlichkeit in der Sowjetunion. Sogar Michail Gorbatschow, der uns gerne als eine Ikone der Gerechtigkeit und Menschlichkeit serviert wird, bezeichnete die westliche Berichterstattung am 14. Mai 1986 als »antisowjetische Hetze«.[152] Immerhin war dies eines der Spitzenerzeugnisse sowjetischer Technologie gewesen, und nur menschliches Versagen hatte zur Katastrophe geführt. Gorbatschow ließ aber in seiner gut dokumentierten Rede durchblicken, dass er internationale Zusammenarbeit zur Bekämpfung der Folgen für unerlässlich hielt. Diese internationale Zusammenarbeit gibt es seitdem kontinuierlich. Sowohl der erste Schutzkörper für das zerstörte Kraftwerk, der sogenannte Sarkophag, als auch der Nachfolgebau *New Safe Confinement (NSC)* wurden mit Zuwendungen in Milliardenhöhe aus den meisten Industriestaaten finanziert.

Der Unfall von Tschernobyl war zweifelsohne eine schlimme Katastrophe. Auch heute noch, mehr als 30 Jahre danach, lassen sich in bestimmten Regionen Bayerns im Waldboden und in Pilzen erhöhte Werte von radioaktivem Cäsium ^{137}Cs nachweisen.

Rund um das havarierte Kernkraftwerk in der heutigen Ukraine ist eine Zone mit 30 km Radius nach wie vor als Sperrzone von menschlicher Besiedlung ausgeschlossen. Aber wie viele Opfer gab es wirklich? Der offizielle Bericht der IAEO und der *Weltgesundheitsorganisation WHO* aus dem Jahr 2005 nennt »weniger als 50« direkte Opfer und vermutlich im Laufe der Jahre insgesamt 4000 zusätzliche Todesfälle durch Krebserkrankungen,[153] vorwiegend in Form von Schilddrüsenkrebs aufgrund der Einlagerung von radioaktivem Jod ^{132}I in der Schilddrüse.

Insbesondere deutsche Kernenergiegegner reagierten empört auf diese Ergebnisse und gaben, ohne konkrete sachliche Fehler benennen zu können, eine eigene Studie in Auftrag. In dem 2006 veröffentlichten TORCH-Report *(The other report on Chernobyl)*[154] kommen die Autoren zu dem Schluss, dass infolge der Havarie 30 000 bis 60 000 zusätzliche Krebsopfer zu *vermuten* seien, und die psychosozialen und weitere gesundheitliche Folgen durch die WHO massiv unterschätzt worden seien.

Bei den sogenannten Liquidatoren, die als »Freiwillige« den Grafitbrand im Reaktor unter Kontrolle brachten, ist ein direkter kausaler Zusammenhang mit dem Unglück wahrscheinlich – aber auch dort nicht sicher nachweisbar. Für eine individuelle Krebserkrankung außerhalb dieser Personengruppe ist es noch schwieriger, den direkten Zusammenhang mit der Aufnahme von radioaktivem Material sicher nachzuweisen. In fast alle der hochgerechneten Opferzahlen gehen deshalb Modelle und Annahmen ein, die in der Fachwelt in hohem Maße umstritten sind. Als bestes Beispiel dafür kann das sogenannte *Linear, no Threshold-(LNT-)Modell* dienen, das 1959 durch die *International Commission on Radiological Protection (ICRP)* eingeführt wurde.[155] In diesem Modell geht man davon aus, dass es einen linearen Zusammenhang zwischen der Schadenswahrscheinlichkeit und der erhaltenen Strahlendosis gibt. Mit anderen Worten: Viele kleine Strahlendosen sind nach diesem Modell genauso gefährlich wie eine hohe Strahlendosis. Der Schätzung im TORCH-

Report liegt genau dieses Modell zugrunde, es handelt sich also keineswegs um eine echte Datenermittlung oder gar Opferzählung.

Allerdings ist dieses LNT-Modell schon seit langer Zeit als unzutreffend bekannt, denn der menschliche Körper verfügt über ziemlich effektive Mechanismen, um kleine Strahlenschäden zu reparieren. Das weiß jeder von uns, der schon einmal einen Sonnenbrand gehabt hat – der ist nämlich auch ein Strahlenschaden. Es ist also vollkommen unklar (und auch prinzipiell nicht ermittelbar), wie sich die breit verteilte Strahlenbelastung des Tschernobyl-Unfalls in der Bevölkerung ausgewirkt hat; es gibt also gar keine »Wahrheit«, die eine Gruppe vielleicht verstecken könnte und eine andere ans Licht zerren möchte.

Für die Betroffenen ist das natürlich kein Trost. So leidet ein erheblicher Teil der Liquidatoren unter Spätfolgen, die nicht unmittelbar als Krebs klassifiziert werden können, wie beispielsweise einem gestörten Immunsystem. Allerdings haben diese Personen in der Regel auch höhere Strahlungsdosen abbekommen, und, viel schlimmer, sie haben radioaktives Material eingeatmet oder verschluckt. Das ist nämlich die Hauptgefahr, weil dieses Material meist an bestimmten Stellen im Körper eingelagert wird und dort langfristig wirken kann – wie oben über Jod berichtet. Sinnigerweise kann man gerade diese Folge besonders gut bekämpfen. Denn erstens ist Schilddrüsenkrebs eine der Krebsarten mit der besten Heilungsprognose, und zweitens kann man die Einlagerung des radioaktiven Jods in der Schilddrüse sehr gut verhindern, indem man für ein Überangebot eines nicht radioaktiven Jodisotops sorgt. Das ist der Grund dafür, dass in Havariefällen gerne Jodtabletten an die Bevölkerung verteilt werden – und diese Maßnahme wurde von der sowjetischen Regierung 1986 eben nicht durchgeführt. Sie hätte auch, das sei an dieser Stelle noch nachgetragen, viele der Erkrankungen der Bewohner der Insel Rongelap verhindert, über die ich in Abschnitt »Die Zukunft und die Folgen der Bombe« geschrieben habe.

Eine wenig bekannte Folge des medialen Alarmismus während der Havarie von Tschernobyl war, dass es in ganz Westeuropa zu einem deutlichen Anstieg der Schwangerschaftsabbrüche kam. Nach Schätzung der *International Atomic Energy Agency (IAEA)* haben zwischen 100 000 und 200 000 Frauen auf Anraten ihres Arztes wegen der unklaren Strahlungsexposition einen Schwangerschaftsabbruch durchführen lassen.[156] Das ist insofern dramatisch, als wir bereits 1986 über das medizinische Wissen verfügten, dass keiner dieser Abbrüche nötig oder auch nur empfehlenswert gewesen wäre.

Auf Bundesebene wurde in der Folge das Bundesministerium für Umwelt, Naturschutz und Reaktorsicherheit gegründet. Umfragen zeigen, dass der Anteil der entschiedenen Kernenergie-Gegner in Deutschland von 13 auf 27 Prozent anwuchs. Der bereits oben zitierte Medienwissenschaftler Kepplinger bezeichnet den Unfall als mediales Schlüsselereignis.[157] In seiner Analyse der Berichterstattung weist er nach, dass unmittelbar nach dem Ereignis zwar Tschernobyl im Fokus lag, aber die Medien sich dann sehr schnell von den Abläufen in der Ukraine der Nutzung der Kernenergie in Deutschland zuwandten. Erneut wurden auch die kleinsten Störfälle deutscher Kernkraftwerke aus der Vergangenheit aufbereitet und die Gefährlichkeit der Kernenergienutzung betont. Schon vier Wochen nach dem 26. April 1986 wurde mehr über die Gefahren deutscher Kernkraftwerke geschrieben als über den zerstörten Reaktor in der Ukraine.[158] Die Schlussfolgerungen aus dieser medialen Ungleichbehandlung hebe ich mir für den nächsten Abschnitt auf und füge lieber eine Anekdote an.

Im Frühjahr 1989 habe ich für einige Wochen am Kurtschatow-Institut in Moskau gearbeitet; als erster westlicher Besucher in der Theorie-Abteilung seit 1942. Das Institut war seinerzeit gegründet worden, um unter der Leitung von Igor W. Kurtschatow die sowjetische Kernforschung und später die Kernwaffenentwicklung voranzutreiben; es lag 1989 mitten in der Stadt, die sozusagen im Laufe der Zeit darum herum gewachsen war. Mit

einigem Erstaunen musste ich feststellen, dass die Hochglanz-
broschüre, mit der das Institut 1989 für sich warb, ein Bild des
(noch nicht havarierten) Reaktorblocks in Tschernobyl auf der
Titelseite trug. Meine russischen Kollegen versprachen, meine
Bedenken weiterzugeben. Ob das jemals geschehen ist, habe ich
nie feststellen können.

Fukushima-Framing

Ein weiterer schwerwiegender Störfall ereignete sich am 11. März
2011 im japanischen Kernkraftwerk *Fukushima Daiichi*. Bei einem verheerenden Tsunami aufgrund eines Seebebens, das etwa
163 Kilometer vor der Küste stattfand, liefen an der japanischen
Küste Wellen von 10 bis 15 Metern Höhe ein. Durch diesen Tsunami wurden insgesamt 22 199 Menschen getötet, 400 000 Gebäude zerstört und gigantische Schäden angerichtet. Im Kernkraftwerk Fukushima Daiichi überschwemmten diese Wellen
einen Teil der Reaktorgebäude, zerstörten aber vor allem die
Generatoren der Notstromversorgung, weil die Türen vor diesen
Generatoren nicht standhielten. Die sechs Kernreaktoren von
Fukushima Daiichi gingen bei dem Erdbeben sofort in die Not-
abschaltung, konnten also nach kurzer Zeit keine Elektrizität
mehr produzieren. Die ausklingenden nuklearen Abläufe in
solchen Reaktoren produzieren aber noch erhebliche Wärme-
mengen im Bereich von mehreren Megawatt, die durch Wasserkühlung abgeführt werden müssen. Wenn diese Wasserkühlung
wegen fehlender Stromversorgung unterbrochen wird, kommt
es – und so passierte es in Fukushima in drei von sechs Reaktor-
blöcken – zu der oben beschriebenen Kernschmelze. Wie schon
in Three Mile Island und in Tschernobyl war das nachfolgende
Problem das eigentlich gefährliche, denn bei der chemischen Reaktion des Metalls Zirkonium (nicht selbst radioaktiv, sondern
zur Umhüllung der Brennelemente verwendet) mit Wasser wurde
der Wasserstoff freigesetzt.

Das Unglück von Fukushima ist wissenschaftlich und medial hervorragend dokumentiert. Millionen von Menschen in aller Welt konnten daher im Fernsehen live miterleben, wie am 12. März 2011 eine Wasserstoff-Luft-Mischung in einem der Reaktorgebäude explodierte und das Dach zerriss.[159] Dadurch wurde eine größere Menge radioaktiven Materials in der Umgebung verteilt, was in der Folge zur Evakuierung von etwa 120 000 Menschen führte. Der Störfall wurde deshalb auf der bereits erwähnten Meldeskala INES als »Katastrophaler Unfall« eingestuft.[160]

Bereits am Abend des 14. März 2011 trat Bundeskanzlerin Angela Merkel vor die Presse und verkündete:[161]

Die Berichte über die nuklearen Folgen des schrecklichen Erdbebens und der furchtbaren Flutwelle in Japan sind widersprüchlich …

Wir können nicht einfach zur Tagesordnung übergehen und die bisherige unbestrittene Sicherheit unserer kerntechnischen Anlagen zum Maßstab auch des künftigen Handelns machen, ohne dass wir infolge der jüngsten Ereignisse einmal innehalten. Denn die Ereignisse in Japan lehren uns, dass etwas, was nach allen wissenschaftlichen Maßstäben für unmöglich gehalten wurde, doch möglich werden könnte. Sie lehren uns, dass Risiken, die für absolut unwahrscheinlich gehalten wurden, doch nicht vollends unwahrscheinlich sind. [...]

Wir haben deshalb am Samstag veranlasst, dass im Lichte der Erkenntnisse, die wir aus Japan haben, alle deutschen Kernkraftwerke einer umfassenden Sicherheitsprüfung unterzogen werden …

Genau aus diesem Grunde werden wir die erst kürzlich beschlossene Verlängerung der Laufzeiten der deutschen Kernkraftwerke aussetzen. Dies ist ein Moratorium. [...]

Damit kein Zweifel entsteht: Die Lage nach dem Moratorium wird eine andere sein als die Lage vor dem Moratorium. [...]

Denn wenn wir von der Kernenergie als Brückentechnologie sprechen, dann bedeutet das nichts anderes, als dass wir aus der

Nutzung der Kernenergie aussteigen und die Energieversorgung in Deutschland schnellstmöglich durch erneuerbare Energien gewährleisten möchten. Ein Abschalten deutscher Kernkraftwerke unter Inkaufnahme der Verwendung von Kernenergie aus anderen Ländern aber – das sage ich ebenso unmissverständlich – kann und darf nicht unsere Antwort sein. Die einzig redliche Antwort ist der forcierte und beschleunigte Weg in das Zeitalter der erneuerbaren Energien.

An diesem Auftritt kann man auch bei vollkommener politischer Neutralität erhebliche Kritik äußern.

» Es ist nicht angemessen, dass auf der Basis »widersprüchlicher Berichte« innerhalb von zwei Tagen Entscheidungen getroffen werden, die weitreichende ökonomische und gesellschaftliche Folgen für einen ganzen Staat haben. Weder eine Klärung der Situation vor Ort noch eine Fachdiskussion innerhalb Deutschlands wurden auch nur angestrebt.

» Die Begründung der Entscheidung ist teilweise semantisch unsinnig, denn es besteht kein qualitativer Unterschied zwischen »absolut unwahrscheinlich« und »nicht völlig unwahrscheinlich«. Wahrscheinlichkeit wird nicht auf einer digitalen Skala gemessen, sondern ist eine kontinuierliche Größe.

» Die von Merkel verkündete Entscheidung stand in krassem Widerspruch zum gerade erst in monatelanger Arbeit ausgehandelten Kompromiss zur Laufzeitverlängerung der deutschen Kernkraftwerke. Die einseitige Entscheidung der Bundesregierung entwertete deshalb diese monatelange Arbeit, entmündigte die Beteiligten und stellte einen erheblichen Eingriff in das Wirtschaftsleben dar, für den die Bundeskanzlerin nicht über die verfassungsmäßigen Kompetenzen verfügte.

» Die Formulierung der Erklärung nimmt explizit das Ergebnis der angestrebten Überprüfung voraus, indem sie eine

»andere Lage« nach dem Moratorium behauptet. Eine ergebnisoffene Überprüfung war damit unmöglich.

»   Die von der Bundesregierung gerade in jüngster Zeit häufig zitierte Formel »Hört auf die Wissenschaft« wurde durch dieses Vorgehen auf krasse Weise missachtet. Es handelte sich um eine induktive Schlussweise, bei der aus einem Einzelfall eine allgemeine Regel abgeleitet wurde. Dieses Vorgehen ist aus logischen Gründen sehr kritisch zu sehen, mehr dazu im Abschnitt »Hört auf die Wissenschaft?«.

Festzuhalten ist ferner, dass kein einziger Mensch durch die Havarie des Kernkraftwerks Fukushima Daiichi unmittelbar zu Tode kam und keine Menschen durch radioaktive Strahlung kurzfristig oder langfristig geschädigt worden sind. Auch eine Erhöhung des Krebsrisikos ist nicht nachweisbar. Zu diesem Schluss kommt – in regelmäßigen Abständen und auch wieder zum zehnjährigen Jahrestag am 9. März 2021 – das *UN Scientific Committee on the Effects of Nuclear Radiation (UNSCEAR)*.[162, 163]

Erwähnenswert ist außerdem das Ergebnis der »schnellen Überprüfung der deutschen Kernkraftwerke«, das Merkel in ihrer Rede angekündigt hatte. Denn tatsächlich befand die deutsche Reaktorsicherheitskommission am 17. Mai 2011:[164]

Unter Berücksichtigung der vorliegenden Informationen und des betrachteten Themenumfanges kann aufgrund dieser Überprüfung für die deutschen Atomkraftwerke anlagenunabhängig bei einem direkten Vergleich mit den Ursachen und Folgen der Unfälle in Fukushima I (Daiichi) festgestellt werden:

Initiierende Ereignisse, die zu einem derartigen Tsunami führen können, sind nach dem jetzigen Kenntnisstand für Deutschland praktisch ausgeschlossen. In Fukushima I lag eine zu geringe Auslegung der Anlagen gegen einen Tsunami mit einer auf Basis vorliegender Literatur zu betrachtenden Ereignishäufigkeit von circa 10^{-3}/a (das heißt das Ereignis tritt im Durchschnitt ein-

mal alle 1000 Jahre ein) vor. Im Bereich der naturbedingten Einwirkungen sind für deutsche Atomkraftwerke für Eintrittshäufigkeiten von 10^{-4}/a für Erdbeben beziehungsweise 10^{-5}/a für Hochwasser die nach dem Stand von Wissenschaft und Technik zu berücksichtigenden Einwirkungen durchgehend in der Auslegung berücksichtigt. Die Stromversorgung der deutschen Atomkraftwerke ist durchgehend robuster als in Fukushima I. Alle deutschen Anlagen haben mindestens eine zusätzlich gesicherte Einspeisung und mehr Notstromaggregate, wobei mindestens zwei davon gegen äußere Einwirkungen geschützt sind.

Darüber hinaus haben sich nach der eingehenden Überprüfung der Unfallursachen in Fukushima weitere Umbauten an allen existierenden Kernkraftwerken ergeben: Zusätzliche Abschaltsysteme ebenso wie weiter verbesserte Notstromversorgungen, außerdem wurden in sogenannten Stresstests die internen Abläufe weiter verbessert. Aus technischen und wissenschaftlichen Gesichtspunkten hätte also kein Grund bestanden, aus der Kernenergienutzung auszusteigen.

Am 22. März 2011, also vor dem Bericht der Reaktorsicherheitskommission, wurde ferner durch die Bundesregierung die *Ethikkommission Sichere Energieversorgung* eingesetzt. Diese Kommission legte am 30. Mai 2011 ihren Abschlussbericht vor.[165] Ende Mai 2021, also zehn Jahre nach der Vorlage dieses Berichtes, erhob der Wissenschaftler André Thess von der Universität Stuttgart schwere Vorwürfe gegen diese Kommission, da sie die Standards guter wissenschaftlicher Praxis der Deutschen Forschungsgemeinschaft in mehreren Punkten verletzt habe. So etwa war nach Aussage ihres Vorsitzenden Matthias Kleiner die Aufgabe dieser Kommission[166]

... die gesellschaftspolitische Bewertung des Atomausstiegs, nicht [um] ein fachliches Gutachten. Die Professoren hätten sich also lediglich als Mitglieder der Zivilgesellschaft geäußert, nicht als Fachwissenschaftler.

Das zeigt erneut, dass die Bundesregierung hier keineswegs auf »die Wissenschaft hörte«. Vielmehr wurde eine kleine, handverlesene Gruppe von Personen zur Rechtfertigung der weitreichenden Konsequenzen herangezogen, die – sogar nach eigenem Bekunden – außerhalb ihres Fachverständnisses tätig war.

Nun will ich die Folgen des Unglücks von Fukushima nicht kleinreden. Bei der Evakuierung ergaben sich 47 Tode durch Selbstmord, Verkehrsunfälle und stressbedingte Reaktionen bei Schwerkranken und Hochbetagten, im Rahmen der Gegenmaßnahmen im Kraftwerk starben fünf Personen durch Arbeitsunfälle ohne radioaktive Komponente. Heute, zehn Jahre danach, dürfen immer noch etwa 42 000 Personen nicht an ihren ursprünglichen Wohnort zurück. Viele haben sich mit ihrer neuen Umgebung abgefunden – bei immensen finanziellen und psychischen Schäden. Offenbar hat sich wegen dieser Stressfaktoren auch die durchschnittliche »glückliche Lebensdauer« unter den Evakuierten deutlich verringert.[167] Allerdings sind diese Schäden eben zum Teil eine Folge der getroffenen Maßnahmen, nicht des Unfalls selbst. Auch an dieser Stelle gilt also:

In jeder Krise muss es ein sorgfältiges Katastrophenmanagement geben, das auch die negativen psychischen, soziologischen und ökonomischen Folgen der Maßnahmen berücksichtigt.

Mit dieser Lehre aus Fukushima könnten wir das Thema abhaken und bei nächster Gelegenheit einer rationalen Neubewertung unterziehen. Allerdings haben wir uns in Deutschland mit dem Störfall von Fukushima ein weiteres gewaltiges Problem eingehandelt. Denn der Unfall wird immer wieder bewusst dazu verwendet, den Menschen Angst zu machen und sie durch Framing, durch die Vorgabe eines kommunikativen Rahmens, in eine bestimmte Richtung zu beeinflussen. Das hat bereits unmittelbar nach dem 11. März 2011 begonnen.

Die Medienwissenschaftler Hans Mathias Kepplinger und Richard Lemke haben die Berichterstattung nach dem Unfall genau untersucht. Die Medien in Deutschland haben nach ihren Erkenntnissen neunmal so viele Forderungen nach einem »Atomausstieg« erhoben wie britische und 18-mal so viele wie französische Medien. Von 166 befragten deutschen Redakteuren beurteilten 67 Prozent die Berichterstattung über Fukushima als »akzeptabel« oder »vertretbar«, nur eine Minderheit von vier Prozent lehnte sie als »nicht akzeptabel« ab.[168]

Im Ausland zeigte man weitgehendes Unverständnis für den deutschen Weg. Beim G8-Gipfeltreffen im französischen Deauville im Mai 2011 wurde der französische Präsident Nicolas Sarkozy von Journalisten zur Entscheidung Angela Merkels befragt. Er antwortete lediglich mit der Gegenfrage, ob sie denn in Bayern schon einmal einen Tsunami erlebt hätten. Zu dieser Zeit wurde, entgegen dem Votum der Reaktorsicherheitskommission, eine Vielzahl von Gesetzen formuliert, die dafür sorgen werden, dass im Jahr 2022 das letzte deutsche Kernkraftwerk vom Netz genommen wird. Da diese Gesetze alle mehr oder weniger schlampig gemacht worden sind, laufen seitdem mehrere Prozesse der Kernkraftwerksbetreiber gegen den deutschen Staat. 2016 wurde den Unternehmen grundsätzlich das Recht auf Entschädigung zugesprochen, 2017 bekamen sie die gezahlte Kernbrennstoffsteuer (Brennelementesteuer) in Höhe von etwa sieben Milliarden Euro zurück. Wie hoch die Entschädigungen für den klaren Vertragsbruch der Bundesregierung sein werden, ist noch nicht absehbar – alleine die Forderungen des Vattenfall-Konzerns belaufen sich auf mehr als sechs Milliarden Euro.

Am 10. Oktober 2016 ging eine Meldung der *Deutschen Presseagentur (dpa)* an die meisten deutschsprachigen Nachrichtenredaktionen, in welcher der Satz enthalten war:[169]

Am 11. März 2011 war es im dortigen Atomkraftwerk zu verheerenden Kernschmelzen gekommen, die insgesamt fast 19 000 Todesopfer forderten.

Mehrere der Empfänger übernahmen diese Meldung und druckten sie ab. So auch die führende Regionalzeitung meiner Heimat, in der in der Rubrik »Kalenderblatt« zum Datum 11. März ebenfalls behauptet wurde, dass 18 500 Menschen als Folge der Kernschmelzen starben. Glücklicherweise gab es in diesem Fall mehrere Beschwerden beim Deutschen Presserat, der wiederum die *dpa* zur Stellungnahme aufforderte. Die *dpa* teilte dem Deutschen Presserat mit, dass[170]

… es sich um einen Redigierfehler gehandelt habe, der bereits nach 45 Minuten korrigiert worden sei. Und zwar mit dem neuen Text: Am 11. März 2011 war es im dortigen Atomkraftwerk zu verheerenden Kernschmelzen gekommen. Bei einem Erdbeben und Tsunami waren 18 500 Menschen ums Leben gekommen.

Da wir die inneren Abläufe der *dpa* nicht kennen, müssen wir das so akzeptieren – wiewohl ich mich eines süffisanten Grinsens beim Lesen dieser Zeilen nicht enthalten konnte. Der Deutsche Presserat sprach jedenfalls mehreren Redaktionen, welche die unrichtige Meldung übernommen hatten, einen sogenannten Hinweis aus, der etwa einem mahnenden Klaps auf die Hand vergleichbar ist.

Zum zehnten Jahrestag des Unglücks am 11. März 2021 verkündete die Bundesvorsitzende der Partei Bündnis 90/Die Grünen Annalena Baerbock auf Twitter:[171]

10 Jahre #Fukushima – Zeit innezuhalten und an die vielen Menschen zu denken, die durch das Unglück zu Schaden gekommen sind oder ihr Leben verloren haben. Es ist beruhigend, dass Deutschland nächstes Jahr aus der Hochrisikotechnologie #Atomkraft aussteigt.

Dabei muss man loben, dass sie von »Atomkraft« spricht, denn in zentralen Dokumenten ihrer Partei liest man auch heute noch, dass sie ihre Wurzel unter anderem in der »Anti-Atom-Bewegung« habe.[172, 173]

Es wird also weiterhin Framing betrieben, und im Falle der Havarie des Kernkraftwerks Fukushima nicht einmal durch die Überflutung mit wissenschaftlichen Fakten, sondern durch fortgesetzte Wiederholung der falschen Assoziation:

Aus der Kernenergienutzung ergaben sich 18 500 Tote.

Die Sonne auf die Erde holen

2016 erschien in der kostenlos verteilten »Sonntagszeitung« des schon im vorigen Kapitel genannten Regionalblattes meiner Heimat auf der Seite für Kinder eine Erklärung, wie denn die Sonne funktioniere. Sehr ernsthaft erklärte die Autorin den jungen Leserinnen und Lesern, dass auf der Sonne eine Verbrennung von Kohle und anderen Stoffen erfolge, die viele Millionen Jahre andauern und die Erde erwärmen würde. Das ist natürlich vollkommener Humbug. Gäbe es den Straftatbestand der Volksverdummung, hätte ich an diesem Tag wirklich eine Anzeige erstattet.

Die Sonne ist, sagen wir es mit einem Satz, ein gigantischer Kernfusionsreaktor, in dem pro Sekunde etwa 6 Milliarden Tonnen Atomkerne des Wasserstoffs zu Heliumkernen ^{4}He verschmolzen werden. Das Innere der Sonne ist eine radioaktive Hölle mit einer Temperatur von 15 Millionen °C. Die radioaktive Gammastrahlung, die dabei freigesetzt wird, benötigt etwa 100 000 Jahre bis zur Sonnenoberfläche – ganz einfach deshalb, weil in diesem dichten Medium die einzelnen Gamma-Photonen immer wieder gestreut werden. Dabei werden sie immer langwelliger und energieärmer, bis sie an der Oberfläche schließlich nur als sogenannte thermische Strahlung mit einer Farbtemperatur von 5500 °C austreten. Das Strahlungsspektrum reicht dabei natürlich von langwelligen Radiowellen bis zur Gammastrahlung – aber eben mit einem Maximum im Bereich des gelben sichtbaren Lichtes.

Unsere freundliche, lebensspendende Sonne ist also ein gefährliches Objekt? Richtig, genau das ist der Fall. Das Ganze wird nämlich nur durch die Schwerkraft zusammengehalten, die sich in einem fragilen Gleichgewicht mit dem durch diese Kernreaktion hervorgerufenen Druck befindet. Wenn dieses Gleichgewicht nicht mehr besteht, kann es bei schwereren Sternen zu den gewaltigen Explosionen kommen, die wir Supernovae nennen und in Abschnitt »Radioaktivität in der Natur« schon kennengelernt haben. Dabei zieht sich der innere Kern des Sterns sehr schnell zusammen, die äußere Hülle folgt mit Verzögerung nach und »knallt« dann auf diesen kleinen inneren Kern. Dieser wird zu einem Neutronenstern oder gar einem Schwarzen Loch komprimiert – die Hülle aber prallt zurück und verteilt sich in einem gewaltigen Ausbruch im Universum. Die Sonne wird dieses Schicksal nicht erleiden, dafür ist sie zu klein – aber solche kosmischen Katastrophen haben, wie wir noch sehen werden, schon erheblichen Einfluss auf unseren Planeten gehabt.

Die eher kleine Sonne wird einen anderen Weg nehmen. Sie leuchtet jetzt seit etwa 4,57 Milliarden Jahren und hat in dieser Zeit immerhin 14 000 Erdmassen Wasserstoff zu Helium und schwereren Elementen verschmolzen. Diese sammeln sich im Zentrum der Sonne, und damit verlagert sich die Fusionszone etwas weiter nach außen und macht die Sonne heißer. In »nur« 900 Millionen Jahren von heute an gerechnet wird das dazu führen, dass die Durchschnittstemperatur auf der Erdoberfläche 30 °C beträgt, im Gegensatz zu 14 °C heute. Spätestens dann sollten wir zusehen, dass wir hier verschwinden.

Doch auch zu unseren Lebzeiten setzt uns die Sonne erheblichen Risiken aus. Die Erde wird vom Sonnenwind (im Wesentlichen von Wasserstoff-Atomkernen, also Protonen ^{1}H) bombardiert, und neben Licht und Wärme erreichen uns auch ultraviolette (also kurze) Wellenlängen. Die von uns als besonders schön empfundenen Polarlichter sind die Abwehrreaktion der Erde: Die Teilchen des Sonnenwindes werden vom Erdmagnetfeld in Richtung der Pole abgelenkt und erleiden dort Stoßprozesse mit den Molekülen der Atmosphäre. Diese Leuchteffekte haben wir uns heute technisch zunutze gemacht, man verwendet sie in jeder Leuchtstoffröhre ebenso wie in jedem Plasma-Bildschirm. Darüber hinaus werden bei den solaren Kernreaktionen auch Neutrinos frei. Diese »geisterhaften« und fast masselosen Elementarteilchen haben kaum Wechselwirkung mit Materie. Anfang der 1990er-Jahre habe ich mich für eine Weile mit Neutrinophysik befasst und fand es beeindruckend, dass die Sonne jeden Quadratzentimeter unserer Welt mit etwa *64 Milliarden Neutrinos pro Sekunde* bombardiert.

Seit der Entdeckung der grundlegenden Prozesse in Sternen, an denen der bereits beim Thema Atombombe in Erscheinung getretene Carl-Friedrich von Weizsäcker maßgeblich beteiligt war, träumen Menschen vom Nachbau der Sonne hier auf der Erde. Das würde uns eine weitgehend sichere Energiegewinnung ermöglichen. Zwar gibt es dabei auch Radioaktivität – aber erstens in sehr viel geringerem Umfang als bei Kernspaltungsreaktoren und zweitens mit sehr viel ungefährlicheren leichten Elementen. Langlebige radioaktive Isotope treten dabei eher nicht auf, radioaktives Material entsteht fast nur durch Bestrahlung der Baustoffe des Reaktors. Und katastrophale Unfälle wie die oben geschilderten sind vollkommen ausgeschlossen. Sogar hartnäckige Gegner der Kernenergie räumen deshalb ein, dass ein irdischer Kernfusionsreaktor die Energieprobleme der Menschheit dauerhaft lösen könnte.

Allerdings gibt es ein Problem: Wir können zwar im Labormaßstab die Temperaturen des Sonneninneren durchaus erreichen – aber nicht gleichzeitig den hohen Druck. Und umgekehrt ist zwar ein solch hoher Druck erreichbar – aber nicht bei der hohen Temperatur. Die Physik bietet hier einen Ausweg an: Etwas geringerer Druck als im Inneren der Sonne bei höheren Temperaturen von sagen wir 100 Millionen °C sollten es auch tun. Da keine Materie diesen Temperaturen standhält, wird seit mehr als 50 Jahren an magnetischen Systemen geforscht, die das sonnenheiße Plasma einschließen.

Derzeit nähert sich der *Internationale Thermonukleare Experimentalreaktor (ITER)* im französischen Kernforschungszentrum Cadarache langsam, aber sicher seiner Fertigstellung. Nach jahrelanger Planung begann der Bau 2007, gegenwärtig geht man davon aus, dass 2025 das erste Plasma darin erzeugt wird.

Natürlich ist so etwas ein Milliardengrab, zurzeit geht man von Kosten des ITER in Höhe von etwa 20 Milliarden Euro aus. Überhaupt sind in die Kernfusionsforschung schon sehr viele Mittel gesteckt worden. In Anbetracht der Bedeutung der Fusionsenergie für die Zukunft der Menschheit sollte man aber die Kosten des ITER in Relation etwa zu denen des Hauptstadtflughafens BER setzen, der mit 7,1 Milliarden € Steuergeld zu Buche schlägt. Darüber hinaus werden die Mittel für den ITER nicht in veraltete Technologien oder Betonbauten gesteckt, sondern landen in der Regel im Hochtechnologiebereich.

Ein weiteres Problem ist, dass bei der Realisierung des ITER katastrophale Fehler im Management des Baukonsortiums gemacht worden sind, die zu langen Verzögerungen und Kostensteigerungen geführt haben. Als Folge davon wurden die Ziele für den Betrieb des ITER immer weiter reduziert, so etwa soll er ein Fusionsplasma nicht mehr wie ursprünglich geplant 10 000 Sekunden lang halten können, sondern es sind wesentlich kürzere Zeitspannen in der Diskussion. Möglicherweise wird er auch keine Energie liefern können. Dem ist aber eines entgegenzuhalten: Beim Bau sind so viele wertvolle Erfahrungen gemacht worden, dass das ursprüngliche Ziel eines funktionsfähigen Kernfusionsreaktors spätestens beim Nachfolgemodell erreicht werden kann.

Nicht nur unter Wissenschaftlern kursiert deshalb der Witz von der *Zeitkonstante der Kernfusion:*

> In 50 Jahren haben wir die Kernfusion.
> Das galt schon 1980 und gilt heute immer noch.

Glücklicherweise sieht die gegenwärtige Realität deutlich besser aus, denn mit einem anderen Konzept wurde am 8. August 2021 ein spektakulärer Erfolg erzielt. Bei der sogenannten Trägheitsfusion wird kein länger brennendes Fusionsplasma erzeugt, sondern durch den Laserbeschuss einer kleinen Kugel aus gefrorenem Deuterium ^{2}H und Tritium ^{3}H nur für Millisekunden ein durch seine eigene Massenträgheit zusammengehaltenes Plasma, in dem dann Fusionsreaktionen stattfinden. In der *National Ignition Facilty (NIF)* des US-amerikanischen Lawrence Livermore Laboratory gelang es an diesem Tag bei einem »Schuss«, eine Energiemenge durch Fusion zu erzeugen, die immerhin 70 Prozent der eingesetzten Laser-Energie entsprach.[174] Das klingt nach wenig, ist aber eine Steigerung um einen Faktor 25 innerhalb eines Jahres. Derzeit können wir – und das ist kein Witz – mit relativ großer Sicherheit davon ausgehen, dass ab 2035 die ersten energieproduzierenden Fusionssysteme verfügbar sein werden. Deutschland, und darin auch meine Alma Mater TU Darmstadt und das heutige *Helmholtzzentrum für Schwerionenforschung GSI,* spielen dabei in der ersten Liga mit.

Energiewende – oder die Zukunft der Kernenergie

Aus den Darstellungen dieses Kapitels sollte klar geworden sein, dass die Nutzung der Kernenergie erhebliche Gefahren mit sich bringt. Allerdings auch, dass die Risiken in diesem Zusammenhang nicht von der Kernenergie selbst ausgehen, sondern von technischen und menschlichen Aspekten bei der Nutzung. Wir haben uns aber leider gesellschaftlich als Folge der drei Havarien

134

von Three Mile Island, Tschernobyl und Fukushima nur noch auf die Gefahren konzentriert und Möglichkeiten, das Risiko zu reduzieren, systematisch ignoriert. Kein Beispiel macht dies deutlicher als die überstürzte und unangemessene Handlungsweise von Bundeskanzlerin Angela Merkel im Jahr 2011. Seitdem gilt in Deutschland das Mem von der »Energiewende«, die es zu schaffen gelte. Damit stellt sich die Frage, ob das denn der richtige Weg ist.

Eines der gravierenden Zukunftsprobleme ist der Klimawandel, den wir im Kapitel »Die Angst vor dem Klimawandel« genauer betrachten werden. Um diesen in erträglichem Rahmen zu halten, werden wir große Mengen elektrischer Energie benötigen – und damit stellt sich die Folgefrage, ob Kernspaltungskraftwerke, die ja im direkten Betrieb keine schädlichen Emissionen verursachen, dazu einen Beitrag leisten können. 2019 kam eine unabhängige Studie der US-amerikanischen Non-Profit-Forschungseinrichtung *National Bureau of Economic Research (NBER)* zum Schluss, dass die indirekten Kosten der Energiewende für Deutschland mehr als zehn Milliarden Euro pro Jahr betragen. 70 Prozent dieser Kosten, so die Ergebnisse des Berichtes, seien darauf zurückzuführen, dass luftverunreinigende Kohlekraftwerke weiter betrieben werden und jährlich mehr als 1100 vermeidbare Todesopfer fordern.[175]

Allerdings muss man beim direkten Vergleich der Energieerzeugungsmethoden darauf achten, dass man sich nicht in die Tasche lügt, denn natürlich ist der Bau der Kernkraftwerke ebenso wenig wie ihre Versorgung mit Uran emissionsfrei. Diese Gesamtüberlegungen sind aber schon vor Jahren sehr genau durchgeführt worden; sowohl vom *Intergovernmental Panel on Climate Change (IPCC)*[176] als auch vom Öko-Institut Freiburg[177] liegen entsprechende Ergebnisse vor. Danach führt die Energiegewinnung in traditionellen Kernkraftwerken nur zur Emission von 32 Gramm CO_2-Äquivalenten pro erzeugter Kilowattstunde, abgekürzt mit der etwas sperrigen Bezeichnung »$gCO_2eq/$

kWh«. Das ist wesentlich weniger als die Stromerzeugung aus Kohlekraftwerken (950–1150 gCO_2eq/kWh), Solarzellen (101 gCO_2eq/kWh) und sogar aus Wasserkraftwerken (40 gCO_2eq/kWh). Günstiger als Kernkraftwerke schneiden lediglich Windparks (23–24 gCO_2eq/kWh) und Biogasanlagen ab, Letztere tragen sogar negativ bei. Die mögliche Energieerzeugung durch Fusionskraftwerke oder durch Brüterkraftwerke mit geschlossenem Brennstoffkreislauf kann in diesem Vergleich natürlich noch nicht sinnvoll berücksichtigt werden, fällt aber mit Sicherheit in Bezug auf die Emission noch besser aus.

Wenn man davon ausgeht, dass von den genannten 32 Gramm der Kernspaltungskraftwerke rund drei Viertel dadurch entstehen, dass für den Bau und die Brennstoffversorgung eher konventionelle Energieträger eingesetzt werden, ist der Wert noch weiter reduzierbar. Das Öko-Institut berechnete beispielsweise für französische Kernkraftwerke eine Emission von nur acht Gramm CO_2-Äquivalenten pro erzeugter Kilowattstunde, und zwar einfach aufgrund der Tatsache, dass für Bau und Betrieb mehr Strom aus Kernkraftwerken verwendet wurde. Das Öko-Institut Freiburg stellte also nach sorgfältiger Analyse faktisch fest:

Energie aus traditionellen Kernspaltungskraftwerken ist eine der, wenn nicht sogar die klimafreundlichste Art der Energiegewinnung.

Was, um dies in Erinnerung zu rufen, die »atompolitische Sprecherin« einer der im Deutschen Bundestag vertretenen Parteien aber nicht hinderte, öffentlich das Gegenteil zu verkünden. Sie begründete das damit, dass man auch Ergebnisse wie die des Öko-Instituts einer politischen Bewertung unterziehen und sie gegebenenfalls auch ins Gegenteil verkehrt wiedergeben müsse. Auf solche argumentativen Feinheiten wird inzwischen verzichtet und einfach behauptet, »Kernenergienutzung sei klimaschädlich«. Das ist, wie wir gesehen haben, schlicht die Unwahrheit.

Bei der Energieerzeugung muss noch ein weiterer Faktor berücksichtigt werden, nämlich die sogenannte flächenbezogene *Leistungsdichte*. Diese Größe wurde von dem tschechisch-kanadischen Wissenschaftler Vaclav Smil eingeführt und gibt an, wie groß der Flächenaufwand für die Erzeugung von Energie ist. Dabei muss man natürlich sorgfältig vorgehen und bei Kohlekraftwerken beispielsweise den Flächenbedarf von Kohleminen mitrechnen (und Gleiches gilt natürlich für Kernkraftwerke und Uranminen). Man könnte sich durchaus fantasievoll überlegen, die komplette Energieversorgung der Welt durch Biogas abzudecken. Allerdings wären bei einem mittleren Weltenergiebedarf von 16 Terawatt und bei einer Leistungsdichte von 0,05 Watt pro Quadratmeter für Biogas aus den Resten von Nutzpflanzen rund 300 Millionen Quadratkilometer Anbaufläche erforderlich, das ist mehr als die doppelte Landfläche des Planeten Erde.

Würde man die Welt alleine mit Windenergie versorgen, die im besten Fall etwa 2–3 Watt pro Quadratmeter liefert, müsste man immerhin 6 Millionen Quadratkilometer mit Windfarmen bedecken. Umgerechnet auf Deutschland mit einem mittleren Strombedarf von 69 Gigawatt im Jahr 2019 (also bei einem vernachlässigbaren Anteil durch elektrisch angetriebene Fahrzeuge), müsste man rund 6,5 Prozent des deutschen Staatsgebietes mit Windkraftanlagen bedecken. Alleine das ist schon eine absurde Vorstellung, denn Bereiche mit dichter Bebauung oder solche, auf denen aus sonstigen Gründen keine Windkraftwerke errichtet werden können, sind von diesem Staatsgebiet abzuziehen. Außerdem wurde nicht berücksichtigt, dass tagsüber der Strombedarf wesentlich höher ist als 69 GW. Ebenso wenig enthält dieser Wert eine Vorsorge für windarme Zeiten wie das Frühjahr 2021.

Ferner zeigte im Jahr 2015 ein Team des Max-Planck-Instituts für Biogeochemie um Axel Kleidon, dass große Windparks den Wind tatsächlich bremsen und somit die bestmögliche Ausbeute der Windenergie nur rund 1,1 Watt pro Quadratmeter beträgt.[178] Damit käme man auf rund 17,7 Prozent des deutschen Staatsgebietes, um auch nur den mittleren gegenwärtigen Strombedarf zu decken. Dem ist noch hinzuzufügen, dass das Wahlprogramm 2021 der Partei Bündnis 90/Die Grünen die offensiv vertretene These enthielt, dass eine komplette Energiewende mit der Umstellung auf Windenergie »nur« zwei Prozent der Fläche Deutschlands benötigen würde. Offenbar hat man sich dabei um einen Faktor zehn verrechnet.

Die Leistungsdichte von Wäldern ist um einen Faktor 4000 größer als die von Biogas, die Leistungsdichte von Kohleminen um einen Faktor 25 000.[179] Auf einen vergleichbaren Wert kommt man für Kernenergie, wenn man den Flächenverbrauch für den Uranbergbau mit einbezieht. Sowohl Kernspaltungsreaktoren mit Brütertechnologie als auch Kernfusionsreaktoren würden sehr viel größere Leistungsdichten aufweisen.

> Wollen wir vermeiden, dass die Welt fast nur noch aus Anbauflächen zur Energiegewinnung oder aus Windparks besteht, führt an einer Renaissance der Kernenergienutzung kein Weg vorbei. Nur dadurch können wir unseren ökologischen Fußabdruck verringern, den Klimawandel bekämpfen und die Zukunft sichern.

Die Kernenergienutzung hat natürlich noch verschiedene ungelöste Probleme. Eines davon ist die Brennstoffversorgung in Kernspaltungsreaktoren, denn die bekannten Uranvorkommen auf der Erde sind ebenfalls begrenzt. Allerdings existiert auch hierfür eine Lösung, die sogenannten Brutreaktoren. Man kann nämlich durch Ausnutzung der »überflüssigen« Strahlung im Innern eines Kernreaktors andere schwere Elemente zu neuem Kernbrennstoff umwandeln. Die Prozesse dazu sind seit etwa 50 Jahren bekannt, allerdings ist die technische Umsetzung in

Deutschland mit dem *Schnellen Brüter Kalkar* grandios gescheitert. Andere Staaten haben diese Technologie inzwischen aufgegriffen und bauen mit Hochdruck an entsprechenden Reaktoren, so etwa Russland, Indien und China. Am 29. Dezember 2020 erklärte die Volksrepublik China, dass sie jetzt den zweiten Brutreaktor in Angriff nähme mit dem Ziel, einen geschlossenen Brennstoffkreislauf zu erreichen.[180] Das ist, sagen wir es deutlich, das bisher herausragendste Beispiel für nachhaltige Energieversorgung auf hohem Niveau.

Ein weiteres Problem ist die Entsorgung der radioaktiven Abfälle, für die man in Deutschland seit Jahrzehnten unter Milliardenaufwand nach Möglichkeiten sucht, sie unterirdisch in einem »Endlager« loszuwerden. Keine Frage, dass dies im Widerspruch zur »Acker-Wald-und-Boden«-Ideologie steht, die uns schon mehrfach begegnet ist. Denn jeder Landwirt weiß, dass die Dinge, die man auf einem Acker vergräbt, auch wieder zum Vorschein kommen können.

Dabei gibt es bereits heute drei Alternativen:

Erstens kann man das radioaktive Material durchaus als einen Rohstoff auffassen, weil es nach wie vor einen hohen Energiegehalt hat und möglicherweise für die Zukunft wertvolle Elemente enthält. Die sichere oberirdische Lagerung, die einen erneuten Zugriff auf das Material ermöglicht, ist also durchaus denkbar.

Zweitens gibt es seit etwa 30 Jahren ein Konzept, mit dem die gefährlichen radioaktiven Abfälle vollkommen sicher in ungefährliches Material verwandelt werden können. Die *Accelerator Driven Transmutation Technology (ADTT)*[181] geht auf den Physik-Nobelpreisträger Carlo Rubbia zurück, der sie während seiner Direktorenschaft des europäischen Hochenergie-Forschungszentrums CERN vorschlug. In dem auch *Rubbiatron* genannten System wird ein traditionelles Kernkraftwerk mit einem Teilchenbeschleuniger, einem sogenannten Zyklotron, gemeinsam betrieben. Durch die Bestrahlung im Beschleuniger wird die Radioaktivität des unerwünschten Materials so erhöht, dass es sich in kurzlebige Isotope umwandelt, die nach kurzer Zeit vollkommen ungefährlich sind.

Drittens könnte man eine »echte« Endlagerung auch so vornehmen, dass das unerwünschte oder gefährliche Material dorthin verbracht wird, wo im Rahmen der geologischen Prozesse Erdkruste ins Erdinnere gezogen wird.[182] Solche Subduktionszonen bewegen sich zwar nur sehr langsam, doch wären radioaktive Abfälle dort in bester Gesellschaft: Das Erdinnere ist, wie schon erwähnt, eine radioaktive Hölle.

Wohlgemerkt, ich suggeriere damit nicht, dass eine dieser Alternativen die richtige Lösung ist oder dass sie einfach anwendbar wären, doch:

> Sehr viel sinnvoller als die gegenwärtige »Kernenergie-Nein-Danke«-Ignoranz wäre es, den unbestrittenen Gefahren der Kernenergienutzung systematische Forschung zur Reduzierung der Risiken entgegenzusetzen.

Jahrzehntelang ist das in Deutschland auch getan worden, nicht umsonst gelten deutsche Kernkraftwerke auch heute noch als die sichersten der Welt. Aber die maßgeblich von den deutschen Medien erzeugte Informationsüberflutung mit Warnmeldungen hat dazu geführt, dass die deutsche Öffentlichkeit, ganz im Sinne des Satisficing, von Kernenergie nichts mehr hören will. Seit Beginn der 1980er-Jahre ist deshalb die Erforschung neuer Methoden der Kernenergienutzung in Deutschland stark vernachlässigt worden, eine Forschungsförderung fand faktisch kaum noch statt.

Das betrifft sowohl die aufgezeigten Probleme der Brennstoffversorgung und der Abfallentsorgung als auch die Entwicklung komplett neuer Reaktorsysteme. An erster Stelle sind hier Ideen zu nennen, mithilfe von *Small Modular Reactors (SMR)* den Weg der Großkraftwerke zu verlassen,[183] unmittelbar gefolgt von der in Deutschland entstandenen Idee des *Dual Fluid Reactors*[184] mit seiner inhärenten Sicherheit. Solche Konzepte werden in anderen Ländern derzeit sehr intensiv weiterentwickelt. Auch im Bereich der möglichen Fusionskraftwerke gibt es vielversprechende junge Unternehmen, die an kleinen Systemen arbeiten.

Unbestritten ist, dass auch die finanzielle Absicherung der vorhandenen Risiken neu gedacht werden muss, und zwar wegen der grenzüberschreitenden Auswirkungen nuklearer Unfälle auf internationaler Ebene. Bisher gilt für die Betreiber der vorhandenen nuklearen Großkraftwerke eine Haftungssumme von etwa 380 Millionen Euro, das ist aber um einen Faktor 100 bis 1000 zu wenig für den tatsächlich möglichen Schaden. Auch dieses Problem schreit geradezu danach, die Technik von großen Kernkraftwerken weg in Richtung kleinerer Systeme zu entwickeln.

Es wird daher aus Gründen des Klimaschutzes in den beiden nächsten Jahrzehnten zu einer Renaissance der Kernenergienutzung kommen. Wenn schon nicht in Deutschland, dann doch mindestens in allen anderen Industrieländern inklusive unserer Nachbarstaaten. In Polen sind derzeit die ersten sechs Kernkraftwerke im Bau, auch Frankreich und die Niederlande streben den Bau weiterer Systeme an. In Deutschland hingegen wurden am 31. Dezember 2021 und mitten in einem selten zuvor erlebten Anstieg der Energiepreise drei der letzten und hervorragend funktionierenden Kernkraftwerke aus ideologischen Gründen abgeschaltet. Überlegen Sie also bitte genau, ob Sie es mittragen können, dass Deutschland sich aus der Innovation in Sachen Kernenergie komplett verabschiedet. Die einzige Alternative ist, die Energie aus französischen sowie künftig auch niederländischen und polnischen Kernkraftwerken nach Deutschland zu importieren.

VORSICHT, GIFT IN LUFT UND ESSEN!

Zu den Dingen, vor denen uns kontinuierlich Angst gemacht wird, gehören unsere Atemluft und unsere Nahrung. Sie sollen angeblich heute nicht mehr so gesund sein wie früher, und natürlich ist daran die moderne Lebensweise schuld, denn früher gab es ja solche Warnungen nicht.

Dabei wird meist übersehen, dass »früher« während der bäuerlichen Subsistenzwirtschaft, in der jeder seine Nahrung selbst anbaute, die Menschen regionalen Schwankungen der Nahrungsqualität hilflos ausgeliefert waren.[185] Und spätestens mit dem Aufkommen einer größeren Arbeitsteilung während des Mittelalters waren absichtliche Lebensmittelverfälschungen aus Geldgier fester Bestandteil der menschlichen Kultur.[186] Allerdings wurden diese frühen Skandale mangels etablierter Überwachungssysteme, genauer Analytik und medialer Möglichkeiten nicht öffentlich bekannt.

Heute sieht sich sogar der Landwirt als primärer Nahrungserzeuger einer Vielzahl von medialen Einflüssen ausgesetzt. Versucht er, die Handarbeit durch Maschinen zu ersetzen, warnt das Umweltbundesamt vor Erosion und Verdichtung.[187] Bemüht er sich, sein Saatgut vor Fäulnis zu schützen, wirkt sich das mutmaßlich negativ auf die Bodenorganismen aus.[188] Bekämpft er Schädlinge, wird er zum Bienenmörder erklärt.[189] Hält er Rinder, schädigt er das Klima.[190] Diese Liste ließe sich beliebig fortführen, mit dem Ergebnis:

> Kritik erntet nahezu alles, was vom Bild des glücklichen Ackersmannes abweicht, der mit seiner Hände Arbeit den eigenen Boden bestellt und damit unsere Nahrung erzeugt.

Dabei wird ebenfalls ignoriert, dass diese Lebensweise – angeblich im Einklang mit der Natur – nur unter erheblichen Entbehrungen möglich ist und in der Regel die Anstrengung einer ganzen Familie erfordert. Noch im 18. Jahrhundert leisteten viele Regionen in Deutschland Widerstand gegen die Einführung einer allgemeinen Schulpflicht, weil diese die Kinder von der Arbeit auf dem Acker fernhielt. Als Überbleibsel dieses Widerstandes können wir heute noch das Beharren auf einem späten Ferienbeginn in Baden-Württemberg ansehen.

Vereine und Genossenschaften aus dem *Netzwerk Solidarische Landwirtschaft*,[191] in denen sich mehrere Familien kollektiv eine oder mehrere Anbauflächen teilen, sind deshalb heute sehr in Mode und werben auch aktiv für die Mitwirkung von Kindern und ganzen Schulklassen auf dem Acker. Es gibt Schulen, die dies begeistert aufnehmen und zum Unterrichtsgegenstand machen. Die Frage, ob an diesen Schulen mit gleichem Enthusiasmus der Einstieg in die digitale Welt gelehrt wird, kann ich leider aufgrund fehlender Daten nicht beantworten.

Solche Anbauvereine ähneln organisatorisch stark den Kooperativen und Genossenschaften, mit denen Entwicklungshilfeorganisationen versuchen, das Hungerproblem Afrikas in den Griff zu bekommen. Mit dem Unterschied natürlich, dass solche Genossenschaften in Afrika eine deutlich höhere Produktivität als die traditionelle Subsistenzwirtschaft erreichen sollen – während sie in den Industrienationen als Abkehr von einer hoch produktiven Landwirtschaft die Nahrungsmittelproduktion pro Kopf deutlich verringern. Man kann dies aus ideologischen Gründen drehen und wenden, wie man will, aber:

> Wollte man die gesamte Landwirtschaft unseres Planeten auf eine solche kleinteilige genossenschaftliche Organisation umstellen, könnte man nicht einmal die heute existierende Menschheit ernähren.

Geschweige denn den Tod von Milliarden Menschen durch das immer noch andauernde Bevölkerungswachstum vermeiden. Auch hier begegnet uns also wieder die »Acker-Wald-und-Boden«-Ideologie, die darin mündet, dass die Ergebnisse der einfachen bäuerlichen Arbeit möglichst unmittelbar vom Acker oder aus dem Stall auf den Tisch kommen sollen. Kommerzielle Verarbeitungsschritte dazwischen werden logischerweise ebenfalls attackiert.

Die Luft wird knapp – oder doch nicht?

Bevor die Corona-Pandemie ihre mediale Dominanz erreichte, war eines der häufigsten Angstthemen die Luftverschmutzung, vor allem durch Stickoxide NO_X und Feinstäube. Nun darf man das auf keinen Fall verharmlosen: Der Abbau schädlicher Immissionen ist und bleibt ein wichtiges Ziel für uns alle. Allerdings wurde die Debatte einerseits durch die sogenannte *Deutsche Umwelthilfe* befeuert, die unter großem medialen Interesse ausnutzte, dass es offenbar schwierig ist, die aktuell geltenden gesetzlichen Normen umzusetzen. Und andererseits mussten wir mit den gesetzwidrigen Abschalteinrichtungen auch bei renommierten deutschen Automobilkonzernen ein Verhalten erleben, das nicht nur kriminell, sondern vor allem *kriminell dumm* war.

Das ist eine Variante des Teller-Fonda-Effektes, den ich im Abschnitt »Die Störfälle von Three Mile Island und Tschernobyl« berichtet habe:

Wenn ein der korrupten Geldgier überführter Konzern illegale Mittel einsetzt, um mehr Immissionen verursachen zu können, und gleichzeitig eine »grüne« und anscheinend »gute« Organisation im Namen der Verbraucher die Überschreitung von gesetzlichen Grenzwerten bekämpft – was wird man dann über diese Immissionen denken?

Wir werden also wieder einmal mit Informationen überflutet, insbesondere wird durch die genannte Organisation gerne suggeriert, dass die Situation immer schlimmer würde, denn immerhin hatten wir in deren Darstellung vor 20 Jahren noch keine Überschreitung irgendwelcher Grenzwerte. Mindestens aber, so die häufige mediale Darstellung, würde nichts besser, ohne dass man öffentliche Stellen mit Klagen überzieht. Schauen wir uns also einmal die Geschichte der Luftverschmutzung an.

Schon solange sich Menschen bemühen, sich ein lebenswertes Leben zu schaffen, verschmutzen sie ihre Umwelt. Belegen kann man dies unter anderem durch eine 14 000 Jahre umfassende sehr genaue Untersuchung der Bleiablagerungen in Schweizer Torfmooren.[192] Die Methode ist so empfindlich, dass damit sogar Effekte wie der Rückgang der Vereisung in Skandinavien nachgewiesen werden können. Und sie zeigt schon vor etwa 6000 Jahren einen deutlichen Anstieg des Bleigehaltes der Luft. Verursacht wird dieser durch die Bodenerosion, die mit der Rodung größerer Waldflächen für die Nutzung als Ackerland einhergeht, die vor etwa 8000 Jahren begann. Auch der glückliche Ackersmann aus der »Acker-Wald-und-Boden«-Ideologie belastet also die Umwelt.

Noch deutlichere Anstiege des Bleigehaltes ergaben sich mit dem Aufkommen der Zivilisation. Mit klar erkennbaren Spitzen etwa durch das römische Imperium, in dem Blei als gut zu be-

arbeitendes Metall weit verbreitet war.[193] Das starke Bevölkerungswachstum bis zum Mittelalter sorgte für ein weiteres Maximum, weil in großem Umfang Silbermünzen Verwendung
fanden. Silbererze kommen nicht nur oft zusammen mit Bleier-
zen vor, sondern Blei spielt für die damaligen Methoden der Sil-
bergewinnung eine wichtige Rolle. Mit dem Harz und dem Erz-
gebirge sind zwei deutsche Gebiete zu nennen, die damals dank
diesem Bergbau einen fantastischen Aufschwung erlebten. Blei-
rückstände aus dem Mittelalter findet man sowohl in schwedischen Seen als auch in alpinen Gletschern. Allerdings konnte
eine Gruppe um Christopher Loveluck von der Universität Not-
tingham 2020 außerordentlich präzise nachweisen, dass die alpinen Ablagerungen von Blei aus der Luft im 12. und 13. Jahrhundert vorwiegend aus England stammen.[194] Es ist also keineswegs
so, dass sich die negativen Effekte der Luftverschmutzung im
Mittelalter nur regional auswirkten.

Die Luftverschmutzung durch Blei ist nicht nur die am besten
untersuchte Umweltverschmutzung, sondern die Messdaten aus
den Schweizer Torfmooren liefern uns noch eine andere wichtige
Aussage: Die Bleibelastung der Luft ist heute zwar immer noch
höher als vor der Ausbreitung der Menschen vor 6000 Jahren.
Sie ist aber deutlich geringer als in den Spitzenzeiten der vergangenen Jahrhunderte und fällt weiterhin.

Während sich im kontinentalen Europa große Waldflächen
noch lange hielten, waren sie im England des 13. Jahrhunderts
auch wegen des intensiven Bergbaus schon weitgehend verschwunden. Das führte dort sehr früh zum Ersatz der Holzfeue-
rung durch Kohle. So ist belegt, dass Königin Eleanor I. in der
zweiten Hälfte des 13. Jahrhunderts sehr unter dem Qualm der
frühen Industrien und der Heizöfen litt. Über Jahrzehnte hinweg
befielen sie in jedem Winter heftiges Fieber und Husten. Ihr Tod
im Jahr 1290 wird zwar oft der Tuberkulose zugeschrieben,
könnte aber durchaus eine Folge der Luftverschmutzung durch
die Kohleverbrennung gewesen sein. Ihr Witwer Edward I.

»Longshanks« verbot jedenfalls 1307 die Verwendung von Steinkohle in London mit dem Argument:

The air there is polluted over a wide area ... to the detriment of their bodily health.

Die Luft ist dort stark belastet ... zum Schaden ihrer körperlichen Gesundheit.

Unter seinem Ururenkel Richard II. verabschiedete das englische Parlament 1388 das erste Umweltgesetz, das sich sowohl mit der Luftverschmutzung als auch mit Abwasser und Abfall befasste.

Nach der großen Pest-Pandemie des 14. Jahrhunderts, die wir in Kapitel »Die Angst vor der Pandemie« noch einmal aufgreifen werden, ging aufgrund der Dezimierung der Bevölkerung die Luftverschmutzung teilweise zurück. Der Zuwachs an Bewaldung spielte dabei mit ziemlicher Sicherheit auch eine Rolle (siehe Abschnitt »Klimawandel in historischer Zeit«). Wir kennen dennoch aus der Geschichtsschreibung der folgenden Jahrhunderte immer wieder und immer häufigere Beschwerden über Luftverschmutzung durch die Kohleverbrennung. Als eine der frühesten medialen Aufarbeitungen ist die Schrift *Fumigifugium* von John Evelyn aus dem Jahr 1661 berühmt geworden:[195]

Fumigifugium or The inconveniencie of the aer and smoak of London dissipated. Together with some remedies humbly proposed by J.E. esq. to His Sacred Majestie, and to the Parliament now assembled.

Fumigifugium oder Die Unannehmlichkeiten der Luft und des Smoak von London aufgelöst. Zusammen mit einigen von J.E. esq. demütig seiner Heiligen Majestät und dem jetzt versammelten Parlament vorgeschlagenen Heilmitteln.

Evelyn beschreibt darin die bekannten Symptome und führt sie auf die Verbrennung der minderwertigen, nach ihrem Ursprungsort Newcastle benannten See-Kohle zurück. Er schlägt als Maßnahme vor, wieder mehr Holz zu verbrennen und Gärten mit wohlriechenden Pflanzen zu errichten.[196] Sein Zeitgenosse John Gaunt, Hutmacher und aus persönlichem Interesse Mitglied der *Royal Society,* gilt heute als Begründer der medizinischen Statistik. Er veröffentlichte 1662 die erste bekannte Stadtkarte Londons mit einer Visualisierung der Todesursachen der Bewohner.[197]

Es ist nicht bekannt und wird auch im Nachhinein kaum seriös feststellbar sein, wie viele Menschen in den nachfolgenden Jahrhunderten durch die Luftverschmutzung geschädigt worden sind oder starben.

Erst im 20. Jahrhundert kam es dann zu gut dokumentierten Katastrophen durch verschmutzte Luft, besonders durch das bei der Verbrennung von schwefelhaltiger Kohle frei werdende Schwefeldioxid SO_2. In der ersten Dezemberwoche des Jahres 1930 bescherte eine Inversionswetterlage großen Bereichen Europas einen dichten Nebel, so auch dem stark industrialisierten Tal der Meuse zwischen den Städten Liège und Huy in Belgien. Am dritten Tag des Nebelwetters, dem 3. Dezember 1930, begannen Hunderte Bewohner der dortigen Dörfer über Brennen in den Augen, schlimmen Husten und Atembeschwerden zu klagen. Bis zum Ende der Wetterlage am 6. Dezember waren insgesamt 60 Personen an diesen Herz-Lungen-Beschwerden verstorben. Dieser Vorfall gilt heute als der erste wissenschaftlich dokumentierte Nachweis eines Zusammenhangs zwischen menschenverursachter Luftverschmutzung und Gesundheit.[198]

Heutige Schätzungen kommen zum Schluss, dass damals im Tal der Meuse die Konzentration von SO_2 25 bis 100 mg/m³ betrug, das ist das 2000-Fache der heute von der Weltgesundheitsorganisation WHO als Grenzwert betrachteten Konzentration von 40–60 µg/m³ (Mikrogramm pro Kubikmeter).

Eine Inversionswetterlage und dichter Nebel herrschten auch vom 27. bis zum 31. Oktober 1948 in der Kleinstadt Donora, 39 Kilometer von Pittsburgh im US-Bundesstaat Pennsylvania im Tal des Monongahela gelegen. Hier klagten 7000 der 14 000 Einwohner über schwere Atembeschwerden, 20 von ihnen starben bis zum 31. Oktober und weitere 50 in den folgenden vier Wochen.[199] Donora verfügte über ein Stahlwerk der US Steel, das nicht nur SO_2 und Feinstaub, sondern auch Fluorwasserstoff HF und Stickstoffdioxid NO_2 in die Luft blies. Schätzungen ergaben eine Schwefeldioxidkonzentration von 1,4–5,5 mg/m³, also etwa das Hundertfache der heute zulässigen Werte. Als weit schlimmeren Faktor identifizierte man später den Fluorwasserstoff HF, der in erheblichem Ausmaß bei den Opfern nachzuweisen war. Auch zehn Jahre danach war die Sterblichkeit in dem kleinen Ort deutlich erhöht – während die US Steel nur minimale Entschädigungsleistungen zahlte und die eigene Schuld bestritt.

Der schlimmste bekannte Vorfall im Zusammenhang mit einer großräumigen Luftverschmutzung ereignete sich vom 5. bis zum 9. Dezember 1952 in London, ebenfalls während einer Inversionswetterlage. Der giftige Nebel enthielt das SO_2 aus Tausenden von Heizkaminen in einer Konzentration von etwa 3,8 mg/m³. Außerdem war er vollständig von Feinstaub und Ruß gesättigt, sodass man auch bei kurzem Aufenthalt im Freien schwarz verschmiert zurückkehrte.[200] Es gibt Berichte, dass dieser Nebel sogar in die Häuser eindrang und so dicht war, dass man nicht von einer Wand des Zimmers zur anderen sehen konnte. Je nach Zählung starben an den Folgen dieses *Great Fog* zwischen 4000 und 12000 Menschen, vorwiegend Kleinkinder, Ältere und Menschen mit Vorerkrankungen.

Unmittelbare Folge der Katastrophe war, dass Großbritannien als eines der ersten Länder eine moderne Umweltgesetzgebung verabschiedete, den *Clean Air Act* von 1956.

In den USA erschien 1962 das Buch *Silent Spring* von Rachel Carson (deutsch als *Der Stumme Frühling*).[201] Der Titel bezieht sich darauf, dass ohne einen Stopp des Eintrags von Giften in die Umwelt irgendwann in der näheren Zukunft keine Vögel mehr vorhanden sein werden, um den Frühling zu begrüßen. Carson belegte dies durch präzise Daten und wissenschaftlich korrekte Erklärungen, das Buch gilt als einer der Hauptauslöser der Umweltbewegung. Die US-amerikanische Regierung verabschiedete 1963 einen Clean Air Act, während das Thema im kontinentalen Europa erst Ende der 1960er-Jahre Fahrt aufnahm.

Dabei hatte es auch hier eine Smog-Krise gegeben: Vom 3. bis zum 7. Dezember 1962, fast genau eine Dekade nach der Londoner Katastrophe, erreichte man im Ruhrgebiet während einer Inversionswetterlage eine SO_2-Konzentration von 5 mg/m³, also auch etwa dem Hundertfachen der heute angestrebten Menge von SO_2. Dazu kam noch eine erhebliche Belastung durch bis zu 2,4 mg/m³ von damals sogenanntem Schwebstaub.[202] Direkte Opferzahlen wurden nicht ermittelt, allerdings ergab sich kurzzeitig eine Übersterblichkeit von 20 Prozent. Zwar wurden danach lokale Verordnungen erlassen, eine breite öffentliche Diskussion fand aber nicht statt.

Einen Wendepunkt in der deutschen Diskussion bildete erst 1973 der Fernsehfilm *Smog* von Wolfgang Petersen auf Basis eines Drehbuchs von Wolfgang Menge. In dessen fiktivem Szenario erreicht die Konzentration von SO_2 im Ruhrgebiet einen Wert von 2 mg/m³. Im Film sterben Menschen – aber die Anzahl bleibt ebenso wie die Verursacher letztlich unklar. Dennoch war die unmittelbare Folge des Films im darauffolgenden Jahr die Verabschiedung des ersten deutschen Bundesimmissionsschutzgesetzes. Dessen Erfolge lassen sich bei den in diesem Abschnitt »verwendeten« Schadstoffen nachweisen:

» Die Bleibelastung, gefährlich seit mindestens 800 Jahren, geht inzwischen sehr stark zurück und überschreitet an keiner Stelle in Deutschland mehr die Empfehlungen der Weltgesundheitsorganisation WHO.

» Die Freisetzung von Schwefeldioxid SO_2 ist allein im Zeitraum von 1990 bis 2018 um 95 Prozent zurückgegangen[203] und gegenüber 1980 um 98 Prozent gefallen.

» Die Freisetzung von Stickstoffoxiden NO_X ist allein im Zeitraum von 1990 bis 2018 um 59 Prozent zurückgegangen,[204] die Konzentration ist allerdings bei bestimmten Wettersituationen in Ballungsräumen nach wie vor zu hoch.

» Die Emission von Feinstäuben ist innerhalb von 20 Jahren um die Hälfte gesunken – erreicht aber immer noch in manchen Gebieten zu hohe Werte.[205]

Darüber hinaus sind in diesen relativ kurzen Zeiträumen die gesetzlichen Grenzwerte noch stärker verschärft worden. Benzingetriebene Pkws dürfen heute nur drei Prozent der NO_X-Menge ausstoßen, die noch 1992 erlaubt war. Das Fazit sollte hier also sein:

> Alle Luftschadstoffe wurden und werden auch weiterhin deutlich reduziert, und die Luftqualität hat sich innerhalb von 50 Jahren dramatisch verbessert. Unsere Atemluft ist heute sauberer und gesünder als in den meisten Städten des Mittelalters, und es ist in höchstem Maße unseriös, die Luftverschmutzung als ein modernes Problem darzustellen.

Im September 2021 verschärfte die Weltgesundheitsorganisation ihre Empfehlung für Feinstaubgrenzwerte deutlich, weil sie eine starke Korrelation auch geringer Feinstaubkonzentrationen mit entsprechenden Erkrankungen feststellte. Es stellt sich damit die gute Frage, welche Art der menschlichen Zivilisation mit einer *schadstofffreien* Luft vereinbar ist. Wie wir in diesem Abschnitt gesehen haben, ist dies jedenfalls keine derjenigen, die wir in den vergangenen 10 000 Jahren kennengelernt haben. Daraus folgt, dass wir durch *Verzicht* möglicherweise lokale Verschiebungen, aber keine globale Verbesserung der Luftqualität erreichen können.

Rückschauend kann man genau diese Erkenntnis auch verwenden, um das Thema der *Waldschäden durch sauren Regen* zu betrachten, das Mitte der 1980er-Jahre einen erheblichen Teil der medialen Angstkampagnen dominierte. Die über Jahrhunderte andauernde Belastung der Atmosphäre mit Schwefeldioxid wirkte sich damals zunehmend in Gegenden aus, die vorher nicht darunter zu leiden hatten. Paradoxerweise war dies eine direkte Folge der seit Mitte der 1970er-Jahre eingeführten Umweltgesetzgebung, die bei Anlagen mit hohem Schadstoffausstoß zur Umgehung der Auflagen immer höhere Schornsteine erforderte. 1983 erschien eine Broschüre der Fraktion der Partei Die Grünen im hessischen Landtag, die in bester Manier der »Acker-Wald-und-Boden-Ideologie« das nicht mehr abwendbare Schicksal Deutschlands schilderte:

Wo heute noch Wälder stehen, werden in absehbarer Zeit Säurewüsten sein, in der nur noch wenige zähe Gräser und Sträucher überleben können.

Forstwirte und Waldbesitzer traten mit ähnlichen Alarmmeldungen an die Öffentlichkeit: 70 bis 80 Prozent der deutschen Wälder seien kurz vor dem Ende. Wir wissen allerdings heute, dass diese Ängste zu keinem Zeitpunkt gerechtfertigt waren. Wie Birgit Metzger 2015 in ihrer ausgezeichneten Dissertation *Erst stirbt der Wald, dann du! Das Waldsterben als westdeutsches Politikum (1978–1986)*[206] nachwies, erzeugte die Flut von selektiv präsentierten Daten, einander widersprechenden »Studien« und medialem Framing einen Information Overload, der sich in einer starken Verunsicherung der Bevölkerung niederschlug.

Am 20. Mai 1983 widmete der Deutsche Bundestag diesem Waldsterben eine ganze Sitzung,[207] die Bundesregierung reagierte danach schnell und gezielt. Katalysatoren in Pkws wurden Pflicht, der Schwefelausstoß von Kraftwerken musste gesenkt werden. Als Folge davon sank der Ausstoß von Schwefeldioxid SO_2 innerhalb von fünf Jahren um etwa 70 Prozent.

Kein Grund, sich auszuruhen – aber auch kein Grund, dem Information Overload nachzugeben und sich Angst machen zu lassen. Die indirekten Kosten durch die Angstkampagnen sind nach vielen Jahren kaum noch ermittelbar, hätten jedoch mit einer überlegteren Herangehensweise sicher vermieden werden können. Wichtig dabei ist, dass diese Aussage auch nicht auf dem fälschlicherweise sogenannten *Präventionsparadox* beruht, das im Abschnitt »Die Corona-Pandemie 2020–2022 – oder auch nicht?« noch eine Rolle spielen wird. Es ist also nicht so, dass wir heute wegen der durchgeführten Maßnahmen glauben, dass sie niemals nötig gewesen wären.

Auch wenn ich mich hier wegen der medialen Übertreibung der letzten Jahre nur mit der Luftverschmutzung befasst habe, gilt diese Aussage übrigens ebenso für alle anderen Bereiche unserer Umwelt und ihres Schutzes. Wer unsere Flüsse im Jahr 1970 gesehen hat, wird jederzeit bestätigen, dass durch den Einsatz von innovativer Technologie – nicht etwa durch Verzicht auf Industrie – erhebliche Fortschritte erzielt worden sind.

Der Tod vom Grill

Bleiben wir einmal beim Thema der durch die Luft transportierten Schadstoffe, denn eine der ursprünglichsten Arten der Nahrungsmittelzubereitung ist das Garen von Fleisch über einem offenen Feuer. Es ist deshalb nicht verwunderlich, dass das Grillen eine weitverbreitete Ausprägung der gemeinschaftlichen Mahlzeit ist. Alle Jahre wieder erscheinen allerdings auf den Webseiten von Nachrichtenportalen und Lifestyle-Magazinen Statements wie:[208]

Grillsaison 2022: Krebs-Alarm! DIESE giftigen Fehler beim Grillen macht (fast) jeder.

Die Stoffe, die uns hier um die Ohren gehauen werden, sind aber auch wirklich eklig: heterozyklische aromatische Amine (HAA), polyzyklische aromatische Kohlenwasserstoffe (PAK) wie zum Beispiel Benzpyren, Nitrosamine oder Acrylamid. Am Auftreten dieser Stoffe besteht, das muss man klar einräumen, kein Zweifel. Ebenso wenig an ihrer prinzipiellen Schädlichkeit – Benzpyren ist wahrscheinlich derjenige Stoff im Zigarettenrauch, der diesen krebserregend macht. Ist dann also ein saftiges Stück Fleisch nach dem Grillen ein Giftklumpen, den man eigentlich besser sofort in die Restmülltonne versenkt – jedenfalls um Himmels willen nicht in die Biotonne, weil mit gefährlichen Stoffen belastet?

Nicht so ohne Weiteres, denn offenbar steckt der Teufel hier im Detail der Zubereitung, wie eine Unzahl von lebensmittelchemischen Untersuchungen gezeigt hat. Verkohlte Stellen im Grillgut senken beispielsweise ebenso wie bestimmte Kräuter in der Marinade die Aufnahme von Benzpyren, weil sie es absorbieren – während das Einreiben des Grillguts mit Öl es besonders gut freisetzt.[209] Überhaupt ist die Marinade mit Kräutern anscheinend ganz hilfreich, denn Rosmarin, Oregano, Thymian, Knoblauch, Senf, Salbei und Basilikum senken auch die HAA-Produktion beim Grillen.[210, 211] Marinaden und die richtige Zubereitung reduzieren ferner die Anzahl potenziell gefährlicher Bakterien.[212, 213]

Zu der reinen Menge an potenziell gefährlichen Substanzen kommt noch hinzu, dass ihre Gefährlichkeit in manchen Fällen umstritten ist. Ein Beispiel dafür ist das bekannte Ablöschen des Grillguts mit Bier, das die Entstehung von polyzyklischen aromatischen Kohlenwasserstoffen (PAK) befördert. Jedoch konnte die portugiesische Wissenschaftlerin Isabel Ferreira nachweisen, dass beim Bestreichen von Grillgut mit verschiedenen Biersorten, insbesondere Altbier aufgrund seines Gehaltes an Polyphenolen, die Menge der kanzerogenen Substanzen beim Grillen gegenüber unbehandeltem Fleisch um 50 Prozent senkt.[214]

Einer der Stoffe, vor denen wir häufig gewarnt werden, ist das Acrylamid. Seit vielen Jahrzehnten ist bekannt, dass es bei Ratten und Mäusen in hoher Dosierung Krebs verursachen und sogar das Erbgut verändern kann. Eine gewisse Alarmstimmung kam deshalb auf, als 2000 die schwedische Wissenschaftlerin Margareta Törnqvist diesen Stoff in einer Vielzahl von Lebensmitteln fand – offenbar erzeugt durch den ganz normalen Herstellungsprozess beim Kochen, Backen, Braten oder Grillen.[215] In der nach ihrem Entdecker Louis Camille Maillard benannten Maillard-Reaktion, die für die leckere braune Kruste gebratenen Fleisches verantwortlich ist, entsteht dieses Acrylamid ebenso wie beim Rösten von Kartoffeln oder Brot.[216] Nach der Arbeit von Törnqvist ging deshalb eine regelrechte Welle von Meldungen durch die Medien, die vor der Gefahr durch den Genuss von Pommes frites und Kartoffelchips warnten.

Verschwiegen wurde und wird dabei allerdings, dass trotz intensiver Suche in den vergangenen Jahrzehnten bisher kein Beleg für die krebserregende Wirkung von Acrylamid bei Menschen gefunden werden konnte. Stattdessen verfügen wir sogar über Resultate, die auf das Gegenteil hinweisen – nämlich dass ein erhöhter Anteil von Acrylamid in der Nahrung auch zu einer Verringerung des Krebsrisikos führen kann.[217] Es gibt also, wer hätte das gedacht, einen Unterschied zwischen Mäusen und Menschen. Welcher Unterschied das ist, liegt sogar auf der Hand. Denn wie wir heute wissen, nutzen Menschen seit mindestens einer Million Jahren das Feuer zum Rösten und Grillen ihrer Nahrung[218] – Mäuse und Ratten hingegen kennen dies nur in Filmen wie *Ratatouille*.

Neueste Studien aus dem Jahr 2015 kommen bei sorgfältiger Analyse aller über Jahrzehnte erhobenen Daten zum Schluss, dass kein Zusammenhang zwischen Acrylamid in der Nahrung und dem individuellen Krebsrisiko besteht.[219] Was allerdings, man lese und staune, das *Bundesinstitut für Risikobewertung BfR* nicht davon abhält, offiziell zu erklären, dass[220]

... die Acrylamid-Exposition durch einige Lebensmittel zu hoch ist, um Unbedenklichkeit konstatieren zu können.

Mit dem gleichen Argument könnte man natürlich auch den Wasserkonsum oder das Atmen als potenziell gesundheitsgefährdend einstufen – mehr zu solchen Einstufungen im Abschnitt »Bier mit Glyphosat«.

Das BfR stellt auch Tabellen und Software zur Berechnung der eigenen Acrylamid-Aufnahme bereit. Nun könnte man als Entschuldigung anführen, dass Stellungnahmen des BfR nicht jünger sind als 2011, dass es daher die neueren Studien aus dem Jahr 2015 gar nicht berücksichtigt habe. Und dass das BfR ja nicht vom *Entwarnen* lebe, sondern vom *Warnen*. Dann stellt sich aber die Frage, warum das BfR nicht wenigstens auf dem aktuellen Stand der Wissenschaft ist. Wenn wir nämlich alle Fälle, in denen lang etablierte menschliche Verhaltensweisen auf den wissenschaftlichen Prüfstand kommen, mit immerwährenden Alarmmeldungen versehen, bleibt uns letztlich kein Raum mehr zum freien Leben und Denken.

Bleiben wir für den Moment noch beim Grillen. Wir haben gesehen, dass der eine Faktor bei der Zubereitung das Risiko erhöht – und der nächste Faktor es verringert. Wir lernen daraus, dass beim Grillen die Anzahl der Parameter so hoch ist, dass nicht einmal der genialste Koch diese Vielfalt überblicken und beherrschen kann. Die nachgewiesene gegenseitige Beeinflussung dieser Parameter macht es vollends unmöglich, die Schädlichkeit von Essen aufgrund weniger Regeln beurteilen zu können – mehr dazu im nächsten Abschnitt. Man könnte also durchaus auf die Idee kommen, diese Unmenge von Parametern durch eine relativ einfache *Künstliche Intelligenz* in Form eines neuronalen Netzes bewerten zu lassen. Dieser spezielle Typ der KI kommt ohne explizite Regeln aus, sondern erkennt eigentlich nur Muster. Allerdings habe ich Zweifel, ob man wirklich beim Grillen eine verbale Anleitung dieser KI erhalten möchte wie:

Bitte lassen Sie das Steak ein wenig verkohlen, damit das Krebsrisiko um vier Billionstel Prozent sinkt.

Ich bin stattdessen lieber bereit, ein gewisses Risiko zu tragen. Vielleicht gleiche ich es aus, indem ich für die Krebsforschung spende oder, weniger altruistisch, Aktien einer modernen Biotechnologiefirma kaufe. Doch wie hoch ist das Risiko eigentlich? Oder anders gefragt: Wie viel müsste man für die Krebsforschung spenden, um das Risiko eines einzelnen gegrillten Steaks auszugleichen, das vielleicht noch mit einer Kruste aus Brotkrümeln daherkommt? Es liegt auf der Hand, dass niemand diese Rechnung seriös durchführen kann.

> Eine Quantifizierbarkeit des individuellen Risikos,
> die uns in jedem Moment erkennen ließe, in welcher
> Richtung wir laufen müssen, um das Risiko zu verringern,
> gibt es nicht.

Doch faktisch suggerieren alarmistische Statements à la »Krebs-Alarm« genau das.

Medikamente und Kosmetik aus der Natur

Es kann als sicher gelten, dass schon die frühen Menschen in Zeiten des Unwohlseins nach pharmakologisch wirksamen Stoffen suchten, die ihnen Linderung verschaffen. Spätestens in den steinzeitlichen Kulturen Europas wurden regelrechte medizinische Behandlungsmethoden ähnlich der Akupunktur und der Gebrauch von spezialisierten Arzneikräutern nachgewiesen, etwa bei der 5000 Jahre alten Eismann-Mumie »Ötzi«.[221] Zu den ältesten auch heute noch verwendeten Stoffen gehört dabei die Weidenrinde, die aus ganz unterschiedlichen Arten der Gattung *Salix* gewonnen wurde. Solche natürlichen Arzneimittel haben drei wesentliche Probleme: schwankende Qualität und damit unklare Dosierung, mögliche Nebenwirkungen aufgrund anderer Inhaltsstoffe sowie eine eventuell an Jahreszeiten gebundene Verfügbarkeit.

Mit dem Beginn des 19. Jahrhunderts entwickelte sich deshalb eine intensive Suche nach den wirksamen Inhaltsstoffen. Aus Opium, dem getrockneten Saft des Schlafmohns, konnte beispielsweise 1804 der Paderborner Apotheker Friedrich Wilhelm Sertürner das Morphin isolieren. 1828 fand der Münchener Wissenschaftler Johann Buchner das Salicin als wirksamen Bestandteil der Weidenrinde. Es wird bei der Einnahme im menschlichen Körper in Salicylsäure umgewandelt; man suchte also weiter nach Möglichkeiten, diese direkt herzustellen. Die industrielle Produktion der Salicylsäure nach einer im Wesentlichen von Hermann Kolbe entdeckten Methode begann allerdings erst 1874. Die Früchte dieser Arbeit kennen wir heute noch als *Acetylsalicylsäure (ASS),* die etliche Nebenwirkungen der Salicylsäure vermeidet. Seit 1899 wird ASS unter dem Markennamen Aspirin vertrieben.[222]

Deutschland verfügte ab Mitte des 19. Jahrhunderts über eine stark expandierende chemische Industrie, insbesondere die Teerfarbenindustrie trug wesentlich zum wirtschaftlichen Wachstum bei. Diese Unternehmen waren weltweit führend bei der Extraktion von Arzneistoffen aus den natürlichen Rohstoffen und bei der Entwicklung synthetischer Arzneimittel. Etliche der großen Pharmakonzerne der heutigen Zeit sind aus deutschen Apotheken des 19. Jahrhunderts hervorgegangen. Zwei Beispiele dafür sind die Unternehmen Hoechst und Bayer, das uns im Abschnitt »Bier mit Glyphosat« noch einmal begegnen wird.

Noch bis vor wenigen Jahrzehnten wurden solche Firmen als einer der Pfeiler des deutschen Wohlstandes gefeiert. Mit dem Aufkommen der »Acker-Wald-und-Boden«-Ideologie seit den 1970er-Jahren aber wuchsen ganze Bevölkerungskreise heran, die diesen Konzernen sehr kritisch gegenüberstanden. Zeitgleich investierten Indien und China große Summen in den Aufbau von

Produktionsstätten, sodass sich ab 1980 zunächst die Produktion von Grundstoffen, später auch die komplexer Arzneimittel in diese Länder verlagerte. Die Tatsache, dass nicht mehr Deutschland, sondern Indien die »Apotheke der Welt« war, fiel deutschen Politikern allerdings erst auf, als Indien im April 2021 während der Corona-Pandemie (siehe hierzu Seite 252ff.) kurzzeitig den Export von Arzneimittelgrundstoffen einstellte.

Neben dieser bösen Überraschung gab es natürlich 2020 auch etwas zu feiern, denn der erste richtig wirksame und gut getestete Impfstoff *Comirnaty* gegen das Virus SARS-CoV-2 entstand in der Firma BioNTech des deutsch-türkischen Wissenschaftlerpaares Ugur Sahin und Özlem Türeci. Im Abschnitt »Viren und Impfungen« werde ich auf die Wirkungsweise dieses Triumphes der Gentechnik etwas näher eingehen, denn immerhin wird damit das Tor zu einer neuen Epoche der Medikamentenherstellung aufgestoßen. Die Firma CureVac aus Tübingen, das zweite deutsche Unternehmen, das einen Impfstoff mit ähnlicher Wirkungsweise entwickeln wollte, kam damit nicht nur sehr viel später heraus, sondern scheiterte aufgrund der mangelhaften Wirksamkeit ihres Präparates. Zurückgeführt wird dieses Problem darauf, dass CureVac die originale natürliche mRNA (Messenger Ribonucleine Acid) des Virus verwendete, während BioNTech diese massiv gentechnisch verändert hatte. Seitdem hat das Ziel, Deutschland wieder zur »Apotheke der Welt« zu machen, Eingang in die Wahlprogramme mehrerer politischer Parteien gefunden. Und andere politische Parteien, die vor kurzer Zeit noch verlangten, dass Deutschland »gentechnikfrei« sein solle, und entsprechenden Unternehmen die Unterstützung entziehen wollten, sind zumindest für den Moment etwas zurückhaltender geworden.

Das von den wissenschaftsfeindlichen Kreisen verbreitete Misstrauen führte im Fall der Weide seit einigen Jahren dazu, dass der Vertrieb von angeblich »natürlichen« Weidenrindenextrakten einen enormen Aufschwung nahm. Tabletten zur Einnahme und

Weidenrindentees bescheren alternativen Herstellern erhebliche Umsätze. Obwohl die *European Medicines Agency (EMA)* aufgrund unklarer Nebenwirkungen vom Einsatz als Therapeutikum abrät, propagieren die Anhänger der »Acker-Wald-und-Boden«-Ideologie solche alternativen Stoffe mit erstaunlichem Fanatismus. Man kann also durchaus schlussfolgern:

> Medikamente aus der Natur bieten gegenüber den Stoffen, die mit den Mitteln der modernen (Bio-)Chemie gefunden und hergestellt werden, keinen Vorteil. Wer »Heilmittel« aus der Natur bevorzugt, unterliegt einem Irrtum.

In die Ecke des unwissenschaftlichen Irrglaubens gehört auch die Homöopathie. Diese »Methode« geht auf die Idee des deutschen Arztes Samuel Hahnemann zurück, die er ab 1796 publizierte: *Ähnliches möge durch Ähnliches geheilt werden.*

So etwa soll Fieber gesenkt werden durch die Einnahme von fiebererzeugenden (meist giftigen) Mitteln – allerdings in extrem starker Verdünnung. Typisch ist eine sogenannte D12-Verdünnung, bei der die infrage kommende Substanz zwölfmal im Verhältnis 1:10 verdünnt wird – also nur noch in einer Konzentration von 1:1 Billion vorliegt. Es ist vollkommen sicher und zweifelsfrei nachgewiesen, dass dies absoluter Humbug ist. Eine solche Konzentration kann keine chemische oder biologische Wirkung aufweisen,[223] und auch die Ähnlichkeitshypothese von Hahnemann ist reine Fantasie. Natürlich gibt es einen sogenannten *Placeboeffekt:* Wenn Menschen glauben, dass ihnen eine bestimmte Methode Heilung bringt, kann sich das durchaus heilend auswirken. Die Heileffekte homöopathischer Mittel gehen aber nicht über diesen – zufälligen – Placeboeffekt hinaus.[224, 225] Leider glauben dennoch erklecklich viele Menschen an eine medikamentöse Heilwirkung der homöopathischen »Mittel«, die gesetzlichen Krankenkassen finanzieren sie immer noch, und die Politik hält sich möglichst bedeckt, weil die Verbände der Heilpraktiker bei den Medien eine hohe Sympathie genießen.

Dass Menschen gesundheitliche Risiken aufgrund des eigenen Wollens bewusst ignorieren, ist gut an der Kosmetik erkennbar. Seit Tausenden von Jahren verwenden Menschen giftige Substanzen, um ihre Schönheit und Attraktivität zu erhöhen. Mindestens seit der ägyptischen und griechischen Kultur bis zum 19. Jahrhundert war beispielsweise Bleiweiß in Gebrauch, um den Teint aufzuhellen. Dabei war längst bekannt, dass Personen, die es herstellten, häufig an Lähmungen, Arthritis und Epilepsie erkrankten. Auch die häufige Anwendung hat schwerwiegende Folgen, wie etwa Hautgeschwüre, Zahnfäule und Mundgeruch. Elizabeth I. von England machte ausgiebigen Gebrauch von Bleiweiß und war in späteren Jahren durch Narben entstellt.

In modernen Kosmetika werden oft Silikone verwendet, das sind anorganische Kunststoffe, bei denen lange Ketten aus Silizium-Atomen die Kohlenstoffketten der organischen Kunststoffe ersetzen. Kleine Partikel aus Silikon sorgen etwa im Haarshampoo dafür, dass die Haare schön glänzen. Wir kennen Silikone auch als Stoffe zur Versiegelung von Fugen und als Schmiermittel, sie haben also großen Nutzen und sind biologisch weitgehend unbedenklich. Dementsprechend spielen sie auch kaum eine Rolle in alarmistischen Szenarien. Allerdings werden Silikone, weil sie eben nicht organisch sind, in der Natur nur schwer abgebaut; entsprechende Nanopartikel können sich darum in der Nahrungskette ansammeln. Insofern täten wir gut daran, sie nicht im Übermaß zu verwenden.

Reißerische Giftalarme werden neuerdings aber wegen zweier anderer Bestandteile von Kosmetika ausgelöst: *Mineralöle* und *Parabene,* so diese »wissenschaftlich« klingende Werbung, seien schädlich. Somit sollte der Verzicht darauf für gesundheitsbewusste Menschen ein Gebot sein. Doch was ist damit eigentlich gemeint? Der Begriff Mineralöl bezieht sich ganz einfach auf die gute alte *Vaseline,* die 1870 von dem US-amerikanischen Chemiker Robert Chesebrough entdeckt wurde. Schon seit Jahren hatten Arbeiter der amerikanischen Ölindustrie die weißen Ablagerungen in Pumpen und Ventilen dazu verwendet, ihre Hände zu schützen und die Heilung von Wunden zu beschleunigen. Chesebrough gelang es, die wirksamen Bestandteile zu bestimmen und das komplexe Stoffgemisch gezielt herzustellen. Vaseline ist also seit mehr als 150 Jahren für ganz viele Zwecke in Gebrauch – und plötzlich soll sie schädlich sein?

Tatsächlich wurde 2015 durch die deutsche Stiftung Warentest mit einer stark verbesserten Analytik nachgewiesen, dass in vielen Kosmetika auf Basis von Vaseline auch sogenannte aromatische Kohlenwasserstoffe vorhanden sind.[226] Das sind ganz unterschiedliche organische Moleküle mit Ringen aus Kohlenstoffatomen, die auch aus anderen Bereichen der Chemie bekannt sind. Viele dieser Stoffe sind in reiner Form giftig oder können zu Krebserkrankungen führen, wir sind also wieder einmal mit der Frage der Dosis konfrontiert. Dazu gibt es eine klare Auswertung des schon zitierten *Bundesinstituts für Risikobewertung (BfR),* die eindeutig feststellt, dass bei den in Kosmetika gemessenen Konzentrationen solcher Kohlenwasserstoffe keinerlei Gesundheitsgefahren vorhanden sind.[227] Wir sollten also keine Bedenken haben, Vaseline – die sich auf Inhaltsangaben oft unter den Bezeichnungen Petroleum Jelly oder Petrolatum versteckt – weiterhin zu verwenden. Allerdings ist davon abzuraten, mehr als einige Kilogramm täglich davon zu essen.

Es verbleiben also noch die Parabene. Der Begriff klingt schon irgendwie nach gefährlicher Chemie, nach den giftigen Stoffen, die beim Grillen entstehen. Tatsächlich sind Parabene ebenfalls Kohlenstoffverbindungen, nämlich die Salze und Ester der para-Hydroxybenzoesäure. Der Name kommt Ihnen irgendwie bekannt vor? Klar, viele Lebensmittel enthalten diesen Konservierungsstoff, Benzoesäure findet sich deshalb oftmals in der

Inhaltsangabe als »E210«. Verwendet werden auch ihre Salze, wie z. B. das Natriumbenzoat »E211«. Benzoesäure ist ebenfalls eine aromatische Kohlenstoffverbindung, sie weist also einen Ring aus Kohlenstoffatomen auf und ist der Hauptbestandteil des Harzes Benzoe, das schon seit Jahrhunderten in Südostasien zur Haltbarmachung von Lebensmitteln verwendet wird und ebenfalls im Weihrauch enthalten ist. Das Harzen von Lebensmitteln ist aber nicht nur in Südostasien bekannt. Beispielsweise erwies sich nach einem unverifizierten Bericht der geharzte Wein in einer griechischen Amphore auch trinkbar, nachdem diese 2000 Jahre auf dem Meeresgrund verbracht hatte.

Natürlich ist Benzoesäure in reiner Form ziemlich giftig: ätzend und lungenschädigend. Sie wirkt auf Mikroorganismen, also Bakterien und Pilze, indem sie die Aktivität von Enzymen hemmt, mit denen diese Sauerstoffvergiftungen vermeiden. Und genau deshalb ist sie so nützlich, denn sie macht in geringer Konzentration Lebensmittel, Kosmetika und Medikamente länger haltbar. Darüber hinaus kommen die genannten Parabene auch von Natur aus in Gurken, Preiselbeeren, Himbeeren, Honig, grünem Tee und Soja vor, also gerade in Lebensmitteln, die als besonders gesund gelten. Die entsprechenden Pflanzen haben im Laufe der Evolution diese Fähigkeiten erworben, mit denen sie sich nun sehr effizient gegen Mikroorganismen schützen. Auch zu Parabenen gibt es eine sorgfältige Studie des BfR, die eindeutig feststellt, dass von diesen Konservierungsstoffen in Kosmetika bei bestimmungsgemäßer Dosierung keinerlei Risiken ausgehen.[228] Festzustellen ist also:

> Bei der allgemeinen Warnung vor Mineralölen und Parabenen in Kosmetika handelt es sich um in dieser Pauschalität nicht zu vertretende unwissenschaftliche Angstmacherei.

Ich gebe zu, dass ich beim Schreiben dieses Kapitels eine Person vor meinem inneren Auge sah, die zwar auf Kosmetik ohne Mineralöle und Parabene schwört, allerdings gerne Sojamilch und grünen Tee trinkt, abends eine Gurkenmaske auflegt und dann im griechischen Restaurant mit Freunden einen Retsina genießt. Dass beim nachfolgenden Sexualkontakt möglicherweise auch noch Petroleum Jelly Verwendung findet, macht die Sache nicht weniger absurd.

Keimfreie Lebensmittel?

Der französische Chemiker Louis Pasteur, dessen Forschungsarbeiten wesentlich zu den Erkenntnissen über den bereits diskutierten Milzbrand (siehe Seite 32) beitrugen, entwickelte 1864 die schon länger bekannte Wärmebehandlung zur Haltbarmachung von Lebensmitteln so weiter, dass sie sich allgemein verbreitete und heute unter dem Namen *Pasteurisierung* bekannt ist. Der deutsche Wissenschaftler Franz von Soxhlet dehnte das Verfahren auf Milch und Milchprodukte aus.

Es ist unzweifelhaft, dass die Pasteurisierung nicht nur einer großen Anzahl von Menschen das Leben rettete, sondern auch einen wichtigen Beitrag zu dem seit Mitte des 19. Jahrhunderts erlebten Aufschwung der modernen Industriegesellschaft leistete. Das bezieht sich nicht nur auf Nahrungsmittel, denn auch in vielen anderen Bereichen müssen organische Stoffe haltbar gemacht werden. Als Beispiel kann die Wärmebehandlung von Blutplasma dienen, aus dem Medikamente hergestellt werden.[229] Selbstverständlich wird Spenderblut für Blutkonserven nicht erhitzt; hier versucht man, Kontaminationen durch Bakterien oder Viren durch ausführliches Testen zu vermeiden.

Bleiben wir deshalb der Einfachheit halber bei pasteurisierten Lebensmitteln. Milch etwa lässt sich sehr leicht pasteurisieren, dabei werden zwei verschiedene Verfahren angewendet. In der Kurzzeiterhitzung wird sie für 15 bis 30 Sekunden auf 72–75 °C erhitzt, wodurch viele (nicht alle) Keime abgetötet werden. Das Ergebnis bezeichnen wir als Frischmilch, die im Kühlschrank etwa 7 bis 10 Tage haltbar ist. Natürlich unterscheidet sie sich geschmacklich und qualitativ von der Rohmilch direkt aus dem Euter – allerdings wird sie nicht zur Ernährung von Kälbern verwendet, sondern als Ergänzungsnahrungsmittel für Menschen. Und als solche hat sie sich auch in pasteurisierter Form seit 150 Jahren außerordentlich gut bewährt. Vor der Pasteurisierung hingegen bestand beim Trinken von Milch ein erhebliches Risiko für diverse Erkrankungen, beispielsweise die *Brucellose*. Bei dieser bakteriellen Erkrankung kommt es zu Gelenkentzündungen und erheblichen Spätfolgen.

Das zweite Verfahren ist die Hocherhitzung, bei der Milch über heiße Metallflächen geleitet und für ein bis vier Sekunden auf eine Temperatur von 85–127 °C erwärmt wird. Anschließend erfolgt sofort wieder eine Kühlung. Die so entstandene *Extended Shelf Life* oder *ESL*-Milch ist für etwa drei Wochen haltbar und unterscheidet sich geschmacklich kaum von der oben vorgestellten Frischmilch.

Schließlich kennen wir noch die sogenannte H-Milch, bei der eine Erhitzung auf mindestens 135 °C vorgenommen wird. Sie ist danach fast vollkommen keimfrei und bis zu drei Monate haltbar. Allerdings um den Preis, dass der Gehalt hitzeempfindlicher Vitamine wie B_{12} und Folsäure dabei deutlich reduziert wird und der Geschmack gegenüber der Frischmilch deutlich leidet. Dennoch handelt es sich, daran sollten wir keinen Zweifel lassen, auch bei H-Milch um ein hochwertiges Nahrungsmittel.

Es ist naheliegend, dass auch diese gut erprobten Verfahren wieder die Anhänger der »Acker-Wald-und-Boden«-Ideologie auf den Plan rufen. Dabei werden in entsprechenden Pamphleten gerne Falschinformationen über die Abfüllanlagen verwendet – von der »unnatürlichen Kühlung« der Milch bis zur Desinfektion der Rohrleitungen.[230] In geradezu esoterischer Weise misst man das Nahrungsmittel Milch am Maß der euterwarmen Rohmilch der Kuh oder der menschlichen Muttermilch direkt aus der Brust. Wohlgemerkt, ungeachtet der Tatsache, dass beides für Menschen jenseits des Säuglingsalters keine gesunde Ernährung darstellt. Solche Angriffe könnte man zwar leicht entkräften, denn die Unternehmen der Milchwirtschaft verfügen über ausgefeilte Qualitätskontrollsysteme.[231] Allerdings sorgt der Information Overload dafür, dass diese Aspekte gar nicht mehr wahrgenommen werden: eben weil es im Satisficing plausibel erscheint, dass Nahrungsmittel heute stärker belastet sind als früher.

Nun könnte man annehmen, dass abgesehen von den extremen Anhängern der »Acker-Wald-und-Boden«-Ideologie die Pasteurisierung unumstritten ist. Immerhin kommt sie ganz ohne die als böse empfundene Chemie aus. Dem steht allerdings eine Mode entgegen, die sich seit wenigen Jahren etabliert hat, nämlich Obst in Form von *Smoothies* zu sich zu nehmen. Der Grund für diese Vorliebe hat sich mir noch nicht erschlossen – an der Hochwertigkeit der Nahrungsaufnahme per Smoothie kann es jedenfalls nicht liegen, weil sie in der oft behaupteten Form gar nicht zutrifft. Schon gewöhnliche Fruchtsäfte sind nicht notwendigerweise besser als gezuckerte Fertiggetränke,[232] die schnellere Freisetzung von Fruchtzuckern in der pürierten Masse eines Smoothies kann deshalb sogar einen gesundheitsschädlichen Effekt haben.

Ausschlaggebend für die Aufnahme der Smoothies in diesen Abschnitt ist aber, dass sie zunehmend nicht selbst bereitet, sondern fertig gekauft werden. Der Markt dafür ist immens, 2021 wird ein weltweiter Umsatz von 39,58 Milliarden Euro sowie ein jährliches Wachstum von etwa 6,5 Prozent erwartet. Hier kommt wieder die Pasteurisierung ins Spiel, denn diese Produkte müssen irgendwie haltbar gemacht werden. Es liegt deshalb auf der Hand, dass auch hier wieder sehr schnell bessere Geschäfte winken, wenn man das etablierte Verfahren durch Fehlinformationen diskreditiert, etwa durch die frei erfundene Behauptung[233] ...

Pasteurisierung zerstöre bis zu 60 Prozent der Nährstoffe

... und alternative (teurere) Techniken propagiert. Diese gibt es nämlich tatsächlich: Bei der sogenannten *Hochdruckpasteurisierung (HPP)* werden Lebensmittel nicht erhitzt, sondern Drucken von bis zu 6000 bar ausgesetzt. Bakterien sterben dabei ab, man könnte also von einer pauschal noch besseren Methode sprechen. Das ist allerdings wieder einmal kompletter Unsinn, denn der Broschüre eines namhaften Herstellers von HPP-Anlagen kann man entnehmen, dass sich in den so behandelten Lebensmitteln maßgebliche Veränderungen an Enzymen abspielen, die auf irgendeine Weise »inaktiviert« werden.[234]

Schwieriger wird die Pasteurisierung bei trockenen Lebensmitteln, etwa Gewürzen. Die Pasteurisierung erfolgt dabei in der Regel durch das Einspritzen von überhitztem Dampf in einen Druckbehälter, gefolgt von einer plötzlichen Expansion. Dabei zerplatzen die Zellen von Mikroorganismen, während die geschmacklichen Eigenschaften der Gewürze nur unwesentlich beeinträchtigt werden. Nachdem in den USA 2001 und 2004 nach dem Genuss von rohen Mandeln Salmonelleninfektionen aufgetreten waren, verfügte das *US Department of Agriculture* 2007, dass auch dieses Lebensmittel künftig nur nach einer Pasteurisierung verkauft werden darf – auch das geschieht mit Heißdampf.[235]

Salmonellen sind eine ziemlich üble Spezies von Bakterien, die schwere Durchfallerkrankungen bis hin zu Vergiftungen aller inneren Organe auslösen kann. Weltweit erkranken jährlich rund 94 Millionen Menschen an Salmonellose, von denen rund 150 000 sterben, also rund 0,15 Prozent. In Deutschland sind es jährlich »nur« etwa 18 000 festgestellte Erkrankungen, das entspricht nach den Angaben des *Robert Koch-Instituts RKI* einer Inzidenz von 65 Erkrankungen pro Jahr und pro 100 000 Einwohner.[236] Das Risiko für schwere Verläufe einer Salmonellose steigt mit dem Alter stark an, insbesondere Personen über 60 Jahre sind davon betroffen. Ältere und abwehrgeschwächte Menschen bilden den Hauptteil der tödlichen Verläufe, wobei die Todesrate (Mortalität) in Deutschland aufgrund der guten Behandlungsmöglichkeiten unter 0,1 Prozent liegt.

Auch wenn die Salmonellose gegenüber früheren Jahrzehnten deutlich zurückgegangen ist, zählt sie noch zu den meldepflichtigen Erkrankungen. Allerdings gehen nur die wenigsten Menschen mit einer vergleichsweise milden Durchfallerkrankung zum Arzt, noch weniger werden auf Salmonellen getestet. Das RKI geht deshalb von einer bis zu zehnmal höheren Dunkelziffer an Erkrankungen aus, die nicht in der offiziellen Statistik auftauchen. Nach einer Schätzung der EU-Kommission entstehen durch diese Erkrankungen wirtschaftliche Schäden in Höhe von ca. drei Milliarden Euro pro Jahr.

Die Salmonellose kann zwar von Mensch zu Mensch weitergegeben werden, der Hauptansteckungsweg ist jedoch die Nahrung – und zwar durch ganz verschiedene Nahrungsmittel. Beispielsweise hat schon der vollkommen unverdächtige Kräutertee zu Ausbrüchen von Salmonellose geführt,[237] auch Schokolade war bereits Ursache.[238] Die meisten Infektionen lassen sich hingegen auf Eier zurückführen, insbesondere wenn rohe Eier Bestandteil von Gerichten sind. Deshalb ist in Deutschland die Impfung von Legehühnern gegen Salmonellen gesetzlich vorgeschrieben, wenn mehr als 250 Hühner zusammen gehalten werden. Sie bekommen dazu abgeschwächte und weitgehend ungefährliche Salmonellen bereits ab dem ersten Lebenstag ins Trinkwasser gemischt.

Neben dieser Impfung sind aber vor allem hygienische Maßnahmen gefragt, um das Salmonellen-Risiko zu verringern. Und damit sind wir natürlich bei der Frage, wo denn unsere Brathähnchen und Truthahnschlegel herkommen. Eine systematische Untersuchung zeigte nämlich 2006, dass in Europa je nach Staat zwischen 0 und 79 Prozent der Hühnermastbetriebe mit Salmonellen belastet sind, im Mittel etwa 30,7 Prozent. Deutschland nahm mit etwa 28,7 Prozent eine Position im unteren Mittelfeld ein.[239]

Einerseits heißt dies also, dass man bei Geflügelfleisch durchaus bestimme Vorsichtsmaßnahmen beachten sollte – es ist keine gute Idee, das Fleisch roh zu essen. Auch bei rohen Eiern sollte man eher zurückhaltend sein. Andererseits aber kann man durchaus darüber nachdenken, wie man den Eintrag von Salmonellen auf frisch geschlachtetes Geflügel reduziert. Man könnte es zum Beispiel waschen – und das befolge ich auch immer, wenn ich einen Truthahn für seine stundenlange Garzeit im Ofen vorbereite.

Beginnen könnte man aber schon direkt nach der Schlachtung, und das setzen tatsächlich viele Schlachtbetriebe so um. Während in der Europäischen Union dieses Waschen nur mit Trinkwasser erfolgen darf, ist in den USA mehr gestattet. Schlachtgeflügel darf dort mit einer chlorhaltigen Lösung besprüht werden. Genauer handelt es sich um Chlordioxid – aber lassen wir diese Feinheit, denn das klingt in jedem Falle wieder giftig und erscheint manchen als vorsätzliche Vergiftung von Lebensmitteln. Zunächst einmal ist aber der Chlorgehalt dieser Lösung deutlich geringer als der in einem deutschen Schwimmbecken. Darüber hinaus erfolgt unmittelbar danach ein Trinkwasserbad, das letzte Spuren beseitigt. Weder im Geruch noch im Geschmack lässt sich bei dem so behandelten Schlachtgeflügel ein Effekt feststellen, und der chemische Nachweis gelingt nur mit aufwendiger Analytik. Sogar das bereits als besonders vorsichtig erwähnte Bundesinstitut für Risikobewertung hat diesem Vorgehen die Unbedenklichkeit bescheinigt.

Das hat allerdings während der Verhandlungen zwischen der Europäischen Union und den USA über die Transatlantische Handels- und Investitionspartnerschaft *(Transatlantic Trade and Investment Partnership)*, auch als *TTIP-Abkommen* bezeichnet, die Globalisierungsgegner nicht daran gehindert, vor der Schädigung der braven europäischen Verbraucher durch amerikanische »Chlorhühnchen« zu warnen. Auf den Nachweis, dass dies geschmacklich und gesundheitlich irrelevant sei, wechselte man schnell das »Argument«. Plötzlich trugen die »Aktivisten« und »Globalisierungsgegner« vor, dass man ja, wenn man nachträglich desinfizieren könne, sich nicht mehr um die Einhaltung hygienischer Standards in den Ställen kümmern müsse. Das hat durchaus etwas für sich – aber nur deshalb, weil die europäischen Mastbetriebe durch strenge Vorschriften zur Umsetzung kostenintensiver Maßnahmen in der Haltung gezwungen worden sind.

Gräbt man noch tiefer, zeigt sich der wahre Hintergrund. In den USA ist nämlich der Einsatz von Antibiotika in der Aufzucht von Schlachtvieh stark verbreitet. Nach Angaben des Pew Trust, einer Nichtregierungsorganisation, wurden 2011 in den USA zwar 3490 Tonnen(!) Antibiotika für die Behandlung menschlicher Krankheiten verkauft – aber 13 560 Tonnen für die Aufzucht von Schlachtrindern und Schlachtgeflügel.[240] Antibiotika sind in den USA weitgehend frei verkäuflich, bis zum Januar 2017 konnten Viehzüchter sogar ohne das Votum eines Tierarztes antibiotikahaltiges Futter verwenden.

In der Europäischen Union ist das seit 2006 verboten. Allerdings ist der Einsatz von Antibiotika unter Mitwirkung eines Tierarztes durchaus möglich. 2017 sind in Deutschland nach den Daten des Bundeslandwirtschaftsministeriums 733 Tonnen Antibiotika für die Tiermast verwendet worden. Während dieser Einsatz bei der Rinderzucht in Deutschland eher rückläufig ist, kam es 2018 zu einem deutlichen Anstieg der Antibiotikaverwendung in der Aufzucht von Hühnern. Beim Zentralverband der Deutschen Geflügelwirtschaft versuchte man 2019, dies durch die Verwendung von »Kombinationspräparaten« anstelle der sogenannten Reserve-Antibiotika zu erklären.

Warum ist das überhaupt ein Problem? Antibiotika wirken nur gegen Bakterien, nicht gegen Viren. Grundlegende genetische Vorgänge (auf die ich im Abschnitt »Mutanten und Zombies« näher eingehe) sorgen dafür, dass sich in einer großen Population von Bakterien immer einige finden, die zufällig gegen ein Antibiotikum resistent sind. Schaltet man nun alle anderen

Bakterien der Population aus, besteht eine gewisse Wahrscheinlichkeit, dass diese wenigen überleben, sich vermehren und damit ein resistenter Stamm gezüchtet wird. Mit anderen Worten: Antibiotika sind eine scharfe Waffe gegen Bakterien – die aber mit zunehmendem Einsatz immer stumpfer wird. Schlimmer noch: Es ist erwiesen, dass die entsprechenden Resistenzgene nicht nur innerhalb einer Bakterienart weitergegeben werden, sondern auch auf andere Arten übertragen werden können. Viele der traditionellen Antibiotika wirken darum heute kaum noch, und sogenannte *multiresistente Keime (MRE)* sind der Albtraum eines jeden Krankenhauses.

Nach einer Studie der Europäischen Seuchenschutzbehörde starben in Europa 2015 etwa 33 000 Menschen an solchen multiresistenten Keimen, in Deutschland waren es immerhin 2363.[241] Als einzige Rettung im Fall einer solchen MRE-Infektion bleiben oft Reserve-Antibiotika; das sind Präparate, die eben normalerweise nicht verschrieben werden – in der Hoffnung, dass nicht dagegen auch Resistenzen auftreten. Man sollte also annehmen, dass Humanärzte und Tierärzte damit sehr zurückhaltend umgehen, aber das Gegenteil ist der Fall. Allzu oft wird aus Vorsicht dann eben doch ein Antibiotikum verschrieben, gerne auch von Hausärzten »zur Sicherheit« auch bei rein viralen Infektionen. Der weitgehend unkontrollierte Einsatz von Antibiotika in den USA hat dazu geführt, dass dieses Problem dort rapide schlimmer wird. Starben 2013 noch 23 000 Personen pro Jahr an multiresistenten Keimen, waren es 2019 schon 35 000.[242] In Europa zeichnet sich zwar ein Umdenken ab, denn eine entsprechende Verordnung, die eigentlich noch 2021 in ein neues deutsches Tierarzneimittelgesetz einfließen sollte, verbietet den Einsatz von fünf Typen von Reserve-Antibiotika in der Tierhaltung. Allerdings scheiterte diese Verordnung am 16. September 2021 im EU-Parlament – alles auf Anfang also.

Man könnte nun argumentieren, dass es aus diesen Gründen doch gut sei, amerikanische »Chlorhühnchen« vom europäischen Markt fernzuhalten. Einverstanden, aber dann sollte man auch bitte den Grund klar benennen und eben nicht die Angst vor der Desinfektion mit Chlordioxid schüren. Denn Letzteres ist eine klare Manipulation der öffentlichen Meinung, mit der das eigene Fehlverhalten der europäischen Fleischindustrie, sprich: der Einsatz von großen Mengen Antibiotika in der Tierzucht, verschleiert wird.

Nur der Vollständigkeit halber will ich erwähnen, dass in den USA auch der Einsatz von Wachstumshormonen in der Rinderzucht gestattet ist – während die Europäische Union das bereits 1988 untersagte. Die Verwendung dieser Hormone wird in den USA als ungefährlich angesehen, in Europa vermutet man eine Erhöhung des Krebsrisikos ebenso wie eine Verstärkung des Wachstums bösartiger Tumoren durch Rückstände dieser Hormone im Fleisch. Derzeit dürfen deshalb von den USA jährlich nur 48 000 Tonnen ohne Hormone produziertes *High Quality Beef* nach Europa exportiert werden.

Im Rahmen des TTIP-Abkommens hätten die USA auf einer weitergehenden Öffnung des Marktes bestanden. Man könnte also erfreut zur Kenntnis nehmen, dass die EU hier dem Schutz der Verbraucher den Vorzug geben wollte. So einfach ist es aber auch nicht, denn die TTIP-Verhandlungen sind ja leider nicht öffentlich geführt worden. Erst aufmerksame EU-Parlamentarier, die vertrauliche Unterlagen geleakt haben, trugen die Fakten darüber in die Öffentlichkeit.

Viel beunruhigender allerdings ist die Geisteshaltung, die hinter den geheimen Verhandlungen in Sachen »Chlorhühnchen« und »Hormonrinder« steht: Menschen werden als beliebig manipulierbare Masse angesehen, denen man die schlechten Fakten nicht zumuten darf. Wie wir schon gesehen haben, wäre es viel besser, Menschen über die wirkliche Qualität ihrer Nahrungsmittel aufzuklären – anstatt sie, wie wir im nachfolgenden Abschnitt sehen werden, mit dem dümmlichen »Nutri-Score« in die Irre zu führen.

Süße und fette Lügen

Ab 1950 stieg in den USA die Zahl der Herzinfarkte bei Männern stark an. 1952 vermutete der US-amerikanische Wissenschaftler Ancel Keys, dass ein Zusammenhang zwischen der Ernährung der Menschen und dem Risiko gefährlicher Herz-Kreislauf-Erkrankungen bestehe.[243] Er wurde anschließend auf die deutlich geringere Zahl solcher Erkrankungen in Italien aufmerksam gemacht. Nach Forschungen in Neapel postulierte er, dass dieser Zusammenhang auf die Zufuhr tierischer Nahrungsfette, insbesondere von gesättigten Fettsäuren und dem als Folge erhöhten Cholesterinspiegel bei Menschen, insbesondere Männern, zurückzuführen sei. In der Fachwelt konnte er sich damit zunächst nicht durchsetzen, deshalb startete er 1958 die seitdem unter dem Titel Sieben-Länder-Studie bekannte statistische Erhebung in Italien, Griechenland, Jugoslawien, den Niederlanden, Japan, Finnland und den USA.[244, 245] Daten darüber, wer diese umfangreiche Studie und die Forschung von Keys finanzierten, sind nicht bekannt.

Bereits frühzeitig wurde die Sieben-Länder-Studie methodisch kritisiert, denn beispielsweise hat der Autor die etwa 13 000 Teilnehmer nicht zufällig ausgewählt. Das ist vor allem deshalb bedenklich, weil Keys nicht neutral an diese Studie heranging, sondern seine Hypothese von der Ursache der gesättigten Fettsäuren auf die Erhöhung des Cholesterinspiegels bestätigen wollte. Tatsächlich erhielt er sogar in seinen Daten eine Korrelation des Cholesterinspiegels mit dem Zuckerkonsum der Menschen, die er allerdings mit, sagen wir, ungewöhnlichen Methoden »herauskorrigierte«. Dabei müssen wir erneut beachten, dass solche »Studien« tatsächlich nur Korrelationen finden können, keine ursächlichen Zusammenhänge. Umgekehrt deuten allerdings »Studien«, die keine Korrelation finden, auf das Fehlen eines ursächlichen Zusammenhangs hin (siehe dazu auch Seite 329).

Es gab auch in der Fachwelt starke Gegenstimmen. Ab 1957 untersuchte der britische Wissenschaftler John Yudkin den Einfluss des Zuckerkonsums auf das Risiko für Herz-Kreislauf-Erkrankungen und wies sehr plausibel nach, dass der Zuckerkonsum eine wesentlich größere Rolle beim Cholesterinspiegel spielt als die gesättigten Fettsäuren. Aufgrund der schlechteren Rahmenbedingungen seiner Forschung konnte er allerdings nicht die gleiche Öffentlichkeitswirksamkeit erzielen. Sein Buch *Pure, White and Deadly*[246] aus dem Jahr 1972 gilt dennoch heute als ein Klassiker und erreichte, ungewöhnlich für solche wissenschaftlichen Werke, mehrere Neuauflagen. Allerdings wurde es in der Breite nicht so bekannt wie die These von der Gefährlichkeit der gesättigten Fettsäuren.

In den nachfolgenden Jahrzehnten ergaben die wesentlichen Beobachtungsstudien allerdings keinen Effekt der gesättigten Fettsäuren auf das Herz-Kreislauf-Risiko, wie sich 2010 in einer Meta-Analyse dieser Daten herausstellte.[247] Auch in sogenannten Interventionsstudien, bei denen die Nahrungsaufnahme nicht nur beobachtet, sondern kontrolliert wird, zeigte sich das nicht.[248] 2015 war es daher offensichtlich, dass irgendetwas an der Sache »faul« war.

2016 bewies ein Forscherteam um Stanton A. Glantz, der schon die gesundheitsschädlichen Absprachen der Tabakindustrie aufgedeckt hatte, dass die US-amerikanische Zuckerindustrie in Gestalt der *Sugar Research Foundation* in den 1960er-Jahren Forschungsaufträge an namhafte Ernährungswissenschaftler vergeben hat mit dem Ziel, die Rolle des Zuckerkonsums herunterzuspielen und die Rolle der gesättigten Fettsäuren hervorzuheben.[249] Der 1967 erschienene Grundsatzartikel dieser Auftragsforscher referierte dann zwar den Stand der Forschung, kam allerdings zu dem vollkommen ungerechtfertigten Schluss, dass vor allem der Genuss gesättigter Fettsäuren für den Anstieg der Herz-Kreislauf-Erkrankungen verantwortlich sei.[250] Nach Aufdeckung dieser Einflussnahme im Jahr 2016 wurde sie weder von der Zuckerindustrie noch vom *New England Journal of Medicine* bestritten – nur hätten damals eben nicht die gleichen Transparenzregeln für Autoren bestanden wie heute. Heute muss bei eigentlich allen wissenschaftlichen Artikeln ein möglicher Interessenkonflikt offengelegt werden.

2016 erregte der Nachweis dieser Einflussnahme immerhin auch die deutsche Medienlandschaft – sogar das *Deutsche Ärzteblatt* überschrieb am 2. September 2016 einen Artikel »Wie die US-Zuckerindustrie den Fetten die Schuld gab«.[251] Nun könnte man eigentlich hoffen, dass das Thema damit erledigt sei. Allerdings weisen auch falsche wissenschaftliche Lehrmeinungen ein erstaunliches Beharrungsvermögen auf. Die britische Wissenschaftlerin Lee Hooper analysierte 2020 erneut im Auftrag der renommierten *Cochrane Collaboration* eine größere Zahl von Studien mit dem Ziel der »Wahrheitsfindung«. Sie kam 2020 zu dem Schluss, dass durch den Verzicht auf gesättigte Fettsäuren das Risiko für Herz-Kreislauf-Krankheiten um 17 Prozent gesenkt werden könne.[252] Nach diversen öffentlichen Protesten musste sie diese Schlussfolgerung jedoch zurückziehen. In der überarbeiteten Fassung des Artikels fand sie überhaupt keinen Effekt des Verzichts auf gesättigte Fettsäuren mehr.

Die *Deutsche Gesellschaft für Ernährung (DGE)* ist allerdings auch 2021 noch auf dem Stand von 2015. In ihrer *Evidenzbasierten Leitlinie: Fettzufuhr und Prävention ausgewählter ernährungsmitbedingter Krankheiten*[253] wird deshalb weder der Nachweis der industriellen Einflussnahme auf die grundlegenden Studien noch die revidierte Fassung der Hooper-Studie erwähnt. In klarem Gegensatz zur heutigen Datenlage bezeichnet die DGE deshalb in der immer noch gültigen Leitlinie den Einfluss der gesättigten Fettsäuren auf das Herz-Kreislauf-Risiko als wahrscheinlich. Es ist deshalb nicht verwunderlich, dass die Berechnungsmethode für die am 6. November 2020 in Deutschland eingeführte Lebensmittelkennzeichnung mit dem sogenannten *Nutri-Score* unter die Risikofaktoren auch gesättigte, aber nicht ungesättigte Fettsäuren zählt – so viel zum Thema »evidenzbasierte Leitlinie«.

Als Risikofaktor gelten ferner die sogenannten *Transfette,* bei denen ungesättigte Fettsäuren mit einer Trans-Doppelbindung zwischen zwei Kohlenstoffatomen auftreten. Nicht ganz zutreffend werden diese Lebensmittelfette als *TFA (Trans Fatty Acid)* bezeichnet. Konsumiert man sie in größerer Menge, ergibt sich mit ordentlichen statistischen Methoden ein leicht erhöhtes Risiko für Herz-Kreislauf-Erkrankungen.[254] Transfette sind auch natürlicherweise in Milch, Käseprodukten und im Fett von Wiederkäuern enthalten, und zwar mit vergleichsweise hohen Anteilen von 3–6 % der Gesamtfettmenge. Während diese natürlichen Transfette keine nachweisbaren negativen Einflüsse auf Menschen haben,[255] gilt das für eine andere Quelle offenbar nicht. Diese andere Quelle sind Pflanzenfette, die einem industriellen Härtungsprozess unterworfen worden sind.

Die heute noch meist angewandte industrielle Fetthärtung wurde 1901 von dem deutschen Chemiker Wilhelm Normann erfunden. Unter Einsatz eines Nickel-Katalysators wird den ungesättigten Fettsäuren in Pflanzenölen Wasserstoff zugeführt; dabei werden diese teilweise gesättigt, also mit weiteren Wasserstoffatomen versehen. Danach sind sie bei Raumtemperatur fest, erreichen definierte Schmelzpunkte, sind besser haltbar und gut zu verarbeiten. Man kann durchaus argumentieren, dass die Fetthärtung einen der wesentlichen Fortschritte einer kontrollierten Nahrungsmittelerzeugung darstellte. Zunächst trug sie bis etwa 1940 durch die Verwendung von Walöl stark zur Dezimierung der Walpopulationen bei (siehe dazu Abschnitt »Fortschrittsglaube – aber nicht naiv«), danach wurde sie in der Hauptsache auf Palmöl angewandt. Dieser Wichtigkeit entsprechend sind TFA auch heute noch in vielen Fertigprodukten enthalten.

Zu den mit TFA belasteten Lebensmitteln zählen industriell gefertigte Backwaren (auch Fertig-Pizza) und Pommes frites. Es sollte auch nicht verschwiegen werden, dass TFA auch dann entstehen, wenn Pflanzenöle altern (z. B. durch Sonnenlicht) oder beim Frittieren erhitzt werden – ein ganz klares Argument gegen die Mehrfachverwendung in der Fritteuse.

Ist Ihnen schon einmal aufgefallen, dass Werbung für Margarine, die noch vor wenigen Jahren ein fester Bestandteil der Medienkultur war, nahezu komplett verschwunden ist? Klar, denn Margarine ist ebenfalls eines der Produkte, die durch Fetthärtung entstehen – und wie jeder weiß, wurden diverse Margarineprodukte jahrzehntelang als gesunde Alternative zur Butter angepriesen mit Slogans wie

»XXX macht das Frühstück leicht.«

Das betrifft, wohlgemerkt, nicht die Margarine aus den sogenannten Reformhäusern, die schon seit etwa 70 Jahren auf gehärtete Fette verzichtet.

Nachdem sich die Gefährlichkeit der TFA bestätigt hatte, erließ Dänemark als erstes Land 2005 ein Gesetz, das den Anteil von künstlich erzeugten TFA am gesamten Fettgehalt auf höchstens zwei Prozent limitierte. 2008 verbot der Staat New York Lebensmittel mit einem hohen TFA-Anteil. 2015 setzte die *Food and Drug Administration (FDA)* der USA ein generelles Verbot ab 2018 durch, während in Deutschland keinerlei Diskussion erfolgte. Erst ab dem 1. April 2021 gilt die dänische Regelung europaweit, sodass wir uns künftig über deutlich geringere Anteile von TFA in der Nahrung freuen dürfen.

Ich will mich in diesem Buch nicht mit der Ideologie des Veganismus befassen. Allerdings sollten wir deutlich feststellen, dass eine rein pflanzliche Nahrung keineswegs gesünder ist als eine solche mit tierischen Komponenten. Absurderweise wird bei »veganer« Margarine zwar darauf geachtet, ob Molke als Säuerungsmittel verwendet worden ist – aber der Anteil an schädlichen TFA durfte bis zum 1. April 2021 beliebig hoch sein.

Lassen wir uns auf der Zunge zergehen, dass wir zwar seit Jahren auf der Basis fragwürdiger Untersuchungen vor gesättigten Fettsäuren gewarnt worden sind. Aber 16 Jahre lang Transfettsäuren akzeptieren mussten, deren Schädlichkeit eindeutig nachgewiesen war. Ich lese gerade auf der Rückseite einer Packung Kartoffelchips, dass 100 Gramm des Gesamtproduktes sage und schreibe 34 g Fett enthalten, von denen 2,6 g gesättigte Fettsäuren seien – aber keine Angabe über den Anteil an TFA. Und ebenso interessant ist, dass ausgerechnet die Europäische Union hier keineswegs die Weltregion mit den höchsten Standards war und ist. Man hat uns also vor den falschen Dingen Angst gemacht.

Der Verzicht auf TFA in Nahrungsmitteln wird unter anderem dadurch möglich, dass man ungesättigte (pflanzliche) Fettsäuren durch enzymatische Prozesse härtet, bei denen keine TFA entstehen. Das ist ein grandioser Erfolg der Gentechnologie, die uns die maßgeschneiderten Werkzeuge dafür liefert.

Bier mit Glyphosat

Seit mehr als 150 Jahren werden in der Landwirtschaft Chemikalien eingesetzt, um die Ernteerträge für Menschen zu sichern oder gar zu erhöhen. Dabei sind schlimme Fehler begangen worden, weil man immer wieder die Gefährlichkeit einiger der eingesetzten Stoffe zu spät erkannt hat. Hunderttausende von Menschen sind zu Schaden oder gar zu Tode gekommen, und viel Leid ist in die Welt getragen worden. Andererseits muss man ebenso klar sagen: Ohne den Einsatz dieser Chemikalien wäre es nicht möglich gewesen, die moderne Industriegesellschaft aufzubauen – und ohne diese Industriegesellschaft gäbe es keine chemische Forschung, die Gefahren aufdeckt. Chemie in der Landwirtschaft hat also Milliarden von Menschen erst das Leben ermöglicht.

Manche der als schädlich erkannten Stoffe werden uns noch Jahrzehnte oder gar Jahrhunderte begleiten, wie etwa das Insektizid *Chlordecon,* das in den 1970er- und 1980er-Jahren vorwiegend auf den französischen Antillen eingesetzt wurde.[256] Allerdings machen solche Stoffe, die inzwischen mit ausgefeilten gentechnischen Methoden bekämpft werden,[257] sehr viel weniger Schlagzeilen als ein anderer:[258]

»*Bier-Test: Glyphosat-Reste in jedem dritten Pils*«,

textete die Zeitschrift *Öko-Test* im Jahr 2019 über der Deutschen zweitliebstes Getränk. Dabei wird eigentümlich vage argumentiert, mit »vorbeugender Abwertung« etwa – Grund genug, sich das einmal genauer anzusehen.

Bei *Glyphosat* handelt es sich um ein Herbizid, also eine chemische Verbindung, die auf Pflanzen giftig wirkt. Der Wirkmechanismus ist nicht ganz einfach zu verstehen: Glyphosat verhindert, dass ein bestimmtes Enzym mit dem Namen 5-Enolpyruvylshikimat-3-phosphat-Synthase (EPSPS) wirken kann; es hemmt dieses Enzym, das ausschließlich in Pflanzen vorkommt. Damit wird verhindert, dass die betreffende Pflanze in ihrem Stoffwechsel bestimmte Aminosäuren synthetisieren kann, die sie wiederum zum Aufbau von Eiweißstoffen benötigt.

Seit 1974 wird Glyphosat von der Firma Monsanto unter dem Markennamen *RoundUp* vertrieben und bildet den mengenmäßig größten Anteil aller weltweit zur Unkrautvertilgung eingesetzten Mittel. Nachdem die Patente für Glyphosat im Jahr 2000 ausgelaufen waren, stiegen viele andere Hersteller in dieses Geschäft ein; der Löwenanteil davon entfiel auf China. Dort werden heute mehr als 40 Prozent der weltweit verwendeten Menge produziert, drei Viertel davon werden innerhalb Chinas verwendet. Die 720 000 Tonnen Glyphosat, die im Jahr 2012 produziert wurden, landeten also zu rund einem Drittel auf chinesischen Äckern.

Da Glyphosat a priori auf alle Pflanzen wirkt, kann man es nicht auf den Acker ausbringen, wenn dieser bereits die Nutzpflanzen enthält – es sei denn, diese wären Glyphosat-tolerant (GT). In der ursprünglichen Anwendung wurde es also verwendet, um eine Ackerfläche einmal nach der Ernte und ein weiteres

Mal vor der Aussaat zu behandeln. Das vereinfacht erstens den landwirtschaftlichen Ablauf immens, denn viele über Jahrhunderte oder gar Jahrtausende eingeübte landschaftliche Praktiken konnte man einfach auslassen. Die mechanische Bodenbehandlung nach der Ernte und vor der Aussaat war viel einfacher, auch das Einhalten von bestimmten Fruchtfolgen wurde unnötig. Die Felder konnten deshalb größer und größer werden. Mit anderen Worten: Die Erträge wuchsen mit dem Einsatz von Herbiziden deutlich an. Die Tatsache, dass der Anteil der Hungernden an der Weltbevölkerung von 1990 bis 2015 deutlich zurückgegangen ist, kann man zu einem erheblichen Anteil auf den Einsatz solcher Herbizide zurückführen. Leider hat das in manchen Teilen der Welt ungebremste Bevölkerungswachstum einen Teil dieses Fortschritts wieder zunichtegemacht – das werden wir noch an anderer Stelle diskutieren. Würde man in Deutschland komplett auf Herbizide verzichten, wäre sogar hierzulande die Landwirtschaft in vielen Gebieten nicht mehr wirtschaftlich zu betreiben.[259] Ein weiterer Aspekt ist, dass der Herbizideinsatz die Emission von klimaschädlichem CO_2 verringert.

Es liegt deshalb auf der Hand, dass seit 40 Jahren versucht wird, *Glyphosat-tolerante (GT) Nutzpflanzen* zu züchten oder sie durch gezielte genetische Manipulationen zu erzeugen. Monsanto gelang dies in den 1980er-Jahren, seitdem werden in den USA GT-Soja, GT-Mais und GT-Baumwolle in großem Umfang angebaut. Die entsprechenden Monokulturen können auch während der Wachstumszeit der Nutzpflanze mit Glyphosat behandelt werden, was die Erträge noch einmal deutlich verbessert. Der Einsatz von Glyphosat in den USA wuchs deshalb kontinuierlich an, 2011 wurden 110 000 Tonnen verwendet – fast die Hälfte der Weltjahresproduktion. Durch den Einsatz von Glyphosat und GT-Pflanzen wurde der Einsatz anderer Herbizide verringert, die teilweise sehr viel schädlicher für Mensch und Umwelt sind. Eine Gesamtabschätzung kommt daher zum Schluss, dass insgesamt gesehen die Kombination gegenüber den Alternativen einen geringeren Nachteil für die Umwelt bedeutete.[260]

Aus Sicht eines interdisziplinär denkenden Wissenschaftlers war die Einführung der GT-Nutzpflanzen dennoch ein schwerer Fehler von Monsanto, und zwar hauptsächlich aus zwei Gründen:

» Der massive Einsatz von Herbiziden sorgt für einen starken evolutionären Selektionsdruck auf die unerwünschten Pflanzen. Einfacher ausgedrückt: Damit werden Unkräuter gezüchtet, die resistent gegen das Herbizid sind – und dies umso stärker, je mehr Herbizid eingesetzt wird.

» Monsanto zog damit die Aufmerksamkeit derjenigen auf sich, für die industriell »erzeugte« Pflanzen und großtechnischer Ackerbau irgendwie unnatürlich sind und aus prinzipiellen Gründen abgelehnt werden müssen.

Bleiben wir zunächst bei dem ersten Grund, der Wirkung auf das Ökosystem. Im Kapitel »Die Angst vor den Genen« werden wir uns mit Fragen der Genetik genauer befassen. Für unsere Frage nach dem Glyphosat soll ausreichen, dass es in jeder natürlichen Population eine möglichst große Breite an Eigenschaften gibt, die nicht hinderlich für das Überleben sind. Das bedeutet, dass es schon immer bei jeder Art von Unkraut Exemplare gegeben hat, die gegen Glyphosat mehr oder weniger immun sind. Beispielsweise könnte das an einer – zufällig – leicht veränderten Form des EPSPS-Enzyms liegen, das dennoch seinen Zweck erfüllt. Die veränderte Form würde dann möglicherweise mehr oder weniger durch Glyphosat gehemmt, als das im Durchschnitt der Fall ist.

Dabei muss man sich vor Augen halten, dass der Wirkprozess der Enzyme und ihrer Hemmer nur in den wenigsten Fällen wirklich *chemischer* Natur ist. In den allermeisten Fällen sind es einfach mechanische Vorgänge, weil Moleküle bestimmter Stoffe eben genau in die Formen hineinpassen, die das Enzym zur Verfügung stellt. Jeder von uns kennt dies als Kinderspielzeug: Hölzerne Boxen oder Kunststoffbehälter mit verschieden geformten Öffnungen, dazu Bauklötze, von denen jeder in genau eine der Öffnungen hineinpasst. Es ist sonnenklar, dass Fertigungstoleranzen bei den Formen der Öffnungen oder der Bauklötze vorkommen können. Nur wenn diese Toleranzen zu groß werden oder aus irgendeinem Grund plötzlich kreisrunde Öffnungen verboten werden, wird sich das auswirken.

Werden jetzt alle gegen Glyphosat empfindlichen Exemplare einer Art ausgerottet, vermehren sich nur noch die resistenten Exemplare, auch als GR-Unkräuter oder *Superweed* bezeichnet, und breiten sich in der Umwelt aus. Bis 2003 waren nur wenige GR-Pflanzen bekannt, danach stieg ihre Anzahl deutlich an.[261] Als Beispiel können wir den Palmer-Amaranth *(Amaranthus palmeri)* betrachten, der in den USA auch als *Palmer Pigweed* bezeichnet wird. Diese Pflanze war ursprünglich nur im Südwesten der USA beheimatet, hat sich aber inzwischen durch menschliche Einflussnahme deutlich weiter nach Norden ausgebreitet. Ein ausgewachsener Palmer-Amaranth kann in jeder Vegetationsperiode bis zu 600 000 Samen produzieren. 2006 wurde zum ersten Mal ein Glyphosat-resistenter (GR) Palmer-Amaranth nachgewiesen.[262] Beim Palmer-Amaranth hat man außerdem schon lange vorher nachgewiesen, dass er – ebenso wie eine Vielzahl anderer Lebewesen – Resistenzgene auf andere Arten übertragen kann[263] (mehr dazu im Abschnitt »Genetische Manipulationen höherer Lebewesen«). Das bedeutet zusammengenommen, dass hier ein erhebliches Problem auf den Ackerbau in den USA zukommt. 2017 waren weltweit 38 GR-Unkräuter bekannt; man kann davon ausgehen, dass diese Zahl noch zunehmen wird. Einschränkend muss man allerdings hinzufügen, dass es eine weit größere Anzahl vor Arten gibt, die gegen andere Herbizide resistent sind – die aufkommende Resistenz gegen Glyphosat ist vor allem ein Problem, weil es so häufig eingesetzt wird.

Glyphosat ist, sagen wir es deutlich, eine ziemlich scharfe

Waffe gegen den Hunger auf der Welt. Wie schon beim Thema Antibiotika festgestellt, wird aber eine scharfe Waffe bei übermäßigem Einsatz auch schnell stumpf. Man kann also sehr klar schlussfolgern:

> Um langfristig schwerwiegende negative Auswirkungen auf den Ackerbau zu vermeiden, sollte die Aussaat von GT-Nutzpflanzen gestoppt und der Einsatz von Glyphosat zugunsten einer breiteren Palette von Maßnahmen reduziert werden.

Evolutionswissenschaftlich ausgedrückt: Der Selektionsdruck auf die Unkräuter muss verringert werden. Damit kommen neben anderen biologischen Verfahren auch die traditionellen Verfahren der mechanischen Bodenbearbeitung und der Fruchtfolge wieder zu Ehren. Allerdings vielleicht auf eine komplett neue Weise, nämlich durch *Precision Farming*, auf das ich im nächsten Abschnitt noch etwas näher eingehe.

Die »Acker-Wald-und-Boden«-Ideologie habe ich schon im Kapitel »Energie aus Atomkernen« kritisiert. Sie führt uns zum zweiten der oben genannten Gründe. Hat ein beliebiges technisch-industrielles Verfahren erst einmal die Gegnerschaft von aktiven Gruppen auf sich gezogen, wird es fortan heftig bekämpft. Bei Glyphosat versucht man deshalb seit mehr als zwei Jahrzehnten, eine giftige oder krebserregende Wirkung nachzuweisen. 2005 erschien eine Studie, bei der einzelne Zellen aus einem Tumor der menschlichen Plazenta untersucht wurden. Setzte man sie einer Lösung von 7,5 g RoundUp pro Liter Wasser aus, starben sie nach 18 Stunden ab.[264] Das wurde weithin als Beweis für die Giftigkeit gewertet. Bereits mehrfach habe ich davor gewarnt, dass man die in solchen Studien behaupteten kausalen Zusammenhänge vorsichtig betrachten sollte (mehr dazu im Abschnitt »Hört auf die Wissenschaft?«).

183

In diesem konkreten Fall muss man sich außerdem die Daten genauer ansehen. Erstens beträgt in Europa der gesetzliche Grenzwert für Glyphosat im Grundwasser 0,1 Mikrogramm pro Liter Wasser, also 1,3 *Hundertmillionstel* der Konzentration aus der Studie. Um sich die Dosisverhältnisse einmal klarzumachen, kann man sich einen kreisförmigen Baggersee vorstellen, der 100 Meter Durchmesser hat und in der Mitte zehn Meter tief ist. Der gesetzliche Grenzwert hochgerechnet auf diesen See entspricht rund 1,5 Gramm, also der Auflösung eines Teelöffels voll Glyphosat in diesem See. Der in der genannten Studie festgestellte gefährliche Wert liegt bei rund 110 Tonnen, also etwa elf Lastwagenladungen Glyphosat für diesen See.

Zweitens zeigte sich, dass der giftige Anteil von RoundUp in der Studie eben nicht das Glyphosat war, sondern einer der Zusatzstoffe, ein sogenanntes Netzmittel. Dieses Netzmittel ist Bestandteil von RoundUp, weil damit die wasserabweisenden wachsartigen Schichten auf den Blättern der Pflanzen umgangen werden. Es wirkt also wie ein Haushaltsspülmittel der Oberflächenspannung des Wassers entgegen. Ich wage zu behaupten, dass in einem Baggersee, in den jemand mehrere Lastwagenladungen Spülmittel gekippt hat, der Aufenthalt für 18 Stunden nicht mehr zu empfehlen ist. Die Entscheidung, ob deswegen Haushaltsspülmittel beim häuslichen Abwasch nicht mehr eingesetzt werden sollten, überlasse ich den Leserinnen und Lesern.

Glyphosat ist inzwischen einer der am besten untersuchten chemischen Stoffe. Seine Giftigkeit, seine vermeintlich krebserzeugende Wirkung und seine vermeintlich mutagene, also die Gene verändernde Wirkung wurden in Hunderten von Studien und Metastudien immer wieder überprüft. Keineswegs wurden diese Studien alle von Monsanto oder anderen Agrarkonzernen finanziert. Das übereinstimmende Resultat der gesamten Primärforschung ist, dass Glyphosat *in den üblichen Dosen und zugelassenen Anwendungen* weder giftig noch krebserregend, noch mutagen ist. Natürlich lassen sich mit zunehmender Empfindlichkeit der Verfahren Spuren von Glyphosat im menschlichen Körper nachweisen. Der Stoff wird in der Regel unmetabolisiert wieder ausgeschieden, also nicht vom Körper verarbeitet. Behauptungen, er würde bei stillenden Müttern in die Muttermilch übergehen, wurden als Fälschung entlarvt.[265]

Allerdings stufte im Jahr 2015 die *International Agency for Research on Cancer (IARC)*, eine Einrichtung der Weltgesundheitsorganisation WHO, den Stoff Glyphosat in der sogenannten Gruppe 2A als »potenziell krebserregend bei Menschen« *(probably carcinogenic to humans)* ein.[266] Dazu muss man sich vergegenwärtigen, dass die IARC Alkohol und Sonnenlicht als sicher krebserregend einstuft – also beide, und zwar unabhängig von der Dosis, in die sehr viel gefährlichere Gruppe 1 *(carcinogenic to humans)*. Außerdem kennt die IARC keine Einstufung als »überhaupt nicht krebserregend«.

International löste dies eine erhebliche Kontroverse aus, die in Deutschland sehr schnell politisch verstärkt und ausgeschlachtet wurde. Unter anderem liegt das schlicht daran, dass die Formulierung des IARC-Berichtes analog der Bedeutung

probability = Wahrscheinlichkeit

von manchen Gruppierungen als »wahrscheinlich krebserregend beim Menschen« übersetzt wird – was natürlich sprachlich vollkommen unsinnig ist, weil das Wort »probably« eigentlich mit »möglicherweise« übersetzt werden muss. Machen Sie sich davon besser selbst ein Bild. Sie werden feststellen, dass innerhalb der deutschen Parteienlandschaft ein deutliches Gefälle herrscht, was diese Formulierung angeht.

Das Problem solcher Einstufungen wie der des IARC ist außerdem, dass sie eben keine Primärforschung darstellen, sondern dass es sich um Sekundärforschung handelt, also um die Interpretation bereits vorliegender »Studien«. Die Verwendung solcher Daten zum Nachweis eines ursächlichen Zusammenhangs muss man generell kritisch sehen (siehe auch Seite 328ff.). Es kommt also darauf an, wie die bewertende Agentur die einzelnen primären Arbeiten interpretiert und gewichtet. Die IARC machte ihre Bewertung unter anderem an Studien fest, nach denen Mäuse und Ratten bei der Fütterung mit hohen Dosen von Glyphosat bestimmte Tumoren entwickelt hätten. Dass aus der Gefährlichkeit bei Mäusen nicht auf die Gefährlichkeit bei Menschen geschlossen werden kann, hatten wir schon beim Thema Acrylamid gesehen. Sicher ist außerdem, dass die IARC eben keine Bewertung des *Risikos* durchführt, sondern nur eine Analyse der *Gefahr*.

Aufgrund der sehr viel geringeren Aufnahme von Glyphosat durch Menschen (etwa im Vergleich zu Alkohol) ist das Risiko einer Erkrankung durch Glyphosat extrem gering. Auch eine mutagene Wirkung konnte in keiner Studie nachgewiesen werden. Diese Einschätzung wird von wirklich allen Institutionen, die sich mit der Risikoabschätzung befassen, übereinstimmend geteilt. Unter anderem schreibt das deutsche Bundesinstitut für Risikobewertung (BfR), das uns an anderer Stelle als übervorsichtig erschienen ist:[267]

Das Bundesinstitut für Risikobewertung (BfR) kam nach erneuter Prüfung seiner Bewertung des gesundheitlichen Risikos zum Ergebnis, dass sich nach dem derzeitigen Stand des Wissens bei bestimmungsgemäßer Anwendung von Glyphosat kein krebserzeugendes Risiko für den Menschen ableiten lässt.

Doch das dicke Ende kommt noch. 2014 war bei dem Hausmeister Dewayne Johnson ein Non-Hodgkin-Lymphom, eine spezielle Form von Lymphdrüsenkrebs, festgestellt worden. Er verklagte Monsanto im Jahr 2018 auf Schadenersatz, weil es angeblich die Gefahren des von ihm eingesetzten RoundUp verschwiegen habe. Monsanto war gerade von der deutschen Firma Bayer übernommen worden, die Klage richtete sich also gegen ein ausländisches Unternehmen. Wie wir wissen, kann dies in den USA teuer werden, Bayer wurde deshalb in erster Instanz von einer Geschworenenjury zu einer Schadenersatzzahlung in Höhe von 289 Millionen Dollar an Johnson verurteilt. Es ist interessant, diese Summe mit den Entschädigungszahlungen an die Bewohner der radioaktiv belasteten Insel Rongelap zu vergleichen, die ich im Abschnitt »Die Zukunft und die Folgen der Bombe« beschrieben habe.

In der Berufung am 21. Juli 2020 wurde die Summe zwar auf 20,5 Millionen Dollar reduziert, aber der Schuldspruch nicht aufgehoben. Eine weitere Berufungsklage gegen dieses Urteil wurde am 23. Oktober 2020 vom Obersten Gerichtshof Kaliforniens abgelehnt.[268] Bereits Ende 2018 sprangen mithilfe geschäftstüchtiger Anwaltskanzleien etwa 125 000 weitere US-Bürger auf diesen Zug auf und strengten mehrere Sammelklagen gegen Bayer an. Der Konzern hatte an die Aktionäre von Monsanto bei der Übernahme etwa 63 Milliarden Dollar gezahlt, nach Johnsons Klage fiel der Aktienkurs von Bayer auf die Hälfte. Im Juni 2020 legte Bayer diese Klagewelle zum großen Teil durch einen Vergleich bei, in dem ohne Verurteilung 10,9 Milliarden Dollar an die Kläger gezahlt wurden. Es ist davon auszugehen, dass bis zu einem Drittel der Gesamtsumme an die entsprechenden Anwaltskanzleien gegangen ist. Im Mai 2021 scheiterte eine endgültige Regelung auch künftiger Ansprüche, sodass nicht vor 2022 mit einem Abschluss der Verfahren zu rechnen ist. Am 10. August 2021 wurden erneut einem Ehepaar 86 Millionen Dollar Schadenersatz zugesprochen, ohne dass ein Nachweis des Zusammenhangs ihrer Erkrankung mit der Anwendung von RoundUp erbracht wurde.

Die Tatsache, dass insbesondere US-Behörden wie die *Environmental Protection Agency (EPA)* den Einsatz von Glyphosat bei bestimmungsgemäßem Gebrauch als unbedenklich betrachten und eine Krebsgefahr explizit verneinen, wurde in der gesamten Kette von Urteilen ignoriert. Tatsächlich kommen etwa 90 Prozent der Klagen nicht von professionellen Landwirten, sondern von Privat- und Gelegenheitsanwendern – und es ist nicht auszuschließen, dass diese das Mittel nach dem Motto »Viel hilft viel« unsachgemäß eingesetzt haben, etwa um Wege und Parkplätze von Pflanzenwuchs freizuhalten.

Der Stand der Dinge ist also komplex: Der Einsatz von Herbiziden auf Äckern ist durchaus kritisch zu sehen, weil es sich um eine nicht nachhaltige Übergangstechnologie handelt. Wir können aber insgesamt gesehen derzeit nicht darauf verzichten, ohne den Hunger in die Welt zurückzuholen. Ob man das als Bedrohung auffasst oder nicht, muss man selbst wissen. Doch eines ist klar:

> Das Risiko, durch Glyphosat in professionell erzeugten Nahrungsmitteln Schaden zu erleiden, ist sehr viel geringer als die Risiken durch Alkohol und Sonnenlicht.

Der gemessene Glyphosat-Rückstand im Bier ist übrigens mit höchstens 28 µg pro Liter so gering, dass man nach Angaben des BfR etwa 1000 Liter Bier pro Tag trinken müsste, um gesundheitlich signifikante Mengen zu sich zu nehmen.[269]

Die mediale Aufregung um Glyphosat ist damit als ein weiterer Fall entlarvt, in dem Menschen durch die Überflutung mit falsch dargestellten wissenschaftlichen Erkenntnissen Angst gemacht wird – die »Acker-Wald-und-Boden«-Ideologie eben. Das ist, wohlgemerkt, keine Apologie für die Firmenpolitik von Monsanto oder Bayer, die in vielerlei Hinsicht aus ethischen Gründen zu kritisieren ist.

Die Zukunft der Nahrungsmittelversorgung

Ähnlich wie schon bei der Kernenergie ist die Frage zu stellen, wie die Zukunft der Nahrungsmittelversorgung aussieht. Dabei kann man an den Anfang getrost ein klares Statement stellen:

> Das Mem, dass unsere Ernährung heute weniger gesund ist als in früheren Zeiten, ist schlicht und einfach erlogen – das Gegenteil ist der Fall.

Zu verdanken ist das nicht nur der besseren Analytik, die Schadstoffe immer genauer nachweist – und damit natürlich leider auch zum Information Overload beiträgt, wie wir im Abschnitt über das Grillen gesehen haben –, sondern auch und vor allem den stark verbesserten Anbau- und Zuchtmethoden. Dabei ist klar, dass dieses System nicht nachhaltig ist, das haben wir besonders bei der Diskussion um Glyphosat gesehen.

Doch eine Nachhaltigkeit der Nahrungsmittelproduktion auf der Erde kann gar nicht entstehen, wenn die Weltbevölkerung so stark wächst, wie es gegenwärtig der Fall ist. Nicht umsonst ist China nicht nur der weltweit größte Erzeuger, sondern auch einer der größten Verbraucher von Glyphosat. Ohne diese Doppelrolle wäre es China gar nicht gelungen, seine Hungerprobleme zu lösen. Es sei in diesem Zusammenhang daran erinnert, dass es noch vor 60 Jahren in China zur größten aller Hungersnöte gekommen ist, bei der sogar systematischer Kannibalismus nachgewiesen ist.

Die spannende Frage wird also sein, wie weit wir die hochgradig industrialisierte, nicht nachhaltige Landwirtschaft auf der Welt noch verstärken müssen, um beispielsweise die nach Prognosen der UN bis 2050 verdoppelte Bevölkerung Afrikas zu ernähren. Mit einer »Acker-Wald-und-Boden«-Ideologie, die letztlich zu kleinteiliger ertragsarmer Landwirtschaft führt, ist das nicht zu bewältigen. Wer immer also für Afrika eine möglichst sofort nachhaltige Landwirtschaft fordert, wird sich eine erhebliche Mitverantwortung für die kommende Ernährungssituation zurechnen lassen müssen. Ein weiteres Beispiel dazu ist in Kenia zu finden und wird im Abschnitt »Meme für das ferne Klima« vorgestellt.

Dabei ist die nachhaltige Landwirtschaft der Zukunft längst im Entstehen, nämlich dadurch, dass die moderne Informationstechnologie auch in die Landwirtschaft getragen wird. Schlagworte wie Digital Farming oder »Landwirtschaft 4.0« werden dabei zunehmend mit echten Anwendungen gefüllt. Sogenanntes *Precision Farming* wird beispielsweise ermöglichen, dass jede Ackerfläche genau die Menge an Bewässerung und Düngung erhält, die sie benötigt.[270] Heute schon sind Drohnen erhältlich, die mithilfe von Multispektralkameras den Gesundheitszustand einzelner Pflanzen erkennen können.[271] Und Roboter, die Unkräuter gezielt mechanisch aus dem Acker entfernen, werden schon für den Hobbygärtner angeboten.

Wir müssen also lernen, die Nahrungsmittelversorgung der Welt als ein dynamisches System zu verstehen, das in den kommenden drei Jahrzehnten massiv wachsen muss. Was die Industriestaaten dazu beitragen können, ist natürlich einerseits, den ärmeren Ländern die Chance zu geben, die notwendigen Produktionssteigerungen auch durchzuziehen. Dass dies nicht selbstverständlich ist, kann man am Beispiel Brasilien sehen. Dort wurden diese Produktivitätssteigerungen (immerhin um 90 Prozent nach Angaben aus Brasilien) in den Jahren nach 2008 durch die Weltbank und einige EU-Staaten sogar aktiv behindert.[272]

Andererseits kann, ja muss der Beitrag der Industrienationen zu diesem dynamischen System aus Innovation bestehen, etwa im bereits genannten Bereich der Digitalisierung der Landwirtschaft. Denn in den ärmeren Ländern können diese neuen Konzepte oft nicht selbst geschaffen werden, weil technische Voraussetzungen fehlen. Auf die enge Korrelation zwischen der Nahrungsmittelproduktion pro Kopf und der verfügbaren Internetbandbreite bin ich das erste Mal im Jahr 2003 gestoßen,[273] zu einer Zeit, als Afrika in beiden Bereichen rettungslos abgehängt schien. Diese Defizite wurden zwar etwas verringert, aufgehoben sind sie aber noch nicht.

Wir können hoffen, dass mithilfe neuer digitaler Technologien einerseits bei uns die Landwirtschaft nachhaltiger wird, ohne zu den Methoden und Erträgen des Mittelalters zurückzukehren, und dass es andererseits auch in den armen Ländern, etwa in Afrika, gelingen wird, nicht nachhaltige Stufen wie ein Frosch zu überspringen. Dieses *Leapfrogging* könnte in manchen Bereichen durchaus gelingen, wie Untersuchungen des *Berlin Institute for Population and Development*[274] ebenso wie die einer Vielzahl anderer Wissenschaftler zeigen. Von den vielen Ergebnissen sei nur auf die Arbeiten von Bhaskar Chakravorti and Ravi Shankar Chaturvedi von der Tufts University hingewiesen, die mit ihrem *Leapfrogging Index* einen systematischen Ansatz für die Untersuchung aufzeigen.[275]

DIE ANGST VOR DEN GENEN

Mit den Genen ist das eigentlich genauso eine Sache wie mit den Atomen: Sie sind in uns drin, um uns herum, bestimmen nach allgemeiner Vorstellung unser Leben und bleiben trotzdem unsichtbar. Die Vorstellung, man sei durch seine Gene doch weitgehend bestimmt, gehört zum sogenannten *Essenzialismus,* der nach dem inneren Kern, der zentralen Essenz der Dinge sucht.

Dabei ist das gar nicht richtig. Gene sind zwar unser Bauplan, doch wer sich schon einmal mit Bauangelegenheiten befasst hat, kennt die vielfältigen Abweichungen vom Plan aufgrund äußerlicher Gegebenheiten. Umwelteinflüsse, Zufälle und sogenannte *epigenetische Faktoren* haben einen großen Einfluss auf das Ergebnis – und das Wesen eines Menschen wird mindestens ebenso stark durch seine Erlebnisse wie durch seine Gene bestimmt. Wir werden sehen, dass dieser Essenzialismus einen wichtigen Faktor für die Angst der Menschen darstellt.

Die grundlegenden Erkenntnisse rund um die Vererbung wurden in der zweiten Hälfte des 19. Jahrhunderts erzielt. Der Augustinermönch Johann Gregor Mendel hatte als Abt der Brünner Abtei St. Thomas jahrelang Versuche zur Kreuzung von Pflanzen unternommen und daraus die sogenannten Mendelschen Regeln abgeleitet, publiziert 1866.[276] Diese Mendelschen Regeln beschreiben, wie sich Merkmale von Eltern auf Kinder vererben. Da er nicht zur etablierten Wissenschafts-»Community« gehörte, nahm dies aber niemand wahr. Erst im Jahr 1900 hatten andere Forscher die gleichen Resultate erhalten, und man entdeckte seine Arbeit neu. Mendel hat das nicht mehr erlebt, er war bereits 1884 gestorben.

Nahezu zeitgleich veröffentlichte Charles Darwin, nachdem er sich jahrelang nicht getraut hatte, 1859 sein epochales Werk *On the origin of species*.[277] Der Begriff der *Evolution,* nach der Typen von Lebewesen nicht statisch sind, sondern sich im Lauf der Zeit verändern, hatte nachhaltigen Einfluss auf die Selbstwahrnehmung der Menschen. Die *Chromosomen* wurden 1842 entdeckt, ihren Namen erhielten sie im Jahr 1888 durch Heinrich Wilhelm Waldeyer. 1911 wies Thomas Hunt Morgan nach, dass die inzwischen *Gene* getauften Erbfaktoren tatsächlich auf diesen Chromosomen vorliegen und dort hintereinander aufgereiht sind.

Allein fehlte bis zum Jahr 1943 noch eine brauchbare Idee, wie denn die Speicherung der Daten und nachfolgend die gesamte Vererbung ablaufen könne. Diesen Schlüssel lieferte erst der österreichische Physiker Erwin Schrödinger, der eigentlich für seine Beiträge zur Quantenmechanik bekannt ist. Als Exilant am *Dublin Institute for Advanced Studies* hielt er eine viel beachtete Vortragsreihe unter dem Titel *Was ist Leben?*, die er kurz darauf in einem kleinen Buch zusammenfasste.[278] Schrödinger leitete aus den damals bekannten Beobachtungen die Schlussfolgerung ab, dass die Erbinformation als *eine Art Code* auf »aperiodischen Kristallen« vorläge. Das Werk inspirierte in den Nachkriegsjahren eine ganze Wissenschaftlergeneration zu vielfältigen Untersuchungen und Modellen – es schien nur eine Frage der Zeit, bis jemand die Schrödingerschen »aperiodischen Kristalle«, heute würden wir sagen Polymere, auffände.

Diesen Erfolg erzielten der Vogelkundler James Watson und der Physiker Francis Crick im Jahr 1953. Allerdings nicht durch eigene Forschung, sondern weil sie mehrere der damals geradezu fieberhaft Forschenden besuchten und sich deren Resultate schildern ließen. Beispielsweise Rosalind Franklin und Maurice Wilkins am King's College in London, die mit Röntgenstrahlen die Struktur der Erbsubstanz untersuchten. Auch der österreichisch-amerikanische Biochemiker Erwin Chargaff, der wesentliche Vorarbeiten zur Strukturentdeckung geleistet hatte und den ich schon im Abschnitt »Der Weg zur Bombe« zitiert habe, führte ein Gespräch mit Watson und Crick. Von Chargaff stammte die Erkenntnis, dass die Basen Adenin und Thymin sowie Cytosin und Guanin in der Erbsubstanz immer paarweise auftreten. Nach dem Gespräch bezeichnete er Watson und Crick als »wissenschaftliche Clowns«, weil sie offenbar nur über mangelhafte Kenntnisse der Chemie verfügten.

Die beiden »Clowns« Watson und Crick schoben schließlich in ihrem Hotelzimmer aus Pappkarton geschnittene Molekülmodelle so lange hin und her, bis sie zu einer Doppelspirale oder Doppelhelix zusammenpassten, der *Desoxyribonukleinsäure* (engl. Desoxyribonucleic acid = DNA). Allerdings hatte Rosalind Franklin diese Struktur bereits vor ihnen entdeckt. Ein Foto ihres Resultates, das berühmte Photo 51, wurde ohne ihr Wissen auch Watson zugespielt. In der Folge kamen Watson und Crick ihr bei der Veröffentlichung zuvor.[279] 1962 ging der Nobelpreis für Medizin zu je einem Drittel an Watson, Crick und Wilkins – während Franklin leider schon 1958 an Krebs verstorben war und Chargaff keine Erwähnung fand.

Obwohl Watson und Crick sehr deutlich ihre Inspiration durch Erwin Schrödinger bekundeten, hat dieser sich nie wieder mit Genetik befasst. Den Grund sehen heute viele Wissenschaftshistoriker darin, dass ihn gar nicht interessierte, was die Gene denn nun wirklich seien. Vielmehr war er an der physikalischen Fragestellung interessiert, wie sich solche mikroskopischen Informationsspeicher in Anbetracht der thermodynamischen Unordnung der Welt überhaupt langfristig stabil halten könnten. Aus heutiger Sicht lag er natürlich mit seinem Desinteresse falsch. Denn gerade die Doppelstruktur der DNA, also eine doppelte Informationsspeicherung, sorgt im Zusammenspiel mit molekularen Reparaturmechanismen für diese Stabilität.

Es folgte ein beispielloser Siegeszug der Genetik. War es 1953 noch äußerst mühsam, einzelne Bestandteile der DNA zu identifizieren, gelingt heute mit fortschrittlichen automatischen Sequencern die Bestimmung des genetischen Codes eines Coronavirus innerhalb von einigen Stunden. Zwar weist dieses Virus in seiner Ribonukleinsäure (RNA, das heißt nur ein einzelner Strang) »nur« etwa 30 000 Basen auf im Vergleich zu etwa drei Milliarden Paaren beim Menschen, doch ist dies eine Analyseleistung, von der Watson und Crick niemals zu träumen gewagt hätten. Aber nicht nur die Analyse ist möglich – denn selbstverständlich kann man heute bereits den genetischen Code schreiben, also regelrechte Programme für Zellen entwickeln.

Das aber ist im Sinne des zu Beginn dieses Kapitels erwähnten Essenzialismus ein gewaltiges Problem. Wenn man nämlich die zentrale Essenz von Lebewesen verändern kann, könnte man sie in andere Wesen verwandeln, etwa einen Menschen in einen Frosch. Die Fähigkeit zum Verwandeln von Lebewesen wird seit Jahrtausenden nur den Vertretern der *schwarzen Magie* zugeschrieben, die in allen menschlichen Kulturen als böse gelten. Es ist zu vermuten, dass diese Assoziation der Wesensverwandlung sogar deutlich weiter in die Vergangenheit reicht als die im Kapitel »Die Angst vor dem Atom« geschilderte Assoziation der Elementumwandlung mit alchemistischen Fähigkeiten.

Auch wenn sie keinerlei rationalen Grund hat, lässt sich diese enge ideologische Verbindung von Genetik und schwarzer Magie sehr deutlich an unserer Medienwelt ablesen, das werden wir uns im Folgenden genauer ansehen. Für die moderne Ablehnung der Genetik gibt es aber noch einen zweiten Grund. Wer nämlich die zentrale Essenz von Lebewesen verändern kann, könnte sie auch *verbessern.* Obwohl wir durchaus Grund für manche Verbesserungen hätten – wer braucht schon einen Blinddarm? –, widerspricht dies jeder Ideologie, die auf die Bewahrung des Status quo ausgerichtet ist. Sowohl allen Religionen, die den gegenwärtigen Stand unserer Biosphäre als das Endprodukt der Schöpfung ansehen, als auch den Anhängern der statischen »Acker-Wald-und-Boden«-Ideologie ist die Möglichkeit einer Verbesserung von Lebewesen ein Gräuel.

Viren und Impfungen

Dass unsere Erbinformation nicht statisch ist und immer wieder durch externe Einflüsse »umgeschrieben« wird, ist allerdings in der Natur schon sehr lange zu finden, nämlich in Form von Viren. Während man Bakterien in 3,7 Milliarden Jahre alten Fossilien nachweisen konnte,[280] fehlen solche Nachweise für die im Mittel viel kleineren Viren. Nach den gängigen Vorstellungen könnten sie aber zur gleichen Zeit entstanden sein, eventuell als »entkommene Bruchstücke« von DNA oder RNA.

Bakterielle Krankheitserreger sind schon mit vergleichsweise einfachen Lichtmikroskopen zu entdecken. Gegen Ende des 19. Jahrhunderts wurden deshalb besonders in Deutschland reihenweise Erfolge bei der Entdeckung von Erregern erzielt. Neben den menschlichen Krankheiten kursierten zu dieser Zeit aber auch Erkrankungen der Tierwelt, die aufgrund des rapiden Bevölkerungswachstums große Besorgnis hervorriefen. Eine dieser Krankheiten ist die *Maul- und Klauenseuche (MKS)*, an der allein im Preußen des 19. Jahrhunderts Zehntausende Rinder und Schweine verendeten.[281] Das preußische Kultusministerium beauftragte deshalb 1896 den Greifswalder Infektionsforscher Friedrich Loeffler, einen Schüler Robert Kochs, mit der Suche nach dem Erreger. Da er in Greifswald nicht über die, wie wir es heute nennen würden, notwendige »Forschungsinfrastruktur« verfügte, mietete er 1897 im heutigen Bezirk Berlin-Mitte zwei S-Bahn-Bogen. Zusammen mit Paul Frosch richtete er dort Ställe ein und begann mit Tierversuchen. Die Entwicklung feinster Filter durch Shibasaburō Kitasato, ebenfalls Schüler von Robert Koch, ermöglichte ihnen schließlich die Isolation des infektiösen Stoffes – allerdings konnten sie ihn nicht sehen, sondern wussten nur, dass er kleiner als ein Bakterium sein müsse. Tatsächlich ist das Virus der MKS einer der kleinsten bekannten Krankheitserreger. Mit lediglich 25–30 Nanometern Durchmesser hat es gerade mal ein Hundertstel der Ausdehnung eines Darmbakteriums. 1898 schrieben Loeffler und Frosch in ihrem Bericht zur Maul- und Klauenseuche:[282]

Wenn es also solche winzigsten Lebewesen wirklich gebe, dann seien diese möglicherweise auch für andere Infektionskrankheiten verantwortlich, deren Erreger bislang unbekannt sind. Beispielsweise für Pocken, Masern oder Rinderpest.

Loeffler ging anschließend zurück nach Greifswald und forschte dort weiter – zunächst in einem am Stadtrand gelegenen Institut. Daraus wurden immer wieder MKS-Viren freigesetzt und infizierten auf den umliegenden Höfen die Tiere. Erst 1907 führten massive Proteste der Anwohner dazu, dass ihm diese Forschung untersagt wurde. Ab 1910 führte er die Versuche auf der Insel Riems im Greifswalder Bodden fort – das war der Vorläufer des heutigen *Friedrich-Loeffler-Instituts für Tiergesundheit*. 1938 entstand dort der erste Impfstoff gegen MKS. Im Zuge der Diskussion um den Ursprung des SARS-CoV-2-Virus im Abschnitt »Die Corona-Pandemie 2020–2022 – oder auch nicht?« ist interessant, dass es 1982 in der damaligen DDR zu einem heftigen Ausbruch der Maul- und Klauenseuche kam. Nach heutigem Kenntnisstand ist dieser durch einen Unfall im Labor auf der Insel Riems zurückzuführen, in dem Schweine mit einem experimentellen MKS-Impfstoff behandelt worden waren.

Wie Viren wirken, wurde 15 Jahre nach dem ersten MKS-Impfstoff durch die Entdeckung der DNA klar: Es handelt sich um Stränge von DNA oder der verwandten RNA, die in mehr oder weniger komplizierte Hüllen eingelagert sind. Diese Erbinformationen dringen in Zellen ein und kapern deren chemische Prozesse. Danach stellen diese Zellen in großem Umfang Virus- bestandteile her – von Hüllproteinen bis zu Kopien der einge- schleusten Information. Diese Bestandteile werden zusammen- gebaut und unter dem Absterben der Zellen als neue Viren freigesetzt. Zusätzlich lösen sie auch in vielen Fällen Änderun- gen in den komplexen chemischen Regelkreisen des Körpers aus, die dann als Krankheitssymptome erkennbar werden.

Viren sind also keine Lebewesen, sie haben keinen eigenen Stoffwechsel, in den man mit einem Medikament eingreifen könnte. Ihre Wirkungsweise verstehen wir erst durch die moder- ne Digitaltechnologie richtig, denn diese hat für ein wissen- schaftliches Verständnis des Begriffs *Information* gesorgt. Bio- logische Viren sind tatsächlich reine Information; genau wie Computerviren sind sie aktiver Programmcode, der das informa- tionsverarbeitende System der Zelle infiziert und sein Programm für den eigenen Zweck verändert.

Die von Viren ausgelösten biologischen Prozesse sind daher die normalen Prozesse der Zellen, die man natürlich nicht zum Stillstand bringen möchte. Über den vom US-amerikanischen Präsidenten Trump geäußerten Vorschlag, man möge das Coro- navirus doch durch das Gurgeln mit Desinfektionsmitteln be- kämpfen, sollte man dennoch nicht lachen. Noch 1957 war dies auch in Deutschland ein offizieller Ratschlag zur Bekämpfung der Grippe (siehe auch Seite 248).

Unser Verständnis der Einflüsse von Viren auf die biologi- schen Prozesse ist noch reichlich lückenhaft – so etwa sind man- che Therapeutika bekannt, die bei bestimmten Viren in die Ka- perungsprozesse eingreifen. Will man Viren aber vor dem Auftreten solcher Infektionen bekämpfen, geht das nur durch die Erkennung ihres Äußeren, indem beispielsweise Teile ihrer Hülle genau in mechanische Schablonen passen, die der Körper für diesen Zweck zur Verfügung stellt. Diese sogenannten Anti- körper stellen also für die Abwehr viraler Infektionen die einzige *präzise* wirkende Möglichkeit dar. Antikörper tragen neben der Schablone, die auf das Äußere des Virus passt, auch einen Bestandteil, der aggressive Abwehrzellen des Körpers anlockt. Auch diese Art der Virenabwehr haben wir in der digitalen Welt nachgebaut, denn gängige Antivirenprogramme prüfen Daten auf das Vorhandensein von Codesequenzen, die für ein bestimmtes Computervirus typisch sind (sogenannte Virensignaturen).

Zu den fantastischen Leistungen der Evolution gehören deshalb die Prozesse, mit denen bei neuen und unbekannten Viren solche Antikörper-Schablonen ausprobiert und angepasst werden. Auf diesen Mechanismus setzen auch die modernsten Impfstoffe gegen das Coronavirus SARS-CoV-2: Sie sorgen dafür, dass bestimmte Oberflächenproteine des Virus, die sogenannten Spike-Proteine, im Körper vorhanden sind. Verfügt der Körper über ein funktionierendes Immunsystem, werden innerhalb weniger Tage Antikörper gegen diese Spike-Proteine gebildet.

Natürlich erfordert das neben einer gewissen Zeit auch eine hektische Aktivität des Körpers, die sich in leichtem Fieber und Unwohlsein äußern kann – den typischen Nebenwirkungen einer Impfung. Wenn der Körper durch millionenfaches Ausprobieren einen passenden Antikörper gegen die eingeschleusten Proteine hergestellt hat, wird dessen Bauplan in sogenannten Gedächtniszellen abgelegt, sodass er beim Angriff des kompletten Virus sehr viel schneller zur Verfügung steht: Der Impfschutz ist hergestellt. Bei Corona unterscheiden sich die neuartigen Impfstoffe allerdings in der Art, wie sie die Spike-Proteine in den menschlichen Körper bringen.

» Der zuerst von dem deutsch-türkischen Wissenschaftlerpaar Ugur Sahin und Özlem Türeci mit ihrer Firma BioNTech hergestellte Impfstoff enthält, ebenso wie das Präparat von Moderna, *Messenger-RNA* (mRNA), die einigen – nicht allen – Zellen des Körpers den Befehl übermittelt, Spike-Proteine herzustellen.

» Die Impfstoffe von Astra-Zeneca und Johnson & Johnson setzen harmlose Adenoviren als sogenannte Vektoren ein, die durch genetische Manipulationen dazu gebracht worden sind, diese Spike-Proteine im menschlichen Körper zu produzieren.

» Die Impfstoffe der Hersteller Novavax und Valneva sind sogenannte Totimpfstoffe, die »nur« fertige Spike-Proteine und andere Bruchstücke der Coronaviren beinhalten.

Die im Vektor-Impfstoff verwendeten Viren gehören zu einer Gruppe, die selbst für eine Vielzahl von menschlichen Erkrankungen verantwortlich gemacht werden.[283] Hier wird also eine Art Zwischenschicht in den Immunisierungsprozess eingeführt – die natürlich auch zusätzliche Risiken beinhaltet. Denn der Körper wehrt sich mit seinem Immunsystem nicht nur gegen die Spike-Proteine, sondern auch gegen andere Bestandteile der eingesetzten Adenoviren. Es ist deshalb sonnenklar, dass einerseits die statistische Wirksamkeit dieses Impfstoffes geringer sein sollte als die eines mRNA-Impfstoffes, weil bei vielen Tausend Probanden beispielsweise immer einige dabei sein werden, deren Körper die Adenoviren so schnell unschädlich macht, dass es zur Ausprägung einer Immunität gegen die Spike-Proteine gar nicht erst kommt. Und dass andererseits durchaus stärkere Nebenwirkungen auftreten *können,* weil eben nicht nur die Spike-Proteine bekämpft werden.

Die von dem englischen Landarzt Edward Jenner am 14. Mai 1796 durchgeführte Impfung eines achtjährigen Jungen mit Vacciniaviren, die über lange Zeit inkorrekterweise als »Kuhpocken« bezeichnet wurden, gab dem Immunisierungsvorgang seinen Namen *Vaccination.* Diese Methode der Lebendimpfstoffe haben wir bis heute beibehalten, und sie ist schon immer mit Nebenwirkungen verbunden gewesen. Bei der Pockenimpfung beispielsweise entwickelte pro einer Million geimpfter Personen ein Patient eine Gehirnentzündung oder Enzephalitis,[284] *gefährlich* ist also auch die Pockenimpfung. Doch wie schon mehrfach gesagt: Für die Bewertung eines Risikos ist nicht nur die Gefahr wichtig, sondern auch die Wahrscheinlichkeit ihres Auftretens.

Ein mRNA-Impfstoff hingegen stellt dem menschlichen Körper ein kurzlebiges Hilfsprogramm zur Verfügung, das dieser zur Aufrüstung der eigenen Immunabwehr benutzt. Weder wird durch die mRNA die Erbinformation des Menschen umgeschrieben, noch wird der Körper dauerhaft Spike-Proteine herstellen. Die mRNA ist also als eine Art kurzlebiger Befehl in einem Terminalfenster eines Computers zu verstehen. Dauerhaft ist lediglich die Ablage des Antikörper-Bauplans in den Gedächtniszellen des menschlichen Immunsystems.

Die Verfügbarkeit eines mRNA-Impfstoffes ist demnach ein großer Fortschritt gegenüber den Vektor-Impfstoffen, den Lebendimpfstoffen (mit abgeschwächten Viren) und den Totimpfstoffen (mit Virusbruchstücken, also Proteinen), weil dadurch die gefährliche Zwischenschicht ausgeschaltet wird. Dass dies irgendwie gehen muss, ist seit etwa 30 Jahren klar. Die Realisierung erforderte aber ebendiese drei Jahrzehnte der gentechnischen Forschung, die gerade jetzt während der Corona-Krise ihren ersten Erfolg erzielt. Das ist auch insofern interessant, weil es erst der gegenwärtige Forschungsstand ermöglicht, an Viren sogenannte Gain-of-Function Experiments, also Experimente zur Erweiterung der Funktionen, durchzuführen. Nach wie vor ist nämlich nicht auszuschließen, dass das SARS-CoV-2-Virus im Rahmen solcher Experimente entstanden ist und unabsichtlich freigesetzt wurde (siehe Abschnitt »Die Corona-Pandemie 2020–2022 – oder auch nicht?«). Das erinnert an die Zeilen aus dem Gedicht *Patmos* des großen Dichters Friedrich Hölderlin:

Wo aber Gefahr ist, wächst / Das Rettende auch

Die Hoffnung, dass dies den Menschen klar ist und sich alle impfen lassen, hat sich jedoch nicht erfüllt. Stattdessen wissen wir zum Jahresende 2021 leider:

> Die durch die »Acker-Wald-und-Boden«-Ideologie verursachte und medial angeheizte Angst vor Gentechnologie hat in Deutschland bei einem signifikanten Bevölkerungsanteil zur Verzögerung oder gar Verweigerung der Impfung geführt.

Eine Anekdote sei noch angehängt. Im April 2020 erklärte der Lübecker Labormediziner Winfried Stöcker, dass er einen Impfstoff gegen das Coronavirus entwickelt habe. Stöcker hatte die von ihm gegründete Firma verkauft und sich eigentlich in ein gemütliches Rentnerleben zurückgezogen. Er kehrte im März 2020 in sein Labor zurück und experimentierte, bis er nach wenigen Wochen ein nach eigenen Angaben wirksames »Antigen« vorliegen hatte. Nach dem, was gegenwärtig bekannt ist, informierte er das zuständige *Paul-Ehrlich-Institut (PEI)* darüber und impfte sowohl sich selbst als auch 65 Freiwillige aus seinem Bekanntenkreis mit seinem »Antigen«, einem Totimpfstoff bestehend aus Virusbruchstücken (mutmaßlich einer Untereinheit der schon erwähnten Spike-Proteine). Das PEI reagierte über Monate gar nicht – und dann mit einer Strafanzeige aufgrund unzulässiger medizinischer Versuche an Menschen und des Einsatzes nicht zugelassener Medikamente.[285]

Unabhängig davon, ob dieses »Antigen« nun irgendeine Wirkung aufweist: Stöcker hat tatsächlich gegen die heute etablierten Protokolle für die Impfstoff-Entwicklung verstoßen. Toxikologische Prüfungen, externe Begutachtungen und umfangreiche Studien mit Zehntausenden Probanden hat er nicht durchgeführt. Darüber hinaus ist er offenbar ein Verschwörungstheoretiker mit Hang zum rechten politischen Spektrum. Nur: All dies rechtfertigt nicht, seine Ergebnisse zu ignorieren – nötig und sinnvoll wäre vielmehr gewesen, sein »Antigen« unter Einhaltung aller wissenschaftlichen Standards sorgfältig zu untersuchen und zu testen. Diese Geschichte ist noch nicht zu Ende, denn nach mehreren Berichten strebt Stöcker seit Mai 2021 an, seinen Impfstoff außerhalb Europas zu testen, zuzulassen und anzubieten. Die vorerst jüngste Nachricht ist, dass am 27. November 2021 eine von Stöcker durchgeführte gesetzeswidrige Impfaktion durch einen Polizeieinsatz gestoppt wurde.[286] Dabei waren bereits etwa 50 Interessenten geimpft worden, weitere 230 wurden abgewiesen – sie müssen jetzt, weil sie sich grundlos vor den mRNA-Impfstoffen ängstigen, auf einen behördlich zugelassenen Totimpfstoff warten.

Mutanten und Zombies

Obwohl das Erbmaterial erstaunlich stabil ist, kommen zufällige Veränderungen vor. So kann beispielsweise ein Teilchen aus der kosmischen Höhenstrahlung, aber auch normale Sonneneinstrahlung mit Ultraviolettanteil einen Fehler in der DNA verursachen. Diese Fehler werden in den Zellen komplexerer Lebewesen erkannt und in den allermeisten Fällen sehr schnell repariert. Dass dies beim gleichzeitigen Auftritt vieler Fehler extremen Stress für die betroffenen Zellen nach sich zieht, kann man nach einem Sonnenbrand feststellen. Bei Menschen, deren DNA-Reparaturmechanismen defekt sind, spricht man vom Krankheitsbild *Xeroderma pigmentosum*. Sie müssen streng vor Sonnenlicht geschützt werden, da sie sonst innerhalb von kürzester Zeit Hautkrebs entwickeln.

Bei Viren sind aufgrund ihrer Einfachheit nur selten Reparaturmechanismen wie bei echten Lebewesen vorhanden, jede zufällige Änderung der Erbinformation wird in den meisten Viren übernommen und weitergegeben. Das Coronavirus SARS-

CoV-2, obwohl ein RNA-Virus, stellt eine der seltenen Ausnahmen dar; sein Erbgut ist dadurch viel stabiler als z. B. das von Influenzaviren. Auch bei höheren Lebewesen sind diese Reparaturmechanismen der DNA aber nicht imstande, jede Veränderung wieder auszubügeln. Die Wahrscheinlichkeit, dass ein nicht behebbarer Fehler auftritt, steigt deshalb mit der Anzahl der Schädigungen. Aus diesem Grund sollte man sich direkter Sonneneinstrahlung über längere Zeit nur mit Sonnenschutz aussetzen. Es ist auch nicht verwunderlich, dass in Australien und Neuseeland die Wahrscheinlichkeit, im Laufe eines Lebens an Hautkrebs zu erkranken, neunmal höher ist als in Großbritannien.[287]

Hat nun eine solche DNA-Veränderung Bestand, sprechen wir von einer Mutation – und sie kann sehr gut gleichgesetzt werden mit der zufälligen Veränderung einer Programmzeile in einem großen Computerprogramm. Das Coronavirus etwa erfuhr bei seiner Verbreitung seit 2020 im Schnitt zwei solche Erbgutveränderungen pro Monat, bei Menschen ist diese Rate sehr viel geringer. Die meisten dieser Erbgutveränderungen sind schädlich für die Zelle, in der sie stattfinden, beziehungsweise für die neu produzierten Viren, die mithilfe des nunmehr schadhaften Programms gebaut werden. Bei Viren sind die daraus abgeleiteten Varianten der nächsten Generation möglicherweise defekt. In Zellen wird die DNA ständig benötigt, um die komplexen chemischen Abläufe zu steuern. Stellen Sie sich einfach vor, dass eine Programmzeile in der digitalen Steuerung einer großen Autofabrik willkürlich geändert wird – Chaos ist die Folge, mit dem Stillstand der Produktion (oder dem Tod der Zelle).

Sehr viel seltener geschieht es, dass eine solche Mutation nicht schädlich ist. Dann wird sie in der Regel ignoriert, die Zelle arbeitet weiter oder die Viren der nächsten Generation machen dasselbe wie ihre Elterngeneration. Bei Menschen und anderen komplexeren Lebewesen macht es in der Regel nichts aus, wenn eine Zelle auf solche Weise mutiert. Wenn sich die Mutation aber so auswirkt, dass sie die Zelle zu unbegrenzter Vermehrung anregt, sieht das anders aus – wir sprechen von Krebs.

Ein weiterer seltener Sonderfall tritt ein, wenn die Mutation der DNA in einer der Zellen erfolgt ist, die das Erbmaterial für die Fortpflanzung des gesamten Lebewesens bewahren. Solche Keimbahn-Mutationen werden nämlich an die nachfolgende Generation weitergegeben, exakt nach den Mendelschen Regeln. Selten mag das zwar sein, aber die Konsequenz ist klar: Im Laufe der Zeit wird sich in einer Population (auch in der menschlichen Population) eine möglichst große Variabilität des genetischen Codes einstellen. Nicht alle dieser Varianten lassen sich an Äußerlichkeiten wie Haarfarbe oder Hautfarbe erkennen, es gibt auch winzige unsichtbare Veränderungen in biochemischen Prozessen oder an Organsystemen. Dabei werden sogar Veränderungen beibehalten, die in bestimmter Hinsicht schädlich sind, wenn sie an anderer Stelle Vorteile bieten.

Ein Beispiel für den Verbleib fremden Erbmaterials in Zellen sind die *Varizella-Zoster-Viren,* bekannt als Erreger der Windpocken. Zwar handelt es sich dabei nicht um eine Mutation im eigentlichen Sinn, doch kann ihr Erbmaterial nach dem Abklingen der Windpocken-Infektion in bestimmten Nervenzellen verbleiben, auch nach Jahrzehnten noch das Zellprogramm übernehmen, neue Viren produzieren und eine Gürtelrose auslösen.[288]

Ein Beispiel für eine echte Mutation des menschlichen Erbgutes mit Nebenwirkungen ist die sogenannte *Sichelzellenanämie,* die in manchen Regionen Afrikas weit verbreitet ist. Sie sorgt für eine Deformation der roten Blutkörperchen, die Betroffenen haben während ihres gesamten Lebens chronische Krankheitssymptome, die sie weniger leistungsfähig als Menschen ohne diese Mutation macht. Andererseits aber verhindert diese Mutation schwere Malaria-Erkrankungen und hat sich aus genau diesem Grund in Afrika behaupten können.

Wenn sich nun durch eine Veränderung der Umwelt die Überlebensbedingungen ändern, sorgt die zufällig entstandene genetische Vielfalt dafür, dass vielleicht doch ein paar Individuen der Population überleben können. Diese genetische Vielfalt innerhalb einer Population ist also der wichtige Vorteil, der uns Menschen überhaupt in unsere heutige Rolle befördert hat. Es ist deshalb Stärke, dass wir große und kleine, helle und dunkle Menschen haben – und wir sollten diese Vielfalt vor allem begrüßen, weil wir derzeit unsere Lebensumwelt ziemlich stark und schnell verändern. Es kann sogar sein, dass eine der zufälligen Mutationen die Überlebenswahrscheinlichkeit auch ohne Umweltveränderungen erhöht. Sie wird sich dann langfristig durchsetzen – es sei denn, der Selektionsdruck wird reduziert.

Ein Beispiel für diese Kette aus Mutation und Selektion findet man auf der indonesischen Insel Flores. Erst 2003 wurde dort eine ausgestorbene Menschenart entdeckt, der *Homo floresiensis*. Seine Vorfahren kamen vor etwa 100 000 Jahren auf die Insel. Das geringe Nahrungsangebot hatte zur Folge, dass kleinere Floresianer eine höhere Überlebenswahrscheinlichkeit hatten als größere. Infolgedessen waren die Floresianer zum Zeitpunkt ihres Aussterbens vor etwa 60 000 Jahren nur noch etwa einen Meter groß.[289]

Nun soll dies ja kein Buch über Evolution sein, fassen wir also in Kürze zusammen: Natürlich müssen wir bedenken, dass schon eine einzige kleine DNA-Veränderung an der falschen Stelle Krebs und großes Leid hervorrufen kann. Sehr viel unwahrscheinlicher ist allerdings, dass sich solche DNA-Veränderungen vererben – dazu müssten sie nämlich an ganz bestimmten Stellen im Körper auftreten. Das Beispiel der Sichelzellenanämie zeigt, dass viele Menschen die Evolution immer noch falsch verstehen. Sie wird, leider auch von den sogenannten Sozialdarwinisten, häufig mit dem Stichwort *Survival of the fittest* abgekürzt –, dem Überleben der Stärksten. Viel zutreffender (und keineswegs identisch in der Bedeutung) ist die Formulierung:

> In der biologischen Evolution hat alles Bestand, was keine
> offen zutage tretenden Nachteile für das Überleben und
> die Fortpflanzung hat. Die Evolution hat kein Ziel und keine
> Richtung – sie erfolgt zufällig.

1954, nur ein Jahr nach der Entdeckung von Watson und Crick, wurde in New York zum ersten Mal der Film *Them!* gezeigt, der 1960 unter dem absurden Namen *Formicula* in die deutschen Kinos kam. Darin geht es um Ameisen, die unter dem Einfluss der radioaktiven Strahlung aus den ersten Atombombentests zu einer Rasse von Riesenameisen mutiert sind, die etwa drei Meter groß und entsprechend lang sind. Ein spannender und für die damaligen Möglichkeiten sehr gut gemachter Film – aber was hat er mit der Realität zu tun?

Die riesigen Ameisen haben im Film nicht nur ihre soziale Organisation beibehalten, sondern auch ihre Ernährungsweise – obwohl es gar nicht so viele Nahrungsquellen gibt, die man mit 80 cm großen Mandibeln zerlegen könnte. Das zeigt das Hauptproblem dieser Formicula-Fantasie auf: Es ist zwar denkbar (wenn auch allerhöchst unwahrscheinlich), dass ein einzelnes Gen zur Größenregulation durch eine Mutation geschädigt wird. Allerdings ist der Fall Formicula faktisch unmöglich, weil er nicht nur eine einzelne Mutation erfordern würde, sondern eine Vielzahl von Umbauten am Körper der betreffenden Spezies, um sie überhaupt lebensfähig zu machen. Für Insekten müsste beispielsweise neben dem Fressapparat auch die komplette Sauerstoffversorgung anders geregelt werden, da sich das normale Atmungssystem der Insekten nicht einfach um einen Faktor 1000 vergrößern lässt.

Wir können also einerseits beruhigt sein. Die uralten japanischen Monsterfilme, in denen *Godzilla* ein seit Millionen Jahren im Meer ruhendes mächtiges Wesen ist, entsprechen eher der Realität als die modernen Versionen. Der »alte« Godzilla wird durch die Nuklearwaffentests im Pazifik lediglich geweckt. In den modernen Versionen von 1998 und 2016 hingegen wird suggeriert, dass die Kernwaffentests im Pazifik den Riesenwuchs bei Echsen *verursacht* haben. Nun könnte man argumentieren, dass »extrem unwahrscheinlich« durchaus nicht »unmöglich« bedeutet. Das stimmt aber aus Gründen der statistischen Physik nicht. Ohne hier in längere Abhandlungen zu verfallen, kann man das so erklären: Eher werden sich alle Luftmoleküle in Ihrem Wohnzimmer durch zufällige Bewegung in einer einzelnen Zimmerecke versammeln, als dass eine höhere und komplexe Lebensform wie eine Meerechse sich unter dem Einfluss von radioaktiver Strahlung schnell zu tausendfacher Größe entwickelt.

Nicht nur unwahrscheinlich, sondern vollkommen unmöglich ist außerdem, dass sich ein ganzes schon existierendes Lebewesen – wie etwa ein Mensch – durch eine genetische Manipulation weitgehend verändert. Das hat damit zu tun, dass ein himmelweiter Unterschied zwischen dem *Genotyp* und dem *Phänotyp* eines Lebewesens besteht. Der Genotyp ist der Bauplan, eben das, was in der DNA festgelegt ist. Der Phänotyp aber ist das, was gebaut worden ist – und das ist schon fertig. Als Analogie sollen uns hierbei erneut ein Haus und sein Bauplan dienen. Wenn dieser Bauplan geändert wird, nachdem das Haus gebaut worden ist, wird sich dennoch am Haus nichts ändern. Es sei denn, wohlgemerkt, man benutzt den gefälschten Bauplan, um nach und nach defekte Ersatzteile einzubauen, wie beispielsweise Krebszellen. Diese schwächen das Haus und bringen es irgendwann zum Einsturz. Ansonsten aber gilt eindeutig:

> Die absurde und vollkommen aus der Luft gegriffene Idee, dass man durch nachträgliche Erbgutveränderung die Erscheinung oder Struktur eines Lebewesens dramatisch verändern kann, ist der schwarzen Magie entnommen.

Auf dieser absurden Idee beruhen allerdings äußerst erfolgreiche Unterhaltungsmedien. Natürlich finden wir wie Vorstellung reizvoll, plötzlich senkrechte Wände emporklettern oder sich an aus der eigenen Hand herausschnellenden Spinnenfäden durch die Stadt schwingen zu können. Aber es ist schlicht unmöglich, dass man nach dem Biss einer kleinen Spinne plötzlich zu *Spiderman* wird. Der Gipfel der Unmöglichkeit wird mit der Figur des *Hulk* erreicht, dem durch seine angeblich strahlungsinduzierte Mutation ja nicht einfach eine Veränderung des gesamten Körpers angedichtet wird. Sondern, schlimmer noch: Er kann diese Veränderung nachher immer wieder reversibel durchlaufen.

Das literarische Vorbild dafür ist *The strange case of Dr. Jekyll and Mr. Hyde,* 1886 von Robert Louis Stephenson geschrieben.[290] Der brave Dr. Jekyll verwandelt sich darin durch einen Trank in den verbrecherischen Mr. Hyde – wobei unklar bleibt, ob dabei irgendwelche körperlichen Veränderungen auftreten. Im Original heißt es vielmehr:

Hyde war ein kleiner, zwerghafter Mann. Er machte den Eindruck eines Verwachsenen, doch konnte man nicht sehen, wo das Gebrechen saß.

Hauptsächlicher Effekt des Trankes auf Dr. Jekyll ist die Veränderung der Psyche, indem sie die dunkle Seite seiner Persönlichkeit hervorbringt. Die Tragödie nimmt ihren Lauf, denn die immer höheren Dosen, die für eine Rückverwandlung nötig sind, gehen mit einem objektiven Wirkungsverlust der eingesetzten Substanzen einher. Dr. Jekyll verschwindet also endgültig, übrig bleiben Verfall und Verbrechen – und das Testament des Dr. Jekyll, der Hyde die Verfügungsgewalt über sein gesamtes Vermögen hinterlässt. Das Thema von Dr. Jekyll und Mr. Hyde wurde mehr als 100-mal filmisch umgesetzt. In den neuesten Versionen wird das Hulk-Mem immer stärker hervorgekehrt. Beispielsweise ist in dem Kinofilm *The League of Extraordinary Gentlemen* (deutsch als *Liga der außergewöhnlichen Gentlemen* 2003) Hyde nicht etwa ein übler und schlauer Verbrecher, sondern ein eher tumbes Monster mit unmöglichem Körperbau und unmöglichen Superkräften.

Eine spezielle Klasse der magischen Veränderungsfantasie sind die dystopischen Visionen einer *Zombie-Apokalypse.* Diese beruhen auf der Idee, dass durch ein Virus Teile der Menschheit in sogenannte Untote verwandelt werden – eine Art instinktgesteuerte Einfachversion von Nicht-mehr-Menschen, die nur noch durch den Hunger auf Gehirne echter Menschen angetrieben werden. Dabei ist, genau genommen, die Verbindung des Zombies mit der Genetik ziemlicher Unsinn. Schon in der Frühgeschichte der Menschheit ist nachweisbar, dass Menschen Angst davor hatten, dass Tote irgendwie zurückkehren und als »Untote« Rache nehmen. Abschrecken kann man diese Untoten natürlich nicht, denn tot sind sie ja schon. Viele Kulturen kannten deshalb die Methode, Toten einen zusätzlichen Holzpflock durchs Herz zu rammen oder sie anders an den Ort des Begräbnisses zu fesseln. Auch in Europa herrschte bis ins 18. Jahrhundert hinein die Vorstellung, dass die Rückkehr der Toten möglich sei; ein Überbleibsel dieses Aberglaubens ist die Totenwache. Pikanterweise ist auch das Aufbahren nach dem Tode oder die Einbalsamierung bestimmter Verstorbener darauf zurückzuführen. Allerdings rate ich davon ab, in bestimmten Ländern allzu öffentlich darauf hinzuweisen, dass die Konservierung von Lenin, Mao Zedong und Kim Il-Sung wohl nur dazu dienen sollte, sich ihrer Tode wirklich zu versichern.

Der Begriff Zombie ist auf ein ähnliches Wort aus Angola zurückzuführen, das mit der Sklaverei nach Haiti gebracht wurde und während der US-amerikanischen Besetzung Haitis von 1915 bis 1934 in den westlichen Kulturkreis einzog. Die ersten literarischen und filmischen Umsetzungen ließen nicht lange auf sich warten, befassten sich aber in der Regel mit Einzelfällen. 1932 erschien der Film *White Zombie* mit Bela Lugosi als dämonischem Mühlenbesitzer Legendre auf Haiti, der sich eine ganze Armee von Zombie-Sklaven hält.

Die erste Ausdehnung des Zombie-Gedankens auf die gesamte Welt finden wir 1954 in dem Buch *I am Legend* von Richard Matheson.[291] Es erschien nur ein Jahr nach der weithin bekannten Entdeckung der DNA durch Watson und Crick und verankerte die absurde Vorstellung einer ganzkörperlichen Veränderung der gesamten Menschheit durch ein Virus. Die Verfilmung von 1971 mit Charlton Heston in der Hauptrolle unter dem Titel *The Omega Man* ist einer der Klassiker der dystopischen Science-Fiction und, in meinen Augen, weit besser als das Remake unter dem Titel *I am Legend* von 2007 mit Will Smith in der Hauptrolle.

Beflügelt durch seinen Erfolg mit der Zombie-Apokalypse, blieb Matheson der Vorstellung einer Veränderung des gesamten Körpers treu. 1956 publizierte er *The Incredible Shrinking Man*, das nur ein Jahr später verfilmt wurde und ebenfalls als Klassiker des Science-Fiction-Films gilt (deutsch unter dem Titel *Die unglaubliche Geschichte des Mister C.*). Die Hauptfigur Scott Carey, gespielt von Grant Williams, wird bei einer Bootsfahrt durch eine mysteriöse radioaktive oder chemisch aktive Wolke eingehüllt und fängt danach an zu schrumpfen. Er hadert zunächst mit seinem Schicksal, findet am Ende des Films aber neuen Lebensmut, weil er nunmehr Zugang zum Mikrokosmos hat. Seine Schlussworte …

To God there is no Zero. I still exist. –
Gott kennt keine Null. Ich existiere noch.

… sind deshalb auch von beinahe philosophischer Qualität – etwas, das man in moderneren Filmen mit ähnlichen Memes schmerzlich vermisst.

Eine Vielzahl von deutlich primitiveren Zombie-Filmen mit Mengen an Statisten, denen die wildesten Gruselgesichter geschminkt werden, mit absurden Gewalttätigkeiten und einer ganzen Schleppe an weiterer Folklore genießt insbesondere bei Jugendlichen einen gewissen Kultstatus. Der Urvater dieser Filme ist *Night of the Living Dead,* ein US-amerikanischer Film von George A. Romero aus dem Jahr 1968 (deutsch 1971 als *Die Nacht der Lebenden Toten).* Die unmögliche Begründung für den Ausbruch der Zombie-Apokalypse ist die Rückkehr einer Raumsonde von der Venus, die aus irgendeinem Grund eine starke (und immer stärker werdende) »Strahlung« mitbringt.

Eine interessante Frage ist, warum solche Zombie-Filme offenbar ausgerechnet bei Jugendlichen Kultstatus genießen. Die Antwort darauf ist möglicherweise im Körperbild der jungen Menschen zu finden.[292] Bei pubertierenden Jugendlichen ist der Körper starken und schnellen Veränderungen unterworfen. Die Unsicherheit, wie man sich in die Gesellschaft einordnen kann, und die Suche nach der künftigen Rolle ist während dieser Phase besonders ausgeprägt. Studien weisen darauf hin, dass heute die Erlangung eines eigenen Körperbildes durch den stark angestiegenen Medienkonsum deutlich erschwert wird[293] – wobei man, wie ich schon an anderen Stellen geschrieben habe, mit der Folgerung eines kausalen Zusammenhangs bei statistischen »Studien« etwas vorsichtig sein muss.

Die Bedeutung des medialen Mutantenmythos geht allerdings weit über seinen Unterhaltungswert hinaus, denn dieser Mythos etabliert bei den Lesern und Zuschauern eine Art von *Alternativwissenschaft (Alternate Science):* Strahlung, Gentechnik und Chemie können Monster erschaffen.

Zu Beginn dieses Kapitels habe ich das mit der historisch als *schwarze Magie* einzuordnenden Fähigkeit zur Veränderung von Lebewesen in Zusammenhang gebracht. Durch die Behauptung, dass eine Art Alternativwissenschaft existiert, deren Gebrauch die Magier irgendwie erlernt haben, werden sie zu *Alchemisten,* denen a priori nichts Gutes zu unterstellen ist. Diese historisch bedingte Ablehnung hat einen klaren antisemitischen Bezug. Viele der historischen Pogrome lassen sich unmittelbar auf die absurde Unterstellung zurückführen, dass jüdische Gelehrte solche Alternativwissenschaft kennen und betreiben. Deutlich wird dies auch durch die Legende vom *Golem,* deren Ursprung nicht ganz klar ist. Der Golem ist ein aus unbelebter Materie, etwa Ton, geschaffenes künstliches Wesen. Durch die Kombination von Symbolen der jüdischen Mystik wird er belebt und muss dann seine Kräfte dem Schöpfer zur Verfügung stellen. Schriftliche Nachweise für diese Golem-Legende gibt es erst ab dem 12. Jahrhundert in den jüdischen Gemeinden Osteuropas. Und selbstverständlich kann er als Vorläufer des *Frankenstein*-Mems gesehen werden.

Da der Golem aus unbelebter Materie entstanden ist, hat er natürlich mit real existierenden Genen genauso wenig zu tun wie das Werk des genialen Dr. Viktor Frankenstein in Mary Shelleys berühmtem Roman *Frankenstein or The Modern Prometheus*, denn dieser hat ja »nur« die Leichenteile vormals lebender Menschen zusammengesetzt. Shelley, damals noch Mary Godwin, entwarf ihr Meisterwerk, als sie den vollkommen verregneten und kalten Sommer des Jahres 1816 – der uns im Abschnitt »Klimawandel in historischer Zeit« noch einmal begegnen wird – zusammen mit den Dichtern Percy Bysshe Shelley, Lord Byron und dessen Geliebter am Genfer See verbrachte. Unumstritten ist, dass ein Gesprächsthema der Paare die ihrem späteren Ehemann Percy Shelley gut vertrauten Experimente Luigi Galvanis mit Froschschenkeln waren, die bei Blitzen zuckten. Auf historisch eher wackligen Füßen steht der Bezug zu den Experimenten des Alchemisten Johann Konrad Dippel, der auf der Burg Frankenstein bei Darmstadt geboren wurde. Das Frankenstein-Mem verdeutlicht also die (falsch verstandene) Verbindung der Genetik zu uralten kulturellen Ängsten vor Wiedergängern, vor denjenigen, die von den Toten wiederkehren und sich für alles erlittene Unrecht rächen könnten, und zum angeblichen Geheimwissen der Alchemisten.

Angst durch die Gene?

Angst ist nicht immer etwas Schlechtes, sondern sie hat sich im Laufe der Evolution als Mechanismus bewährt, der im Augenblick einer Gefahr zusätzliche Leistungsreserven freisetzt. Uns eventuell schneller rennen lässt, um den rettenden Baum noch vor dem Löwen zu erreichen. Allerdings kann diese Angst übermächtig werden und zur vollständigen Handlungsunfähigkeit führen. Bei einer Herde steppenbewohnender Affen ist das Ergebnis dann klar: Die davon betroffenen Individuen können sich eben nicht mehr bewegen, sondern bleiben wie gelähmt an Ort und Stelle stehen und werden möglicherweise vom Löwen gefressen.

Jedoch kann sich die Handlungsunfähigkeit in der Natur auch als Vorteil herausstellen. Denn wie wir an manchen Stellen sehen, sorgt ein sogenannter Totstellreflex durchaus dafür, dass ein Angreifer von der Beute ablässt.[294] Schlangen und Spinnen beispielsweise erkennen ihre Beute häufig nur durch deren Bewegung, bei Unken und Opossums gehört das Totstellen zur Überlebensstrategie.

Man kann also mutmaßen, dass eine biologische Art umso erfolgreicher gegenüber Angriffen ist, je größer die Bandbreite ihrer Angstreaktionen ist. Es muss daher einen Mechanismus geben, der diese Bandbreite in den jeweiligen Bauplänen verankert – und den wir auch als Menschen in unserem genetischen Erbe mitschleppen. Tatsächlich ist seit 60 Jahren bekannt, dass bei Kindern, Eltern und Geschwistern von Menschen mit einer Angsterkrankung ein im Verhältnis zur Gesamtbevölkerung drei- bis sechsfach höheres Risiko besteht, dass ebenfalls eine Angsterkrankung diagnostiziert wird. Mit den 1990er-Jahren begann deshalb eine intensive Suche nach neurobiologischen Ursachen von Angsterkrankungen.[295]

Pathologisch wird der Angstzustand bei Menschen, wenn er nicht nur vorübergehend besteht, sondern auch nach Ende der

Gefährdung bestehen bleibt. Je nach Disposition kann sich das dann in einer dauerhaft pathologisch gesteigerten Aktivität oder in Handlungsunfähigkeit niederschlagen. Erstere wird man möglicherweise gar nicht als solche erkennen, sondern eher loben. Doch der zweite Fall, die *Angststörung,* tritt im Laufe des Lebens bei etwa 14 Prozent der Bevölkerung auf.[296]

Eine deutsche Wissenschaftlergruppe um Katharina Domschke vom Universitätsklinikum Münster trat 2011 mit dem Ergebnis an die Öffentlichkeit, dass sie etwa fünf Gene identifiziert habe, die eng mit dem Angstverhalten korreliert sind.[297] Als wichtigstes Gen hatte die Gruppe dabei dasjenige identifiziert, das die Entstehung eines Rezeptors für das *Neuropeptid S (NPS)* codiert. Der genaue Wirkmechanismus von NPS ist noch nicht geklärt, es greift in die Regulation von Neurotransmittern ein. Schaltet man den NPS-Rezeptor bei Mäusen aus, werden die Tiere ängstlicher. Interessanter ist aber die umgekehrte Wirkung, denn »normale« Mäuse werden sehr viel weniger ängstlich, wenn man ihnen ein Nasenspray mit NPS verabreicht.

Das wirft eine interessante Frage auf. Wenn man nämlich ein solches Spray zufällig entdeckt hätte, bevor die genetischen Regelkreise bekannt waren, hätte dies mit Sicherheit zu seinem Missbrauch geführt. Aus Sicht von Befehlshabern ließen sich damit sowohl Soldaten als auch Terroristen sehr viel besser für die geplanten Einsätze fit machen. Kriminelle könnten von einer solchen Droge ebenso profitieren wie Sportler – allerdings wäre es eben wirklich ein zu Recht kritisch gesehenes Angst-Doping. Drehen wir jetzt den Spieß um: Sollten wir es wirklich dem genetischen Zufall überlassen, wie viel Angst ein Mensch haben muss? Müsste man nicht ängstlichen Menschen eine Art Nachteilsausgleich gewähren? Schließlich handelt es sich nicht um irgendwelche »künstlichen« Modifikationen, sondern ein im Körper bereits vorhandener Stoff wird höchstens ein klein wenig in der Menge erhöht.

Das allerdings berührt im Sinne des Essenzialismus erneut die

Frage unseres Menschseins: Wenn die Gene nämlich zweitrangig sind, weil man negative Effekte im Rahmen eines Nachteilsausgleichs beheben kann – dann können sie eben nicht mehr als die Essenz angesehen werden.

Im Bereich des Sports wird diese Diskussion bereits seit einer ganzen Weile geführt, allerdings in der umgekehrten Richtung, denn hier geht es derzeit noch darum, zufällige *genetische Vorteile* zu verhindern. Beispielsweise wurde 2009 die deutsche Eisschnellläuferin Claudia Pechstein für zwei Jahre wegen Dopings gesperrt, obwohl sie nach heutigem Erkenntnisstand nur über eine genetisch bedingte Anomalie ihres Blutbildes verfügt, die sie besonders leistungsfähig macht.[298] Ebenfalls seit 2009 sorgt die südafrikanische Läuferin Mokgadi Caster Semenya für Schlagzeilen. Auch sie verfügt über eine genetische Anomalie, die ihr einen stark erhöhten Testosteron-Spiegel beschert und sie körperlich sehr viel leistungsfähiger als andere Frauen macht.[299] 2019 entschied der Internationale Sportgerichtshof *Court of Arbitration for Sport (CAS)*, dass Personen nur dann in den Frauenwettbewerben starten dürften, wenn sie einen Testosteron-Gehalt von höchstens 5 nmol (Nanomol) pro Liter Blut aufweisen und diesen Wert spätestens sechs Monate vor dem Wettkampf durch eine Hormonbehandlung erreichen. Ein Nanomol ist eine etwas sperrige Einheit, weil sie sich auf die Anzahl der Moleküle bezieht. Man kann sie aber mit einer bekannten Größe vergleichen: 0,5 Promille Blutalkoholgehalt entsprechen durchschnittlich etwa 11 mmol (Millimol) = 11 000 000 nmol auf einen Liter Blut. Semenya verweigerte die Hormonbehandlung. Die Frage ist daher zu stellen:

Ist es ethisch vertretbar, zufällige genetische Vorteile zu diskriminieren und zu bekämpfen und gleichzeitig einen Ausgleich zufälliger genetischer Nachteile zu verweigern?

Wir können hier in der nahen Zukunft eine verstärkte Diskussion erwarten, der ich nicht vorgreifen möchte. Die Kandidatur von Claudia Pechstein für den Deutschen Bundestag scheiterte 2021 zwar, eine von Caster Semanya vor dem Europäischen Gerichtshof für Menschenrechte angestrengte Diskriminierungsklage läuft jedoch noch.

Noch spannender wird diese Frage dadurch, dass inzwischen auch das Gegenteil unserer Ausgangsfrage belegt ist. Durch eine sorgfältige Studie mit mehr als einer Million untersuchten Probanden hat 2019 ein Wissenschaftlerkonsortium unter Leitung von Richard Karlsson Linnér und Pietro Biroli mehr als 100 Orte im menschlichen Genom aufgefunden, die offenbar die Risikobereitschaft eines Individuums steuern.[300] Auch wenn ich an anderer Stelle (siehe Seite 328ff.) argumentiere, dass man solchen Studien gegenüber etwas skeptisch sein sollte, weil sie nur Korrelationen und keine Kausalitäten nachweisen können: Diese Ergebnisse sind ziemlich eindeutig. Es wird sicher noch eine Weile dauern, die durch diese Gene beeinflussten Regelkreise mit derselben Präzision zu ermitteln, wie das oben im Falle des Neuropeptids S der Fall ist. Doch ist klar, dass wir durch die moderne Genetik derzeit sehr viel über uns selbst erfahren – ob uns dies nun gefällt oder nicht.

Einerseits sollte uns dies nicht beunruhigen – nicht einmal im Fall des Neuropeptids S. Denn ebenso wie durch die aktuelle Forschung eine genetische Disposition zu bestimmten Verhaltensweisen nachgewiesen ist, hilft uns eines:

> Durch Training und das Erlernen von Verhaltensweisen können wir genetische Nachteile in großem Umfang ausgleichen.

Gerade am Beispiel der Angsterkrankungen lässt sich das sehr gut nachweisen, denn jahrzehntelange Erfahrungen aus der psychiatrischen Praxis belegen die Wirksamkeit ganz unterschiedlicher Therapieformen. Meine persönliche Erfahrung ist, dass auch eine größere Risikobereitschaft erlernbar ist. Wir sollten uns also hüten, die genetische Disposition für eine bestimmte Verhaltensweise mit dem tatsächlichen Auftreten zu verwechseln.

In der Wirtschaft gehört es heute zum Standard, offene Stellen mit den (angeblich) am besten geeigneten Bewerberinnen und Bewerbern zu besetzen. Die oben schon kritisierte *genetische Diskriminierung* hat darin eine lange Tradition, beginnend mit der Verweigerung bestimmter Stellen für Frauen, weil sie angeblich dafür »nicht geeignet« seien (oder, wenn man es freundlicher ausdrückt, die Stelle nicht für Frauen geeignet sei). Und fortgesetzt natürlich in der Diskriminierung bezüglich der Unterschiede in Hautfarbe und Ethnizität.

Wir können es als einen großartigen Fortschritt unserer Zeit ansehen, dass sich hier der Widerstand inzwischen voll entfaltet hat. Allerdings sollte man das beim richtigen Namen nennen, denn das Geschlecht, die Hautfarbe und die biologische Abstammung sind nur spezielle Aspekte der *genetischen Diversität*: Der Genotyp ist eben nicht der Phänotyp, der Plan ist nicht das Gebäude. Daraus ergibt sich nach meiner Auffassung erstens ein ethischer Imperativ:

> Es muss unser Ziel sein, allen Menschen die Bildung und das Training zur Verfügung zu stellen, mit denen sie ihre genetische Disposition überwinden können.

Es ist offensichtlich, dass sich in Anbetracht endlicher Ressourcen ein Rechtsanspruch daraus nicht ableiten lässt – denn er würde immer auch die Rechte anderer beschneiden.

Zweitens ergibt sich daraus ein »No-Go«, das wir genau beobachten müssen. Mit zunehmender Erkenntnis, welche Verhaltensdispositionen sich aus unseren Genen ergeben, steigt nämlich auch die Versuchung, diese in eine dadurch vollkommen pervertierte »Bestenauswahl« aufzunehmen. So könnte beispielsweise ein Arbeitgeber versucht sein, Führungspositionen vorwiegend mit Bewerberinnen oder Bewerbern zu besetzen, die eine bestimmte Risikobereitschaft bereits in ihrer genetischen Disposition haben. Das sollten wir in jedem Falle verhindern. Traditionell haben Menschen in Unternehmen über Jahrzehnte hinweg die Zeit, die Fähigkeiten zu erlernen, die für ihre Tätigkeit notwendig sind – und die Abkürzung über die Genomanalyse kann dieses Lernen nicht ersetzen. Gene sind, wie schon in den ersten Sätzen des Kapitels festgestellt, eben nicht die Essenz unseres Daseins.

Genetisch veränderte Organismen

Bei der geschlechtlichen Fortpflanzung werden die Gene der beiden Elternteile neu gemischt. Dabei kann es zu Fehlern kommen, aber auch zu unerwünschten und schwer vorhersehbaren Folgen, wenn Fehler bereits in beiden elterlichen Bauplänen vorhanden sind. Jeder Züchter ist deshalb auch ein Genetiker, und wenn sich ein menschliches Paar zur Zeugung eines Kindes entschließt, ist dies ebenfalls immer ein Experiment in Sachen Genetik. Wir erzeugen also eigentlich ständig neue Genotypen, und bei menschlichen Kindern freuen wir uns, wenn der *Phänotypus* mit demjenigen eines Elternteils übereinstimmt.

Wie eine Züchtung durchzuführen ist, sollte eigentlich nach dem Hinweis auf eine geschlechtliche Fortpflanzung offensichtlich sein – bei Pflanzen natürlich, indem man »Biene« spielt und mit einem Pinsel Pollen überträgt. Schon bei Schweinen und anderem Schlachtvieh wird die Prozedur zu einer Angelegenheit, die nichts für schwache Nerven ist. Wer einmal erlebt hat, wie ein durch entsprechende Duftstoffe zur sexuellen Raserei gebrachter Eber eine künstliche Sau bespringt, wird sich durchaus auch die Frage nach der ethischen Vertretbarkeit stellen – die allerdings in diesem Falle einfach zu beantworten ist: Dem Eber scheint es Spaß zu machen, und die künstliche Sau juckt es nicht.

Die experimentelle Züchtung von Haustieren, die zu genetisch veränderten Organismen führt, ist seit Tausenden von Jahren bekannt. Erst mit den modernen genetischen Methoden ist es aber möglich, den Ursprung und den Ablauf der Züchtung genauer zu bestimmen. 2012 ergab eine Studie der Universität Mainz, dass alle unsere Hausrinder von einer kleinen Population von etwa 80 Auerochsen abstammen, die vor 10 500 Jahren im Gebiet des heutigen Iran lebten und dort domestiziert wurden.[301] Auch Ziegen, Schafe und Schweine sind erstmalig in dieser Region und zu dieser Zeit zu Haustierrassen umgezüchtet worden, wie man durch archäologische Untersuchungen an prähistorischen Tierknochen nachweisen kann.

Beinahe genauso lange ist bekannt, dass man durch gezielte Kreuzungen erwünschte Eigenschaften verstärken oder von einer Population auf eine andere übertragen kann. In Deutschland ist Sachsen das erste Land gewesen, in dem man dies offiziell organisierte. 1763 bat der für den noch minderjährigen Kurfürsten regierende Administrator Franz Xaver von Sachsen den spanischen König, ihm eine Herde Merinoschafe zu verkaufen. 1765 schenkte der König ihm die Herde, die vom Hamburger Hafen aus zu Fuß bis nach Stolpen in Sachsen getrieben wurde. Aus der Kreuzung dieser Merinoschafe, einer weiteren 1778 gekauften Merino-Herde und den vorhandenen deutschen Schafen entstand das für seine feine und dichte Wolle berühmte Elektoralschaf (kurfürstliches Schaf), das noch heute als Schafsrasse *Saxon Merino* erhalten ist.[302]

Man kann neue Genotypen auch anders erzeugen, nämlich durch gezielte Manipulation der DNA. Das »Wie« ist dabei gar nicht so einfach – denn bei einer Millionen oder Milliarden Einheiten langen Kette ein paar Kettenglieder (und zwar die richtigen) auszutauschen, ist natürlich höchst fehleranfällig. Bis vor kurzer Zeit standen dafür nur sehr grobe Werkzeuge zur Verfügung, die sogenannten Restriktionsenzyme. Sie sind eigentlich ganz einfach zu verstehen, denn auf der molekularen Ebene funktioniert die Genetik genau so, wie Watson und Crick dies vorgeführt haben: Komplizierte Oberflächenstrukturen müssen »mechanisch« genau mit anderen komplizierten Oberflächenstrukturen zusammenpassen. Ist das der Fall, macht es sozusagen »klick«: Strukturen werden gefaltet, trennen sich oder fügen sich zusammen.

Auf diese Weise wirken auch Enzyme – nicht irgendwie »chemisch«, sondern einfach über die passenden mechanischen Eigenschaften. Die Restriktionsenzyme schneiden also die DNA an einer Stelle auseinander, andere Enzyme, die DNA-Polymerasen, kopieren DNA-Stränge, und sogenannte Ligasen fügen DNA-Stücke wieder zusammen. Wie wir im Abschnitt »Viren und Impfungen« gesehen haben, kann man auch Viren als Vektoren verwenden, um neue DNA in Zellen hineinzuschaffen – allerdings ist das noch eher mit einem Blindflug vergleichbar und reichlich fehleranfällig. Man benötigt deshalb sehr viele Versuche, um die gewünschte Wirkung zu erreichen.

Eine weitverbreitete und gut etablierte Anwendung dieser Methoden ist das Einschleusen von »nützlicher« DNA in »harmlose« Bakterien oder Hefen, die dann zusätzliche Stoffe produzieren. Die durch Restriktionsenzyme oder Vektoren veränderten Bakterien oder Hefen werden als gentechnisch veränderte Organismen (GMO oder GVO) bezeichnet.

2012 erschien eine wissenschaftliche Arbeit des Teams von Emmanuelle Charpentier und Jennifer Doudna mit einem etwas sperrigen Titel,[303] die sich innerhalb weniger Jahre als echter Knüller herausstellte. Die beiden legten den Grundstein für die heute als CRISPR/Cas bezeichnete Methode zur Genmanipulation. CRISPR ist die Abkürzung für den Begriff *Clustered Regu-*

larly Interspaced Short Palindromic Repeats – gruppierte kurze palindromische Wiederholungen mit regelmäßigen Abständen, und *Cas = CRISPR-associated protein* steht für CRISPR-assoziiertes Protein.

Dabei handelt es sich um ein revolutionäres Verfahren, bei dem durch die Kombination aus RNA und DNA maßgeschneiderte Gen-Scheren erzeugt werden können, welche die DNA einer Zelle haargenau an einer durch eine ganz bestimmte Codefolge definierten Stelle durchschneiden und nicht auf eine eher ungenau zu bestimmende »mechanische« Form setzen. Das Verfahren ist sehr viel zielgenauer als die Verwendung von Restriktionsenzymen, und durch eine kleine Modifikation kann man sogar einen Abschnitt gegen einen anderen Abschnitt der DNA austauschen. Damit sind auch unerwünschte Nebenwirkungen weitgehend ausgeschlossen. CRISPR/Cas wurde deshalb als Durchbruch gefeiert. Leider hat sich in den Folgejahren herausgestellt, dass das Verfahren noch nicht ganz gegen Fehlschnitte und Veränderungen an anderen Stellen der DNA gesichert ist. Dennoch ist CRISPR/Cas in seinen Ergebnissen nicht von Veränderungen durch Züchtung zu unterscheiden,[304, 305] es handelt sich also nach Ansicht aller Fachorganisationen um eine genetische, im Gegensatz zu einer gentechnischen Veränderung.

Der *Europäische Gerichtshof (EuGH)* hat dennoch 2018 in einem Prozess, den mehrere europäische Umweltverbände angestrengt hatten, CRISPR/Cas allen anderen Verfahren zur gentechnischen Manipulation gleichgestellt[306] und somit streng reguliert und der Freisetzungsrichtlinie für gentechnisch veränderte Organismen[307] unterworfen. Dieses Urteil ist eigentlich ein Skandal und wurde von der Wissenschaft ebenso wie von der Landwirtschaft mit Entsetzen aufgenommen, weil es mit einer vollkommen absurden Begründung die Bewertungen namhafter Wissenschaftsorganisationen ignoriert[308] – also das genaue Gegenteil von »Hört auf die Wissenschaft« darstellt. Wohlgemerkt: Mutationen, die durch radioaktive Strahlung oder mutagene

Chemikalien erzeugt werden, gelten auch vor dem EuGH nicht als Gentechnik und sind somit nicht der strengen Freisetzungsrichtlinie unterworfen – obwohl sie sehr viel zufälliger im Ergebnis sind.

Schauen wir ein Beispiel für GVO an: Kälber leben in der ersten Lebensphase von der Milch ihrer Mütter. Die Kälber besitzen darum in ihrer Magenschleimhaut ein Enzym, das sogenannte Chymosin, das – auch wieder mechanisch – das Milcheiweiß Kasein aufspaltet und die Milch dadurch verdickt. Über mindestens 10 000 Jahre hinweg haben menschliche Kulturen dieses Enzym in mehr oder weniger gereinigter Form als Lab verwendet, um Käse herzustellen. Allerdings ist heute die Nachfrage nach Käse so groß, dass der Bedarf an Lab in keiner Weise durch Kälbermägen gedeckt werden kann. Ersatzstoffe, beispielsweise aus Pflanzen, führen häufig zu einer unerwünschten Geschmacksveränderung des Käseproduktes. Daher wird seit einigen Jahrzehnten Chymosin verwendet, das durch solche GVO erzeugt wurde. In den USA und Großbritannien beträgt der Anteil des gentechnisch hergestellten Labs etwa 80–90 Prozent, in Deutschland liegt er Schätzungen zufolge bei etwa 75 Prozent.

Auch bei der Herstellung von Brotprodukten und bei Fruchtsäften werden heute in großem Maße gentechnisch hergestellte Enzyme verwendet – und dagegen ist, sagen wir es ganz klar, überhaupt nichts einzuwenden. Diese Enzyme sind in der Regel identisch zu den »natürlichen« Enzymen – schließlich haben sie ja dieselbe chemische Struktur. Wollten wir allen auf der Welt gegessenen Käse mit »natürlichem« Lab herstellen, müssten wir Millionen von Kälbern züchten und nach wenigen Lebenswochen töten – eine Vorstellung, die nicht nur Vegetariern unangenehm sein dürfte.

> Das Mem, dass Bio-Käse nur durch »natürliches« Lab
> erzeugt werden darf und nicht durch gentechnisch
> modifizierte Organismen, ist unethisch, klimaschädlich und
> sachlich nicht gerechtfertigt.

Mit dem Einsatz gentechnisch hergestellter Enzyme ist keinerlei Risiko verbunden, sondern ihre Herstellung ist darüber hinaus sehr viel klimafreundlicher, energiesparender und ethisch unbedenklicher als die Extraktion der »natürlichen« Enzyme aus der unmanipulierten Natur. Sie stellen demnach einen signifikanten Fortschritt beim Übergang zu einer nachhaltigen und klimafreundlichen Wirtschaft dar. Wenn wir also zu einer immer besser auf Nachhaltigkeit ausgerichteten Welt werden wollen, führt an der Nutzung solcher Stoffe kein Weg vorbei. Der Markt bildet diese Transformation heute schon sehr gut ab, denn zwischen 2010 und 2016 haben sich die Umsätze mit Enzymen für die Lebensmittel- und Getränkeindustrie nahezu verdoppelt (von 1,2 auf 2,1 Milliarden US-Dollar).

Dennoch haben Menschen Angst davor und kaufen lieber Käse, der unter dem Etikett »ohne Gentechnik hergestellt« angeboten wird und eben nicht durch gentechnisch erzeugtes Lab entstanden ist. Wie dies tatsächlich einzuordnen ist, sieht man an einem Vergleich zur Erzeugung von Wein und Bier mithilfe der alkoholischen Gärung. Diese ist den Menschen ungefähr so lange bekannt wie die Käseherstellung und ein enzymatischer Prozess, bei dem Kohlenhydrate (im Wesentlichen Fruchtzucker) zu Alkohol und Kohlendioxid »vergoren« werden. Dabei geht es sogar ein wenig schmuddelig zu, denn in manchen der Getränke verbleiben die Hefen, nachdem sie sich durch ihre eigenen Stoffwechselprodukte (den Alkohol) selbst umgebracht haben, und werden von Menschen konsumiert. Nach einem heißen Sommertag ist ein eiskaltes naturtrübes Weizenbier einfach ein Genuss – ungeachtet der Tatsache, dass wir dabei Abermillionen toter Lebewesen zu uns nehmen, die an ihren eigenen Ausscheidungen erstickt sind. Man kann diesen Vergleich auf den Punkt bringen:

> Wer Käse ablehnt, der mithilfe des von GVO erzeugten Labs hergestellt wurde, hat die Produktion von Brot, Wein und Bier nicht richtig verstanden.

Genetische Manipulation höherer Lebewesen

Wenden wir uns nun von den kleinen Organismen wie Hefe und Bakterien ab und betrachten »höhere« Lebewesen. Zu denen gehört natürlich auch der Mensch – und damit wird es dann doch etwas kritisch. Lassen wir für den Moment einmal die ethische Frage außer Acht, ob man genetische »Experimente« an Menschen machen darf, sondern beschränken wir uns erst einmal auf Nahrungspflanzen, sagen wir Weizen und Mais. Stellen wir also die Frage: Was sind die Unterschiede zwischen:

A Der Erzeugung einer neuen Weizensorte durch wiederholte Kreuz- und Querbefruchtung verschiedener Sorten, eventuell sogar mit anderen Gräsern und

B Der Erzeugung einer neuen Weizensorte durch gezielten Einbau einer Modifikation in den Bauplan des Weizens?

Ganz einfach, denkt man zunächst. Durch Methode A, die Kreuzung, kann man nur Arten verändern, die miteinander zur geschlechtlichen Fortpflanzung fähig sind. Methode B, die direkte DNA-Manipulation, erlaubt auch den Einbau artfremder Gene. Doch das ist viel zu einfach gedacht, wie man am Beispiel der Kreuzung von Pferden und Eseln erkennt. Pferde haben 32 Chromosomenpaare, Esel deren nur 31. Nach einfacher Sichtweise sollte also eine geschlechtliche Vermehrung nicht möglich sein – und sie gelingt dennoch. Maultiere sind die Nachkommen einer Pferdestute und eines Eselhengstes, sie sind bis auf wenige Ausnahmen selbst nicht fortpflanzungsfähig. Maulesel hingegen, auch Muli genannt, sind die Nachkommen eines Pferdehengstes und einer Eselstute und ebenfalls unfruchtbar.

In beiden Fällen bringt das Muttertier den Hauptteil der Zellorganellen in die Zelle ein, das Maultier ähnelt also mehr einem Pferd, der Maulesel hingegen mehr einem Esel. Die Existenz dieser Hybriden wirft ein neues Licht auf die Frage, was denn eigentlich eine bestimmte Art ist. Einerseits könnte man sich darauf festlegen, dass Organismen, die sich miteinander geschlechtlich fortpflanzen können, eben nicht verschiedenen Arten angehören. Erst in der jüngsten Zeit findet sich aber in der Genetik die Auffassung, dass man das auch andersherum sehen kann. 2019 konnte ein Team um Juan Masello von der Universität Gießen zeigen, dass sich die Spezies Kleiner Entensturmvogel *(Pachyptila salvini)* durch Interspezies-Kreuzung aus zwei ganz anderen Sturmvogelarten geformt hat.[309] Im Licht dieser neuen Erkenntnis ist es also zwar selten, aber keineswegs unmöglich, aus zwei verschiedenen Arten durch Kreuzung etwas ganz anderes zu machen, das sich dann wieder als neue Art etabliert.

Darüber hinaus kommt die Erzeugung neuer Arten durch den Einbau von genetischen Sequenzen auch in der Natur vor. Schon 1948, also vor der Entdeckung der DNA, fand Barbara McClintock heraus, dass Maispflanzen *springende Gene* aufweisen; dabei handelt es sich um Sequenzen, die sich mal hier und mal dort in der DNA niederlassen. Es dauerte viele Jahre, bis sich die Bedeutung dieser Entdeckung in der Wissenschaft verbreitet hatte, McClintock wurde erst 1983 mit einem Nobelpreis ausgezeichnet. Heute wissen wir, dass sich beim Mais etwa 70 Prozent und beim Menschen etwa die Hälfte des gesamten Erbguts aus solchen parasitischen DNA-Sequenzen zusammensetzen. Diese sind irgendwie in die Zellen gelangt und werden einfach mitgeschleppt. Der springende Punkt (sic) ist nun, dass diese Transposons offenbar einen wesentlichen Anteil an der biologischen Vielfalt einer Spezies haben. Mais wäre ohne die Einschleusung fremder Gene gar nicht zur heutigen Kulturpflanze geworden.[310] Und für uns Menschen gilt ebenfalls: Ohne fremde Gene, die wir – irgendwie und irgendwann – von anderen Arten bekommen haben, wären wir nicht so anpassungsfähig geworden.

Es muss deshalb als eine der wesentlichen Erkenntnisse des 21. Jahrhunderts angesehen werden, dass Evolution eben nicht langsam, stetig und nur über Jahrzehntausende hinweg erfolgt, sondern dass sie sprunghaft sein kann und auf dem fortwährenden Austausch genetischer Information auch über Artenschranken hinweg beruht. Wir sollten also diesen genetischen Austausch zunächst einmal als Realität akzeptieren – auch wenn er gefährliche neue Viren wie SARS-CoV-2 hervorbringt.

Sowohl die klassische Zucht durch geschlechtliche Fortpflanzung als auch die gezielte genetische Manipulation von Lebewesen können eingesetzt werden, um Abhängigkeitsketten in der Nahrungsmittelindustrie mit dem Ziel einer wirtschaftlichen Ausbeutung zu schaffen. Im Abschnitt »Bier mit Glyphosat« haben wir uns ausführlich mit der künstlichen Erzeugung spezieller Glyphosat-toleranter (GT-) Pflanzen und der natürlichen Entstehung Glyphosat-resistenter (GR-) Pflanzen befasst. Dies ist in einer liberalen Gesellschaft natürlich aus ethischen ebenso wie wirtschaftlichen Überlegungen heraus abzulehnen, denn sie ist mit wesentlichen Risiken behaftet.

Diese Risiken zu Ende gedacht zu haben ist das Verdienst des Romans *The Space Merchants* von Cyril M. Kornbluth und Frederik Pohl aus dem Jahr 1956 (deutsch als *Eine Handvoll Venus und ehrbare Kaufleute)*. Darin bewirken gigantische Werbekonzerne, dass eine Zigarettensorte die Sucht nach einem Getränk auslöst und dieses wiederum die Sucht nach einer Sorte Frühstücksflocken und diese wiederum nach dem Getränk. Wer nun glaubt, dass dies Science-Fiction sei, möge sich bitte ansehen, welche Klimmzüge bei Sortenwahl und Verarbeitungsprozess den großen US-Tabakkonzernen in den 1990er-Jahren nachgewiesen worden sind. Sie veränderten ihre Tabakprodukte über Jahrzehnte hinweg gezielt so, dass sie maximal suchterzeugend waren.[311, 312]

Die sowohl im Roman als auch in der Realität der Tabakkonzerne und des Glyphosats aufgezeigten Risiken solcher wirtschaftlichen Monokulturen bestehen erstens aus ihrer Empfindlichkeit gegenüber Marktveränderungen. Zweitens aber darin, dass sie nahezu ausschließlich positive Rückkopplungsschleifen enthalten, die auf die Ausschaltung von Widerständen ausgerichtet sind. Und dazu gehören leider auch ethische, rechtliche und politische Widerstände.

Missbrauch mit dem Zweck wirtschaftlicher Ausbeutung ist aber nur eine Art der genetischen Manipulation, die wir im Auge behalten sollten. Ebenso gefährlich kann es sein, wenn durch unvorsichtige Handhabung genetische Kombinationen entstehen, die gefährliche Wirkungen haben. Pikanterweise lassen sich auch hier wieder die aktuelle Corona-Pandemie und ihre Vorläufer nennen, denn in mehreren Fällen ist die Entstehung neuer gefährlicher Krankheiten durch das enge Zusammenleben von Menschen und Wildtieren nachgewiesen. Und wir müssen immer noch damit rechnen, dass genetische Manipulationen zu verbrecherischen Zwecken durchgeführt werden.

Beispielsweise wäre es problemlos machbar, die genetischen Dispositionen zu bestimmtem Verhalten, über die ich im Abschnitt »Angst durch die Gene?« geschrieben habe, gezielt in das menschliche Genom aufzunehmen oder sie daraus zu entfernen. Und zwar, das ist der entscheidende Faktor, sowohl durch das traditionelle Verfahren der Partnerwahl als auch durch genetische Methoden.

Ersteres hat Robert A. Heinlein 1973 in seinem Buch *Time Enough for Love* (deutsch als *Die Leben des Lazarus Long*) ausgelotet. Durch eine Stiftung, so die Geschichte, wurden seit dem

19. Jahrhundert Ehen zwischen den Kindern besonders langlebiger Eltern gefördert (nicht erzwungen), bis daraus nach Jahrhunderten eine Teilbevölkerung von Menschen entstanden ist, deren Lebensspanne weit über die der »normalen« Menschen hinausgeht. Natürlich kommt es nach Bekanntwerden der Angelegenheit zu tödlichen Konflikten, aber es bieten sich auch grandiose Chancen für die Menschheit. Heinlein hat sich sowohl in den Nachfolgebänden dieser Geschichte als auch schon früher in *Beyond this Horizon* (deutsch als *Utopia 2300*) mit der Frage auseinandergesetzt, wie eine Gesellschaft »verbesserter« Menschen aussehen könnte. Nicht alles, was in dieser Story aus dem Jahr 1942 beschrieben wird, würde man heute als »politisch korrekt« durchgehen lassen oder publizieren können. Andere seiner Werke sind als eindeutig rassistisch einzuordnen.

Die zweite Möglichkeit wird 1968 in dem weltbekannten Roman *Stand on Zanzibar* von John Brunner angedacht (deutsch als *Morgenwelt)*. Die Geschichte spielt in einer zunehmend durch Überbevölkerung und globale Konflikte bestimmten Welt, in der ein US-amerikanischer Technologiekonzern beschließt, ein afrikanisches Land als Basis für die unterseeische Rohstoffgewinnung im Atlantik auszubauen. Dafür muss natürlich erst massiv investiert und das Land auf das Niveau des 21. Jahrhunderts gehoben werden. Während dieses Programms entdeckt man, dass die Einwohner des fiktiven Staates Beninia ein dominantes Gen tragen, das durch Pheromone für ein friedfertiges und rationales Verhalten von Menschen sorgt. Die Idee, dieses Gen durch die genialen Fähigkeiten eines im verfeindeten asiatischen Machtblock lebenden Wissenschaftlers allen Menschen zugänglich zu machen, scheitert, da er versehentlich durch einen US-amerikanischen Geheimagenten getötet wird. Zur möglichen »Verbesserung« der Menschen kommt es also letztlich nicht.

Negative Beispiele haben wir nun zur Genüge gelesen, also lassen Sie mich noch ein recht bekanntes positives Beispiel für die genetische Manipulation höherer Lebewesen anfügen. 1989 erzeugten Wissenschaftler der kanadischen Memorial University in Neufundland durch gezielte Genmanipulation aus atlantischen Lachsen eine neue Lachssorte, den *AquAdvantage Salmon*.[313] Dabei wurden die ursprünglichen Gensequenzen zur Regulierung der Wachstumshormone durch die passenden Sequenzen pazifischer Lachse ersetzt und die Aktivierung durch eine zusätzlich eingefügte Gensequenz aus Forellen verbessert. Mit anderen Worten: Hier wurde kein synthetisches Gen programmiert, sondern der natürliche Vorgang des Übergangs genetischer Sequenzen von einer Art auf eine andere Art im Labor durchgeführt.

Dieser »neuartige« Fisch wächst doppelt so schnell wie die normalen atlantischen Lachse und benötigt 20 Prozent weniger Futter; sein Fleisch ist nach Berichten genauso schmackhaft wie das der Ursprungsform. Die gentechnisch erzeugte Spezies kann darüber hinaus in Zuchtbecken an Land aufwachsen. Es ist offensichtlich, dass unter solchen kontrollierten Bedingungen Antibiotika nicht benötigt werden und der Energieeinsatz weit geringer ist als bei Fischfarmen im Meer, das heißt, es handelt sich um eine sehr effiziente und klimaschonende Produktionsweise von wertvollem Protein. In Anbetracht der Überfischung der Ozeane wäre die kontrollierte Zucht dieser Lachse also ein wichtiger Beitrag zur Ernährung der gnadenlos wachsenden Weltbevölkerung.

Die US-amerikanische Food and Drug Aministration (FDA) hat sich mit der Prüfung des Antrags auf Zulassung des AquAdvantage Salmon bis 2015 Zeit gelassen, seitdem ist er als erstes GVO offiziell als Lebensmittel zugelassen. Diese Verzögerung ist auf große Sorgfalt und Überwachung der neuen Art über mehrere Generationen zurückzuführen. Allerdings traten trotzdem nach der Zulassung Interessenverbände auf und erreichten durch Medienkampagnen, dass sich große Supermarktketten gegen den Verkauf des neuen Lachses entschieden. Ihre erste Behauptung war, dass Menschen möglicherweise allergische Reaktionen dagegen zeigen könnten. Tatsächlich führt die FDA Fische als »möglicherweise allergen« – allerdings ist diese Allergie, etwa gegen das Fleisch atlantischer Lachse, in keiner Weise mit der Tatsache der genetischen Manipulation verbunden. Die zweite Behauptung war, dass durch die Manipulation möglicherweise unbeabsichtigt weitere Gene verändert worden seien. Dies wurde durch Sequenzierung des kompletten Genoms widerlegt.[314]

Damit bleibt noch die Befürchtung, dass möglicherweise irgendwann einmal einer der veränderten Lachse aus den Zuchtbecken entkommen und die Population der wilden Lachse kontaminieren könne. Um dies zu verhindern, hat die FDA für die Auflage gesorgt, dass aus dem Erzeugungsland Kanada nur solche Lachseier importiert werden dürfen, die ausschließlich weibliche weitgehend sterile Lachse heranwachsen lassen. Die Sterilität rührt daher, dass eine Druckbehandlung der Lachseier dafür sorgt, dass in 95 Prozent der entsprechenden Eier die Chromosomensätze dreifach (triploid) statt nur doppelt (diploid) vorliegen.

Die in dem *Center for Food Safety (CFS)* zusammengeschlossenen Interessenverbände erreichten dennoch am 5. November 2020, dass der Import von AquAdvantage-Lachseiern in die USA durch ein kalifornisches Bezirksgericht gestoppt und die FDA zu einer erneuten Untersuchung gezwungen wurde. Für das Thema dieses Buches will ich zwei der Begründungen anführen, die vom CFS vorgetragen wurden.[315] Fawn Sharp, Präsidentin der *Quinault Indian Nation* und des *National Congress of American Indians (NCAI)* äußerte nach dem entsprechenden Gerichtsurteil:

Salmon are at the center of our cultural and spiritual identity, diet, and way of life. It's unconscionable and arrogant to think man can improve upon our Creator's perfection as a justification for corporate ambition and greed. Our responsibility as stewards of our sacred salmon demands we aggressively protect their

*natural habitat and genetics. We applaud today's court decision;
our prayers were answered and justice prevailed.*

Lachse bilden das Zentrum unserer kulturellen und spirituellen Identität, Ernährung und Lebensweise. Es ist gewissenlos und arrogant zu glauben, dass Menschen die Perfektion des Schöpfers verbessern dürfen, um Unternehmensziele zu erfüllen und Gier zu befriedigen. Unsere Verantwortung als Vertreter unserer heiligen Lachse verlangt, dass wir ihren natürlichen Lebensraum und ihre Gene aggressiv verteidigen. Wir begrüßen das heutige Gerichtsurteil; unsere Gebete wurden erhört, und die Gerechtigkeit hat gesiegt.

Hier wird abermals deutlich, dass die »Acker-Wald-und-Boden«-Ideologie auf der religiösen Vorstellung einer statischen und *perfekten* Schöpfung beruht – in vollkommenem Widerspruch zur Faktenlage. Auch Mike Conroy, Vorsitzender der *Pacific Coast Federation of Fishermen's Associations (PCFFA)* äußerte sich in gleicher Weise – nur war bei ihm der Grund nicht eine Religion, sondern es ging um handfeste ökonomische Interessen zur Verknappung des Angebotes:

It's a terrible idea to design genetically engineered »Frankenfish« which, when they escape into the wild (as they inevitably will), could destroy our irreplaceable salmon runs. Once engineered genes are introduced into the wild salmon gene pool, it cannot be undone.

Es ist eine schreckliche Idee, genmanipulierte »Frankenfische« zu designen, die, wenn sie in die Wildnis entkommen (was unausweichlich der Fall sein wird), unsere unersetzlichen Lachsläufe zerstören könnten. Wenn manipulierte Gene einmal in den Genpool der wilden Lachse eingeführt worden sind, kann das nicht mehr rückgängig gemacht werden.

Unerwähnt ließ Conroy, dass die prekäre Situation der wilden pazifischen Lachse vor allem durch die Überfischung der Bestände entstanden ist – an der die Mitglieder seiner Organisation erheblichen Anteil tragen. *Salmon Runs,* Lachsläufe, ist die Bezeichnung für die nur wenige Monate andauernde Wanderung der Lachse zum Laichen im Oberlauf der Flüsse. Es gibt keinerlei Indiz dafür, dass die Platzierung natürlicher Lachsgene in anderen frei lebenden Lachsen dieses Verhalten ändern könnte. Außerdem verschwieg Conroy, dass auch die Zuchtlachse in heutigen konventionellen Fischfarmen durch Zuchtwahl auf schnelleres Wachstum getrimmt worden sind.[316] Gerade in der Corona-Pandemie haben wir gesehen, wie schnell sich auch in der Natur genetische Vorteile entwickeln und verbreiten können – mit solchen herkömmlichen Fischfarmen ist also das Kontaminationsrisiko von Wildformen um ein Vielfaches höher.

Im Sinn dieses Buches ist außerdem die vollkommen absurde und ausgesprochen manipulative Verwendung des *Frankenstein-Mems* relevant, das ich schon am Ende von Abschnitt »Mutanten und Zombies« erwähnt habe. Neben der unzutreffenden Charakterisierung des AquAdvantage Salmon als Monster aus »toter« Materie rückt dies seine Entwickler in die Nähe der *schwarzen Magie,* der *Alchemie* und der gewissenlosen Mietlinge. Im *Center for Food Safety (CFS)* waren also bei dieser Klage Interessen dominant, die in keiner Weise mit der Sicherheit der Ernährung zu tun haben.

Das von religiösen Mythen und kommerziellen Interessen geleitete Vorgehen von Verbänden wie dem CFS und angeblichen »Umweltverbänden« gegen genetisch veränderte Organismen vergrößert den Hunger in der Welt und verschlechtert die Prognosen für den Klimawandel – und ist somit unverantwortlich.

Die Zukunft der Gentechnik

Es steht außer Frage, dass Genetik und Gentechnik eine rasante Entwicklung gemacht haben und zu den spannendsten Forschungsgebieten der nächsten Jahrzehnte gehören werden. Das betrifft zum einen die Heilung von Krankheiten: Ohne diese Forschungsarbeiten aus den letzten 30 Jahren wäre es vollkommen unmöglich gewesen, die Corona-Pandemie auch nur halbwegs in den Griff zu bekommen. Zu beachten ist, dass die Impfstoffentwicklung gegen Corona keineswegs geplant war – sondern dass die mRNA-Technologie eigentlich mit dem Ziel einer individualisierten Krebstherapie gestartet ist. Diese Anwendung ist jetzt, klarerweise als Folge aus dem Pandemiegeschehen, gerade um die Ecke und wird eine Revolution der Medizin auslösen.

Lassen Sie sich gegen das Coronavirus impfen.
mRNA-basierte Impfstoffe sind die Zukunft.

Wie bereits geschrieben, basieren viele Lebensvorgänge nicht auf chemischen Abläufen, sondern auf der genauen Passung dreidimensionaler Molekülstrukturen. Eine hochinteressante Frage ist deshalb, welche dreidimensionalen Strukturen als Protein entstehen, wenn man eine bestimmte Kette von Genen zusammenfügt. 2020 ergab sich dabei ein gewaltiger Fortschritt: Eine Künstliche Intelligenz – eben nicht intelligent, sondern »nur« ein künstliches neuronales Netzwerk – namens AlphaFold2 zeigte sich imstande, die Faltung von Proteinen aus der gegebenen Sequenz mit bisher unerreichter Präzision vorherzusagen.[317]

Ferner zeigt gerade das Beispiel aus dem vorigen Abschnitt, dass Gentechnik einen wesentlichen Beitrag zur Lösung des Welternährungsproblems und zur Bekämpfung des Klimawandels liefern kann. So sind etwa Bananen für große Teile Afrikas ein wichtiges Nahrungsmittel. Leider werden durch das Bakterium *Xanthomonas* immer wieder große Ernteausfälle verursacht. Eine 2014 von der Wissenschaftlerin Leena Tripathi durch den gentechnischen Einbau von Paprika-Genen erzeugte Bananenvariante, die gegen dieses Bakterium resistent ist, darf bis heute nicht angebaut werden.[318] Ein weiterer Verursacher von Ernteausfällen ist das Banana Streak Virus, das sein Genom in die Zellen der Bananenpflanzen einbaut und auch nach Jahrzehnten noch durch eine Stressreaktion der Pflanze aktiviert werden kann, ähnlich wie wir das in Bezug auf Windpocken beim Menschen kennen. Diese Bestandteile hat Tripathi inzwischen mit CRISPR/Cas aus den Zellen entfernen können – wogegen außer der »Acker-Wald-und-Boden«-Ideologie *gar nichts* spricht.[319]

Es wäre unverantwortlich – und ist es bereits an mancher Stelle –, diese Chance nicht zu nutzen. Das Potenzial von CRISPR/Cas wird inzwischen sowohl von Nigeria als auch von Kenia erkannt, dort sind entsprechende Lockerungen der Gesetze auf den Weg gebracht worden. Am 29. April 2021 stellte auch die EU-Kommission unter dem Titel *New Genomic Techniques (NGT)* ein ausführliches Gutachten vor, das CRISPR/Cas zumindest in Einzelfällen als vollkommen unbedenklich einstuft und seinen Einsatz propagiert. Es ist klar, dass dies umgehend die Anhänger der »Acker-Wald-und-Boden«-Ideologie auf den Plan rief, die sich mit der üblichen religiösen Inbrunst in faktenwidrigen Protesten übten. Die wissenschaftliche Fachwelt, die sich inzwischen in der Initiative »Give Genes a Chance« zu Wort gemeldet hat,[320] hofft dennoch, dass man endlich auf sie hören möge. Inzwischen sollten wir darauf achten, ideologischen Bestrebungen in Deutschland, die ganze Städte, Landkreise oder Bundesländer »gentechnikfrei« machen wollen, schon aus Respekt vor den Opferzahlen der Corona-Pandemie entschieden entgegenzutreten.

Die Beispiele haben aber auch gezeigt: Wir müssen unsere genetische Umwelt gut und in Zukunft noch sehr viel besser überwachen. Versuche mit dem Potenzial zu gefährlichen genetischen Veränderungen müssen weiterhin streng reguliert werden. Das muss aber mehr umfassen als nur die Überwachung von genetischen Laboren – vielmehr muss dafür ein weltweit aktives Biomonitoring-System eingerichtet werden. Im Abschnitt »Die Grippe im 20. und 21. Jahrhundert« wird das bereits bestehende System zur weltweiten Überwachung der Influenzaviren beschrieben, das durchaus als Vorlage für den Ausbau dienen kann.

Wir müssen uns darüber hinaus endlich den wichtigen ethischen Fragen widmen:

> Was dürfen wir, was können wir und was müssen wir tun, wenn die moderne Genetik uns die Möglichkeit zur Heilung, zur besseren Ernährung und für neue Horizonte bietet?

Spätestens wenn wir endlich diesen Planeten verlassen und Siedlungen auf dem Mond, auf anderen Planeten oder gar im Weltraum selbst errichten, müssen darauf Antworten gefunden werden. Dieser Frage können wir nicht länger dadurch ausweichen, dass wir sie in akademische Zirkel oder Ethikkommissionen verbannen und den Gesetzgeber einschalten.

Und nein, Angst vor GVO brauchen wir nicht zu haben – schließlich gehören wir selbst dazu.

DIE ANGST VOR DER PANDEMIE

Es liegt nahe, unseren Ausflug in die Welt der Gene direkt mit dem Thema Krankheit fortzusetzen – schließlich ist »Pandemie« das Stichwort unserer Tage. Ich will aber nicht alle großen Seuchenwellen der letzten Jahrhunderte auflisten – darüber gibt es viele gute Bücher und Filme, die jedermann zugänglich sind. Ich möchte mich daher nur mit wenigen dieser Menschheitsereignisse befassen, die ich für unsere Themen als wichtig ansehe. Diese Auswahl ist natürlich vollkommen subjektiv und vernachlässigt schlimme Erfahrungen vieler Menschen.

Um ihr persönliches Risiko einschätzen zu können, haben sich Menschen immer schon die Frage nach dem *Warum* einer Seuche gestellt. Vor 3400 Jahren grassierten zur Zeit des ägyptischen Pharao Amenophis III. und der hethitischen Herrscher Šuppiluliuma I. und Muršili II. schreckliche Infektionen, die einen großen Teil der damals bekannten Welt erfassten. Als Ursache bestimmte man mangels anderer Daten das Desinteresse der Götter:[321]

So machte das Land eine Krankheit durch, und die Götter vernachlässigten dieses Land.

Auch später, bis etwa zum Jahr 1000 n. Chr., wurden diese Krankheiten so ungenau beschrieben, dass eine Zuordnung zu einem bestimmten Erreger heute nicht mehr möglich ist. Als frühes Beispiel dazu habe ich schon in die Pest des Thukydides erwähnt (siehe Seite 29). Die historischen Texte beschreiben häufig Symptome, die mit keiner heute bekannten Krankheit übereinstimmen. Ein Beispiel dafür ist das *Italienische Fieber,* das in fünf Wellen zwischen 876 und 927 am Rhein grassierte und in den Annalen des Klosters Fulda beschrieben wird – seine Opfer starben unter heftigen Augenschmerzen und Husten.[322]

Einen gewaltigen Einschnitt in die Menschheitsgeschichte stellte die große Pest-Pandemie der Jahre 1346–1352 dar, die im Mittel etwa ein Drittel der menschlichen Bevölkerung auslöschte, nach anderen Darstellungen sogar zwei Drittel.[323] Weltweit starben in dieser Pandemie zwischen 100 und 150 Millionen Menschen unter schrecklichen Qualen, ganze Landstriche waren komplett entvölkert und verwandelten sich von einer Kultur- zurück in eine Naturlandschaft. Natürlich wirkte sich das auch auf das Klima aus, wie wir im nächsten Kapitel sehen werden. Es gilt zwar als nahezu vollständig gesichert, dass der *Schwarze Tod* durch den Pestbazillus *Yersinia pestis* ausgelöst wurde, der durch Rattenflöhe auf den Menschen übertragen wurde – aber gewisse Unsicherheiten verbleiben. Denn dieser Pestbazillus hatte schon 541–770 als *Justinianische Pest* Ausbrüche verursacht und ebenso nachher zwischen 1665 und 1666 als *Große Pest von London* viele Menschen getötet. 1679 starben bei einem Ausbruch in Wien 122 849 Menschen. Diese Ausbrüche waren aber alle regional begrenzt und weiteten sich nicht zu einer globalen Katastrophe aus – also warum war die Pandemie des 14. Jahrhunderts so verheerend?

Zur Erklärung der Unterschiede wurde unter anderem spekuliert, dass 1346 in Wirklichkeit ein hämorrhagisches Fieber ähnlich Ebola parallel grassierte oder dass die stark angewachsene Bevölkerungsdichte maßgeblich sei. Die Wissenschaftler Katharine Dean und Boris Schmid von der Universität Oslo haben erst kürzlich durch Modellrechnungen zeigen können, dass vermutlich nicht Rattenflöhe, sondern Menschenflöhe die Hauptträger während der großen Pandemie waren.[324] Schmid hatte schon vorher nachgewiesen, dass klimatische Veränderungen als Ursache der wiederholten späteren Ausbrüche in Europa gelten können, da diese immer wieder zum Re-Import des bakteriellen Erregers beigetragen haben.[325] Die besondere Schrecklichkeit des *Schwarzen Todes* erfordert also keine zusätzlichen Erklärungen, sondern ist einfach auf die zufällige Kombination der Faktoren während dieser Phase der Zivilisationsentwicklung zurückzuführen.

Darüber hinaus wird seit einigen Jahren vermutet, dass die Pest schon sehr lange vorher ähnlich schreckliche Epidemien hervorgerufen hat. Vor etwa 5000 Jahren kam es in Europa zu einem bisher unerklärlichen Niedergang der steinzeitlichen Kulturen, die sich weithin ausgebreitet und ein dichtes Netzwerk von Siedlungen geschaffen hatten. Klimafaktoren werden als Grund für diesen *Neolithic Decline* weitgehend ausgeschlossen, wie wir im nächsten Kapitel noch sehen werden. Inzwischen hat man aber in einem 4900 Jahre alten Grab in Schweden den Erreger *Yersinia pestis* nachgewiesen.[326] Es könnte also durchaus sein, dass dieser zivilisatorische Niedergang ebenfalls durch die Pest beeinflusst wurde.

Die Pest ist außerdem keineswegs die einzige Seuche, die auch heute noch Rätsel aufgibt. Nicht nur in den Jahren vor der großen Pest, sondern auch noch bis in die Moderne zieht sich unsere Unkenntnis dessen, was tatsächlich abgelaufen ist. Offenbar treten immer wieder *unbekannte Seuchen* auf, die uns unvorbereitet treffen, nach kurzer Zeit verschwinden und großes Leid ebenso wie Ratlosigkeit hinterlassen. Ein weiteres schreckliches Beispiel dafür ist der sogenannte *Englische Schweiß*, der in mehreren Wellen von 1485 bis 1551 England und Teile Europas heimsuchte. Die Erkrankten litten unter Fieber, Schüttelfrost und übel riechenden Schweißausbrüchen am ganzen Körper, häufig verstarben sie schon vier bis zwöf Stunden nach den ersten Symptomen.[327] Die Mortalität war immens, beispielsweise starben 1529 in Dortmund 497 von 500 Erkrankten. Es ist bis heute vollkommen unklar, wodurch diese Krankheit hervorgerufen wurde. In einem medizinischen Handbuch aus dem Jahr 1831 wird berichtet, dass zeitgleich ein Vogelsterben beobachtet wurde[328] – was ein Hinweis auf einen durch Vögel übertragenen Erreger und damit wahrscheinlich ein Virus sein könnte.

Einem Erkrankten dürfte es bis ins letzte Jahrhundert egal gewesen sein, ob er nun an einer bakteriellen oder einer viralen Infektion leidet. Aber immerhin haben wir gegen Bakterien seit 1928 die – noch – scharfe Waffe der Antibiotika. Damals entdeckte der britische Wissenschaftler Alexander Fleming die Eignung der *Penicilline* als Medikament, nachdem die bakterientötende Wirkung schon 1874 durch Theodor Billroth beschrieben worden war. Dass wir leider diese scharfe Waffe in geradezu gefährlicher Verantwortungslosigkeit immer unschärfer machen, hat nicht nur mit dem in Abschnitt »Keimfreie Lebensmittel?« beschriebenen Einsatz in der Tierzucht zu tun, sondern auch mit ihrer Verwendung durch wohlmeinend-unwissende Mediziner, die auch heute bei viralen Erkrankungen immer noch »zur Sicherheit zusätzlich ein Antibiotikum« verschreiben.

Die ersten Impfungen nach modernen Prinzipien fanden zwar, wie wir im Abschnitt »Viren und Impfungen« gesehen haben, gegen solche viralen Erkrankungen statt. Dass dadurch eine der schlimmsten Menschheitsgeißeln, die durch das Variolavirus ausgelösten Pocken, ausgerottet werden konnte, kann als einer der großen Erfolge der Medizin gelten. Dennoch war dies im 19. Jahrhundert nur ein Stochern im Nebel, weil die Wirkmechanismen der viralen Erreger erst seit dem Aufschwung der Biowissenschaften weitgehend bekannt sind. Bis in die Neuzeit kam es deshalb immer wieder zu Ausbrüchen der Pocken. Die Weltgesundheitsorganisation WHO hatte 1959 den wegweisenden Beschluss gefasst, die Pocken auszurotten. Der US-amerikanische Mediziner William Foege entwickelte dazu eine entsprechende

Strategie, die 1977 mit dem weltweit letzten öffentlichen bekannten Pockenfall in Somalia ihren Schlusspunkt fand. Den Pocken waren alleine im 20. Jahrhundert mehr als 300 Millionen Menschen zum Opfer gefallen, und rein zufällig hat die Kampagne zur Ausrottung dieser Krankheit etwa 300 Millionen Dollar gekostet.

Natürlich geben solche Erfahrungen auch immer wieder Stoff für die mediale Aufarbeitung her. In der Literatur finden wir dazu die sehr frühen Berichte des Thukydides und anderer Geschichtsschreiber, aber auch fiktionale Umsetzungen wie *The Masque of the Red Death* (deutsch als *Die Maske des Roten Todes*) von Edgar Allan Poe. Er beschreibt darin den vergeblichen Versuch einer kleinen adligen Elite, sich durch Selbstisolation vor der Ansteckung zu schützen:[329]

And Darkness and Decay and the Red Death held illimitable dominion over all.

Und Finsternis und Zerfall und der Rote Tod herrschten unbeschränkbar über alle.

Dabei sind großartige Werke der Weltliteratur entstanden, etwa um 1353 *Il Decamerone* von Giovanni Boccaccio oder 1722 *A Journal of the Plague Year* (deutsch als *Die Pest zu London*) von Daniel Defoe. Die Autoren faszinierten dabei weniger die Seuchen und die Maßnahmen selbst als vielmehr der Zerfall zivilisatorischer Funktionen unter den Menschen im Angesicht der Belastung. Als eine der neuesten Bereicherungen der Literatur kann der Roman *Monschau* von Steffen Kopetzky gelten, der sich mit der letzten deutschen Pockenepidemie befasst, die sich 1962 in der Eifel ereignete.[330] Auf einige filmische Umsetzungen waren wir schon im Zusammenhang mit Bioterrorismus und dem Zombie-Mem gestoßen.

Eine weitere Folge der großen Pest von 1346–1352 war, dass der Allmachtsanspruch der christlichen Kirche in Europa heftigen Schaden nahm, denn sie hatte eben keine Antwort auf die

Pest geliefert. Auch das Wiederaufflammen der Geißlerzüge, bei denen Menschen durch die Straßen zogen und sich selbst auspeitschten, hatte nicht zum Abflauen der Pandemie beigetragen. Der Historiker Bernd Roeck spricht von einer »geistig-existenziellen Krise« als Folge dieses Versagens;[331] viele Denker begannen, sich von der Religion zu lösen. Zugleich wurden die in den Jahrzehnten des Wachstums angehäuften finanziellen Ressourcen stärker konzentriert und ermöglichten Investitionen in Dinge von bleibendem Wert. Ausgehend von Italien, kam es zu einem bedeutenden Mäzenatentum, das schließlich in die Renaissance, die Reformation und die Aufklärung mündete. So gesehen war die Pest-Pandemie eine disruptive Veränderung, ohne die unsere heutige Gesellschaft nicht möglich geworden wäre.

Über die Wiener Pestepidemie von 1679 gibt es mit dem satirischen Traktat *Mercks Wienn* des Augustinermönchs und Hofpredigers Abraham a Sancta Clara[332] eine Beschreibung aus religiöser Sicht. Darin lässt sich der Autor geradezu mit Häme darüber aus, dass die Abwendung der Menschen von der Kirche letzten Endes Gottes Strafgericht auf den Plan rufe, das Arme und Reiche gleichermaßen vernichte.

Aids, die fast vergessene Pandemie

Fast vergessen ist im täglichen Denken, dass die Menschheit seit Jahrzehnten unter der HIV/Aids-Pandemie leidet. Seit 1981 sind daran weltweit 32,7 Millionen Menschen gestorben, weitere Millionen sind erkrankt. Dass Aids heute kaum noch Schlagzeilen macht, ist wiederum auf den Unterschied zwischen Gefahr und Risiko zurückzuführen.

Schauen wir zunächst einmal auf die Geschichte: Das *Humane Immunodeficiency Virus HIV-1* ist vermutlich im Zeitraum zwischen 1924 und 1931 zum ersten Mal von Schimpansen, in denen es seit mindestens 32 000 Jahren endemisch ist, auf Menschen übergesprungen.[333] Einzelne menschliche Erkrankungs- und Todesfälle in Afrika sind seit den 1940er-Jahren belegt. 1966 erreichte das Virus Haiti, von dort aus 1969 die USA und den Rest der Welt. Ins Licht der Öffentlichkeit gelangte HIV 1981, weil dem Immunlogen Michael Gottlieb vom US-amerikanischen *Center for Disease Control (CDC)* eine Häufung seltsamer Lungenentzündungen bei Homosexuellen aufgefallen war.[334] Das tückische an HIV ist, dass es seine Opfer nicht direkt tötet, sondern vergleichsweise langsam innerhalb eines Jahrzehnts ihr Immunsystem zerstört. Der eigentliche Tod erfolgt dann durch andere Krankheiten, was die Suche nach der Ursache deutlich erschwerte.

Die Isolation des HI-Virus Typ 1 erfolgte 1983 durch die beiden französischen Virologen Françoise Barré-Sinoussi und Luc Montagnier. Kurz darauf gelang dies auch dem US-amerikanischen Wissenschaftler Robert Gallo. Beide Gruppen meldeten einen Antikörpertest auf das Virus zum Patent an, auch dabei waren Barré-Sinoussi und Montagnier um ein halbes Jahr schneller als Gallo. Allerdings erteilte das US Patent Office Gallo zuerst das Patent. Es folgte ein jahrelanger Rechtsstreit, der erst 1987 durch eine direkte Einigung der beiden Präsidenten Jacques Chirac und Ronald Reagan in einem Vergleich beigelegt wurde. Erst 2003 räumte Gallo offiziell ein, dass Barré-Sinoussi und Montagnier die Ersten waren. Das führte dazu, dass bei der Verleihung des Nobelpreises für Medizin im Jahr 2008 Barré-Sinoussi und Montagnier zu je 25 Prozent berücksichtigt wurden, Gallo aber leer ausging.

Bereits kurz nach dem Bekanntwerden dieser Pandemie fing die politische Ausbeutung des Themas an. Der Grund ist darin zu suchen, dass der Hauptübertragungsweg für HIV der ungeschützte Geschlechtsverkehr ist, mit homosexuellen Männern als Hauptrisikogruppe. Die gesellschaftliche Ächtung der Homosexualität insbesondere in vielen Nicht-Industriestaaten war zu Beginn der Pandemie einer ihrer Haupttreiber, weil viele der autoritären Machthaber sich weigerten, Homosexualität in ihrem Land als Realität anzusehen. Der zweitwichtigste Übertragungsweg für HIV ist die Verwendung unsteriler Injektionsnadeln, gefolgt von verseuchten Blutkonserven. Damit bilden Drogensüchtige eine weitere Risikogruppe, die ebenfalls in vielen Ländern sozial geächtet war und ist.

Thabo Mbeki, von 1999 bis 2008 Präsident der Republik Südafrika, vertrat während seiner Regierungszeit die Ansicht, nicht ein Virus, sondern Armut sei die Ursache von Aids. Über Jahre hinweg blockierte er den Einsatz antiviraler Medikamente in seinem Land. Nach glaubhaften Untersuchungen hatte dies den Tod von etwa 340 000 Menschen an Aids zur direkten Folge sowie 1,7 Millionen ansonsten vermeidbarer Neuinfektionen.[335] Sein Nachfolger Jacob Zuma, der seit dem 8. Juli 2021 wegen Missachtung der Gerichtsbarkeit und Korruptionsvorwürfen inhaftiert ist, wurde 2008 weltweit bekannt durch die Behauptung, dass eine heiße Dusche gegen Aids helfe. Später lernte er etwas hinzu und forderte seine Landsleute auf, Kondome zu verwenden – die er allerdings für sich selbst ablehne.

Ein weiteres übles Beispiel für den politischen Missbrauch dieser Pandemie sind die sogenannten libyschen HIV-Prozesse. In diesen Schauprozessen wurden zwischen 2000 und 2005 fünf bulgarische Krankenschwestern und ein bulgarischer Arzt palästinensischer Herkunft durch das Regime des Diktators Muammar al-Gaddafi zum Tode verurteilt. Sie hatten ab 1998 in einem libyschen Krankenhaus gearbeitet, in dem 393 Kinder mit HIV infiziert wurden. Nach Zahlung einer Entschädigung in unbekannter Höhe durch Bulgarien wurden die Urteile in lebenslängliche Freiheitsstrafen umgewandelt und die Verurteilten ausgeflogen. Alle sechs sind während ihrer Haft in Libyen gefoltert worden.[336] 2007 räumte der Sohn von al-Gaddafi ein, dass es sich um falsche Beschuldigungen und politischen Missbrauch gehandelt habe. Der reale Hintergrund des Ausbruchs in der Kinderklinik ist nach wie vor nicht ganz geklärt; vermutet wird, dass korrupte Anhänger des Regimes mit unsterilen Spritzbestecken gehandelt haben.

Aids ist seitdem extrem gut erforscht worden, nach der Entwicklung entsprechender Medikamente kann das Virus heute im menschlichen Körper zwar nicht beseitigt, aber eingegrenzt werden. Daher ist heute auch bei einer bestehenden HIV-Infektion ein weitgehend normales Leben über viele Jahre hinweg möglich. Allerdings hat etwa ein Drittel der heute 38 Millionen Erkrankten wegen der hohen Kosten keinen Zugang zu diesen Medikamenten. Das führte dazu, dass seit etwa 2018 die Zahl der Neuinfektionen wieder deutlich angestiegen ist. Zwar ist das auch in Deutschland der Fall, Schwerpunkt ist immer noch das südliche Afrika, in dem 2021 rund 24,7 Millionen Menschen mit einer HIV-Infektion leben.

Man kann also ganz klar sagen: Das Virus HIV-1 und die Krankheit Aids haben schon mehr Todesfälle verursacht als die meisten – nicht alle – anderen Pandemien. Sie stellen also eine große *Gefahr* dar – werden von uns aber als geringes Risiko eingestuft. Wir glauben, die Methoden zum Risikomanagement sehr gut zu kennen: Kondome und Vorsichtsmaßnahmen bei Blutspenden und sonstigen Injektionen. Angst vor Aids braucht deshalb niemand mehr zu haben.

Die Grippe im 20. und 21. Jahrhundert

Auch wenn man vielfach bei leichten Erkältungskrankheiten von einem »grippalen Infekt« oder von »Grippesymptomen« spricht, sollte das nicht darüber hinwegtäuschen, dass die »echte« Grippe oder *Influenza* eine wahre Gefahr für die Menschheit ist.

Mit dem Ende des Ersten Weltkriegs kam es zu einer Influenza-Pandemie, die unter dem Namen *Spanische Grippe* bekannt geworden ist. Das zugehörige Influenzavirus vom Subtyp A/H1N1 erwies sich als außerordentlich aggressiv und ansteckend, weltweit starben zwischen 1918 und 1920 mindestens 20 Millionen, nach neueren Zählungen bis zu 100 Millionen Menschen daran.[337, 338] Diese Zahl übersteigt die Opferzahl des Ersten Weltkriegs von 20 Millionen Menschen um ein Vielfaches. Die Ausbreitung dieser Pandemie ist sehr gut erforscht worden, es gibt Hunderte von Veröffentlichungen über ihren Verlauf. Als wahrscheinlichste Erklärung, wie das Influenzavirus der Spanischen Grippe entstanden ist, gilt inzwischen, dass es in den USA durch Verschmelzung von Viren einer Vogelpest mit dem menschlichen Influenzavirus gekommen ist.[339] Es verbreitete sich zuerst unter Soldaten in den US-amerikanischen Militärlagern und wurde im Januar 1918 mit der massiven Verstärkung der US-Präsenz auf die Schlachtfelder des Krieges transportiert.

Die zu Beginn der Pandemie noch kämpfenden Parteien versuchten nach Kräften, Berichte über eine neue gefährliche Krankheit zu unterdrücken. Erste Presseberichte über die neue Seuche kamen daher aus dem neutralen Spanien, in dem der damalige König Alfons XIII. erkrankt war, und führten zu ihrer Benennung als Spanische Grippe. In den USA forderten einflussreiche Senatoren, sie in »Deutsche Grippe« umzubenennen, und unterstellten dem Kriegsgegner Deutschland, nach der Erfindung der Gaswaffen nunmehr auch biologische Kriegsführung zu betreiben.

Im Frühjahr 1918 kam es zu einer Mutation des Virus, die es gefährlicher für Menschen machte. Diese Variante wurde im Sommer 1918 mit Schiffen zurück in die USA transportiert, wo es sich in einer zweiten Welle dramatisch schnell ausbreitete. Viele der heute politisch getroffenen Entscheidungen lassen sich auf den Kampf gegen die Spanische Grippe zurückführen. Insbesondere zeigten Studien im 21. Jahrhundert, dass nur die Kombination aus drastischen Freiheitseinschränkungen, nämlich Maskenpflicht, Schulschließungen und das Verbot öffentlicher Versammlungen in einigen US-amerikanischen Städten, zu einer Verringerung der Infektions- und damit Todeszahlen geführt hatte.[340] Als beispielhaft werden oft die strengen Maßnahmen in St. Louis genannt. In Philadelphia hingegen fand am 28. September 1918 eine große Parade mit 200 000 Teilnehmern statt – und eine Woche später waren 45 000 Bewohner erkrankt.

Die Verbindung der modernen Anti-Corona-Maßnahmen mit diesen Studien wird noch zu diskutieren sein. An dieser Stelle sei noch ein wesentlicher Unterschied der Spanischen Grippe zu der Seuche des Jahres 2020 genannt: In den Jahren 1918 bis 1920 starben an der Spanischen Grippe vorwiegend jüngere Menschen im Alter zwischen 15 und 40 Jahren. Der Grund ist auch heute noch unklar, möglicherweise handelte es sich um eine Überreaktion des Immunsystems in dieser Altersgruppe. Allerdings wirkte das Virus auch bei Älteren extrem schnell. Aus dem Umfeld meiner eigenen Familie ist der Fall von Wilhelm Gotthilf Büchsel dokumentiert, der Onkel der Malerin Elisabeth Büchsel. Der Admiral war einer der bekanntesten Seeoffiziere des deutschen Kaiserreiches. Ende März 1920 kehrte er im Alter von 72 Jahren anlässlich der Beerdigung seiner Schwester Helene nur kurz nach Stralsund zurück, infizierte sich dort und starb bereits am 7. April in einem Krankenhaus.[341]

2005 wurde die DNA des Erregers der Spanischen Grippe sequenziert und veröffentlicht.[342] Moderne Experimente mit dem rekonstruierten Virusstamm belegen seine hohe Infektiosität, schnelle Vermehrung und eine Mortalität von bis zu zehn Prozent der Erkrankten – es handelt sich also um eine hochgefährliche Angelegenheit.

Im Januar 1957 kam es in China erneut zur Verschmelzung zweier Virenstämme. Aus einem Geflügelpestvirus und einem menschlichen Influenzavirus entstand das neue Influenzavirus H2N2. Es breitete sich zunächst relativ langsam in China aus – manche Autoren bezeichnen dies als Fahrradgeschwindigkeit, weil das die typischen Verkehrsmittel in China waren.[343]

Hongkong wurde im April 1957 getroffen, der Mai sah das Virus in ganz Südostasien und Australien – die Ausbreitung hatte die Geschwindigkeit eines Schiffes erreicht. Am 17. Juli 1957 traf ein Truppentransport aus New York in Bremerhaven ein, der offenbar viele Erkrankte an Bord hatte. Zunächst zeigten sich in Deutschland rund um US-amerikanische Kasernen erste Fälle unter der deutschen Bevölkerung, danach breitete sich das Virus sehr schnell weiter aus.

Doch weder Ärzte noch Gesundheitsbehörden nahmen diese Infektionen richtig ernst. Namhafte Fachwissenschaftler spekulierten über Sonneneruptionen[344] und Nuklearwaffenversuche als Ursache.[345] Deutsche Zeitungen übernahmen diese Darstellungen und deuteten sie unter dem Eindruck des Göttinger Manifests eher als Beleg für die Gefährlichkeit der Nuklearwaffen (siehe Seite 90).[346]

Die Symptome der Influenza waren seit vielen Jahren bekannt: Kopfschmerzen, Husten, Fieber – und bei schweren Verläufen schließlich eine tödliche Lungenentzündung. Die Hinweise zur Behandlung muten heute archaisch an: Der Sommer, so deutsche Mediziner, sei keine Grippezeit. Empfohlen wurden Hygienemaßnahmen, die wir auch aus 2020 und 2021 kennen: Händewaschen, Aspirin und die Behandlung von Menschen mit Desinfektionsmitteln. Als mögliche Behandlungsmethoden wurden Formalintabletten und das Gurgeln mit Wasserstoffperoxid genannt[347] – wir sollten uns also vor allzu großem Gelächter über die Unwissenheit des ehemaligen US-amerikanischen Präsidenten Donald Trump hüten.

Bei dieser Pandemie, der *Asiatischen Grippe,* erkrankten in Westdeutschland etwa 40 Prozent aller Menschen, nach heutigem Kenntnisstand starben zwischen 30 000 und 50 000 von ihnen. Auf der ganzen Welt waren zwischen zwei und vier Millionen Todesopfer zu beklagen, eine genauere Zahl lässt sich wegen der damals gegenüber heute sehr viel geringeren diagnostischen Möglichkeiten nicht ermitteln. Das Virus verschwand auch nach einer zweiten Infektionswelle im Frühjahr 1958 nicht ganz, bis 1968 wurden Infektionen nachgewiesen.

Die Medien haben in dieser Pandemie 1957 eine ganz andere Rolle gespielt als heute. Sie verharmlosten die Ausbrüche auf eine Weise, die wir heute nur mit rückständigen oder totalitären Staaten assoziieren. Das Wirtschaftswunder Deutschlands war gerade in vollem Gange; viel mehr Sorgen als die gesundheitlichen Folgen bereitete den Menschen daher, dass in den Unternehmen hohe Krankenstände herrschten. Die Lohnfortzahlung im Krankheitsfall, für uns eine Selbstverständlichkeit, war kurz vorher eingeführt worden und entpuppte sich als erheblicher Kostenfaktor. So meldete die *ZEIT* am 24. Oktober 1957:[348]

Eine Bonner Epidemie. Ein Gesetz, das wie ein Virus wirkt und ansteckende Krankheiten schafft.

Von freiheitsbeschränkenden Maßnahmen war ebenso wenig die Rede wie von erzwungenen Schulschließungen. Tatsächlich blieben manche Schulklassen geschlossen – aber nur deshalb, weil mehr als die Hälfte der Schüler fehlte und man ihnen nicht zumuten wollte, ins Hintertreffen zu geraten.

Nur zehn Jahre danach brach in Hongkong eine neue Grippewelle aus, die durch den Subtyp H3N2 des Influenzavirus ausgelöst wurde. Sie erreichte im Winter 1969/70 auch Deutschland. Dabei ergaben sich Situationen, die uns heute als schreckliches Horrorszenario geschildert werden: Schulen mussten wegen fehlender Schüler schließen, die Krankenhäuser waren überlastet. Manche Kliniken stellten Notbetten in Flure und Badezimmer, es gibt eine Vielzahl von Berichten über fehlende Medikamente. Auch die sogenannte Triage (von französisch *trier* = sortieren) wurde mutmaßlich damals praktiziert, weil in manchen Kliniken in keiner Weise ausreichende Mengen der damals noch recht primitiven Beatmungsgeräte zur Verfügung standen. Es gab weder eine staatlich gelenkte Überwachung der Krankheitszahlen noch präventive Maßnahmen. Insgesamt starben auch bei dieser Grippewelle alleine in Westdeutschland zwischen 40 000 und 50 000 Menschen, aus der damaligen DDR gibt es keine verlässlichen Zahlen.[349] Weltweit waren zwischen 750 000 und zwei Millionen Opfer zu beklagen.

Interessant ist, dass diese große Influenza-Pandemie des 20. Jahrhunderts heute im Wesentlichen vergessen ist. Weder medial noch für die Politik waren die Krankheit und die Todeszahlen ein großer Aufreger. Vielmehr nahm man das einfach als Lebensrisiko hin, ganz andere Vorgänge beanspruchten die öffentliche Aufmerksamkeit. Dabei sind für Deutschland der Beginn des RAF-Terrors und die Notstandsgesetzgebung des Jahres 1968 zu nennen sowie die Demonstrationen der Jahre 1968 und 1969. Letztere waren Massenveranstaltungen ohne Abstandsregeln, ohne Maskenzwang – wie etwa die berühmte Demonstration gegen den Vietnamkrieg am 12. Dezember 1969 in Heidelberg.

Die letzte größere Grippewelle des 20. Jahrhunderts forderte 1995/96 in Deutschland etwa 20 000 Todesopfer.[350] Auch im 21. Jahrhundert setzte sich das Sterben an der Influenza fort: 2012/2013 mit ähnlichen Zahlen und in der Saison 2017/2018 nach Mitteilung des Robert Koch-Instituts (RKI) mit etwa 25 100 Opfern in Deutschland.[351]

Die Influenza ist also eine immer wiederkehrende Problematik. Durch die hohe Variabilität des Virus ist eine permanente Überwachung des Infektionsgeschehens nötig. Diese wird von der Weltgesundheitsorganisation WHO in mehr als 150 Zentren geleistet mit dem Ziel, die im jeweiligen saisonalen Ausbruch dominanten Viren vorherzusagen und die Impfstoffe entsprechend einstellen zu lassen. Dabei kann man durchaus mal danebenliegen, mit dem unschönen Ergebnis, dass deutlich mehr Todesopfer zu beklagen sind.

Leicht daneben lag die WHO auch bei dem Pandemie-Alarm des Jahres 2009, als sich im Sommer ein neuer Influenza-Erreger vom Subtyp A/H1N1 außerhalb der Saison auszubreiten begann. Die WHO rief eine Pandemie aus und alarmierte alle Mitgliedsstaaten. Auch in Deutschland war diese *Schweinegrippe* über Wochen hinweg regelrechtes Alarmthema. So schrieb beispielsweise die *Deutsche Apothekerzeitung*:[352]

Das Auftreten eines neuen Influenzavirus in Mexiko hat der Angst vor einer Influenza-Pandemie neuen Auftrieb gegeben. Das Virus hat inzwischen seinen Weg nicht nur in die USA und nach Kanada gefunden, sondern auch nach Europa. Es scheint das Potenzial für eine Pandemie zu haben. Die Weltgesundheitsorganisation WHO ist alarmiert.

Die Bundesregierung unternahm wie andere Länder auch große Anstrengungen, schnellstmöglich Impfstoffe zu beschaffen; diese wurden auch in großem Umfang verimpft. Leider wies einer der Impfstoffe, der unter dem Markennamen *Pandemrix* von GlaxoSmithKline vertrieben wurde, einen üblen Fehler auf. Er führte zur Bildung von Antikörpern gegen ein Virusprotein, dessen Struktur sich ebenfalls in einem Rezeptor für das menschliche Schlafprotein Hypocretin befindet.[353] Mit anderen Worten: Gelangen diese Antikörper nach der Impfung durch z. B. eine Entzündung ins Gehirn, schalten sie die Hypocretin-Rezeptoren dauerhaft aus und führen zu einer Narkolepsie, einer Art Schlafkrankheit. Die Betroffenen, leider zu einem großen Teil junge Menschen und Kinder, sind den ganzen Tag über extrem schläfrig. Auch ein geregelter Nachtschlaf ist nicht möglich. Diese bisher nicht heilbare Störung trat in Europa bei rund 1500 Personen auf, geimpft wurden 30,8 Millionen Menschen. Derzeit sind immer noch Rechtsstreitigkeiten anhängig, denn 2018 wurde nachgewiesen, dass der Hersteller die Fachwelt und die Öffentlichkeit nicht schon frühzeitig über aufgetretene Warnzeichen unterrichtet hatte.[354]

Das dicke Ende kommt zum Schluss, denn diese Pandemie fiel weitgehend aus. Die Gründe sind auch heute noch nicht ganz klar, offenbar hatte man die Infektiosität ebenso wie die Gefährlichkeit weit überschätzt. Das passiert sehr leicht, wenn man auf Basis unzureichender »Studien«, die eine Korrelation aufzeigen, vorschnell in einem induktiven Schluss eine Kausalität annimmt. Das Robert Koch-Institut (RKI) meldete in einer abschließenden Zusammenfassung zur Schweinegrippe, dass man bei Berücksichtigung aller Datenquellen auf ca. 350 Opfer in Deutschland käme. Dem steht gegenüber, dass in Deutschland durch die Impfung mit Pandemrix 86 Fälle von Narkolepsie aufgetreten sind, davon 37 bei Kindern und Jugendlichen. Es ist also einerseits durchaus nachvollziehbar, dass in Deutschland und Europa eine ziemliche Skepsis gegenüber neu entwickelten Impfstoffen herrscht. Andererseits begegnen wir hier wieder einmal der unzulässigen induktiven Schlussweise, die aus einem Einzelfall eine generelle Regel herauszulesen glaubt (mehr dazu im Abschnitt »Hört auf die Wissenschaft?«).

Aus der genaueren Betrachtung der Umstände folgt aber noch etwas anderes. Denn es ist offensichtlich, dass die übertrieben alarmistische Berichterstattung über die Schweinegrippe zu einem »Peter-und-der-Wolf«-Effekt geführt hat. Und sie hat zehn Jahre später dazu beigetragen, dass die Warnungen der Weltgesundheitsorganisation WHO eben zunächst weniger ernst genommen wurden.

Die Corona-Pandemie 2020–2022 – oder auch nicht?

Auch die Corona-Pandemie hatte ihren Ursprung in China. Möglicherweise gab es die ersten Erkrankungen und Todesfälle bereits im November 2019, im Dezember 2019 breitete sich das Virus *SARS-CoV-2* in der Millionenstadt Wuhan aus. Am 31. Dezember meldete die chinesische Regierung das Auftreten dieser neuen Lungenkrankheit Covid-19 an die Weltgesundheitsorganisation WHO. Der erste offiziell gemeldete Todesfall innerhalb Chinas hat sich am 11. Januar 2020 ereignet – es ist aber nicht gesagt, dass dies auch der Wahrheit entspricht. Der erste bekannte Todesfall außerhalb Chinas ereignete sich am 13. Januar 2020 in Thailand. Am 27. Januar 2020 wurde der erste Krankheitsfall in Deutschland registriert, am 9. März 2020 die beiden ersten Todesfälle. Bei der Asiatischen Grippe 1957 hatte es noch gut sechs Monate gedauert, bis diese ihren Weg von China nach Deutschland gefunden hatte – hier waren wir jetzt bei sieben Wochen angelangt.

Als sicher gilt heute, dass SARS-CoV-2 aus einer Fledermauspopulation heraus auf den Menschen übergewechselt ist. Dass dabei ein anderer tierischer Zwischenwirt auf einem Wildtiermarkt in Wuhan im Spiel war, ist durch die aus China gemeldete Geschichte der ersten Fälle wahrscheinlich, aber nicht gesichert. Dass die Zwischenstufe ein chinesisches Hochsicherheitslabor in der Stadt Wuhan war, in dem man sich mit *Gain-of-Function-*Experimenten an Coronaviren befasste, ist sehr unwahrscheinlich, aber nicht komplett ausgeschlossen.[355] Von einer *absichtlichen* Freisetzung geht dabei allerdings niemand aus, eher von einem Laborunfall bei Experimenten mit Viren, wie er sich auch 1982 in der damaligen DDR ereignete (siehe Abschnitt »Viren und Impfungen«). Totalitäre Regime, die sich einen menschenfreundlichen Anstrich geben wollen, neigen nun einmal zur Vertuschung solcher Vorfälle, weil sie ungerne das Gesicht verlieren.

Das Virus SARS-CoV-2 ist ein ziemlich übles Ding, das wir schon in den vorigen Abschnitten kennengelernt haben (siehe auch Seite 159 und 199). Sein Wirkmechanismus im menschlichen Körper ist noch nicht vollständig verstanden, weil es offenbar an mehreren Stellen das menschliche Immunsystem so stört, dass dieses zu einem Sturm auf verschiedene eigene Körpergewebe ansetzt. Ob nun zufällig oder wegen noch unbekannter Faktoren kann es dabei geschehen, dass Personen mit vollkommen gleichen Lebensumständen von dieser Infektion ganz unterschiedlich betroffen sind: Die einen zeigen nicht einmal Symptome, die anderen erkranken lebensgefährlich und müssen beatmet werden. Lediglich die virologischen Basisdaten des Erregers sind inzwischen ganz gut bekannt und über die Webseiten des *Robert*

Koch-Instituts (RKI) allgemein zugänglich.[356] Ein guter Übersichtsartikel zur Wirkung ist von Akiko Iwasaki und Patrick Wong im interdisziplinären Wissenschaftsmagazin *Spektrum der Wissenschaft* veröffentlicht worden.[357]

Nach nur wenig mehr als anderthalb Jahren Forschung sind bis zum Jahresbeginn 2022 weltweit mehrere Hunderttausend Forschungsarbeiten über dieses Virus und die Covid-19-Erkrankung erschienen. Niemand, auch nicht der beste Experte, kann deshalb von sich behaupten, hier die komplette Übersicht zu besitzen. Viele dieser Forschungsarbeiten beruhen auf »Studien«, bei denen Einzeldaten von mehr oder weniger großen Mengen von Menschen gesammelt und verglichen worden sind – und eben nicht auf grundlegend und kausal begründeten Untersuchungen. Und das ist, sagen wir es ganz klar, ein gewaltiges Problem.

Der Grund dafür ist, dass in den weitaus meisten Fällen solche statistischen Untersuchungen *zu wenig* Daten berücksichtigen, um die wirklichen Kausalzusammenhänge zu ergründen. Ein gutes Beispiel hierfür ist die Entdeckung des in Deutschland arbeitenden schwedischen Wissenschaftlers Svante Pääbo aus dem September 2020, dass einer der wesentlichen Risikofaktoren für eine schwere Covid-19-Erkrankung das Vorhandensein von bestimmten Neandertaler-Genen ist.[358] Diese Gene sind nur bei etwa 25 Prozent der Menschen in Westeuropa zu finden – und fast überhaupt nicht in Afrika oder Ostasien. Sinnvoll wäre also gewesen, bei jedem Erkrankten einen Test auf diese Gene durchzuführen, um sein individuelles Risiko genauer zu bestimmen – was jedoch nicht durchgeführt worden ist.

Durch die Kontaktnachverfolgung der Gesundheitsämter wurde zwar eine Vielzahl von Einzeldaten ermittelt. Allerdings wurden keine Auswertungen zum sozialen Hintergrund, zur Beschäftigungssituation, zur Wohnsituation durchgeführt und somit auch bei keiner Entscheidung über Maßnahmen berücksichtigt. Bis zum Jahresende 2021 wurde nicht einmal der Impfstatus schwer erkrankter Personen genau festgestellt, was man nur als einen der vielen Skandale in diesem Kontext sehen kann. Statt kurzer, zielgerichteter und effizienter Maßnahmen dort, wo nötig – wurden lieber halbherzige Maßnahmen für alle durchgeführt. In Deutschland wird dabei gerne die »heilige Kuh« des Datenschutzes zur Begründung herangezogen. Das Für und Wider des Datenschutzes ist nicht Gegenstand dieses Buches, allerdings stellt sich durchaus die Frage der Verhältnismäßigkeit, wenn das abstrakte Recht auf Datenschutz nicht eingeschränkt, elementare konkrete Grundrechte aber außer Kraft gesetzt werden.

Offensichtlich wurden zu verschiedenen Zeiten und an verschiedenen Orten während der Corona-Pandemie auf Basis solcher unzureichenden Daten Schlüsse auf kausale Zusammenhänge gezogen, obwohl dies nach den Regeln des wissenschaftlichen Schließens nicht zulässig gewesen wäre. Wenn beispielsweise in einem Land X ein Rückgang der Covid-19-Fallzahlen zugleich mit nächtlichen Ausgangssperren auftrat, lässt sich daraus *eben nicht* ableiten, dass hier eine Kausalität besteht – was die deutschen Entscheider aber nicht daran gehindert hat, genau dies öffentlich zu behaupten. Im Abschnitt »Hört auf die Wissenschaft?« werde ich diese Kritik an der induktiven Schlussweise noch einmal aufgreifen. Auf Basis der Daten wurde für lange Zeit suggeriert, dass das Virus SARS-CoV-2 zu besiegen, gar auszurotten sei und dass dies jeden Preis wert sei. Es ist inzwischen deutlich geworden, dass dies eben nicht funktionieren wird.

Die Medien spielten während der gesamten Pandemie eine besondere Rolle. Sowohl in der ersten Infektionswelle im Frühjahr 2020 als auch über den gesamten Jahreswechsel 2020/21 hinweg und erneut im Winter 2021/22 war die Pandemie nicht nur das dominante Thema der Nachrichtensendungen und Zeitungen, sondern wurde nahezu täglich in Sondersendungen mit alarmierendem Inhalt vertieft. Das vorhersehbare Ergebnis dieses medialen Trommelfeuers war eine extreme Verunsicherung, gar eine Verängstigung. Für diese Art der Angsterzeugung prägte der Journalist Timo Rieg den Begriff des *Desinfektionsjournalismus.*[359]

Wie sehr er wirkte, konnten wir an verschiedenen absurden Blüten beobachten. Beispielsweise wurden manchmal Kinder mit leichten Schnupfensymptomen vom Schulunterricht ausgeschlossen – und manchmal auch nicht. Baumärkte durften öffnen – Möbelhäuser nicht. Ich durfte erleben, dass sich die Mitarbeiterin eines Gemeindebüros die Hände desinfizierte, *bevor* sie meinen alten Personalausweis zur Vernichtung entgegennahm. Der Medienwissenschaftler Tanjev Schultz findet zwar:[360]

Ohne die Leistungen der Medien hätten sich die Bürgerinnen und Bürger in Deutschland wohl nicht so vorsichtig verhalten.

Ob eine solche flächendeckende »Vorsicht« allerdings zielführend war, ist äußerst zweifelhaft. Darüber hinaus unterliegt Schultz hier einem folgenschweren Irrtum, den auch die politischen Entscheider in der Corona-Krise immer wieder begangen haben, indem sie zur nachträglichen Legitimation von Maßnahmen das von ihnen sogenannte *Präventionsparadox* anführten:

Dass es nicht so schlimm gekommen ist, haben wir eben der Maßnahme X zu verdanken.

Dafür gibt es in keinem einzelnen Fall einen Beweis, denn für einen solchen Beweis hätte man ein entsprechendes Experiment mit einer sorgfältig bestimmten *maßnahmenfreien Kontrollgruppe* durchführen müssen – was sich natürlich aus ethischen Gründen verbietet. Dadurch aber ist diese Behauptung nicht falsifizierbar, somit vollkommen unwissenschaftlich und genau das Gegenteil der angeblich wissenschaftlichen Begründung irgendwelcher Maßnahmen.

Darüber hinaus handelt es sich um den Missbrauch des Begriffes *Präventionsparadox,* mit dem eigentlich der Unterschied im Nutzen einer Maßnahme für Einzelpersonen und für die Gesamtbevölkerung gemeint ist, wie Peter Franzkowiak für das offizielle Glossar der *Bundeszentrale für gesundheitliche Aufklärung (BzgA)* erläutert hat.[361]

Der Erkenntnistheoretiker und Philosoph Markus Gabriel von der Universität Bonn nannte dies einen Angriff auf die Vernunft:[362]

Im Gewand einer angeblich an der Wissenschaft orientierten Politik wird eine Serie von politischen Maßnahmen durchgesetzt – doch die sind mit keiner jener wissenschaftlichen Positionierungen vereinbar, die sich mit der Frage auseinandersetzen, wie man die Pandemie gezielt, differenziert und interdisziplinär erforschen und bewältigen kann.

Die Kommunikationswissenschaftlerin Senja Post hat in Umfragen festgestellt, dass die Bevölkerung nun mehrheitlich von »der Wissenschaft« klare Aussagen und Verhaltenshinweise erwartete[363, 364] – die diese natürlich nicht geben konnte, weil sich nur zu wenigen Dingen ein wissenschaftlicher Konsens herausbilden konnte. Festzustellen ist also:

> Die mediale Präsentation von immer neuen wissenschaftlichen »Studien« und immer neuen Kennzahlen lieferte in der Corona-Pandemie keine sinnvolle Grundlage für Entscheidungen.

Und zwar weder auf individueller Ebene eines jeden Einzelmenschen noch auf der Ebene der politisch Verantwortlichen. In der Breite der Bevölkerung zeigte sich deshalb schon im Sommer 2020 ein tiefer Riss quer durch alle Familien, Parteien, Freundeskreise, Gremien. Auf der einen Seite dieses Spaltes befanden sich diejenigen, die für einen vernünftigen Umgang mit der Pandemie plädierten und voller Sorgen um die Kollateralschäden irgendwelcher Maßnahmen waren. Auf der anderen Seite fanden sich die Menschen, die voller Angst um das eigene Leben und das ihrer Angehörigen waren und eher schärfere und vor allem *einheitliche Maßnahmen* forderten. Das ist, um es deutlich zu sagen, ein Streben nach Verringerung des Informationsflusses, so wie wir es schon mehrfach im Angesicht des Information Overload gesehen haben.

Obwohl es offensichtlich ist, dass ein so komplexes Geschehen wie diese Pandemie idealerweise mit lokalen pragmatischen Maßnahmen bekämpft werden kann, setzte sich der angstgetriebene Wunsch nach Vereinfachung durch. Die Mehrheit der Menschen war für die Vereinfachung sogar bereit, ihre in Jahrhunderten erworbenen Grundrechte und Freiheiten aufzugeben und sich der Führerschaft durch das im Grundgesetz nicht vorgesehene Gremium der *Ministerpräsidentenkonferenz (MPK)* zu unterwerfen.

In den weitaus meisten Sendungen und Artikeln zur Pandemie fehlte ferner ein kritisches Hinterfragen des Regierungshandelns. Die gesamte Berichterstattung war eindeutig zustimmend und lobend für die politischen Akteure. Die Wissenschaftler Dennis Gräf und Martin Hennig haben dies bereits im Sommer 2020 für die öffentlich-rechtlichen Rundfunkanstalten nachgewiesen,[365] auch Otfried Jarren von der Universität Zürich schrieb darüber einen treffenden Artikel.[366] Natürlich mussten diese Kritiker dafür heftige Widersprüche der Betroffenen einstecken. Allerdings ist heute Konsens, dass die Kritik an den Medien vollkommen berechtigt war. Und dass sich deren Verzicht auf Kritik insbesondere an Bundeskanzlerin Angela Merkel bis ins Jahr 2021 fortsetzt – was schon 2019 vom schweizerischen Journalisten Frank A. Meyer als *Herrschaftshörigkeit* deutscher Medien bezeichnet worden ist.[367] Im April 2021 wurde dies besonders deutlich, denn eine Gruppe von etwa 50 Kulturschaffenden hatte eine Serie von Videoclips erstellt, die unter dem Titel *AllesDichtMachen* publiziert wurde.[368] In den Clips wurden die Maßnahmen der Bundesregierung ironisch, durchaus auch zynisch karikiert. Als Reaktion darauf erhoben sich ein gewaltiger Shitstorm seitens der Ängstlichen und unverhohlene Drohungen aus den Rundfunkräten öffentlich-rechtlicher Medienanstalten, die entsprechenden Künstler von der weiteren Zusammenarbeit auszuschließen.

Dabei hätten sich den Medien genügend Ansätze zur Kritik geboten, denn mit dem *Gesetz zum Schutz der Bevölkerung bei einer epidemischen Lage von nationaler Tragweite* hatte sich der Deutsche Bundestag am 27. März 2020 selbst aus dem Spiel genommen. Auf europäischer Ebene löste dies erhebliche Besorgnis aus, denn zusammen mit dem Infektionsschutzgesetz ergab sich daraus eine gefährliche »Super-Ermächtigung«, die dem Bundesgesundheitsminister faktisch die Möglichkeit verschaffte, sich in weiten Bereichen über das Grundgesetz ebenso wie über die Bundesländer hinwegzusetzen. Diese Regelungen wurden erst im November 2020 wieder aufgehoben – unter anderem mit der fadenscheinigen Begründung, man habe sie ja nicht gebraucht. Die Rechtswissenschaftlerin Dagmar Richter hat diese Gefahren sehr detailliert analysiert und dargelegt.[369]

Seit dem März 2020 wurden Entscheidungen für Deutschland faktisch nur noch durch die Ministerpräsidentenkonferenz (MPK) getroffen, die nach Aussage von Beteiligten durch die Bundeskanzlerin »mit Verve und Härte« dominiert wurde. Das wäre nun weniger ein Problem gewesen, wenn dieses Gremium umfassend durch Experten aller Fachgebiete beraten worden und dem wissenschaftlichen Konsens gefolgt wäre.

Mit dem Voranschreiten der Pandemie wurde jedoch auch immer mehr unabhängigen Beobachtern klar, dass die MPK und Bundeskanzlerin Angela Merkel nur von einem sehr kleinen Beraterkreis informiert wurden und andere Daten und Fakten schlichtweg nicht zur Kenntnis nahmen. Darüber hinaus ist nachgewiesen, dass einerseits zu diesem sehr kleinen Beraterkreis Personen gehörten, die zwar nicht wissenschaftlich, aber dafür durch ideologische Missionen ausgewiesen waren. Und dass andererseits eine massive Einflussnahme der Politik auf die Wissenschaft erfolgte – immer mit dem Ziel, die Konsequenzen der Pandemie möglichst schrecklich darzustellen.[370]

Diejenigen, die in den Angstkampagnen als Treiber agierten, zeigten auch in den nachfolgenden Monaten keine Zurückhaltung bei der Präsentation tendenziöser Simulationen, übertriebener Warnungen und extremer Angstszenarien. Insbesondere im April 2021 kam es mit dem Ziel der manipulativen Beeinflussung von Menschen zu mehreren Verstößen gegen gute wissenschaftliche Praxis, beispielsweise berief sich der SPD-Politiker und jetzige Bundesgesundheitsminister Karl Lauterbach abermals auf das Präventionsparadox:[371]

Die Modelle beschreiben, was passiert wäre, wenn unsere Maßnahmen zur Bekämpfung des exponentiellen Wachstums nicht gewirkt hätten. Die klare Kommunikation dieser Gefahren hat mit dazu beigetragen, dass sich die Bevölkerung vorsichtiger verhalten hat. Sie waren daher nicht falsch, sondern wirksam.

Der schon zitierte Erkenntnistheoretiker Markus Gabriel schrieb dazu vollkommen korrekt:[372]

[Das Präventions-Paradox] ist eine argumentations- und wissenschaftstheoretisch bizarre Erfindung des öffentlichen Corona-Diskurses in Deutschland. Demnach ist, zugespitzt formuliert, das Ausbleiben einer Katastrophe der Beweis für den Erfolg von Schutzmaßnahmen – und niemals Beleg für deren Überflüssigkeit. Dies wird mit der stets unbelegten, also überhaupt nicht evidenzbasierten Behauptung gekoppelt, dass das Ausbleiben von Schreckensszenarien durch die Schreckwirkung der Modelle bewirkt wird.

Das führte zu Absurditäten wie dem Festhalten an der *Inzidenz*, das heißt der Anzahl der neu positiv auf das Virus Getesteten pro 100 000 Einwohner eines Landkreises, als einzig bestimmenden Faktor. Nahezu flächendeckend hingegen hatten Experten verschiedener Fachrichtungen seit Mai 2021 erfolglos gefordert, z. B. auch die Anzahl der tatsächlich noch verfügbaren Intensivbetten, das Alter der neu Infizierten und die Testquote mit einzubeziehen. Die angeblich überlasteten Intensivstationen wurden zwar als Argumentationshilfe der Bundesregierung verwendet – aber immer nur in einer Richtung, nämlich zur Verschärfung der Maßnahmen. Im Frühsommer 2021 stellte sich dann zusätzlich heraus, dass diese Argumentation auf einer sehr zweifelhaften Datenlage beruhte, die der weiteren Aufarbeitung bedarf.[373]

Die Bundesregierung und die Mehrheit der MPK verweigerte jedoch jede Kenntnisnahme der geänderten Situation und nahm keine rasche Änderung der Entscheidungsgrundlage vor. Stattdessen wurde offensichtlich durch die Bundeskanzlerin und die MPK auf die Mitglieder des Deutschen Bundestages massiv eingewirkt, um eine Verlängerung des Ausnahmezustandes und der Grundrechtseinschränkungen über den September 2021 hinaus zu erreichen. Es ist in hohem Maße erschreckend, dass dabei nicht etwa die Gefährdung der Bevölkerung als Hauptargument diente – sondern die Tatsache, dass mit dem Wegfall des Ausnahmezustandes nach § 28a Infektionsschutzgesetz ein staatlicher Durchgriff auf die Bürger nicht mehr gegeben sei.

> Begründung für die weiter andauernde Einschränkung der Grundrechte im Sommer 2021 war also, dass diese ansonsten nicht mehr eingeschränkt seien.

Ich halte jede parlamentarische Zustimmung zu einem so prolongierten Ausnahmezustand für unvereinbar mit einer liberalen Demokratie, weder wahltaktische noch parteipolitische Gründe rechtfertigen dies. Es ist daher in hohem Maße begrüßenswert, dass die seit November 2021 amtierende neue Bundesregierung dem Druck weitgehend standgehalten hat und die *epidemische Lage* auslaufen ließ. Und zwar nicht, weil dieses Auslaufen die Handlungsfähigkeit der Behörden eingeschränkt hätte – sondern weil es die Verantwortung dorthin zurückverlagerte, wo sie hingehört: in Parlamente und Gerichte.

Insgesamt ist eindeutig erkennbar, dass die MPK und Bundeskanzlerin Angela Merkel mit der Vielzahl verfügbarer Daten überfordert und somit dem Information Overload noch stärker ausgesetzt waren als der Rest der Bevölkerung. Sie reagierten auch nicht anders: *Einheitlichkeit* und *Vereinfachung* wurden angestrebt und die sogenannte Bundesnotbremse verabschiedet, obwohl *Vielfalt* und *Flexibilität* nach sorgfältiger Abwägung die bessere Strategie gewesen wären. Auch die Konzentration auf einen kleinen Beraterkreis kann als die in der Einführung beschriebene *Satisficing-Reaktion* angesehen werden: Argumente wurden nicht in der Tiefe geprüft, sondern die erste subjektiv plausibel erscheinende Annahme oder Simulation wurde akzeptiert und verteidigt.

Einen Information Overload der Regierung können wir auch in anderen Ländern konstatieren. Sowohl beim ehemaligen US-amerikanischen Präsidenten Donald Trump als auch bei Potentaten wie dem brasilianischen Präsidenten Jair Bolsonaro ließen sich dieselben Symptome in geradezu lächerlich gesteigerter Form feststellen. Auch sie vertrauten in Sachen Covid-19 nur auf ganz wenige ausgewählte Informanten und blendeten andere Stimmen aus – allerdings leider in umgekehrter Richtung durch Verharmlosung der Pandemie. Nun könnte man argumentieren, dass Fehler in jedem Land gemacht worden sind und dass eine genaue fachliche Bewertung erst im Nachhinein erfolgen kann. Das ist sicher richtig, eine fachwissenschaftliche Bewertung nehme ich darum auch an keiner Stelle vor und werde sie gerne den jeweiligen Experten überlassen. Allerdings ist nicht der wissenschaftliche Inhalt, sondern der *Umgang mit Informationen und der Wissenschaft* unser Thema, der darum schon jetzt beurteilt werden kann. Zum gegenwärtigen Zeitpunkt sieht es nämlich so aus, als ob die Kombination aus einer von den Informationen überlasteten Regierung und einer medial verunsicherten Bevölkerung als Alleinstellungsmerkmal des deutschen Corona-Managements gesehen werden muss.

Nun ist diese Corona-Pandemie zum gegenwärtigen Zeitpunkt – am 31. Dezember 2021 – noch nicht beendet, derzeit dient als Hauptargument für Grundrechtseinschränkungen die sogenannte Omikron-Variante des Coronavirus. Diese irgendwie mysteriös klingende Bezeichnung lässt leicht vergessen, dass sich ein fast unkommentierter Paradigmenwechsel der Politik vollzogen hat. Die Begründung für weitere Einschränkungen ist nämlich nicht etwa die *bewiesene Gefährlichkeit* eines Virusstamms, sondern neuerdings die noch *nicht bewiesene Ungefährlichkeit*. Das aber sollte uns im höchsten Maße alarmieren, weil wir in den nächsten Jahrzehnten noch viele neue Entwicklungen mit unbewiesener Ungefährlichkeit vor uns haben. Wenn wir uns jedes Mal unserer Rechte entledigen aus Angst vor dem, was kommen könnte, werden wir handlungsunfähig. Der FDP-Politiker und Vizepräsident des Deutschen Bundestages Wolfgang Kubicki schreibt zu diesem Wechsel vollkommen korrekt:[374]

Wir sind in einer kritischen Phase unseres freiheitlichen Rechtsstaats. Ein nennenswerter Teil unserer Bevölkerung verzweifelt an der Haltlosigkeit, weil positive Anknüpfungspunkte, Identifikationsmöglichkeiten und -persönlichkeiten verloren gegangen sind. Dieses Gefühl beschleicht nicht nur die vielzitierten Impfgegner, Esoteriker und Querdenker.

Die Wahrscheinlichkeit ist hoch, dass Sie als Leser in der Corona-Pandemie schmerzliche Erfahrungen gemacht haben – sei es durch den Verlust geliebter Menschen, durch eigene Erkrankung, durch Verlust der beruflichen Existenz oder durch den Verlust von Zukunftsaussichten. Diese Schmerzen möchte ich nicht vertiefen und deshalb meine Analyse der Corona-Pandemie vorerst mit einer Schlussfolgerung beenden. Unabhängig davon, wie man die in einem Land getroffenen Maßnahmen gegen die Corona-Pandemie persönlich beurteilt:

> Es ist keine gute Idee, die Bevölkerung durch eine übertrieben alarmistische mediale Berichterstattung einem *Information Overload* auszusetzen und zu verängstigen.
> Es ist keine gute Idee, die Entscheidung über Maßnahmen gegen die Corona-Pandemie einer Regierung zu überlassen, die vom *Information Overload* betroffen ist und sich deshalb in eine Informationsblase zurückzieht.
> Es ist vollkommen desaströs, wenn diese beiden Faktoren zusammenkommen.
> Wenn die Bevölkerung über Jahrzehnte hinweg mit der Behauptung überflutet wird, Gentechnik sei etwas Böses, darf man sich nicht wundern, wenn ein signifikanter Anteil dieser Bevölkerung sich vor einer Impfung mit mRNA-basierten Impfstoffen fürchtet.

Die Pandemie von 2030

Alleine im 21. Jahrhundert gab es diverse schwere Epidemien mit Influenza- und Coronaviren:

» 2002–2003 trat erstmals ein Coronavirus mit schwerwiegenden Krankheitsfolgen auf. Das Virus SARS-CoV rief das *Schwere Akute Atemwegssyndrom* hervor, weltweit starben allerdings »nur« 810 Personen.
» 2004 sorgte die Vogelgrippe mit dem Influenzavirus A/H5N1 für Besorgnis der weltweiten Ausbreitung.
» 2009 grassierte die Schweinegrippe mit dem Influenzavirus A/H1N1.

» 2012 verbreitete sich das Coronavirus MERS-CoV vorwiegend auf der arabischen Halbinsel.
» 2017–2018 führte die jährliche Grippewelle zu 25 100 Toten in Deutschland.
» 2020–2021 gab es die ausführlich diskutierte Corona-Pandemie.

Dazu kommen noch diverse Ausbrüche von Ebola, Chikungunya-Fieber, Zika-Fieber, Dengue-Fieber und der guten alten Masern. Viele dieser Ausbrüche wurden durch das Überwechseln tierischer Erreger auf Menschen hervorgerufen oder werden von tierischen Zwischenträgern verbreitet. Um das zu vermeiden, müsste man

» verhindern, dass Menschen und Tiere auf engem Raum leben und um Ressourcen konkurrieren – etwa auf den Müllhalden Afrikas
» verhindern, dass lebende Wildtiere auf Märkten zum Verkauf und zur Schlachtung angeboten werden – etwa in China
» verhindern, dass tierische Träger von Krankheiten, etwa Mückenarten, sich im Laufe des Klimawandels in neue Regionen ausbreiten und dort ökologische Nischen besetzen

Es ist selbst bei optimistischer Sichtweise sehr unwahrscheinlich, dass diese Ziele innerhalb der nächsten 50 Jahre erreicht werden können. Eindeutige Folgerung:

> Die nächste Pandemie wird ganz sicher kommen – mit Glück erst 2030.

Klar ist aber auch, dass sich die gesamte Welt einen Ablauf wie 2020 dann nicht mehr leisten kann. Auch in den reichsten Staaten sind die finanziellen Reserven auf Jahrzehnte hinaus aufgebraucht, weil das politische Handeln in den Jahren 2020–2022 nicht auf Nachhaltigkeit angelegt war. Das Wichtigste an der Corona-Pandemie ist also, daraus für die Zukunft zu lernen. Beispielsweise benötigen wir in Forschung und Industrie mehr, nicht weniger Biotechnologie. Es muss ferner unbedingt aufhören, dass im Rahmen der »Acker-Wald-und-Boden«-Ideologie Ängste vor der Gentechnik geschürt werden. Dass diese Angst keinen rationalen Grund hat, habe ich im Abschnitt »Viren und Impfungen« erläutert. Sie hat dafür gesorgt, dass ein untragbar hoher Anteil der Bevölkerung sich bisher nicht gegen das Coronavirus impfen ließ.

Eine weitere ganz wichtige Erfahrung aus der Corona-Pandemie ist, dass jede verhängte Maßnahme unbedingt mit einem Ausstiegsszenario verbunden sein muss. Den Grund dafür habe ich schon im Kapitel »Energie aus Atomkernen« genannt, er besteht im Unterschied zwischen *Gefahr* und *Risiko*. Krankheitserreger werden niemals ungefährlich – aber die Wahrscheinlichkeit für die Erkrankung sinkt mit der Zahl der Geimpften und Genesenen drastisch. Wenn man also nur das Auftreten der Gefahr zum Maßstab für Einschränkungen von Grundrechten macht, werden diese wegen eines immer weiterbestehenden Restrisikos beliebig lange fortbestehen können. Vollkommen irrwitzig ist natürlich, die unbewiesene Ungefährlichkeit kommender Ereignisse als Basis des Handelns zu etablieren, so wie ich dies im vorigen Abschnitt für den Jahreswechsel 2021/22 beschrieben habe

Zu lernen ist aber auch, dass an die Stelle von wissenschaftlichen Einzelmeinungen Gremien treten müssen, die interdisziplinär aufgestellt sind. Denn selbst wenn man bereit ist, den Schutz des Lebens als höchste Priorität zu akzeptieren, muss man bedenken, dass auch die Maßnahmen nicht ohne Folgen bleiben werden. Ausgerechnet das Robert Koch-Institut (RKI), das während der Corona-Pandemie vor allem auf den direkten

Schutz vor dem Virus ausgerichtet war, legte dazu im Jahr 2014 eine ausführliche Meta-Studie vor, in der eine sehr starke negative Auswirkung der Armut auf die Lebenserwartung aufgezeigt wurde.[375]

Eine große Rolle bei dieser Aussage des RKI spielen die Daten des *Sozio-oekonomischen Panel (SOEP)*.[376] Hinter diesem etwas sperrigen Begriff verbirgt sich eine seit 1984 jährlich im Auftrag des Deutschen Instituts für Wirtschaftsforschung durchgeführte Befragung von jeweils etwa 30 000 Personen. Das Besondere an SOEP ist, dass dabei stets dieselben Personen in 15 000 Haushalten befragt werden und dass Kinder dieser Haushalte ab dem 16. Lebensjahr in die Liste der Befragten aufrücken. Dieses Ergebnis des RKI beruht also auf einer sehr soliden Grundlage. Ebenfalls auf Basis der SOEP-Daten wurde die Studie von Tom Guenther und Mathias Huebener aus dem Jahr 2018 erstellt.[377] Sie identifizieren darin eine starke Korrelation von Lebenserwartung und Bildung – argumentieren aber sehr zurückhaltend in Bezug auf einen kausalen Zusammenhang.

Dieser Vorsicht kann man sich derzeit nur anschließen – denn natürlich wird es einen Unterschied machen, ob eine Familie bereits viele Jahre in Armut verbracht hat oder erst durch den Verlust von Einkommen und beruflicher Existenz als Folge eines Berufsverbotes in diese Armut gestürzt wurde. Aber den Effekt der entstehenden Armut werden wir mit Sicherheit sehen, auch die Schulschließungen während der Corona-Pandemie werden sich in dieser Richtung auswirken. Andreas Schleicher, Generaldirektor Bildung der OECD, formulierte dies bei der Vorstellung des jährlichen OECD-Bildungsberichtes *Education at a Glance 2020* sehr deutlich:[378]

Die Lernverluste während der Schulschließung können für die Corona-Generation ein Minus von drei Prozent beim Lebenseinkommen bedeuten und sich bis zum Ende des Jahrhunderts auf Hunderte Milliarden Euro an Verlusten summieren.

Und noch ein Faktor ist zu berücksichtigen: Schon im Sommer 2020 teilten mehrere deutsche Krankenkassen mit, dass sich die Zahl der psychisch Erkrankten durch die Corona-Krise verdoppelt habe. Das korrespondiert mit den Mitteilungen, die ich aus dem Schulbereich erhalten habe. Auch hier geht man von einer Verdopplung der Anzahl der psychisch auffälligen Schüler aus. Das ist nicht nur in Deutschland so: Aus den USA wird als Folge der Corona-Maßnahmen eine Verzehnfachung der Selbstmordversuche gemeldet. Nach Angaben der OECD kosten psychische Erkrankungen in Deutschland jedes Jahr fast fünf Prozent des Bruttoinlandsproduktes.[379] Die Deutsche Psychotherapeuten-Vereinigung gibt an, dass bei schweren psychischen Erkrankungen die Betroffenen einen Lebenszeitverlust von etwa zwei bis vier Jahren erfahren.[380] Das Fazit aus diesen Ergebnissen ist also:

> Sowohl Einkommensverluste durch die Schließung ganzer Branchen als auch eine Verringerung des Bildungsniveaus durch die Schließung von Bildungsstätten kosten menschliche Lebensjahre in Deutschland. Diese Maßnahmen tragen wegen der internationalen Lieferketten zur Rückkehr von Armut und Hunger in den ärmeren Nationen bei und verschlimmern die Klimakrise.

Allerdings wäre es höchst unseriös, das beim gegenwärtigen Stand des Wissens quantitativ auszudrücken. Das gilt ebenso für die Frage, wie viele Lebensjahre die Covid-19-Todesopfer eigentlich verloren haben; entsprechende Statistiken sind also mit großer Vorsicht zu verwenden.[381] Ebenso verbietet sich in diesem Zusammenhang ein Vergleich der Lebensqualität.

Man muss aber deutlich formulieren: Die Entscheidung, Künstlern Auftrittsverbote und Gewerbetreibenden Berufsverbote zu erteilen sowie Schulen und Hochschulen zu schließen, ist nicht gleich der Entscheidung, durch Geld und ein paar persönliche Einschränkungen Leben zu retten.

> Gegen dieses Angst-Mem sollten wir uns ernsthaft verwahren, denn Schließungen, Lockdown und Berufsverbote sind gleichzusetzen mit Lebensrettung durch Wegnahme von Lebenszeit an anderer Stelle – und damit ethisch höchst bedenklich.

Genau deshalb ist die *interdisziplinäre Begutachtung aller zur Pandemiebekämpfung verhängten Maßnahmen* ein kategorischer Imperativ für die Pandemie 2030 – keinesfalls darf die Beratung der Politik erneut nur durch ausgesuchte Virologen erfolgen, sondern in ein solches Beratungsgremium gehören auch Ökonomen, Psychiater, Psychologen, Datenschützer, Kommunikationswissenschaftler und Pädagogen – möglichst divers in allen Faktoren. Das Ziel muss sein, die Politik durch ausgewogene, vor allem aber abgewogene Informationen zu beraten – statt sie durch Horrormeldungen dem *Information Overload* auszusetzen.

Auch der inzwischen gebildete Expertenrat der neuen deutschen Bundesregierung genügt diesen Anforderungen noch nicht – Ökonomie, Psychiatrie, Soziologie und Pädagogik sind nicht vertreten.

DIE ANGST VOR DEM KLIMAWANDEL

Als letzten Bereich wollen wir uns den von Menschen verursachten Klimawandel vornehmen. Der ist auf keinen Fall zu leugnen, wird viele Probleme verursachen und muss darum unbedingt bekämpft werden. Die weltweite Reduktion der Treibhausgasemissionen ist deshalb ein vordringliches Ziel für die Menschheit. Wie wir sehen werden, bestehen berechtigte Hoffnungen, dass dies irgendwie zu schaffen ist. Dafür müssen wir allerdings imstande sein, kluge und überlegte Entscheidungen zu treffen. Doch 2020 trat die »Aktivistin« Greta Thunberg im Alter von 16 Jahren vor dem Weltwirtschaftsforum in Davos mit den Worten auf:

I don't want you to be hopeful, I want you to panic! I want you to feel the fear I feel every day and then I want you to act!

Ich will nicht, dass ihr Hoffnung habt, ich will, dass ihr in Panik geratet! Ich will, dass ihr die Angst spürt, die ich jeden Tag spüre, und dann will ich, dass ihr handelt!

Unabhängig davon, wie man eine bestimmte Sachlage einschätzt: Dass ein Zustand der *Panik* nicht geeignet ist, um kluge und überlegte Entscheidungen zu treffen und danach zu handeln, ist wohl jedem Menschen klar. Die von Dritten choreografierte Rede von Thunberg ist ein besonders drastisches Beispiel dafür, dass Panik und Angst nach einem Information Overload bewusst zur Steuerung von Menschen eingesetzt werden. Doch obwohl Anzeichen vorliegen, dass die hinter Thunberg stehenden Personen handfeste kommerzielle Interessen verfolgen,[382] muss man der von ihr angefeuerten Panik auf den Grund gehen. Welche Angst-Meme werden beim Klimawandel verwendet, und treffen sie überhaupt zu?

Dabei sollte gleich zu Beginn klargestellt werden, dass ich mich dabei auf die Daten und Analysen des *Intergovernmental Panel on Climate Change (IPCC)* stützen werde. Dieses internationale Gremium ist der Ort, an dem alle Daten, Analysen und Vorhersagen zusammenlaufen; es stellt also den wissenschaftlichen Konsens dar. Und dass wir nur diesem Konsens auch trauen können, sollte aus den vielen wissenschaftlichen Einzelgeschichten in diesem Buch deutlich geworden sein.

Sie werden mit diesem Buch in der Hand hoffentlich nicht in eine Thunberg-Panik geraten, sondern die vorgetragenen Argumente einigermaßen nüchtern prüfen. Denn auch der Klimawandel ist für uns als Menschheit nichts Neues, sondern seit Tausenden von Jahren im Gange. So hat beispielsweise das Aufkommen des Ackerbaus vor etwa 10 000 Jahren massive Veränderungen der Vegetation vor allem in den tropischen und subtropischen Zonen hervorgerufen, die sich lokal auf das Klima ausgewirkt haben. 2003 gelang William Ruddiman der eindeutige Nachweis dieser Veränderungen in den vorliegenden Klimadaten.[383] Sowohl der Beginn weitflächiger Rodungen vor etwa 8000 Jahren als auch fortgeschrittene Maßnahmen wie die Bewässerung von Reisfeldern vor etwa 6000 Jahren sind demnach sehr gut erkennbar. Seit diesem ersten Hinweis auf das lange Andauern der menschengemachten Klimaveränderungen hat sich die Datenlage weiter konsolidiert.[384]

Auch diese frühen Klimaveränderungen sind global nachzuweisen, etwa durch Auswertung der Jahresringe von Bäumen. Maßstäbe hat außerdem das *Greenland Ice Core Project (GRIP)* gesetzt, in dem ein Konsortium aus mehreren europäischen Staaten in Grönland ab 1989 eine Tiefbohrung bis auf den Felsuntergrund vornehmen ließ. Aus dem gemessenen Mengenverhältnis der beiden im Eis gefundenen Sauerstoffisotope ^{16}O und ^{18}O lässt sich die mittlere Temperatur bei der Entstehung jeder dünnen Eisschicht ableiten. Alle diese prähistorischen Daten stimmen darin überein, dass zur Zeit des Beginns des Ackerbaus vor etwa 10 000 Jahren die mittleren Temperaturen höher waren als heute.[385]

In diesem Kapitel will ich deshalb zunächst den Blick auf das werfen, was wir historisch als den Einfluss des Menschen auf das Klima identifizieren können. Dann werden wir uns der noch älteren Geschichte zuwenden – denn irgendwie nagt doch an mir die Vorstellung, dass wir unwürdige Kreaturen sind, die dem Ganzen, der Schöpfung also, schlimme Dinge antun.

Klimawandel in historischer Zeit

Klima hat immer sowohl lokale als auch globale Aspekte. Noch vor wenigen Hundert Jahren konnte es den Menschen egal sein (und war es auch), wie das Wetter am Nordpol ist. Viel wichtiger waren lokale Klimaphänomene, oft als »Naturereignisse« gesehen. Doch früh gibt es auch geschichtliche Aufzeichnungen solch menschengemachter Katastrophen. Eine ganz sicher auf den Menschen zurückzuführende Umweltkatastrophe ist beispielsweise das Wattenmeer. Noch vor 4000 Jahren waren die heutigen Wattenmeere durch einen sumpfigen Bruchwald bedeckt, in dem sich Flussläufe, Bauminseln und Salzwiesen abwechselten. Zweimal täglich wurden viele dieser Salzwiesen vom Meer bedeckt, sie waren deshalb von Salzgräsern bewachsen. Das sind Pflanzen mit der nützlichen Eigenschaft, das Salz aus dem aufgenommenen Meerwasser zu entfernen und in ihren Blättern zu speichern. Verbrennt man getrocknetes Salzgras oder gar Salztorf, bleiben die Salzkristalle in der Asche zurück und können durch einfache Maßnahmen noch weiter konzentriert werden.

Von der Frühzeit bis ins 18. Jahrhundert wurden deshalb diese Salzwiesen rücksichtslos ausgebeutet. Im Mittelalter war Salz ein stark nachgefragter Stoff, mit dem sich große Gewinne machen ließen. Leider sind der Salztorfabbau und das Verbrennen der Salzwiesen aber auch mit einer erheblichen Steigerung der Flutgefahr verbunden, und ihr erneutes Wachstum dauert sehr lange Zeit. Immer stärker wurde deshalb die durch das Meer verursachte Erosion, die schließlich aus dem Marschland das heutige Schlickwatt machte. Die Bewohner der Gegend haben demnach mit der rücksichtslosen Ausbeutung der Salzwiesen ihre eigene (lokale) Lebensgrundlage zerstört.

Legendär ist das Salzimperium der Stadt Rungholt, die möglicherweise schon als germanische Siedlung im heutigen nordfriesischen Wattenmeer existierte. Seine größte Bedeutung hatte dieses Salzimperium wohl im 14. Jahrhundert. Allerdings war Rungholt nach heutigem Maßstab mit etwa 1000 Einwohnern nur ein winziger Handelshafen, der am 16. Januar 1362 in der sogenannten *Zweiten Marcellusflut* oder *Grote Mandränke* zerstört wurde. In der Erinnerung ihrer Nachbarn wurde Rungholt in den folgenden Jahrhunderten zu einer reichen und stolzen Stadt, deren arrogante Bewohner zu Recht für ihre Überheblichkeit gestraft wurden. Denn wer es wagt, die Kirche zu beleidigen – angeblich haben Rungholter Bauern vor der Flut einen Pfarrer dazu gezwungen, einem Schwein die Sterbesakramente zu spenden –, wird eben von Gott vernichtet.

Wir haben also als Menschheit eine gewisse Vorgeschichte darin, durch Ausbeutung der Natur an dem Ast zu sägen, auf dem wir sitzen. Allerdings sieht man am Beispiel des Wattenmeers besonders gut auch eine andere Seite. Das einstige Katastrophengebiet Wattenmeer ist nämlich heute der *Nationalpark Wattenmeer*[386] mit einer einzigartigen Ökologie und streng geschützt. Nun sollte uns dies aber nicht als Rechtfertigung dienen, weitere ähnliche Umweltschäden zu verursachen wie etwa die Abholzung der Mangrovenwälder.[387] Vielmehr ist das erstens ein erneutes Beispiel dafür, dass das Ökosystem unserer Welt, die Biosphäre, eben nicht statisch ist und nicht in einem ganz bestimmten Zustand erhalten werden kann. Und zweitens sollten wir uns fragen, welcher Anteil des Engagements gegen die Abholzung der Mangroven wirklich auf ernsten Risiken beruht und welcher Anteil nur so etwas wie das eigene schlechte Gewissen ist, die Vorstellung, dass wir als Menschen bei jedem Eingriff in die Natur eine *Sünde* begehen würden.

Systematische und einigermaßen verlässliche schriftliche Aufzeichnungen des Klimageschehens gibt es erst seit dem Hochmittelalter. Auch hier zeigt sich bereits ein klimatischer Einfluss des Menschen: In der Zeit vom 11. bis zum 13. Jahrhundert vergrößerte sich die Bevölkerung in den meisten west- und mitteleuropäischen Ländern um das Zwei- bis Dreifache. In Frankreich wuchs die Bevölkerung von etwa sechs auf 19 Millionen, während in Deutschland ein Anstieg von etwa vier auf zwölf Millionen Menschen stattfand.[388] Die ausgedehnten Wälder Europas wurden gerodet und die Ackerflächen massiv ausgeweitet.[389] Das ging mit einem Temperaturanstieg einher, der ganz Europa ein milderes Klima bescherte. Die Vergrößerung der Ackerflächen betraf einerseits die bereits besiedelten Gebiete, in denen der Getreideanbau in größeren Höhen möglich wurde. Andererseits aber wurden die Besiedlungsgrenzen deutlich ausgeweitet, etwa in Skandinavien. Weinbau wurde auch in Polen und Ostpreußen betrieben.[390] Da im 13. Jahrhundert viele Rheinländer in die westslawischen Gebiete umsiedelten, war auch das Wissen vorhanden – und so wurde beispielsweise Guben in der Niederlausitz 1210 als Weinort urkundlich erwähnt und war in den nachfolgenden Jahrzehnten für die Qualität seines Weins bekannt.

Im 14. Jahrhundert fegte dann allerdings die große Pest-Pandemie über die zivilisierte Welt und tötete im Zeitraum von 1346 bis 1353 ein Drittel der Bevölkerung. Ackerflächen, auch Weinberge, lagen zunächst brach und wurden nachfolgend wieder durch Wald besiedelt. Damit aber kam es innerhalb weniger Jahrzehnte zu einem Rückgang der Temperaturen, der sich wiederum noch stärker negativ auf den Weinanbau auswirkte. Die Ernährung der Bevölkerung war zu dieser Zeit wegen der fehlenden systematischen Kenntnisse extrem vom Wetter abhängig. In den Jahren 1431 bis 1440 litt Europa unter extrem kalten und langen Wintern, die schwerste Hungersnot des 15. Jahrhunderts fand von 1437 bis 1440 statt.

So schlimm dies auch war, sollte es doch noch schlimmer kommen. Um das zu verstehen, müssen wir ein klein wenig in den Südosten Europas schauen und dann einen großen Sprung nach Westen wagen. Europa war im 15. Jahrhundert auch durch die genannten Probleme geschwächt und konnte sich nicht gegen den Ansturm des Osmanischen Reiches verteidigen. Am 29. Mai 1453 fiel mit Konstantinopel das letzte Zentrum des ehemals mächtigen byzantinischen Reiches an die Osmanen. Der Befehl des osmanischen Sultans Mehmed II. ist wörtlich überliefert:

Drei Tage hindurch soll die Stadt zur Plünderung Euch gehören. Was Ihr da erbeutet und findet, an Gold- und Silbergeschirr, Kleidern und Gefangenen – niemand soll es euch jemals streitig machen.

Die Republik Venedig verlor durch den Fall Konstantinopels ihre Märkte im Osten und einen großen Teil ihrer Macht – was wiederum den Aufstieg anderer Kräfte begünstigte. Auf der Iberischen Halbinsel kulminierte diese Entwicklung in der Vereinigung der Königreiche Aragón und León-Kastilien durch die Heirat von Ferdinand V. von Aragón und Isabella I. von Kastilien im Jahr 1469. Diese neue Macht im Westen vollendete die Reconquista, die christliche Rückeroberung, indem sie das letzte maurische Königreich Granada einnahm. Bei der Kapitulation des Maurenfürsten Muhammad XII. (genannt Boabdil) am 2. Januar

1492 war auch Christoph Kolumbus zugegen, der eine vage Zusage von Ferdinand und Isabella hatte, sich nach dem Abschluss der Reconquista erneut mit seinen Plänen für eine Fernerkundung zu befassen. Er drängte die beiden umgehend und wäre angeblich mit seinen reichlich unverschämten Forderungen nach einer Gewinnbeteiligung beinahe gescheitert. Doch wurde am 17. April 1492 die sogenannte *Kapitulation von Santa Fé* als Vertrag zwischen dem Königspaar und Kolumbus unterzeichnet.

Nach der »Entdeckung« Amerikas durch die unter Führung von Kolumbus entsandte Flottille gegen Ende dieses Jahres verbreiteten sich aus Europa eingeschleppte Seuchen, allen voran Pocken und Masern, und dezimierten die eingeborene Bevölkerung. Sie hatte vor 1492 etwa 60 Millionen Menschen betragen, etwa ein Zehntel der damaligen Weltbevölkerung. Nach dem Jahr 1600 gab es nur noch etwa vier Millionen Indigene, rund 90 Prozent der Bevölkerung des amerikanischen Kontinents sind also in vergleichsweise kurzer Zeit verschwunden. Die Auswirkungen auf die Kultur waren katastrophal, die immer weiter vorrückenden Siedler aus Europa fanden bis auf wenige Ausnahmen eher menschenleere Landschaften und lediglich kleine Gemeinschaften auf der Stufe von Jägern und Sammlern vor. Die Folge war, dass große Gebiete von mehr als 50 Millionen Quadratkilometern, die vorher dem Ackerbau gedient hatten, plötzlich wieder verwaldeten. Genauere Abschätzungen deuten darauf hin, dass dieser Anstieg des Baumbewuchses zu einem weiteren kräftigen Abfall der CO_2-Konzentration in der Erdatmosphäre und damit der Durchschnittstemperaturen führte.[391] Aus dieser Geschichte können wir also lernen:

Waldrodung in großem Umfang → Temperaturanstieg
Rückkehr der Bewaldung → Temperaturrückgang

Kosmische und geologische Einflüsse

Zu diesen zivilisationsbedingten Klimaänderungen kam auch in der historisch belegten Vergangenheit noch ein kosmischer Effekt hinzu, nämlich die Sonnenfleckenaktivität. Sonnenflecken sind seit mehr als 2000 Jahren bekannt, weil man große Exemplare auch kurz vor Sonnenuntergang mit bloßem Auge sehen kann. Es handelt sich bei diesen Flecken um Oberflächenzonen der Sonne, die eine geringere Temperatur als ihre Umgebung aufweisen, weil sich an dieser Stelle eine Störung des Magnetfelds der Sonne befindet, die wiederum die Konvektion des Sonnenplasmas behindert.

Dass diese Sonnenfleckenaktivität unmittelbaren Einfluss auf unser Klima hat, ist seit etwa 200 Jahren bekannt. Der deutsche Astronom Wilhelm Herschel hatte im Jahr 1800 herausgefunden, dass Zeiten geringer Sonnenfleckenaktivität mit besonders hohen Weizenpreisen einhergehen.[392]

The result of this review of the foregoing five periods is, that, from the price of wheat, it seems probable that some temporary scarcity or defect of vegetation has generally taken place, when the sun has been without those appearances which we surmise to be symptoms of a copious emission of light and heat.

Ergebnis dieser Überprüfung der vorausgehenden fünf Perioden ist, dem Weizenpreis nach, dass eine vorübergehende Verringerung oder Schädigung des Pflanzenwachstums wahrscheinlich stattgefunden hat, während die Sonne ohne diese Erscheinungen war, die wir als Symptome einer reichlichen Aussendung von Licht und Hitze ansehen.

Starke Sonnenfleckenaktivität hingegen verstärkt aufgrund der Magnetfeldstörungen den Teilchenstrom von der Sonne zur Erde, den sogenannten Sonnenwind, und erwärmt das Klima so deutlich, dass der Weizen besser wächst. Wie genau dies abläuft, ist auch heute noch Gegenstand der Forschung, die Tatsache als solche ist allerdings unbestritten. Wenn man einmal so einen Mechanismus gefunden hat, versucht man natürlich, sein weiteres Auftreten zu überprüfen. Das ist insofern schwierig, als bis zur Zeit von Herschel keine systematische Zählung der Sonnenflecken durchgeführt wurde. Allerdings kann man die historische Sonnenfleckenaktivität noch an einer anderen Wirkung des Sonnenwindes erkennen. Der Zustrom geladener Teilchen von der Sonne – vorwiegend Protonen, also Atomkernen des Wasserstoffs ^{1}H – löst nämlich in der Hochatmosphäre weitere Prozesse aus. Treffen diese hochenergetischen Teilchen auf andere Atomkerne, werden Letztere zertrümmert. Dabei entsteht unter anderem auf ganz natürliche Weise das radioaktive Kohlenstoffisotop ^{14}C. Die darauf basierende Radiokarbon- oder ^{14}C-Methode zur Altersbestimmung habe ich im Abschnitt »Radioaktivität in der Natur« erläutert.

Diese Methode geht, abgesehen von den Hinterlassenschaften der Nuklearwaffentests, von einem konstanten Anteil der ^{14}C-Atomkerne in der Atmosphäre aus. Tatsächlich aber kann man diese Radiokarbonuhr noch genauer eichen, indem man den ^{14}C-Anteil in gut datierbaren Objekten misst – etwa den Jahresringen im Holz der Bäume. Und daraus ergibt sich, dass der ^{14}C-Anteil in der Atmosphäre eben doch ein wenig schwankt, und zwar im Rhythmus der Sonnenfleckenaktivität. Mehr Sonnenflecken bewirken also etwas mehr ^{14}C – und umgekehrt. Versucht man nun also, aus dem Gehalt an ^{14}C herauszufinden, wie die Sonnenfleckenaktivität in der Vergangenheit war, fallen einem drei ausgeprägte Perioden minimaler Sonnenfleckenaktivität auf, die jeweils zusammen mit niedrigen Temperaturen, Missernten und menschlicher Not auftraten:

» Das *Dalton-Minimum* von 1790 bis 1830, benannt nach dem englischen Wissenschaftler John Dalton
» das extrem ausgeprägte *Maunder-Minimum* von 1645 bis 1715,[393] benannt nach Edward Walter Maunder, das auch

278

schon sehr gut durch direkte Sonnenfleckenzählungen dokumentiert ist

» das *Spörer-Minimum* von 1420 bis 1570,[394, 395] benannt nach dem deutschen Astronomen Gustav Spörer

Diese Minima sind nun keineswegs die Folge irgendwelcher mysteriösen Kräfte. Nach unserem heutigen Kenntnisstand schwingen vielmehr die gesamte Sonne und ihr Magnetfeld sehr langsam wie eine riesige Glocke. Dieses Hin und Her führt zu periodischen Schwankungen der Aktivität. Und wenn sich solche Schwankungen mit unterschiedlichen Periodendauern überlagern, kann es eben zu besonders ausgeprägten Minima und Maxima der Sonnenflecken kommen. Beispielsweise haben wir es in der Zeit von 1930 bis 2000 mit dem *Modernen Maximum* zu tun – und werden in den nächsten Jahren wohl ein ausgeprägtes Minimum der Sonnenfleckenaktivität sehen können. Auch unser Sonnensystem ist also nicht die statische und durch einen allwissenden Schöpfer perfekt aufgestellte Umgebung, sondern einer dauernden Veränderung unterworfen.

Sehr viel längerfristigere Schwankungen im irdischen Klima, die nach dem serbischen Mathematiker Milutin Milanković benannten *Milankovic-Zyklen,* werden durch die Bewegungsparameter der Erde bei ihrem Umlauf um die Sonne verursacht.[396] So findet man in diesen Zyklen eine große Periode von 100 000 Jahren, mit der die Exzentrizität der Erdbahn schwankt. Diese Periode gilt heute als Treiber für die Eiszeiten, die über Millionen Jahre auch die Entwicklung der Biosphäre beeinflusst haben. Ferner verändert sich die Neigung der Erdachse mit einer Periode von 41 000 Jahren, sie erreichte vor 10 700 Jahren ihr Maximum. Es kommt durch diese Bewegung der Erde aber auch zu kurzfristigen Schwankungen, die sich auf die Länge der Jahreszeiten auswirken.

Eine noch längere Periode wurde kürzlich von dem Geophysiker Michael Rampino und seinem Team gefunden. Sie stellten fest, dass supervulkanische Ereignisse wie der flächige Trapp-Vulkanismus und andere geologische Vorgänge eine ausgeprägte Periodizität von etwa 27,5 Millionen Jahren aufweisen.[397] Der Grund dafür ist noch unklar, aber diese Zeitspanne entspricht ungefähr der Umlaufperiode unseres Sonnensystems um das galaktische Zentrum und könnte auf eine Kopplung der geologischen Abläufe an weit größere und sehr viel energiereichere Abläufe im Kosmos hinweisen. Wir sollten das noch einmal festhalten:

> Unser Planet ist nicht die gewaltige und sichere Mutter Erde, die uns Menschen die für immer sichere Heimat bietet. Im kosmischen Maßstab ist die Erde nur ein winziges Staubkorn, gewaltigen Bewegungen und Energien ausgesetzt, die immer wieder erhebliche Störungen der gesamten Biosphäre auslösen. Und diese Störungen sind weit größer als alles, was wir mit menschlichen Einflüssen erreichen können.

Bleiben wir vorerst bei »normalen« Vulkanen und ihrem Einfluss auf das Klima. Im Jahr 1815 brach der indonesische Vulkan Tambora aus, dieser Vorgang gilt als der größte Vulkanausbruch der geschichtlichen Zeit. Die dabei freigesetzte Energie können wir in dem Maß messen, das wir für die Nuklearwaffen diskutiert haben – sie entsprach nach Schätzungen etwa 30 000 Megatonnen TNT und damit dem rund 2 000 000-Fachen der auf Hiroshima abgeworfenen Bombe.[398] Durch diese Explosion wurden nicht nur etwa 150 Kubikkilometer Gestein und Asche ausgeworfen, sondern sie blies etwa 130 Millionen Tonnen Schwefeldioxid SO_2 in die Atmosphäre. Das wiederum bildet dort Schwefelsäure – und diese ist sehr effizient darin, das Sonnenlicht zu reflektieren und damit die Erde zu kühlen. Im Hinterkopf sollten wir dabei haben, dass neuere Forschungen die Plattentektonik und damit den »normalen« Vulkanismus auf den Zerfall radioaktiver Elemente im Erdinneren zurückführen.[399]

Als direkte Folge der Tambora-Eruption fiel fast auf der gesamten Erde der Sommer des Jahres 1816 aus. In der deutschen Überlieferung wird 1816 als *Jahr ohne Sommer* bezeichnet, in den USA heißt es *Eighteen hundred and froze to death*. Dort gab es im Sommer Nachtfröste, in Kanada Schneefälle – und in Europa schlimme Missernten und Überschwemmungen. Zehntausende entschlossen sich zur Auswanderung in die Neue Welt. Erst 1817 wurde die Situation der Bevölkerung etwas besser. Zum Dank für das Ende des großen Leidens stiftete Wilhelm I., König des stark betroffenen Württemberg, das Volksfest *Cannstatter Wasen* das – mit Ausnahme von 2020 und 2021 – auch heute noch jährlich gefeiert wird.

Das Klima auf der Erde erhielt also von 1350 bis 1815 mehrere aufeinanderfolgende »Kicks« in die gleiche Richtung: Temperaturabfall als Folge der Pest, Spörer-Sonnenfleckenminimum, weiterer Temperaturabfall durch die Entvölkerung Amerikas, Dalton- und Maunder-Minimum – und schließlich auch noch der Ausbruch des Tambora. Insgesamt ist uns diese Periode der Geschichte auch als die *Kleine Eiszeit* bekannt, die nach dem derzeitigen wissenschaftlichen Konsens bis etwa 1830 anhielt. Während der Kleinen Eiszeit froren häufig die europäischen Flüsse komplett zu, regelmäßig konnte man auch im Winter die gefrorene Ostsee bis nach Skandinavien überqueren.

Zu keiner Zeit während der vergangenen 8000 Jahre war es also auf der Erde so kalt wie während dieser *Kleinen Eiszeit* vom 14. bis ins 19. Jahrhundert. Wenn wir langfristige Trends anschauen, sollten wir also nicht einfach vom »vorindustriellen Zeitalter« sprechen – sondern in die Zeit vor dem Jahr 1350 schauen. Traurigerweise zeigt dies einen weiteren Fall des medialen Framings auf, denn vielfach hören wir in alarmistischen Berichten über das Klima den Satz:

Der Monat X war der / das Jahr Y war das wärmste
seit Beginn der Aufzeichnungen.

Wie bereits erwähnt, gibt es systematische Aufzeichnungen des Wettergeschehens seit dem Hochmittelalter, also etwa seit dem 13. Jahrhundert. Die sind hier aber gar nicht gemeint, sondern konkrete *Messungen* – und die begannen erst gegen Ende der Kleinen Eiszeit im ausgehenden 18. Jahrhundert. Auch in der Sicht der Europäischen Union hat sich diese »leichte begriffliche Ungenauigkeit« festgesetzt, der von der EU betriebene *Climate Change Service Copernicus* teilte im April 2021 in seinem *European State of the Climate Report* mit, dass 2020 das wärmste Jahr seit Beginn der »Aufzeichnungen« gewesen sei[400] – ohne Angabe, wann denn dieser Beginn gewesen ist und welche eventuell besonderen Bedingungen (ebendie Kleine Eiszeit) damals geherrscht haben.

Es muss noch einmal betont werden, dass der real ablaufende Klimawandel damit keineswegs bestritten werden soll. Allerdings zeigt uns das Beispiel, dass Wissenschaft in Sachen Klimawandel häufig eben nicht als Methode dargestellt wird – sondern durch ein angebliches »Mehr« an Informationen zur Angsterzeugung verwendet wird.

Der dänische Statistiker Björn Lomborg hat sich 2001 in seinem Buch *The Skeptical Environmentalist*[401] gegen die alarmistische Berichterstattung über Klima-Messwerte gestellt und nachgewiesen, dass sie nicht den Anforderungen an gute wissenschaftliche Praxis genügt. 2003 erging durch das *Udvalgene vedrørende Videnskabelig Uredelighed (UVVU)*, das *Dänische Komitee gegen wissenschaftliche Unredlichkeit*, das Verdikt, dass Lomborg in seinem Buch ebenfalls die Regeln guter wissenschaftlicher Praxis verletzt habe. Diese Kontroverse ist bis heute nicht beigelegt,[402, 403] unbestritten ist aber der substanzielle Gehalt von Lomborgs Vorwürfen. Die notwendige Schlussfolgerung lautet, dass man bei einem Imperativ »Hört auf die Wissenschaft« weder auf die Aussagen von Lobbygruppen noch auf die Aussagen von Einzelwissenschaftlern vertrauen darf. Man muss vielmehr den wissenschaftlichen Konsens suchen – und der spielt sich im Bereich der Klimaforschung eben beim IPCC ab.

Aus der Betrachtung des historischen Klimawandels lässt sich auch ein zweiter Schluss ziehen:

> Viele Menschen auf der Erde führen zu hohen Temperaturen auf der Erde. Und zwar auch dann, wenn sie weder Autos noch Industrie, noch Massentierhaltung kennen – es reicht, dass sie sich durch Ackerbau und Rodung am Leben halten.

Tatsächlich gilt auch die umgekehrte Kausalität: Höhere Temperaturen, damit bessere Ernährung, führen zu verstärkten Aktivitäten der Menschen. Aber Achtung: Das bedeutet nicht, dass man mit auch nur dem Hauch einer Chance auf Richtigkeit sagen kann, dass der Klimawandel nur natürliche Ursachen habe. Ganz im Gegenteil: Dass beides richtig ist, führt zu einem sich selbst verstärkenden Prozess:

> Menschliches Handeln → wärmeres Klima → verstärkte Menschenaktivität → noch wärmeres Klima

Kommen dann noch die externen Faktoren aus der Astronomie und der Geologie hinzu, ist eigentlich nur eines klar: Wir haben es mit einem komplexen, oder wie wir in der Physik sagen, nichtlinearen System zu tun. Es kommt sogar noch schlimmer, denn innerhalb des Gesamtvorgangs haben wir es sowohl mit sich selbst verstärkenden Teilprozessen zu tun – als auch mit solchen, die eher stabilisierend wirken. Ein Beispiel:

Kälteres Klima → Hungersnot → Auswanderung in die USA
→ verstärkter Ackerbau und Rodung → wärmeres Klima

Ohne ein konkretes Modell, das diese Wechselwirkungen und unterschiedlichen Regelmechanismen plausibel abbildet, kann eine seriöse Vorhersage der Gesamtentwicklung nicht durchgeführt werden. Und genau deshalb ist es sinnvoller, den Prognosen des IPCC auf Basis seiner Modelle zu vertrauen als den Panikmachern à la Thunberg. Die Modelle des IPCC spielen immer verschiedene Szenarien durch, mehr dazu in den folgenden Abschnitten.

Klimakatastrophen in der Erdgeschichte

In der romantischen Sichtweise auf die Erdgeschichte gibt es eine kontinuierliche Entwicklung von den ersten Einzellern über die ersten Pflanzen zu Wasser- und Landtieren bis zum Menschen als »Krone der Schöpfung«. Tatsächlich ist das aber ein Überbleibsel religiöser Schöpfungsmythen. In fast allen Kulturen enthalten diese Schöpfungsmythen, dass Menschen in geplanter Weise sehr spät die Bühne der für sie vorbereiteten, *designten* Natur betreten. Das Endergebnis der Schöpfung ist daher ein statisches Ökosystem, das vom Menschen beherrscht oder mindestens gehütet werden soll. Rückschläge und Irrtümer sind nicht vorhanden, katastrophale Ereignisse auch nicht – denn natürlich kann der Designer, der schöpfende Geist des Ursprungs, nicht irren. Das ist im Endeffekt wieder die schon mehrfach erwähnte »Acker-Wald-und-Boden«-Ideologie, die Ökosysteme unbedingt im Status quo erhalten möchte.

Nachdem Darwin und seine Nachfolger im 19. Jahrhundert geklärt hatten, wie dynamisch sich das System der Arten verhält, war allerdings die Vorstellung der statischen Schöpfung widerlegt. Viele religiöse Gemeinschaften haben zur Bewahrung ihres Schöpfungsmythos deshalb den halbherzigen Schritt getan, der Evolution der biologischen Welt zwar eine *lange Zeitdauer* einzuräumen – die prinzipielle Vorstellung des ordnenden Schöpfers ohne Irrtum haben sie dabei jedoch nicht aufgegeben, wie man am Beispiel des AquAdvantage Salmon im Abschnitt »Die Zukunft der Gentechnik« deutlich sieht.

Das widerspricht der Faktenlage sehr eindeutig. Beginnend in den 1970er-Jahren wurde zunehmend nachgewiesen, dass es in der Erdgeschichte geradezu dramatische Aussterbewellen gegeben hat. Fossilien belegten beispielsweise, dass die Dinosaurier vor etwa 70 Millionen Jahren die dominante Lebensform auf dem Planeten Erde waren – aber dann komplett verschwunden sind. Gerade so, als ob ein schöpfender Geist einen Irrtum erkannt und einen Reset-Knopf gedrückt habe. Man rätselte allerdings noch über die Ursachen, Vulkanismus und klimatische Veränderungen waren die Favoriten. Eine Wende trat 1980 ein, als der Physik-Nobelpreisträger Luis Alvarez, sein Sohn, der Geologe Walter Alvarez, und zwei weitere Wissenschaftler die Hypothese publizierten, dass ein gewaltiger Meteoriteneinschlag der Grund für das Aussterben der Dinosaurier war.[404]

Als Hauptargument führten sie die sogenannte K-P-Grenzschicht an, eine geologische Anomalie, die in Ablagerungen als scharfe Grenze zwischen der Kreidezeit und dem Paläogen, der Erdneuzeit, auftaucht. Sie ist an vielen Orten auf der Erde als dunkle Schicht sichtbar, Dinosaurierfossilien findet man ausschließlich unterhalb der K-P-Grenze. Jahrzehnte der Forschung haben heute zu dem wissenschaftlichen Konsens geführt, dass vor 66,04 Millionen Jahren ein etwa 14 Kilometer durchmessender Asteroid unter einem schrägen Winkel von 45 bis 60 Grad in das flache Meer des heutigen Golfes von Mexiko an der Nordspitze der Halbinsel Yucatán einschlug. Der Ort des Einschlags war schon 1940 als geologische Anomalie erkannt worden und ist heute als *Chicxulub-Krater* bekannt. Der Asteroid enthielt, wie das auch bei anderen Meteoriten beobachtet wird, größere Mengen des ansonsten auf der Erde seltenen Metalls Iridium. Er verdampfte im Augenblick des Aufpralls komplett, seine Materie und riesige Mengen an Auswurfmaterial mit hohem Iridiumanteil und Asche verbreiteten sich rund um den gesamten Planeten Erde in der Hochatmosphäre.

Durch diesen katastrophalen Einschlag, der für eine monatelange Verdunkelung und einen dramatischen Temperatursturz sorgte, starben mindestens 75 Prozent aller Arten auf der Erde aus. Dazu gehören neben allen Dinosauriern auch die Ammoniten, die schon seit 350 Millionen Jahren zur Tierwelt gehörten. Die kalten, dunklen Bedingungen dauerten mindestens mehrere Monate an. Heute wird zunehmend diskutiert, dass durch die gewaltigen Druckwellen des Einschlags auch die vulkanischen Formationen des Dekkan-Flutbasalt (Dekkan-Trapp) in Indien ausbrachen und etwa 1,5 Millionen Quadratkilometer bis zu zwei Kilometer hoch mit Magma bedeckten. Erst vor wenigen Jahren konnten die tief im Erdmantel liegenden Hotspots identifiziert werden, die diesen Supervulkanismus speisten.[405] Die Folge war, dass nach dem Temperatursturz ein extremer Treibhauseffekt durch das freigesetzte Kohlendioxid des Vulkanismus einsetzte, der mindestens 50 000 Jahre anhielt und das Weltklima sehr stark erwärmte. Extreme Wärme nach dem Kälteschock führte zum Aussterben weiterer Arten.

Das K-P-Ereignis war ein zufälliges Ereignis mit extremen Folgen. Wäre der Asteroid nur wenig steiler oder flacher eingeschlagen oder an anderer Stelle auf der Erde, hätten sich nicht die beobachteten maximalen Schäden ergeben. Die Dinosaurier hätten überlebt, sie waren immerhin für 100 Millionen Jahre die vorherrschende Lebensform. Und die kleinen nagetierähnlichen Schleicher, die zur Zeit der Dinosaurier die einzigen Vorfahren der Säugetiere waren, hätten sich nicht weiterentwickeln können. In der Folge gäbe es auch keine Menschen, die sich jetzt Gedanken über ihre Wirkung auf den Planeten machen müssen.

Inzwischen wissen wir, dass es in der Erdgeschichte mindesten fünf weitere Aussterbewellen gegeben hat. Die erste vor sagenhaften 2,4 Milliarden Jahren durch das Erscheinen der Fotosynthese unter den bakteriellen Formen, die damals die Erde bevölkerten. Deren Abfallprodukt Sauerstoff O_2 führte zum vollständigen Umkippen des Weltklimas in der *Großen Sauerstoffkatastrophe,* die fast alles Leben auf der Erde auslöschte und sie für unglaubliche 300 Millionen Jahre in einen eisigen Höllenplaneten verwandelte.[406]

In der Zeit vor 440 bis 450 Millionen Jahren gab es zwei Aussterbeereignisse im Abstand von nur einer Million Jahren. Dieser *Ordovizischen Aussterbekatastrophe* fielen 85 Prozent aller Arten zum Opfer, und ihr Grund ist bis heute unklar. Vor etwa 372 Millionen Jahren folgte dann das *Kellwasser-Ereignis,* in dem 50 bis 75 Prozent der Arten verschwanden.

252 Millionen Jahre in der Vergangenheit kam es zum Aussterben an der sogenannten *Perm-Trias-Grenze,* in der es 75 Prozent der landlebenden Arten und einen großen Teil der Pflanzenbedeckung erwischte. Dies war auch mit einem dramatischen Rückgang der wasserlebenden Arten verbunden. Für diese Aussterbewelle gibt es immerhin einen Ursachen-Kandidaten, nämlich den *Sibirischen Trapp.*[407] Auch dabei handelt es sich, wie später beim Dekkan-Trapp, um flächigen Vulkanismus oder Flutbasalt, der in Sibirien etwa sieben Millionen Quadratkilometer bis zu 6,5 Kilometer hoch mit Magma bedeckte. So etwas dauert natürlich seine Zeit; man schätzt, dass der Sibirische Trapp etwa eine Million Jahre andauerte.

Vor 201 Millionen Jahren folgte dann das Aussterben, mit dem man das Erdzeitalter der Trias von der Kreidezeit (Jura) trennt. 70 Prozent aller Arten verschwanden und gaben damit ökologische Nischen frei, die in den nachfolgenden Jahrmillionen von den Dinosauriern besetzt wurden. Für jede dieser Aussterbewellen kann man natürlich wieder nach Vulkanismus suchen, oder, wie im Falle der K-P-Grenze, nach extraterrestrischen

Ursachen. Es kann durchaus sein, dass supervulkanische Vorgänge wie der Dekkan-Trapp oder der Sibirische Trapp Auslöser dieser Wellen waren. Und wie wir im vorigen Abschnitt gesehen haben, könnte dies wiederum kosmische Gründe haben.

Erstaunlicherweise kommt aber auch noch eine ganz andere Möglichkeit in Betracht. Dafür überlegt man sich abstrakt, welche Bedingungen erfüllt sein müssen, damit Arten durch die Evolution neue Spezies erzeugen und ökologische Nischen auffüllen. Ferner, unter welchen Bedingungen solche einzelnen Spezies auch wieder aussterben können – etwa fehlende Nahrung, ein Übermaß an Fressfeinden oder lokale klimatische Veränderungen. Diese Bedingungen steckt man in ein künstliches Ökosystem aus einigen Hundert ökologischen Nischen, das als Computerprogramm realisiert wird. In der Dynamik einer solchen Simulation zeigen sich katastrophale Aussterbewellen genau wie in der Erdgeschichte – allerdings haben diese *keine externe Ursache*.[408] Katastrophale Aussterbewellen sind also möglicherweise in der nichtlinearen Dynamik der Evolution selbst zu finden, sie ist eben in keiner Weise stetig, gleichmäßig oder kontinuierlich.[409]

> Die romantische Vorstellung einer Erde, in welcher der Mensch als oberstes Wesen über die statische Natur zu wachen habe, ist demnach in jeder Hinsicht widerlegt.

Nicht nur führt die wahre Entwicklung nicht zu einem statischen Ökosystem, sondern die Dynamik ist darüber hinaus auch vollkommen chaotisch (im umgangssprachlichen, nicht im mathematischen Sinn). Charles Darwin konnte diese Folge seines Modells natürlich nicht vorhersehen. Er hatte zwar auf den Galapagosinseln beobachtet, wie eine existierende Art, die berühmten Galapagos-Finken, durch Speziation nach und nach freie ökologische Nischen besetzte. Dass aber durch die komplexen Wechselwirkungen solcher Arten untereinander kollektive Effekte bis zum Zusammenbruch des Ökosystems entstehen könnten, war nicht auf dem Schirm der damaligen Wissenschaft. Welche Schlussfolgerungen kann man nun daraus für unser Thema ziehen?

> Offenbar hat nicht nur der Planet Erde wahrhaft gigantische und tödliche Klima-Events überlebt, sondern auch die scheinbar so anfällige Biosphäre, also die Gesamtheit der Lebewesen auf dem Planeten, hat sich als sehr robust erwiesen und ökologische Katastrophen immer überstanden.

Zwar kann man darüber streiten, ob es einem Dinosaurier von 66,04 Millionen Jahren als Trost hätte dienen können, dass seine Nachfahren heute unter dem Namen »Vögel« bekannt sind. Doch eines ist ganz sicher: Selbst wenn wir mit unserem Verhalten als Gesellschaft einen dramatischen Klimawandel erzeugen sollten, wird das den Planeten Erde nicht berühren, er ist in keiner Weise gefährdet. Und auch die biologische Umwelt kann langfristig mit allem zurechtkommen, was wir durch fossile Brennstoffe bewirken können. Die Angst, der »Mutter Erde« durch menschliche Klima-»Sünden« einen echten Schaden zuzufügen, können wir uns also schenken, sie ist vollkommen unbegründet.

Meme für das ferne Klima

Wenn wir uns nun der Angst vor einer modernen Klimakatastrophe zuwenden, will ich damit weit weg von daheim beginnen. Natürlich gibt es viele Regionen, in denen der menschengemachte Klimawandel erhebliche Auswirkungen haben wird. Vielleicht wird man in Zukunft wirklich höhere Deiche benötigen, um Küstenstädte zu schützen. Aber mit absoluter Sicherheit keine 30 Meter hohen Wände, wie das eindrucksvoll in der Science-Fiction-Serie *The Expanse* gezeigt wird, die bei verschiedenen Anbietern zu sehen ist. In dieser Serie, die auf den Büchern des Autors James S. Corey beruht, wird Manhattan vom Hudson River nur noch durch solche Mauern getrennt – wie eine Art vertiefter Insel. Nun sehen selbst die am stärksten pessimistischen Szenarien für die Zukunft der Erde keinen Anstieg des Meeresspiegels um 30 Meter voraus, wir haben es also eindeutig mit einer filmischen Übertreibung zu tun – die allerdings der hohen Qualität der Bücher ebenso wie der Filme keinen Abbruch tut. Tatsächlich hat sich von 1901 bis 2010 der Meeresspiegel um 19 Zentimeter erhöht, nach den Vorhersagen des IPCC wird er bis 2100 um insgesamt 63 Zentimeter steigen (mittleres Szenario), höchstens jedoch um 83 Zentimeter (oberes Szenario).[410]

Die absurde Übertreibung des Mems *Küstenstädte werden im Meer versinken* soll uns als Beispiel für die verschiedenen Meme dienen, die im Zusammenhang mit dem Klimawandel kursieren, denn gerade diese Vorstellung schreckt offenbar wenig Menschen, am allerwenigsten die Bewohner der betreffenden Städte selbst. Auch heute schon gibt es Orte, in denen nur sorgfältig gepflegte Deiche vor dem Einbruch eines alles verschlingenden Meeres schützen. Die Bewohner von New Orleans lassen sich ebenso wenig wie die Niederländer davon beeindrucken, dass ihnen der Klimawandel das Leben etwas schwieriger machen wird. Teile der Niederlande liegen heute schon sagenhafte 674 Zentimeter unter dem Meeresspiegel. Vielmehr versuchen viele andere Nationen, beispielsweise Bangladesch, aus der jahrhundertelangen Erfahrung der Niederländer zu lernen.[411] Gerade die Niederlande und ihre Geschichte können als Beweis dienen, dass der wirtschaftliche und kulturelle Aufstieg und der Aufbau eines weltweiten Handelsimperiums sogar dann möglich sind, wenn das eigene Land langsam unter den Meeresspiegel sinkt.

Im April 2021 war vor dem deutschen Bundesverfassungs-gericht eine Verfassungsbeschwerde gegen das Bundes-Klima-schutzgesetz (KSG) vom Dezember 2019 teilweise erfolgreich. Wir werden uns im Abschnitt »Der Zusammenbruch der Zivili-sation – oder nicht?« noch mit dieser Beschwerde befassen. Hier ist für den Moment noch interessant, dass zu den Beschwerde-führern auch Einwohner von Bangladesch gehörten, die offen-bar von interessierten Kreisen nach Deutschland verbracht wor-den waren. Das Bundesverfassungsgericht konnte zwar keine Verletzung ihrer Grundrechte durch die deutsche Klimagesetz-gebung erkennen, war aber bei der Frage der Zuständigkeit merkwürdig vage. Es wäre interessant gewesen zu sehen, wie ein solches Rechtsverfahren in anderen Ländern ausgeht. In den USA hätte man es sicher erreichen können, dass Deutschland zu irgendwelchen Entschädigungsleistungen verurteilt wird – aber wohl kaum einen erfolgreichen Angriff gegen US-amerikanische Gesetzgebung führen können. Und möglicherweise wäre ein sol-ches Verfahren vor einem chinesischen Gericht für die Beschwer-deführer sehr ungünstig verlaufen.

Schauen wir noch einen Moment länger auf Bangladesch. Dort ist die Geburtenrate von 6,95 Kindern pro Frau im Jahr 1972 auf 2,04 im Jahr 2018 gesunken, die Lebenserwartung der Menschen hat sich im gleichen Zeitraum von 46,8 Jahren auf 72,3 Jahre erhöht.[412] Das sind fantastische Zahlen, die vermuten lassen, dass das Land den demografischen Wandel hinter sich hat. Aber leider stieg die Bevölkerungszahl im gleichen Zeitraum von 60 auf 160 Millionen, von denen mehr als 65 Prozent in ländlichen Gebieten leben. Dank moderner Anbaumethoden hat das Land seine Lebensmittelproduktion vervielfacht, eine große Hungersnot wie noch 1943 ist heute nicht mehr denkbar.

Im damals noch Bengalen genannten Land verhungerten 1943 zwischen 1,5 und 4 Millionen Menschen. Der indische Wissenschaftler Amartya Sen untersuchte Jahre später den Ab-lauf dieser Katastrophe und publizierte darüber das wegweisende Buch *Poverty and Famines*,[413] in dem er nachwies, dass für die Katastrophe nicht etwa das Fehlen von Nahrungsmitteln verantwortlich war, sondern der fehlende Zugang der Menschen zu ihnen, etwa aufgrund stark gestiegener Preise. Sen wurde 1998 mit dem Nobelpreis für Wirtschaftswissenschaften ausgezeichnet.

Doch dieser Erfolg von Bangladesch hat eine Schattenseite. Denn das Hauptnahrungsmittel der Einwohner ist Reis, von dem das Land inzwischen eine ausreichende Menge produziert, um jedem Einwohner rund 1800 Kalorien pro Tag zur Verfügung zu stellen. Beim Reisanbau wird in großem Umfang Methan CH_4 freigesetzt, das 28-fach stärker als Kohlendioxid zur Erderwärmung beiträgt. Zwar verbleibt Methan sehr viel kürzer in der Atmosphäre als Kohlendioxid – dafür aber können wir seine Freisetzung nicht einfach einstellen, ohne erneut den Hunger zurückzuholen. Der Beitrag, den Bangladesch durch diesen Reisanbau zum Klimawandel der nächsten 30 Jahre liefern wird, ist deshalb vergleichbar dem, was in Deutschland unter Einsatz aller Ressourcen eingespart werden könnte. Vor der Corona-Pandemie erlebte Bangladesch einen regelrechten Wachstumsschub mit einer jährlichen Wachstumsrate von sechs Prozent, die auch über den Reisanbau hinaus einen weiteren positiven Beitrag zum Klimawandel geliefert hat. Seriöse Daten dazu liegen bisher nicht vor – aber ebenso wenig seriös ist die Behauptung, dass die Zukunft der jungen Bangladeschis durch das deutsche Klimaschutzgesetz gefährdet wird.

Ein weiteres Mem des Klimawandels ist in diesem Zusammenhang, dass er *arme Nationen schlimmer träfe als die entwickelte Welt* und dass dies einer der wesentlichen Gründe für Migration sei. Schon an den Daten für Bangladesch haben wir gesehen, dass das so direkt nicht stimmen kann. Schauen wir deshalb nach Afrika, das wir sicher als Sorgenkind unseres Planeten bezeichnen können. Zerrissen von ethnischen und religiösen Konflikten, beherrscht von korrupten Eliten und gerade wegen seiner Schwäche Spielball für eigennützige Interessen der großen Mächte, steht Afrika im Hauptfokus der internationalen Entwicklungspolitik. Das in Deutschland zuständige *Bundesministerium für Wirtschaftliche Zusammenarbeit* stellt in jüngerer Zeit immer wieder fest, dass der Klimawandel die Sahelzone, also den Gürtel aus Ländern südlich der Sahara, besonders hart trifft: Dürre, Ernteausfälle und die Ausbreitung der Wüste werden angeführt, und es heißt wörtlich:[414]

... sich verändernde klimatische Bedingungen wirken sich negativ auf das Pflanzenwachstum aus.

Allerdings entspricht das eben nicht den Tatsachen. Schon 2003 wurde in einer Prognose des *Potsdam-Instituts für Klimafolgenforschung (PKI)* das genaue Gegenteil vorhergesagt.[415] Der Anstieg der Temperaturen und der erhöhte CO_2-Gehalt der Atmosphäre machen das zentrale Afrika nämlich tatsächlich immer feuchter und grüner, wirken sich also *positiv* auf das Pflanzenwachstum aus. Die Vorhersage des PKI wird seitdem immer wieder in Satellitenaufnahmen und genauen Zählungen bestätigt[416] – und möglicherweise trifft sie sogar so weit zu, dass die Sahara künftig nur noch halb so groß sein wird. Auch die paläoklimatischen Daten, also die aus der Erdgeschichte bekannten Klimadaten über die Sahara, stimmen darin überein, dass diese Region immer dann feucht und grün war, wenn die Durchschnittstemperaturen auf der Erde hoch waren.

Diese sogenannten *African Humid Periods (AHP)* (Afrikanische Feuchtephasen) sind seit mehreren Millionen Jahren nachgewiesen. Es gibt sogar Spekulationen, dass diese Feuchtephasen erst die Auswanderung der Menschen aus Afrika ermöglicht hätten. Die letzte AHP begann vor ca. 14 000 Jahren und endete vor 6000 Jahren. Die heutige Wüste Sahara war in dieser Periode eine von vielen Flüssen und Seen durchzogene Landschaft – der größte See, der Mega-Tschad, umfasste noch in historischer Zeit vor 6000 Jahren gewaltige 360 000 Quadratkilometer.[417] Es gilt auch als sicher, dass aus der damals vergleichsweise dichten Besiedlung die ägyptische Hochkultur entstanden ist, als die mit fallenden Temperaturen weiter vorrückende Wüste die Menschen zum Rückzug in das Niltal zwang.

Wir müssen also an dieser Stelle fragen, warum das zentrale Afrika *immer noch* im Fokus der Entwicklungspolitik steht, obwohl sich doch die Lebensbedingungen durch den Klimawandel verbessern sollten. Die Antwort auf diese Frage ist schon vielfach erforscht und begründet worden: Die Geburtenrate in den ärmsten Gegenden Afrikas ist so immens hoch, dass trotz verbesserter Bedingungen die pro Kopf zur Verfügung stehenden Ressourcen immer weniger werden. Das verfügbare Ackerland wird immer stärker beansprucht, verfügbare Entwicklungsmöglichkeiten verteilen sich auf immer mehr Menschen, und alle Anstrengungen, einen stabilen Zustand zu erreichen, werden wieder zunichtegemacht. Spitzenreiter ist das bettelarme Niger, in dem gemäß den Daten der Weltbank jede Frau im Durchschnitt sieben Kinder zur Welt bringt.[418] Zwar fällt diese Quote, doch bei Weitem nicht so schnell wie nötig. Wie man leicht ausrechnen kann, verdoppelt sich damit die Bevölkerungszahl des Landes alle 18,5 Jahre.

Leider hat das schlimme Folgen für die Zukunft, und zwar nicht nur in Niger. Denn die Staaten der industrialisierten Welt, also des »globalen Nordens«, werden in den kommenden 50 Jahren sehr große Anteile ihres Wohlstandes aufbringen, um die Auswirkungen des Klimawandels gering zu halten und auf eine nachhaltige Wirtschaft umzustellen. Die Staaten des »globalen Südens«, Afrika dabei an vorderster Stelle, können sich dies nicht leisten. Ihre Ressourcen werden durch den Zwang zur Ernährung der eigenen Bevölkerung aufgebraucht, Ziele der Nachhaltigkeit können nur noch sekundär angestrebt werden.

Als weiteres Beispiel für diese Entwicklung kann die Region der großen ostafrikanischen Seen gelten. Das Bevölkerungswachstum in Kenia (mit etwa 3,49 Geburten je Frau) und der gestiegene Nahrungsmittelbedarf sorgen dafür, dass man immer mehr Waldflächen rodet. Niederschläge werden deshalb nicht mehr im Wald gespeichert, die Pegel der Seen steigen an und verursachen schwere ökonomische Schäden, können sogar die Menschen in die Flucht treiben.[419]

> Im Endeffekt trifft der Klimawandel den »globalen Süden« tatsächlich härter als den »globalen Norden« – aber keineswegs sind dabei Erstere die schuldigen Täter und Letztere die unschuldigen Opfer.

Der Druck, der Zehntausende junge Männer aus Afrika dazu treibt, ihr Glück mit der Migration ins ferne Europa zu versuchen, wird also nicht durch das Klima hervorgerufen, sondern durch die extreme und immer stärker werdende Konkurrenz zwischen zu vielen Menschen um die begrenzten Ressourcen des Kontinents. Es wäre also höchste Zeit, statt der irreführenden Bezeichnung *Klimaflüchtlinge* den treffenden Begriff der Überbevölkerungsmigranten zu verwenden. Wenig Erfolg sage ich allerdings dem Versuch voraus, das von den deutschen Leitmedien einzufordern.

Natürlich ist dieser Bevölkerungsdruck nicht das einzige Problem Afrikas. Sicher sind aber zwei Dinge: Erstens ist das gegenwärtige System der Entwicklungshilfe vollkommen sinnlos und kontraproduktiv. Die Gründe dafür sind von der sambischen Ökonomin Dambisa Moyo, die 2009 vom *Time Magazine* zu einer der »100 einflussreichsten Persönlichkeiten« gewählt worden ist, in ihrem Buch *Dead Aid. Why Aid is not working and how there is another way for Africa* (deutsch als *Dead Aid. Warum Entwicklungshilfe nicht funktioniert und was Afrika besser machen kann*)[420] sehr präzise dargestellt worden. Und zweitens, dass weder die Auswirkungen des Klimawandels in Afrika begrenzt werden können noch der Kontinent auf absehbare Zeit zum Rest der Welt aufholen kann, ohne dass eine dramatische Verringerung der Geburtenrate erfolgt. Allerdings wird diese Maßnahme von kaum einer staatlichen Institution offen benannt. Schlimmer noch: Die Tatsache, dass diese katastrophale Geburtenrate allzu oft einhergeht mit der Unterdrückung von Frauen in patriarchalischen Gesellschaften, wird ebenfalls toleriert und totgeschwiegen.

Wenn wir uns nun von Afrika aus weiter nach Osten wenden, gelangen wir in die gewaltige Wasserwelt des Indischen und Pazifischen Ozeans, die im Bild eines globalen Klimawandels gerne mit dem Mem der *armen Inselstaaten, die im Meer versinken* verbunden werden. Die Regierung des Inselstaates Kiribati forderte denn auch mehrfach auf den globalen Klimakonferenzen viel Geld für die Umsiedlung ihrer Bewohner. Insbesondere verfolgte Anote Tong, der Präsident Kiribatis, mit den geforderten Geldern den Landkauf auf den Fidschi-Inseln. Sensationsmeldungen deutscher Medien befeuerten die Vorstellung der versinkenden Inseln. 2018 beispielsweise veröffentlichte der *Spiegel* einen Artikel unter dem Titel *London, Paris und Polen sind untergegangen,* in dem zu lesen war:[421]

Die drei Siedlungen auf Kiribatis östlichem Atoll Kiritimati waren einst vom Weltumsegler James Cook der Bequemlichkeit halber so benannt worden. Und jetzt standen London, Paris, Polen zur Hälfte unter Wasser ...

Das entspricht keineswegs der Wahrheit. Der Autor des Artikels war Claas Relotius, der wenig später als Betrüger und Fake-News-Schreiber entlarvt wurde. Er hatte den Text offenbar frei erfunden, denn tatsächlich hatte sein eigenes Magazin kurz vorher veröffentlicht, dass das Gegenteil zutrifft:[422] Kiribati wächst, die Fläche des Inselstaates hat sich in 50 Jahren um rund 2,9 Prozent vergrößert. Der neuseeländische Wissenschaftler Paul S. Kench hatte dies durch die genaue Analyse von Luftbildern entdeckt[423] – mehr zu den Ursachen lesen Sie weiter unten.

Selbstverständlich beschwerte sich der Präsident Kiribatis umgehend – allerdings nicht, indem er die Ergebnisse infrage stellte, sondern er empfand die Veröffentlichung als »rather unfortunate« und verlangte, dass Wissenschaftler aus Kiribati zu beteiligen seien.[424] Recht geschickt behauptete er ferner, dass der Flächenzuwachs eben nicht mit Wohnfläche für die Bevölkerung Kiribatis gleichzusetzen sei. Dabei verschwieg er nur eines: Die Bevölkerung Kiribatis wächst ebenfalls sehr stark an, nach den aktuellen Daten der Weltbank gebiert jede Frau immerhin noch 3,5 Kinder.[425] Die Insel Retio etwa ist mit rund 10 000 Einwohnern je Quadratkilometer um 50 Prozent dichter besiedelt als Hongkong. Eine Folge davon ist, dass das fragile Ökosystem der Inseln extrem belastet ist, insbesondere die sehr begrenzten Süßwasserreserven. Werden diese wie im Falle von Kiribati nämlich zu stark entleert, dringt Meerwasser ein und sorgt für Schäden an dem wenigen verfügbaren Ackerland.[426] Auch für Kiribati haben wir also Überbevölkerung als wichtiges Problem identifiziert – und nicht primär den Klimawandel.

Die aktuelle Forschung zeigt die Zunahme der Landfläche um etwa drei Prozent in 50 Jahren auch für andere Südseeinseln.[427, 428] Die Ursachen liegen sowohl in einer verstärkten Sedimentablagerung auf den Inseln als auch in einem verstärkten Korallenwachstum als Folge gestiegener Temperaturen. Das temperaturgetriebene Korallenwachstum ist übrigens auch über die gesamte Erdgeschichte hinweg gut dokumentiert. Allerdings gibt es inzwischen viele große und wichtige Korallenriffe, die in ihrem Bestand bedroht sind. Die Gründe dafür sind vielfältig, sie reichen von höheren Temperaturen bis zu bakteriellen Erkrankungen. Die US-amerikanische Wissenschaftsjournalistin Elizabeth Svoboda hat dazu einen sehr guten Übersichtsartikel verfasst, der auch die verschiedenen derzeit beschrittenen Auswege aufzeigt – sie lassen sich alle unter dem Stichwort des Bio-Engineering zusammenfassen.[429]

Nicht verschweigen darf man außerdem, dass es durchaus

Inselsysteme gibt, die schrumpfen. Das beste Beispiel dafür sind die Malediven, die in großen Teilen schon heute nur wenige Zentimeter über dem Meeresspiegel liegen. Die Malediven sind erst vor etwa 4000 Jahren durch Korallenwachstum entstanden; Mangroven siedelten sich an und sorgten für die Befestigung des lockeren Korallensandes. Allerdings hat man inzwischen einerseits große Mengen Korallenkalk abgebaut und für Bauwerke auf den Inseln verwendet und andererseits viele Mangrovenwälder zugunsten von Touristenunterkünften abgeholzt. Als Folge dieser verfehlten lokalen Politik kommt es seit etlichen Jahren zu einer deutlich verstärkten Erosion der Sandstrände. Durch Kalkabbau geschädigte Korallenriffe können darüber hinaus kaum noch so schnell wachsen, wie dies bei einem steigenden Meeresspiegel nötig wäre. Die beste Maßnahme, um die Folgen des Klimawandels zu bekämpfen, wäre also nicht die auch vom Präsidenten der Malediven geforderte finanzielle Unterstützung zur Umsiedlung der Bewohner, sondern eine Änderung der lokalen Praxis.[430]

Tatsächlich verstehen wir erst seit zwei Jahrzehnten, dass es sich auch bei der Wechselwirkung zwischen tropischen Inseln und dem Meer um ein sehr dynamisches System handelt. Obwohl wir davon ausgehen können, dass in einzelnen Fällen durchaus Landverluste möglich sind – von Erosion durch verstärkten Wellengang bis zu Verlusten der dünnen Humusdecke infolge tropischer Stürme, ist doch eines klar:

> Die Behauptung, dass Südseeinseln durch den Klimawandel einfach im Meer versinken würden, ist schlicht unwahr. Sie wurde zu dem Zweck in die Welt gesetzt, Ängste zu schüren und Gelder zu akquirieren.

Propagandistisch kann man das natürlich dennoch ausnutzen. So forderte beispielsweise die Jugendorganisation der Partei *Die*

LINKE bei Demonstrationen vor dem Deutschen Bundestag im Dezember 2020 unter dem Motto »Act now or swim later« einen Hochwasserschutz für den Reichstag. Möglicherweise hat man in dieser Organisation die 2011 von Nicolas Sarkozy ausgesprochene Frage nach einem »Tsunami in Bayern« weiter untersucht und auch für Berlin eine Gefahr entdeckt (siehe dazu Seite 128).

Begeben wir uns von Kiribati aus weiter nach Osten, treffen wir auf den südamerikanischen Kontinent mit seinen ausgedehnten Urwäldern. Nach heutigem Kenntnisstand sind etwa 45 Prozent des auf der Erde vorhandenen Kohlenstoffs in Wäldern gebunden, davon allein 25 Prozent in den tropischen Urwäldern. Schauen wir uns zunächst einmal an, was diese Bäume für das Klima bedeuten.

Es ist vollkommen klar, dass die Rodung großer Waldflächen auch dann noch große Mengen CO_2 freisetzt, wenn ein signifikanter Anteil des Holzes als Nutzholz für Bauten oder Möbel eingesetzt wird. Die Wälder der Erde sind sehr ungleich verteilt, 54 Prozent der Waldfläche liegen nach Angaben der *Food and Agriculture Organization for the United Nations (FAO)* in nur fünf Staaten der Erde:[431]

» 20 % in Russland mit steigender Tendenz (vielleicht sogar noch mehr, wie wir unten sehen werden)
» 12 % in Brasilien mit fallender Tendenz
» 9 % in Kanada und 8 % in den USA, beide ungefähr konstant
» 5 % in China mit steigender Tendenz
» 4 % in der »Demokratischen Republik« Kongo, 3 % in Australien und je 2 % in Indonesien, Peru und Indien

Erstaunlicherweise sind diese Daten alles andere als präzise. Eine satellitengestützte Vermessung der Waldfläche ergab erst im Juni 2021, dass die Waldfläche Russlands vermutlich um sagenhafte 39 Prozent größer ist als zuvor angegeben.[432]

Zu Waldverlusten kommt es unter dem Strich nur in Afrika und Südamerika. Trotz sehr engagierter Aufforstungsprogramme, bei denen China an erster Stelle steht, überwiegen insgesamt die Waldverluste derzeit noch die Aufforstungen. Insbesondere unter dem aktuellen Präsidenten Jair Bolsonaro hat sich die Rodung der brasilianischen Urwälder in den vergangenen Jahren deutlich verstärkt. Glücklicherweise verlangsamt sich aber insgesamt der globale Waldverlust immer weiter. Noch 1990 wurden pro Jahr 7,3 Millionen Hektar gerodet, 2020 war es mit 3,3 Millionen Hektar weniger als die Hälfte. Das Ziel einer nachhaltigen weltweiten Waldnutzung scheint daher durchaus erreichbar.

Eigentlich hält uns nur eine Sache wieder einmal davon ab, denn der Grund für die meisten Rodungen liegt in der Gewinnung von Ackerfläche oder, ganz banal, von Feuerholz für ineffiziente offene Feuerstellen. Die meisten menschlichen Rodungen wild wachsender Wälder sind also eine direkte Folge des Bevölkerungswachstums. Auch das Festhalten an angeblich »traditionellen« Lebensweisen, etwa durch die Nutzung offener Kochstellen, schlägt übel zu Buche. Dabei sind die Industrienationen nicht ausgenommen, denn schätzungsweise werden jährlich etwa 80 Milliarden hölzerne Essstäbchen nach einmaligem Gebrauch als Müll behandelt. Auch hier haben wir aber das Schlimmste überstanden, denn weltweit geht die Nutzung von Holz aus dem Einschlag in natürliche Wälder deutlich zurück.[433]

Nun ist allerdings auch noch der umgekehrte Aspekt zu betrachten, nämlich was das Klima mit den Wäldern macht. Selbstverständlich wird beobachtet, dass sich ein Temperaturanstieg auch in vermehrtem Baumwachstum niederschlägt und darüber hinaus auch Baumwachstum in weiter nördlich und weiter südlich liegenden Regionen ermöglicht[434] oder in den gemäßigten Zonen bereits jetzt Baumwachstum in größeren Höhen erlaubt.[435] Allerdings kommt hier ein anderer Effekt hinzu, denn Bäume benötigen zunächst einmal Wasser, bevor sie zu Wäldern heranwachsen und damit auch die Speicherung von Niederschlägen in größerem Umfang ermöglichen. Ein Temperaturanstieg kann daher zunächst einmal Trockenstress erzeugen und das Baumwachstum verringern,[436] bevor sich ein neuer Artenmix ergibt, der mit den veränderten Bedingungen besser zurechtkommt.

Damit stellt sich allerdings die Frage nach der Zeit, die eine natürliche Ausdehnung des Baumbestandes benötigt. Die Daten hierzu sind aus der Vergangenheit bekannt, denn auch nach dem Ende der Eiszeiten haben Wälder die von den Gletschern freigegebenen extrem trockenen Gebiete zurückerobert: 50 bis 1000 Meter pro Jahr kann sich ein Wald aus eigener Kraft ausdehnen. Um die prognostizierten Änderungen des Weltklimas *aufzufangen,* wäre allerdings eine Ausdehnungsgeschwindigkeit von etwa fünf bis sechs Kilometer pro Jahr notwendig[437] – und die wird der Wald ohne die Hilfe des Menschen nicht erreichen.

Wälder werden unter dem Klimawandel leiden ist also durchaus ein zutreffendes Mem der Diskussion. Allerdings sollte man dazusagen, dass das nur ein temporäres Leid ist – hervorgerufen durch die größere Geschwindigkeit der menschengemachten Veränderungen, an die sich das Ökosystem Wald erst anpassen muss (siehe dazu auch die Bemerkung zur höheren Biodiversität in nicht ursprünglichen Wäldern auf Seite 323). Wälder sind jedenfalls in ihrem Gesamtbestand nicht bedroht und würden sich – nach einigen Hundert Jahren – problemlos auch mit höheren Temperaturen abfinden. Das aber zeigt uns einen Weg, aktiv zu werden, denn mit einer menschengemachten Waldwirtschaft kann diese Anpassung der Wälder unterstützt und stark beschleunigt werden. Wir haben es also, wieder einmal, in der Hand:

> Der von Menschen verursachte Klimawandel wird wesentlich dadurch bestimmt, wie wir mit Wäldern umgehen.

Auch dabei gilt es indes wieder, komplexe Rückwirkungen zu berücksichtigen. Klar ist auch: Wälder sind der ideale Puffer gegen die globale Erwärmung, denn in ihnen ist es im Sommer deutlich kühler und im Winter deutlich wärmer als in der waldfreien Landschaft.[438] Wir brauchen also Bäume in unseren Städten nicht nur zur CO_2-Absorption, sondern auch als Klimaanlagen – und es ist schlichtweg kriminell dumm von Stadtplanern, öffentliche Räume ohne Bäume zu planen.

Das Wetter ist nicht das Klima

Am 14. Juli 2021 haben Regionen im Westen Deutschlands eine – angeblich – beispiellose Wetterkatastrophe erlebt. Die Bilder aus den Nachrichtenmedien, mehr noch die von geschockten Mitbürgerinnen und Mitbürgern aufgenommenen Amateurvideos der reißenden Fluten, werden uns noch viele Jahre in Erinnerung bleiben. Kaum jemand kann sich, wenn er nicht direkt betroffen ist, den Horror einer aggressiven Natur vorstellen, die einem das sicher geglaubte Heim unter den Füßen wegspült. Nicht nur das: Manche mussten sogar erleben, dass nicht nur ihr Haus, sondern sogar das zugehörige Grundstück einfach ins Nichts verschwand. Neben den Verlusten an Menschenleben und den materiellen Schäden ist vollkommen klar, dass dieses Erlebnis zu *posttraumatischen Belastungsstörungen (PTBS)* führen wird. Im Abschnitt »Psychische Folge der Kriege« haben wir PTBS und das glücklicherweise in vielen Fällen auftretende *posttraumatische Wachstum (PTG)* im Zusammenhang mit Kriegen kennengelernt – und tatsächlich haben viele Betroffene der Unwetterkatastrophe ihr Leid mit Kriegszeiten verglichen. Fernsehbilder zeigten danach aber auch das tatkräftige Anpacken großer Teile der Bevölkerung. Der enge Zusammenhalt der Menschen, die spontane Hilfsbereitschaft und gegenseitige Unterstützung sind ganz sicher ein Zeichen für PTG, insofern wäre diese Katastrophe kaum ein Thema für dieses Buch. Allerdings kam es in diesem Kontext auch zu krassen Fehlern im Umgang mit Informationen, die uns beschäftigen müssen.

Das begann bereits im Vorfeld der Katastrophe, denn viele der professionellen Warnsysteme hatten schon frühzeitig auf die bevorstehende Entwicklung hingewiesen: Das *European Flood Awareness System (EFAS)*[439] hatte am 10. Juli auf die Möglichkeit starker Regenfälle hingewiesen, auch der *Deutsche Wetterdienst (DWD)* hatte schon am 13. Juli eine »amtliche Warnmeldung« herausgegeben, die über die *deutsche Presseagentur (dpa)* verbreitet und von vielen Zeitungen wiedergegeben wurde. Dabei wurde sogar explizit erwähnt, dass es in der Eifelregion bis zu 200 Liter Regen pro Quadratmeter geben könne. Nur wurden diese Meldungen insbesondere im öffentlich-rechtlichen Fernsehen eher heruntergespielt; dort hieß es lediglich, es könne »Starkregen« geben und »heftig schütten«. Auch während die Katastrophe ihren Lauf nahm, wurde noch gewarnt. In manchen Orten wurden die Menschen sogar auf diversen Medienkanälen und durch Hausbesuche zum Verlassen ihrer Häuser aufgefordert. Jedoch: Kaum jemand hat das ernst genommen und befolgt. An anderen Stellen hingegen wurden Warnungen durch die vor Ort Verantwortlichen eben nicht oder zu spät weitergegeben.

Die britische EFAS-Hydrologin Hannah Cloke behauptete denn auch unmittelbar nach den Überflutungen, es habe ein »monumentales Versagen« der deutschen Behörden gegeben.[440] Das ist in dieser Pauschalität nicht richtig, sondern trifft nur im Einzelfall zu. Dieser scheinbare Widerspruch lässt sich ganz leicht auflösen, denn offenbar wurde in Deutschland viel zu oft und vor den falschen Gefahren gewarnt. Dieselben Behörden hatten schon vier Jahre zuvor ein »Jahrhunderthochwasser« angekündigt, das sich nach den Worten eines jetzt Betroffenen als »Geplätscher« herausstellte. Wir haben es also mit einem »Peter-und-der-Wolf«-Effekt zu tun:

> Wenn die Verantwortlichen immer wieder ein Katastrophenszenario beschwören, das nicht eintritt, werden die Menschen beim Auftreten der realen Gefahr nachlässig und zweifeln an der Relevanz der Warnung.

Keineswegs soll das bedeuten, dass die von der Sturzflut Betroffenen eine Mitschuld an ihrer Situation tragen. Wir können im Gegenteil daraus schließen, dass sich eigentlich bei solchen Katastrophen die Suche nach den Schuldigen aus ethischen Gründen verbietet – es ist eben nicht gesagt, dass die Betroffenen es besser gehandhabt hätten als die Behörden.

Ein weiterer Aspekt der Sturzfluten ist aber im Kontext dieses Kapitels wichtig, denn das Unglück der Betroffenen wurde umgehend politisch instrumentalisiert. Die entsprechenden Statements aus verschiedenen politischen Richtungen nahmen drei Meme des Klimawandels auf:

1. Die Sturzfluten seien eine Folge des Klimawandels.
2. Solche Ereignisse würden deshalb immer häufiger auftreten.
3. Man müsse deshalb den Kampf gegen den Klimawandel intensivieren.

Bleiben wir zunächst beim ersten Mem. In den Medien wurde dazu umgehend (und wird vermutlich auch weiterhin) die »wissenschaftlich untermauerte« Behauptung wiedergegeben, dass das tatsächlich beobachtete Schmelzen des arktischen Meereises den nördlichen Jetstream außer Takt bringe und schwäche. Dieser Jetstream, ein Gürtel sehr schnell fließender Luft in etwa 10 bis 15 Kilometern Höhe, reicht um die ganze Erde. Er würde, so auch die Darstellung im Juli 2021, sich dadurch in »Schleifen« legen, die länger an einem Ort verharren und somit Wettergebiete über längere Zeit an Ort und Stelle halten. Bei dieser Behauptung handelt es sich jedoch keineswegs um einen anerkannten

Sachverhalt. Nach dem Aufkommen dieses Modells im Jahr 2018[441] zeigten 2020 der deutsche Wissenschaftler Julian Krüger und sein Team vom Forschungszentrum GEOMAR, dass die Messdaten das eben nicht hergeben.[442] Im Mai 2021 legte dann ein internationales Team bei der Jahrestagung der European Geosciences Union eine ausführliche Untersuchung vor, die einen solchen Zusammenhang ebenfalls verneint.[443]

Die vermeintlich »wissenschaftlich untermauerte« Behauptung ist damit zunächst einmal als unsicher entlarvt, aber natürlich kann man deshalb noch nicht ausschließen, dass der Zusammenhang mit dem Klimawandel besteht. Doch ist die Geschichte des scheinbar so harmlosen Flüsschens Ahr durch den Heimatforscher Karl August Seel sehr gut dokumentiert.[444] Bei einem Blick in diese Historie stellt man fest, dass das Ahrtal seit Jahrhunderten als ein stark durch Hochwasser und Sturzflut gefährdetes Gebiet gilt. Ein besonders extremes Ereignis ergab sich 1804,[445] mit dem folgenden zeitgenössischen Kommentar:[446]

1804 21. Juli Nachmittags 3 Uhr stürzte das Wasser bei einem erschrecklichen Gewitter von Norden in Strömen aus den Wolken, wodurch die Ahr und alle kleineren Bäche dergestalt gewachsen, dass hier zu Antweiler 6 Häuser, 12 Scheunen und Stallungen, 2 Oehlmühlen, 1 Schmiede fortgerissen, 8 Häuser samt soviel Scheunen und Stallungen bis an die Dächer in Sand vergraben wurden. Auf dem ganzen Ahrstrom aber sind 65 Menschen, 147 Häuser, 190 Scheunen, 20 Mühlen, 8 Schmieden, 50 Brücken, nebst vielem Vieh in den Fluten zugrunde gegangen; 428 Häuser, 269 Scheunen, 8 Mühlen, wurden gänzlich beschädigt. Dieser wilde Strom hinterliess in einer Höhe von 8, 10, ja sogar bis zu 20 Schuh hier Steinhaufen, dort einen Kot, dessen Geruch die Luft vergiftet.

Das liest sich fast genau so wie die Berichte über die Sturzflut von 2021. Am 12. und 13. Juni 1910 wiederholte sich das Ereignis.[447] Seel schreibt dazu:

In Ursache und Wirkung war das Hochwasser von 1910 eine Wiederholung des von 1804. Wie damals tobten an den Unglückstagen nach vorhergehenden, anhaltenden Regenfällen heftige Wolkenbrüche zwischen Hoher Acht und Hochkelberg. Hohe Niederschläge fielen in kurzer Zeit in den Einzugsgebieten aller von hier zur Ahr entwässernden Bäche. Wie 1804 führten vor allem der Trierbach und Adenauerbach riesige Wassermengen — geschätzt wurden 33 000 000 cbm im gesamten Einzugsgebiet der Ahr — in einer gewaltigen Flutwelle zum Hauptfluß. Dieser schwoll ebenfalls sprunghaft an und trat alles mitreißend über seine Ufer. Durch Hölzer, Baugerät und anderes Material der gerade im Bau befindlichen Eisenbahnlinie Dümpelfeld–Lissendorf wurde das Hochwasser und seine Wirkung, vor allem im oberen und mittleren Ahrtal noch verstärkt. Das mitgeschwemmte Material staute sich an allen, den Abfluß hindernden Brücke und Bauwerken, die unter dem gewaltigen Wasserdruck zerbrachen und zerstört wurden.

Keineswegs waren das die einzigen Ahr-Hochwasser. Auch vorher, zwischen diesen beiden Daten und danach ergaben sich immer wieder dieselben Abläufe. Nun könnte man argumentieren, dass ja heute Hochwasserschutz, Wasserbau und auch die Wettervorhersage viel weiter seien als vor 100 oder 200 Jahren und man darum das neue Ereignis als gefährlicher werten müsse. Das ist aber nicht ganz richtig, denn dafür gab es seinerzeit auch weniger Straßen, Infrastruktur und Besiedlung der sensiblen Bereiche. Auch die Schadenshöhe lässt nicht den Schluss zu, dass das Ereignis von 2021 irgendwie »schlimmer« war als die vorigen und darum irgendwie »beispiellos«. Selbstverständlich kostet der Bau einer modernen Brücke viel mehr als der einer einfachen Holzbrücke, und ebenso sicher ist, dass in einem heutigen Haushalt Werte zu finden sind, von denen die Menschen 1804 noch nicht einmal zu träumen wussten. Fassen wir das also zusammen:

Es gibt nicht den geringsten Anhaltspunkt dafür, dass die Sturzflut des Jahres 2021 ursächlich mit dem modernen Klimawandel zusammenhängt.

Die Katastrophe des Jahres 2021 folgt vielmehr einfach dem normalen Schema der vergangenen Jahrhunderte: Etwa einmal pro Jahrhundert gibt es eine solche Flut im Ahrtal. Ein Team um Andreas Schäfer am *Center for Disaster Management (CEDIM)* des Karlsruher Instituts für Technologie konnte außerdem nachweisen, dass bei der Bestimmung der »normalen« Hochwasserrisiken für das Ahrtal die extremen Ereignisse von 1804 und 1910 schlichtweg ignoriert wurden.[448] Nach diesen neuen Erkenntnissen war 1804 die Wassermenge sogar deutlich höher als 2021 – womit sich für die Bewertung von möglichen Hochwasser-Ereignissen in ganz Deutschland erhebliche Konsequenzen ergeben: Wir sollten etwas mehr auf die eigene Geschichte schauen und aus ihr lernen.

Ist denn nun der Klimawandel wenigstens dafür verantwortlich, dass solche Wetterextreme wie ein Starkregen häufiger werden? Das ist tatsächlich höchst wahrscheinlich und wird auch in den aktuellen Daten des IPCC vorhergesagt. Physikalisch folgt das schon aus der einfachen Tatsache, dass ein Anstieg der Durchschnittstemperaturen mehr Energie und mehr Wasserdampf in die Atmosphäre bringt. Meteorologisch ist das schon nicht mehr so einfach nachzuweisen, denn nach den allgemein anerkannten Definitionen ist Wetter das, was wir lokal und kurzfristig in der Atmosphäre bekommen. Von Klima hingegen sprechen die Fachorganisationen, wenn eine Statistik der Wetterereignisse über mehrere Jahrzehnte vorliegt, die auch alle Extreme beinhaltet. Darum hat sich in den vergangenen Jahren mit der *Attributionsforschung* ein ganz neues Feld für die Klimawissenschaftler eröffnet: Ausgefeilte Simulationen mit lang andauernden Computerläufen werden in ihren Parametern verändert und das Auftreten von Einzelereignissen beobachtet. Die Ergebnisse dieser Simulationen deuten ebenfalls in eine bestimmte Richtung, sodass sich im September 2021 auch die *World Meteorological Organization (WMO)* den Prognosen des IPCC anschloss:[449]

> Wir werden es vermutlich als Folge des Klimawandels häufiger mit solchen lokalen Wetterextremen zu tun bekommen.

In einer solchen Aussage sind aber noch diverse Unsicherheiten enthalten. Beispielsweise lässt sich bezogen auf Deutschland zwar für die Wintermonate eine Zunahme solcher Regenereignisse nachweisen, die große Wassermengen transportieren – für die Sommermonate ist aber in den *Messungen,* genau entgegen den Darstellungen mancher »Wetterexperten«, ein solcher Trend bisher gerade nicht erkennbar.[450]

Damit verbleibt noch ein drittes Mem aus der Diskussion im Juli 2021, nämlich die Behauptung, man müsse als Schlussfolgerung aus den Sturzfluten den Kampf gegen den Klimawandel erheblich intensivieren und beschleunigen. Das wiederum ist aus mehreren Gründen vollkommen unsinnig. Zunächst einmal handelt es sich dabei um eine nach logischen Kriterien unzulässige *induktive Schlussfolgerung,* bei der aus einem Einzelfall auf eine generelle Regel geschlossen werden soll (mehr Kritik dazu im Abschnitt »Hört auf die Wissenschaft?«). Darüber hinaus räumen sogar die extremsten »Aktivisten« der Klimadebatte ein, dass Deutschland nur für zwei Prozent der weltweiten klimagefährdenden Emissionen verantwortlich ist. Ob das Ziel, diese auf null zu reduzieren, nun etwas früher oder später erreicht wird, ist für den Ablauf des Weltklimas vollkommen irrelevant.

Wir nehmen das Ziel einer Reduzierung bereits jetzt sehr ernst und haben uns mit der einstimmigen Ratifizierung des Pariser Klimaschutzabkommens durch den Deutschen Bundestag auf Ziele und Abläufe verpflichtet.

Während die Unwetterkatastrophe also in ein jahrhundertealtes Schema passt, gilt das für die Hitzeextreme des Jahres 2021 sicher nicht. Kanada, Griechenland, Italien: Viele Länder der nördlichen Hemisphäre haben extreme Hitzewellen erlebt und dabei Rekorde gebrochen – *und das war genau so vorhergesagt.* Die sogenannten mittleren Szenarien des IPCC erweisen sich zunehmend als korrekt, eine Erderwärmung um etwa zwei Grad Celsius scheint möglich zu sein und wird einige Jahrzehnte anhalten (mehr dazu im nachfolgenden Abschnitt). Denn, auch dies ist wissenschaftlicher Konsens des IPCC, das Weltklima folgt den Emissionen mit erheblicher Verzögerung. Nicht einmal eine unendliche Beschleunigung aller Maßnahmen würde deshalb verhindern, dass wir vermutlich auf einige Jahrzehnte hinaus mit einem veränderten Wettergeschehen leben müssen. Und das werden wir auch nicht abwenden können, wenn ganz Deutschland plötzlich auf die Emission jeglicher Menge von Kohlendioxid verzichtet. Deutschland ist eben nicht die ganze Welt, und das Wetter ist nicht das Klima.

Medial schafft der zentrale Unterschied zwischen Wetter und Klima natürlich ein Problem, weil sich kaum ein Film drehen lässt, dessen Handlung einerseits Jahrzehnte überspannt und der andererseits unterhaltsam ist. Die meisten Dokumentarfilme zum Klimawandel sind deshalb ideologiegetrieben und verharren auf dem einen oder anderen vorgestellten Angst-Mem. In den Nachrichtensendungen und Filmen, die sich an ein größeres Publikum wenden, wird hingegen das kurzfristige Wetter in den Vordergrund gestellt und als »Beweis« für den langfristigen Klimawandel herangezogen. Ein wichtiger Vertreter dieses Genres ist der Film *The Day After Tomorrow* von Roland Emmerich aus dem Jahr 2004, in dem sich eine globale Wetterkatastrophe abspielt und innerhalb weniger Tage weite Bereiche des Planeten mit Eis bedeckt. Wie die überwiegende Anzahl der Katastrophenfilme mischt auch dieses Werk leider die platte Geschichte einer getrennten Familie hinzu, deren Mitglieder sich dann unter schwierigsten Bedingungen wiederfinden – und damit wird alles wieder gut.

Der Zusammenbruch der Zivilisation – oder nicht?

Der Klimawandel ist ein gutes Beispiel dafür, wie bereits jungen Menschen heute Zukunftsangst vermittelt wird. Werfen wir dazu einen Blick auf die Bildungspläne, die im Jahr 2021 für das Fach Geografie in der 9./10. Klasse an Gymnasien des Landes Baden-Württemberg verwendet werden sollen. Darin liest man:[451]

Die Schülerinnen und Schüler können komplexe Wechselwirkungen zwischen dem Natur- und dem Wirtschaftsraum Meer erläutern sowie nachhaltige Nutzungsmöglichkeiten des Meeres erörtern.

Das klingt hervorragend und wird dann weiter ausgeführt, indem die Begriffe »Überfischung«, »Klimawandel«, »Meeresspiegelanstieg«, »Versauerung« und »Verschmutzung« genannt werden. Die Bedeutung der Meere als Nahrungsquelle für Milliarden Menschen wird nicht thematisiert. Ebenfalls wird die Bedeutung als Transportweg für immerhin 92 Prozent der Warenmenge auf diesem Planeten nicht genannt, auch seine Rolle bei der Energieerzeugung (und sei es nur als Standort für Windenergieparks) bleibt dem Zufall überlassen. Wie anders als mit der Angst um diesen Planeten sollte eine Schülerin oder ein Schüler aus einer solchen Unterrichtseinheit herauskommen? Ein vollkommen absurdes Mem sogenannter Klima-Aktivisten, das während des Bundestagswahlkampfes 2021 zur Rechtfertigung von Hungerstreiks verwendet wurde, besagte denn auch, dass die heutige Jugend die »letzte Generation« sei.

Dass den jungen Menschen darüber hinaus reale Gefahren für unsere Zivilisation wie die im Abschnitt »Risiken für die Zivilisation« behandelten verschwiegen werden, macht diese Situation nicht besser. In der Einführung habe ich den Unterschied zwischen Gefahr und Risiko erklärt. Wer sich nur am Worst Case, also an der Gefahr orientiert, sollte besser jede Art von Sonnenlicht und jede Art von Alkoholgenuss vermeiden. Dann habe ich über alle Kapitel hinweg die Gefahren unserer Welt beschrieben. Wenige davon stellen echte Risiken dar, und die Geschichte ebenso wie die Erfahrung zeigen, dass diese Risiken durchaus zu managen sind. Für die Beurteilung des Klimawandels ziehe ich deshalb den wissenschaftlichen Konsens des IPCC heran – das ist die beste Klimawissenschaft, die wir auf diesem Planeten haben.

Es gibt auch Gegenstimmen zu diesem Vorgehen. So vertritt der ehemalige Direktor des *Potsdam-Instituts für Klimafolgenforschung (PKI)* Hans Joachim Schellnhuber die Auffassung, dass man sich beim Klimawandel am schlimmstmöglichen Fall zu orientieren habe, also ein *Worst-Case-Szenario* anzunehmen habe, und wirft dem IPCC eine »Wahrscheinlichkeitsobsession« vor. Er begründet das damit, dass beim Klimawandel die Schadenshöhe (also der Grad der Gefährdung) *nicht mehr quantifizierbar* (also unendlich), mithin die extrem geringe Eintrittswahrscheinlichkeit des Worst-Case-Szenarios unerheblich sei. Das Worst-Case-Szenario wird von den australischen Autoren David Spratt und Ian Dunlop in einem Artikel benannt. Es geht demnach um[452]

... *annihilating intelligent life or permanently and drastically curtailing its potential.*

... *Vernichtung des intelligenten Lebens oder dauerhafte und drastische Beschneidung seines Potenzials.*

Nach dieser Formulierung würden wir als Menschheit durch den Klimawandel in eine Art Grenzzustand geraten, kurz vor der

endgültigen Auslöschung und dennoch immer von dieser bedroht. Das ist die apokalyptische Vision des Klima-Verbrechers,
dem die Schlinge um den Hals liegt und der seinen Tod nur dadurch verhindern kann, dass er unter äußerster Anstrengung auf
den Zehenspitzen balanciert. Klar, dass diese »äußerste Anstrengung« das Potenzial hat, Menschen in Angst zu versetzen und zu
steuern. Und nebenbei auch Gelder und personelle Ressourcen
für weitere Warnungen dieser Art freisetzt.

In Anbetracht dessen, was das »intelligente Leben« (anzunehmen ist, dass damit wir Menschen gemeint sind) in den vergangenen 150 000 Jahren bereits überstanden hat, ist diese Vorstellung nicht zu halten. Schauen wir dazu erneut auf die Daten
des *Intergovernmental Panel on Climate Change (IPCC)*:

*In keinem einzigen Szenario des IPCC wird ein totaler wirt-
schaftlicher Zusammenbruch, ein Ende der Zivilisation oder gar
die Auslöschung des intelligenten Lebens auf der Erde prognos-
tiziert.*

Ganz im Gegenteil: Die Prognosen des IPCC sagen voraus, dass
zum Jahr 2100 die weltweite Wirtschaftsleistung um einen *Faktor drei bis sechs* größer sein wird als heute und dass selbst eine
maximale Erderwärmung um 4 °C das globale Bruttoinlands-
produkt nur um 5,4 Prozent verringern würde.[453] Die *Food and
Agriculture Organization (FAO)* der UN stellt unabhängig davon fest, dass auch bei dieser Erderwärmung die weltweite Nahrungsmittelproduktion bis zum Jahr 2050 um 30 Prozent anstei-
gen wird. Es sei denn, wohlgemerkt, dass wir in großem Umfang
auf »nachhaltige« Methoden setzen und den Einsatz von Chemikalien deutlich verringern – in diesem Falle betrüge das Wachstum »nur« 20 Prozent.[454]

Allerdings hindern die Daten des IPCC das *Umweltbundesamt (UBA)* nicht daran, anderes zu behaupten. In einer im Juni
2021 vorgestellten *Klimawirkungs- und Risikoanalyse 2021
(KWRA)* wird dargestellt, dass sich Deutschland bis zum Jahr

2100 um 5 °C erwärmen könne.[455] Diese Angaben beruhen auf dem Datensatz *Representative Concentration Pathway RCP8.5* des IPCC, der den schlimmstmöglichen Anstieg der Welttemperaturen darstellt. Die weltweit anerkannten Klimawissenschaftler Zeke Hausfather (Direktor Climate and Energy am *Breakthrough Institute)* und Glen P. Peters (Forschungsleiter des *Center for International Climate Research CICERO)* schrieben 2020 dazu in einem sehr deutlichen Artikel in der Zeitschrift *Nature:*[456]

When RCP8.5 or its successor SSP5-8.5 are deployed, they should be clearly labelled as unlikely worst cases rather than as business as usual.

Wenn RCP8.5 oder sein Nachfolger SSPS-8.5 dargestellt werden, sollten sie klar als unwahrscheinliche schlimmste Fälle dargestellt werden, nicht als Ergebnis eines Weiter-so.

Mit anderen Worten: Nicht einmal dann, wenn wir den Klimawandel überhaupt nicht bekämpfen (was sicher niemand tun wird), kommt es zu den vom Umweltbundesamt dargestellten Verhältnissen. Es ist also schlicht nicht richtig, dass das UBA das *Risiko* analysiert hat; von einem »Hört auf die Wissenschaft« kann dabei jedenfalls nicht die Rede sein.

Ein Augenöffner zu der Frage, was uns beim Klimawandel drohen oder nicht drohen könnte, ist das Buch *Apocalyse Never. Why Environmental Alarmism Hurts us All* des US-amerikanischen Umweltaktivisten und Autors Michael Shellenberger.[457] Er nimmt darin die übertriebenen Worst-Case-Annahmen systematisch auseinander und weist ihren Befürwortern Unwahrheiten, systematische Verdrehungen der Tatsachen und unethische Einflussnahme nach. Shellenberger wurde für seine Werke vielfach ausgezeichnet. Er ist einer der Reviewer der IPCC-Reports und verharmlost weder den Klimawandel noch seine Folgen. Im Gegensatz zu Thunberg oder anderen jungen Frauen, die in Deutschland als Ikonen der Klimaschutzbewegung auftreten, hat Shellenberger allerdings in Weltgegenden wie Brasilien, Nicaragua und Afrika für *Non-governmental Organizations (NGOs)* gearbeitet und kennt die Verhältnisse vor Ort genau.

Nun sind die Fakten, die Shellenberger berichtet, weder neu noch vor seinem Buch unbekannt gewesen. Dank der Ausbreitung der Informationstechnologie hat heute der größere Teil der Menschheit Zugang zum Wissen über den Klimawandel und könnte sich somit jederzeit darüber informieren, dass ein Zusammenbruch der Zivilisation nicht das Resultat sein wird. Sein Buch ist aber insofern wichtig, als damit einer der bedeutenden Aktivisten den deutlichen Schluss zieht, dass

... der Alarmismus in Bezug auf den Klimawandel eine Religion ist.

Wie traditionelle Religionen vertritt dieser »Klimawandel-Alarmismus« einen Schöpfungsmythos, den ich schon im Abschnitt »Klimakatastrophen in der Erdgeschichte« kritisiert habe: den eines statischen Ökosystems, dessen Status quo durch den Menschen aufrechterhalten werden muss. Er vertritt mit der »Acker-Wald-und-Boden«-Ideologie einen Verhaltenskodex, der jede Veränderung ablehnt. Atome und Gene dürfen darin nicht verändert werden, sowohl Kernenergie als auch Gentechnik sind somit abzulehnen. Chemie wird mit Gift gleichgesetzt, Fakten und die tatsächlichen Bedürfnisse der Menschen werden ignoriert.

Das wäre insofern kein Problem, als Religionsausübung zunächst einmal eine höchst persönliche und individuelle Angelegenheit ist, aus der sich andere Menschen ebenso wie der Staat tunlichst heraushalten sollten. Allerdings nutzen die Aktivisten des »Klimawandel-Alarmismus« die Überflutung aller anderen Menschen mit scheinbar wissenschaftlichen Informationen, um diese in Angst und Schrecken zu versetzen. Die »Thunberg-Panik« ist also ein Angriff auf die Vernunft der Menschen mit den Methoden des Information Overload, sie propagiert den Höllenmythos dieser Religion:

> Wenn ihr nicht so handelt, wie ich euch vorgebe, wird
> die Erde in zehn Jahren zur Hölle werden. Und ihr Sünder
> werdet in diesem Feuer brennen.

Gemeinsam mit traditionellen Religionen hat der »Klimawandel-Alarmismus« auch, dass er für die *Klimasünden* einen Ablass anbietet: Durch weitgehende und möglichst schmerzhafte Einschränkungen unserer Lebensweise (die wir ja während der Corona-Krise eingeübt haben), können wir dieses Fegefeuer angeblich abwenden. Das ist natürlich vollkommener Unsinn: Nicht einmal durch den vollständigen Verzicht auf alle Kraftfahrzeuge und Heizungen, nicht einmal durch einen vollständigen Lockdown Deutschlands lassen sich die kommenden Veränderungen aufhalten – ebenso wenig, wie die Selbstgeißelung die Pest-Pandemie stoppen konnte. Nicht einmal wenn man die extremen Anweisungen des Unabombers befolgen würde (den wir schon im Abschnitt »Terrorangst als Krankheit der Gesellschaft« kennengelernt haben und der uns noch einmal im Abschnitt »Wege aus der Angst« begegnen wird), ließe sich der menschengemachte Klimawandel schnell stoppen.

Auch das Mem eines CO_2-Budgets, das wir zur Erreichung eines bestimmten Ziels noch aufbrauchen dürfen, ist aus wissenschaftlicher Sicht Humbug: Weder ist das Erreichen eines bestimmten Klimaziels mit dem Einhalten dieses »Budgets« garantiert, noch wird die Nicht-Einhaltung dieses »Budgets« katastrophale Folgen haben. Darüber hinaus haben sich die Unterzeichnerstaaten des Pariser Klimaschutzabkommens auch nicht auf ein solches CO_2-Budget oder gar eine Verteilung desselben auf einzelne Staaten geeinigt. Der Staatsrechtler Dietrich Murswiek schreibt dazu in seiner vernichtenden Kritik am Urteil des Bundesverfassungsgerichtes aus dem Frühsommer 2021:[458]

Deutschland in dieser Situation in das Korsett eines fiktiven Restbudgets einzuschnüren und damit zu radikalen und sehr teuren Emissionsbegrenzungen im Inland zu zwingen, obwohl mit dem gleichen Mitteleinsatz im Ausland ein viel größerer Nutzen für das Klima erzielt werden könnte, ist kontraproduktiv und kann auch aus diesem Grunde nicht durch das Umweltschutzstaatsziel des Artikels 20a [des Grundgesetzes] geboten sein.

Wohlgemerkt: Das ist weder eine Resignation vor dem Kommenden noch eine Aufforderung, nichts dagegen zu unternehmen. Allerdings sollten wir Maßnahmen *gegen* eine Erwärmung oder *für* unseren Schutz nicht in Angst, schon gar nicht in einer Thunberg-Panik treffen, sondern rational und überlegt, mit klugen Entscheidungen.

RISIKOMANAGEMENT FÜR DAS 21. JAHRHUNDERT

In den Kapiteln dieses Buches haben wir ganz unterschiedliche Themen behandelt, vom Krieg aus Zufall bis zum Klimawandel. Nichts davon ist ungefährlich – aber so ist das nun einmal in einem Universum, das im Großen und Ganzen auf den Menschen wenig Rücksicht nimmt. Also lassen Sie uns das noch einmal systematisch zusammenfassen.

Gibt es Risiken für die Existenz unseres Planeten?

Aber natürlich, mit einer Eintrittswahrscheinlichkeit von 100 Prozent wird er zerstört werden. In spätestens 7,6 Milliarden Jahren wird sich unsere Sonne in ihrem natürlichen Lebenszyklus so weit aufgebläht haben, dass sie als Roter Riese bis über die Erdbahn hinausreicht. Zwar wird die Erde auch dann nicht komplett verschwinden, aber ihre Oberfläche wird aus geschmolzenem Gestein bestehen und jede Art von fester Struktur oder gar Leben unmöglich machen. Ein komplettes Verschwinden der Erde könnte sich auch durch die Kollision mit einem massereichen kosmischen Objekt ergeben – sagen wir, mit einem vagabundierenden Schwarzen Loch, das zufällig durch unser Sonnensystem fliegt. Die Existenz unseres Planeten ist also begrenzt – aber wie lange sie dauern wird, kann niemand sagen.

> Kriege, sogar ein Nuklearkrieg, oder der Klimawandel
> können unserem Planeten gar nichts anhaben.
> Nichts, was wir Menschen unternehmen können, ist eine
> Gefahr für den Planeten.

Gibt es Risiken für die Existenz der Biosphäre?

Aber natürlich, mit ziemlich hoher Eintrittswahrscheinlichkeit. Der Asteroid, der vor 66,04 Millionen Jahren die Dinosaurier auslöschte, hätte nur um einen Faktor 10 größer sein müssen, um durch seine Energiefreisetzung die Erde zu sterilisieren. Zur Überwachung der im Sonnensystem herumschwirrenden Körper gibt es seit der Entdeckung der wahren Ursache für das Aussterben der Dinosaurier ausgeklügelte internationale Programme. Deshalb könnte man hier beruhigend sagen: So ein *Global Killer* ist derzeit nicht in Sicht. Auch kosmische Events, wie etwa Supernova-Explosionen in der unmittelbaren galaktischen Umgebung, haben das Potenzial zur kompletten Sterilisation der Erde. Glücklicherweise ist unser Wissen über den Kosmos so weit fortgeschritten, dass wir auch diese Möglichkeit weitestgehend ausschließen können.

Das schützt uns aber einerseits nicht davor, dass kosmische Ereignisse in unserem Sonnensystem die Dinge etwas durcheinanderbringen. Der Film *Armageddon* von Michael Bay aus dem Jahr 1998 thematisiert das sehr gut, inklusive der heroischen Rettungsmission zur Sprengung des Asteroiden von »Texas-Größe«. Als problematisch könnte sich erweisen, dass wir in der Realität die Technologie zur Abwehr eines solchen Einschlags möglicherweise innerhalb von wenigen Jahrzehnten haben werden – aber eben derzeit, im Jahr 2022, noch nicht.

Denn ganz sicher ist: Der nächste Einschlag eines größeren Körpers auf der Erde wird kommen. Wir wissen nur nicht, wann und mit welcher Masse. Wollen wir uns dagegen bestmöglich absichern, benötigen wir unbedingt eine fortschrittliche Raumfahrttechnologie und können auf die Existenz von nuklearen Bomben nicht verzichten. Allerdings sollten wir diese nicht als Waffen sehen, sondern vielmehr als die gegenwärtig einzige Möglichkeit, so viel Energie freizusetzen, dass wir uns damit gegen kosmische Ereignisse schützen können.

Ebenfalls fatal für die Biosphäre könnte sich ein globaler Nuklearkrieg auswirken, bei dem alles Vorhandene an Kernwaffen eingesetzt wird. Das Risiko dafür ist in den letzten Jahren deutlich gesunken. Dennoch:

> Von allen menschengemachten Effekten kann höchstens ein globaler nuklearer Krieg die Biosphäre zerstören. Alle anderen menschengemachten Effekte, auch der Klimawandel, können die Biosphäre der Erde nicht zerstören.

Die Biosphäre hat erwiesenermaßen schon mehrfach ganz andere Ereignisse und Veränderungen überlebt. Man könnte sogar argumentieren, dass bestimmte Arten der Totalsterilisation der Erde nicht von Dauer wären. Das Rohmaterial bliebe ja möglicherweise vorhanden, und nach sagen wir 300 Millionen Jahren könnte sich neues Leben entwickeln. Das allerdings stimmt nicht ganz, denn auch unser Sonnensystem altert. Wie schon einmal erwähnt, wird sich in etwa 900 Millionen Jahren die Sonne so weit erwärmt haben, dass die Durchschnittstemperaturen auf der Erde deutlich höher sind als heute – das neue Biom müsste also eine andere Biochemie haben. Auch die Existenz unserer Biosphäre ist demnach zeitlich begrenzt.

Gibt es Risiken für die Existenz der gesamten Menschheit?

Aber natürlich. Solange wir ausschließlich auf diesem Planeten leben, würde jede der beiden oben genannten Möglichkeiten unsere Existenz als Spezies beenden. Das ist eine ziemlich große Gefahr, und auch hier sollten wir uns darüber klar werden, dass die langfristige Eintrittswahrscheinlichkeit 100 Prozent beträgt. Einer der größten Denker der letzten Jahrzehnte war der britische Physiker Stephen Hawking, der 2018 verstorben ist. Jahrzehntelang nahezu vollständig gelähmt und an den Rollstuhl gefesselt, war sein Geist dennoch frei genug, visionäre Beiträge zur Physik von Raum und Zeit zu liefern. Er befasste sich auch mit der Zukunft der Menschheit und warnte vor den Risiken, mit denen wir uns in diesem Buch befasst haben – vom Nuklearkrieg bis zum Klimawandel:[459]

Although the chance of disaster to planet Earth in a given year might be quite low, it adds up over time and becomes a near certainty in the next thousand or 10 000 years. By that time we should have spread out into space, and to other stars, so a disaster on Earth would not mean the end of the human race.

Obwohl die Wahrscheinlichkeit einer Katastrophe für den Planeten Erde in einem gegebenen Jahr ziemlich klein ist, wächst sie mit der Zeit an und wird fast zur Gewissheit in den nächsten 1000 oder 10 000 Jahren. Innerhalb dieser Zeitspanne sollten wir uns in den Weltraum ausgebreitet haben, auch zu anderen Sternen, sodass eine Katastrophe auf dem Planeten Erde nicht das Ende der menschlichen Spezies bedeuten würde.

Uns ist, wörtlich und ganz sicher, als Spezies nur eine begrenzte Zeit gegeben – *solange wir nur auf diesem Planeten leben.* Raumfahrt, und zwar bemannte Raumfahrt, hat also einen wichtigen Zweck: dafür zu sorgen, dass wir nicht mehr der realen Gefahr ausgesetzt werden, dass ein einzelnes Ereignis alle Menschen auslöschen kann.

Wie schon bei der Natur insgesamt ist aber auch hier die Frage nach dem Zustand zu stellen, den wir als »Menschheit« bezeichnen. Ist »Menschheit« das Leben in einer der westlichen Metropolen, sagen wir New York? Oder das in einer der überfüllten Städte Afrikas, sagen wir in Lagos? Oder das in einer indigenen Siedlung im Dschungel von Papua-Neuguinea? Die Behauptung, dass all dies »uns Menschen« ausmache, dass also Vielfalt schön und erstrebenswert sei, kann man nur unter großen Einschränkungen stehen lassen. Denn viele Lebensweisen in dieser Vielfalt sind nicht durch die freie Entscheidung der Betreffenden zustande gekommen, sondern basieren auf dem Mangel an Ressourcen. Das gilt übrigens für viele Bewohner New Yorks ebenso wie in Lagos, gilt für die moderne ebenso wie die indigene Lebensweise. Auch hier ist also die Annahme eines statischen Zustandes, den es zu erhalten gelte, romantischer Natur und hat nichts mit der Realität zu tun. »Menschheit« ist demnach nicht nur eine quantitative Angabe, sondern hat auch etwas mit der Qualität des Lebens und dem *Zustand* der Biosphäre zu tun.

Gibt es Risiken, die unsere Biosphäre massiv verändern können?

Aber selbstverständlich. Das ist jedoch, wie wir gesehen haben, nichts Neues, sondern geschieht permanent durch natürliche Vorgänge seit der Entstehung des Lebens auf diesem Planeten. Wir haben darüber hinaus inzwischen so viel Einfluss auf unseren Planeten, dass eine solche Veränderung auch ganz sicher durch Menschen erfolgt.

Fangen wir mit den Dingen an, die wir Menschen anrichten können: Ein Nuklearkrieg, die Freisetzung von tödlichen Giften, die Abholzung aller Wälder, die Ausrottung vieler Arten – das wären heftige Schläge für die Biosphäre. Allerdings sollten wir nicht so tun, als ob dies die einzigen oder gar größten Risiken seien. Im Abschnitt »Klimakatastrophen in der Erdgeschichte« haben wir gesehen, dass große vulkanische Ereignisse wie der Dekkan-Trapp dies in der Vergangenheit bewirkt haben, und wir kennen zwei Supervulkane, die dieses Potenzial für die Zukunft haben: Yellowstone in den USA und die Campi Flegrei (Phlegräischen Felder) vor Neapel. Es steht aber außer Frage und wird von allen wissenschaftlichen Daten gestützt, dass unsere adaptive Biosphäre sogar diese überwinden würde. Infrage steht lediglich, ob *bestimmte* Arten eine solche Krise ebenfalls überstehen würden – und das schließt uns Menschen ein.

Rein naturwissenschaftlich ist also selbst eine große Veränderung der Biosphäre gar kein Problem, sie wäre vorübergehender Natur. Allerdings kommt hier ein wichtiges Mem zum Tragen, das uns Menschen als dominanter Lebensform die *Verantwortung* für die Biosphäre zuschreibt. Dies kann man problemlos akzeptieren, mit einer wichtigen Einschränkung:

> Die Vorstellung, den gegenwärtigen Zustand der Biosphäre zu erhalten, ist eine romantisch-religiöse Ideologie, die seit dem Beginn des Lebens auf diesem Planeten mit der Realität in keiner Weise übereinstimmt.

Wir Menschen sind nicht Krone und Endziel der Schöpfung, die Welt ist nicht wie ein persönlicher Garten für uns *bereitet* worden. Diese Vorstellung ist ebenso wie die »Acker-Wald-und-Boden«-Ideologie schon deshalb hinfällig, weil sie nicht einmal in einer vorindustriellen Welt mit den Fakten übereinstimmte.

Wir sind vielmehr Teil der Biosphäre, und wie jede andere Spezies formen wir diese Welt und werden von ihr geformt. Das ist selbstverständlich nicht als Freibrief zu verstehen, alle Verhaltensmaßstäbe über Bord zu werfen und sich wie ein bösartiger Tumor zu benehmen. Ganz im Gegenteil: Daraus erwächst für uns Menschen die Verantwortung, die *Entwicklungsfähigkeit der Biosphäre* aufrechtzuerhalten. Das bedeutet insbesondere, Biodiversität zu unterstützen und Artenvielfalt möglichst zu erhalten.

Allerdings muss man auch dabei etwas genauer hinsehen – etwa bei der Frage, was eigentlich »Natur« ist. Im Abschnitt »Klimawandel in historischer Zeit« haben wir beispielsweise gesehen, dass der *Nationalpark Wattenmeer* eine Kulturlandschaft ist. Die natürliche Landschaft Mitteleuropas ist eine Waldlandschaft, in der vor allem die Buche dominierte. Buchenwälder verfügen über ein ausgeprägtes Schattenklima, leicht saure Böden und eine geringere Biodiversität als bewirtschaftete Wälder mit einem gesteuerten Artenmix.[460] Auch in vielen der großen Urwälder unseres Planeten, etwa im Kongobecken, werden große Bereiche von wenigen Arten dominiert.[461]

Die Natur ist eben nicht die sanfte und allen Lebewesen zugetane Urmutter, sondern in ihr herrscht ein gnadenloser Konkurrenzkampf der Evolution, die wiederum durch Zufall und Ziellosigkeit bestimmt wird. Je mehr die Welt zusammenwächst, desto häufiger werden in diesem Konkurrenzkampf Arten dominieren, die besser an die jeweiligen Bedingungen angepasst sind. Der US-amerikanische Journalist Charles Mann hat 2011 in seinem Buch *1493: Uncovering the New World Columbus Created*[462] gezeigt, wie massiv sich die globale Biosphäre nach der Entdeckung Amerikas durch die westlichen Zivilisationen verändert hat. Besser angepasste Arten, die bei uns in Europa einwandern, bezeichnen wir gerne als »invasiv« und täuschen uns dabei über die Dynamik dieser Biosphäre hinweg. Sie wird sich verändern, ob durch menschliche Pflege, durch Artenwanderung, durch natürliche Kreuzung oder menschliche Eingriffe wie im Abschnitt »Genetische Manipulationen höherer Lebewesen« beschrieben, spielt langfristig keine Rolle. Wir haben aber die Chance, diese Veränderung in Richtung auf bessere Lebensbedingungen für uns alle zu managen.

Dazu bedarf es nicht etwa des Verzichts, sondern wir benötigen vielmehr Innovation, kluge und abgewogene Steuerung unserer eigenen Zivilisation sowie Eingriffe in die chaotische Natur.

Risiken für die Zivilisation

Risiken für die Zivilisation gibt es zuhauf. Die bisher in diesem Kapitel aufgeführten Katastrophen könnten in einer milderen Form auftreten und unsere Ressourcen so strapazieren, dass unser Wissen und Können weitgehend verloren gehen und wir auf das Niveau von archaischen Stammesgemeinschaften zurückfallen. Es gibt eine sehr große Anzahl von Geschichten – in der Literatur ebenso wie im Film –, die sich mit solchen Endzeitszenarien befassen. Sie alle haben eines gemeinsam: Man möchte nicht in ihnen leben.

1972 erschien das Buch *The Limits to Growth* von Dennis und Donella Meadows und anderen (deutsch 1973 als *Die Grenzen des Wachstums*).[463] Im Auftrag des *Club of Rome,* einer internationalen Wissenschaftlervereinigung, hatten sie ein Simulationsmodell der Welt erstellt, in dem eine Vielzahl von kausalen Zusammenhängen zwischen Bevölkerungswachstum, industrieller Tätigkeit, Umweltverschmutzung, Ressourcenverbrauch und Nahrungsmittelproduktion berücksichtigt wurde. Beruhend auf den aktuellen Daten des Jahres 1972, prognostizierten sie einen weltweiten Zusammenbruch irgendwann um das Jahr 2050, in jedem Falle aber vor 2100. Wir würden, so Meadows et al., alle Ressourcen aufbrauchen, in der Umweltverschmutzung ersticken und schließlich nur noch auf wesentlich geringerem Niveau existieren können – in einer verarmten postindustriellen Gesellschaft. Daran würde sich zwar durch die Variation von Entwicklungsparametern vieles ändern lassen, unter anderem die Schwere und der Zeitpunkt des Zusammenbruchs – doch der generelle Ausgang eben nicht. Und es gäbe auch keine Erholung von diesem Zusammenbruch.

Das Buch öffnete vielen Menschen die Augen dafür, dass wir eigentlich über unsere Verhältnisse leben und das endliche System Erde stärker belasten, als ihm zuträglich ist. Zusammen mit vielen anderen wichtigen Büchern, die ich schon zitiert habe, waren die *Grenzen des Wachstums* einer der Auslöser für ein weltweites Umdenken und das Entstehen der weltweiten Umweltschutzbewegung.

Zwei Dekaden später erschien der Fortsetzungsband *Beyond the Limits* (deutsch als *Die neuen Grenzen des Wachstums)*,[464] in dem die Autoren zeigten, dass die Welt während der Jahre 1972–1992 im Wesentlichen der Simulation gefolgt sei. Weitere zehn Jahre später stimmte das nicht mehr. Folgt man der Studie von Meadows et al., hätten sich dann schon deutliche Vorboten des Zusammenbruchs zeigen müssen. 2002 habe ich in einem Vortrag und dem daraus entstandenen kleinen Buch die Hypothese aufgestellt:[465]

Das Internet ist der einzige Faktor von globaler Bedeutung, den es 1972 noch gar nicht gab, der 1992 noch unbedeutend war und die Welt zwischen 1992 und 2002 massiv verändert hat. Und somit den prognostizierten Zusammenbruch zunächst einmal verhindert hat.

Bis heute gibt es keine Daten, die dies widerlegen – aber eine Vielzahl von Argumenten, die diese Hypothese stützen. Wie wir im nächsten Abschnitt sehen werden, ist es dann eine Frage der Logik, an der Hypothese festzuhalten. Die Digitalisierung hat also dafür gesorgt, dass wir uns vom Katastrophenszenario wegbewegt haben.

Das sollte uns aber nicht in Sicherheit wiegen, denn die Abhängigkeiten in unserer Zivilisation sind heute noch viel komplexer als vor 50 Jahren. Allein im ersten Halbjahr 2021 gab es vier Einzelereignisse, die gänzlich unerwartete Schockwellen in dieses komplexe System geschickt haben.

» Am 8. Januar 2021 verursachte das zufällige Ansprechen eines Überstromschutzes in einem kroatischen Umspannwerk beinahe einen Zusammenbruch des gesamten europäischen Stromnetzes.[466] Für etwa eine Stunde lang haben nur die Notmaßnahmen der europäischen Versorgungsunternehmen diesen Zusammenbruch verhindert. 2013 hat der österreichische Autor Marc Elsberg in dem Buch *Blackout*[467] recht plausibel geschildert, welche massiven Auswirkungen ein zweiwöchiger Stromausfall in Europa haben würde, übrigens in dem Buch als Folge der terroristischen Verschwörung einer kleinen Gruppe, die eine »Hintertür« in spezialisierte Computerchips eingebaut hatte.

» Mitte März 2021 zerstörte ein Brand in einer Halbleiterfabrik des Herstellers Renesas im japanischen Ort Hitachinaka mehrere Produktionsstraßen für »Chips«, also für die hochintegrierten Bestandteile aller digitalen Systeme. Zusammen mit anderen Effekten löste dies einen weltweiten Chipmangel aus. Fertigungsstraßen für viele technische Geräte, etwa moderne Kraftfahrzeuge, standen als Folge auch in Europa still.

» Am 23. März 2021 sorgte ein Sandsturm dafür, dass eines der größten Containerschiffe der Welt, die *Ever Given,* ein Ufer des Suezkanals berührte, sich quer stellte und festfuhr. Es dauerte nur sechs Tage, um diese Blockade zu beseitigen – aber an jedem dieser Tage entstand für die Weltwirtschaft ein Schaden von neun Milliarden Dollar.

» Anfang Mai 2021 erfolgte ein digitaler Angriff auf eine der größten Pipelines in den USA, die *Colonial Pipeline.* Dahinter stand eine Gruppierung mit dem Namen Darkside, deren Geschäftsmodell die Erpressung von Lösegeldern nach der illegalen Verschlüsselung von Unternehmensdaten ist. Zwar hat die Gruppierung nach diesem *Ransomware*-Angriff kalte Füße bekommen und will diese Tätigkeit einstellen. Doch ergaben sich auch hier Auswirkungen des einwöchigen Ausfalls der Pipeline auf die Wirtschaft nicht nur in den USA.

Diese Beispiele aus der Realität sind aus zwei Gründen bedeutsam. Einerseits, weil man uns vor diesen Ereignissen in dieser Hinsicht noch keine Angst gemacht hat. Medienmeldungen wie

- » Alarm: Europäisches Stromnetz vor dem Ausfall wegen kroatischer Umspannwerke!
- » Gefahr: Gesamte Automobilindustrie von einer einzigen Fabrik abhängig!
- » Horror: Weltwirtschaft wegen eines blockierten Kanals vor dem Kollaps!
- » Vorsicht: Benzinversorgung von Hackern bedroht!

hat es eben bisher kaum gegeben, obwohl diese Risiken ganz offensichtlich sehr real sind. Zusammen mit den vielen Fällen von nachweislich ungerechtfertigtem Alarmismus, von denen ich in diesem Buch einige aufgeführt habe, lässt dies nur einen Schluss zu:

> Offenbar wird uns allzu häufig vor den falschen Gefahren Angst gemacht mit dem Ziel, uns zu manipulieren und zu bestimmten Handlungen zu bringen.

Der Historiker Frank Biess stellt zu Recht fest, dass dies mit einem ganz anderen sekundären Risiko verbunden ist:[468]

Lieber sollten wir uns überlegen, wovor wir uns ängstigen wollen. Denn diese Ängste könnten in der Tat die Zukunft verhindern, die sie imaginieren.

Ich habe in diesem Buch schon deutlich darauf hingewiesen, dass es vollkommen falsch ist, die noch *nicht bewiesene Ungefährlichkeit* künftiger Entwicklungen zum Maßstab des Handelns zu machen. Dazu habe ich viele Gefahren geschildert, deren Risiken beherrschbar sind. Wenn wir uns diesen Gefahren nicht aussetzen, nicht lernen, mit ihnen zu leben – dann wird uns die Zukunft nicht offenstehen. Das Universum, die Natur und der blinde Zufall nehmen keine Rücksicht auf unsere Wünsche.

Außerdem lernen wir an den konkreten Beispielen des Jahres 2021 und aus dem Nicht-Eintreten der in den *Grenzen des Wachstums* vorhergesagten Katastrophe:

> Nur weitere Forschung und neue Technologie können uns gegen negative Folgen von Technologie und Entwicklung schützen. Der einzige Weg, das Risiko für unsere Zivilisation zu verringern, besteht darin, sie wissenschaftlich und technologisch so schnell wie möglich weiterzuentwickeln.

Hört auf die Wissenschaft?

Wir sollten also »auf die Wissenschaft hören«, um uns in die Zukunft zu transportieren. Aber wie wir in den vorangehenden Kapiteln gesehen haben, sind Wissenschaftler auch nur Menschen. Sie lassen sich von Emotionen und Wünschen leiten – obwohl dies eigentlich, wie wir im Zitat auf Seite 82 gesehen haben, ihrer Ausbildung widerspricht. Dieses Spannungsfeld ist die Quelle eines der häufigsten Irrtümer der Wissenschaft, bei dem – häufig nach einer »Studie« – aus einer *Korrelation,* also dem gleichzeitigen Auftreten von Phänomenen, auf eine *Kausalität,* also einen ursächlichen Zusammenhang, geschlossen wird.

So lässt sich beispielsweise aus Statistiken sehr gut nachweisen, dass der Geburtenrückgang in Westeuropa gleichzeitig mit dem Rückgang der Storchenpopulation erfolgte. Die Schlussfolgerung, dass Neugeborene eben vom Storch gebracht werden, darf allerdings nicht gezogen werden, denn das wäre eine *induktive* Vorgehensweise. Wie man am Beispiel sieht, kann diese induktive Vorgehensweise, also das Erraten einer Kausalität, zu beliebig falschen Schlüssen führen. Typischerweise liegt das daran, dass in solchen Studien eher zu wenige Daten erhoben werden. Das kann man an dem Beispiel der Störche ablesen, denn erst unter Berücksichtigung des Faktors »Industrialisierung« kann die tatsächliche Kausalität aufgedeckt werden. Bei der Interpretation solcher statistischen Daten hilft es nicht einmal, dass ein Wissenschaftler oder eine Wissenschaftlerin mit brauchbarer Ausbildung in Wissenschaftstheorie nur sagen würde:

Der Auftritt der Substanz X in der Nahrung von Menschen korreliert mit einer Erhöhung des Krebsrisikos um Y Prozent.

Denn spätestens der nächste Politiker oder die nächste Journalistin mit eigenen Zielen wird daraus machen:

Hört auf die Wissenschaft: Substanz X in der Nahrung hat eine Erhöhung des Krebsrisikos um Y Prozent zur Folge.

Was eben mit der Faktenlage nicht notwendigerweise übereinstimmt und, schlimmer noch, ein konkretes Wirkungsmodell behauptet. Insbesondere »Studien«, die nur statistische Korrelationen liefern können und keine Untersuchung des Wirkmechanismus beinhalten, verleiten also zur Bildung falscher Modelle und Theorien.

Das soll nun den Begriff der »Studie« nicht generell diskreditieren, denn im Gegensatz zum obigen Beispiel reicht eine einzelne Studie mit dem Ergebnis *Der Auftritt der Substanz X in der Nahrung von Menschen korreliert nicht mit einer Erhöhung des Krebsrisikos* sehr wohl aus, um die behauptete generelle Regel zu widerlegen. Diese Asymmetrie ist Bestandteil der klassischen Logik. Der griechische Philosoph Aristoteles hat vor mehr als 2000 Jahren als erster auf den Unterschied zwischen *induktiver Schlussweise* (Ableitung einer allgemeinen Regel aus Einzelfällen) und dem *deduktiven Schließen* (Vorhersage des Einzelfalls aus der allgemeinen Regel) hingewiesen. Auch wenn die induktive Schlussweise seit Mitte des 20. Jahrhunderts sehr kritisch gesehen wird, verfallen ihr doch sehr viele Menschen. Gerade während der Corona-Pandemie wurde uns dies deutlich vor Augen geführt, indem weitreichende Grundrechtseinschränkungen aufgrund halb verstandener Korrelationen eingeführt worden sind.

Das wäre nicht notwendigerweise ein Fehler, wenn bei den Verantwortlichen eine wichtige Einsicht hinzukäme: Wissenschaft liefert niemals endgültige Resultate, sondern ist ein Prozess, in dem sich induktive und deduktive Methoden abwechseln und ergänzen:

Theorie → *deduktive Vorhersage von Ergebnissen* →
Experiment → *induktive Hypothesenbildung* → *Theorie*

In diesem Kreisprozess kann es durchaus vorkommen, dass man mit der induktiven Hypothesenbildung falschliegt, aber dann wird sie eben durch die Erfahrung widerlegt und muss verbessert werden. Beispielsweise kann man natürlich *annehmen,* dass das Ansteckungsrisiko mit dem Coronavirus SARS-CoV-2 im öffentlichen Personennahverkehr höher ist als im eigenen Pkw.

Wenn dann eine mit zwei Millionen Euro geförderte »Studie« das Ergebnis liefert, dass dies nicht der Fall ist, muss eigentlich die korrekte logische Schlussfolgerung lauten, dass die getroffene Annahme falsch ist. Tatsächlich aber wurde, je nach persönlicher Interessenlage der Kommentatoren dieser »Studie«, entweder ihre Validität angezweifelt oder das Ergebnis als Beleg für die Wirksamkeit von Schutzmaßnahmen im öffentlichen Nahverkehr interpretiert. Beides ist Humbug auf dem Niveau der »Wissenschaft« in Micky-Maus-Heften.

Echte Wissenschaft zeichnet sich dadurch aus, dass ihre Ergebnisse immer kritisierbar sein müssen, und eigentlich müsste die korrekte Handlungsanweisung lauten:

Hört auf die Wissenschaft – und zwar auch dann, wenn sie ihre Ergebnisse selbst wieder infrage stellt.

330

Fortschrittsglaube – aber nicht naiv

Ich bin mir ganz sicher, dass manche Leserin und mancher Leser dieses Buch mit einem leichten Schaudern beiseitelegen werden – schließlich argumentiert es für Kernenergie, Gentechnik und bemannte Raumfahrt; bezeichnet den Alarmismus in Sachen Klimawandel als eine Religion und plädiert für einen rationaleren Umgang mit Nahrung und Pandemien. Ist das nicht ein naiver Fortschrittsglaube, der spätestens seit den 1970er-Jahren vollkommen überholt sein sollte? Nein, ist es nicht.

» Kernenergie stellt eine Gefahr dar – aber ein geringes Risiko. Die Menschheit muss (und wird) dieses Risiko eingehen, um ihren ökologischen Fußabdruck zu verringern und schlimme Auswirkungen des Klimawandels zu vermeiden. Und es ist ganz sicher, dass man dabei das bestehende Risiko durch Forschung und Entwicklung weiter minimieren wird. Eine Renaissance der Kernenergienutzung wird daher ganz bestimmt kommen – im Zweifelsfall ohne Deutschland. Aber dafür mit vielen Kernkraftwerken rundherum, deren Energieüberschuss man gut nach Deutschland verkaufen kann. Die in Deutschland herrschende Angst vor »Atomen« ist in weiten Bereichen irrational und beruht auf einer romantischen »Acker-Wald-und-Boden«-Ideologie und der Tatsache, dass wir einmal als nukleares Schlachtfeld ausersehen waren.

» Gentechnik stellt eine Gefahr dar – aber ein geringes Risiko. So hat uns die Corona-Pandemie gezeigt, dass wir mit der Gentechnik die schärfste Waffe gegen Krankheiten haben. Die irrationale Angst vor Gentechnik, die von der romantischen »Acker-Wald-und-Boden«-Ideologie befeuert wird, hat Impfverzögerung und Impfverweigerung hervorgerufen, Hunderttausendfaches Leid und immense wirtschaftliche Schäden verursacht. Außerdem stellt Gentechnik die einzige Möglichkeit dar, unseren ökologischen Fußabdruck bei der

Produktion von Nahrungsmitteln zu verringern. Ferner müssen wir uns endlich der Diskussion stellen, wie viel von unserer Essenz als Menschen tatsächlich in den Genen steckt. Die bisherige Praxis, erkannte genetische Vorteile zu bestrafen und den Ausgleich genetischer Nachteile zu verweigern, kann nicht länger Bestand haben. Wir sind keine »normierten« Menschen.

» Der Planet Erde und seine Biosphäre sind kein sicherer und statischer Ort, der möglichst bequem für uns Menschen bereitgestellt wurde. Nukleare Abläufe mit gewaltigen Energien umgeben uns im Kosmos ebenso wie im Erdinneren, die Biosphäre ist ein extrem dynamisches System mit einer immer weitergehenden Evolution.

» Bemannte Raumfahrt ist nicht zwecklos und kann nicht durch Roboter ersetzt werden. Ein langfristiges Überleben der menschlichen Zivilisation ist nur möglich, wenn wir uns auf mehr als einem Himmelskörper dauerhaft eingerichtet haben.

» Unsere Nahrung, unsere Atemluft und unser Wasser sind heute nicht giftiger, schmutziger und gefährlicher als früher, sondern im Gegenteil gesünder und sauberer als während der meisten Zeit unserer Zivilisation.

» Der Klimawandel ist keine zukünftige Gefahr mehr, auch kein zukünftiges Risiko – sondern hat schon längst begonnen und wird ganz sicher noch einige Jahrzehnte weitergehen. Wir haben ihn vor etwa 10 000 Jahren begonnen, doch ist vollkommen unklar, ob wir seine schlimmsten Auswirkungen erst noch vor uns oder schon überstanden haben. Für die Staaten des »globalen Nordens« steht außer Frage, dass Letzteres der Fall ist. Doch in den Staaten des »globalen Südens« belastet das Bevölkerungswachstum die ökologischen und ökonomischen Systeme so immens, dass mit schlimmen Katastrophen zu rechnen ist. Entscheidend ist in dieser Situation der Welt, dass wir *eben nicht* in eine irrationale Thunberg-Panik verfallen, sondern den kommenden Problemen möglichst rational und unter Konzentration unserer Ressourcen begegnen.

Woher diese Ressourcen kommen, sollten wir uns noch einmal in Erinnerung rufen. Der US-amerikanische Kognitionswissenschaftler Steven Pinker legt in seinem Buch *Enlightenment Now: The Case for Reason, Science, Humanism and Progress*[469] dar, dass wir noch im Jahr 1800 in einem ganz anderen Zustand waren:

The average income was equivalent to that in the poorest countries of Africa today (about $500 in international dollars) and about 95 percent of the world lived in what counts today as »extreme poverty« (less than $1,90 a day).

Das Durchschnittseinkommen war äquivalent dem in den ärmsten Ländern des heutigen Afrika (etwa 500 Internationale Dollar)[470] und 95 Prozent der Welt lebte in dem, was wir heute als »extreme Armut« ansehen (weniger als 1,90 Internationale Dollar).

Die industrielle Revolution habe uns, so Pinker, in einem *Great Escape* (Großen Entkommen) den Weg aus dieser Armut gewiesen. Der entscheidende Faktor dabei ist aber nicht, dass wir einfach nur Wohlstand angehäuft haben, sondern dass die industrielle Revolution für jeden einzelnen Menschen den Zugang zu Ressourcen dramatisch vereinfacht und verbilligt hat.

Michael Shellenberger, den ich in diesem Kapitel schon zitiert habe, führt dafür das Beispiel der künstlichen Beleuchtung an, die sich seit 1800 um einen sagenhaften Faktor 5000 verbilligt habe.[471] Wenn man die Technikgeschichte der Beleuchtung etwas genauer anschaut, stellt man auch schnell fest, dass die Beleuchtungsmethoden der Vergangenheit erhebliche Schäden an der Biosphäre verursacht haben und in hohem Maße gesundheitsschädlich waren. Beispielsweise stellten *Walrat,* eine wachsartige

Substanz aus dem Kopf von Pottwalen, und das aus dem Fett der Wale gewonnene *Walöl* weitverbreitete Brennstoffe und chemische Rohstoffe dar. Walöl wurde zur Margarineherstellung verwendet (siehe auch Seite 177) und galt als unverzichtbar für die Herstellung von Sprengstoffen, sodass sich bis etwa 1930 ein dramatischer Rückgang der Walpopulationen ergab – danach wurde es durch Palmöl ersetzt. Über Palmöl könnte man ein weiteres Kapitel schreiben, weil dafür Wälder gerodet und durch Monokulturen ersetzt werden; hier wollen wir uns aber auf die Beleuchtung konzentrieren.

Es folgten Gasleuchten, Glühlampen und erst in den letzten 25 Jahren die *Light Emitting Diode (LED)* als Mittel zur Beleuchtung. Der Effekt der Lichtaussendung aus Halbleitern war zwar schon 1907 aufgefallen, doch lieferte erst der russische Wissenschaftler Oleg W. Lossew 1921 eine Erklärung dafür. Und es dauerte noch einmal 40 Jahre, ehe 1962 die ersten industriell gefertigten rot leuchtenden LEDs auf den Markt kamen; massentaugliche blaue LEDs sind erst seit 1993 verfügbar. Die drei japanischen Wissenschaftler Isamu Akasaki, Hiroshi Amano und Shuji Nakamura erhielten für diese Entwicklung 2014 den Nobelpreis für Physik. Entscheidend dabei ist: Jeder dieser Entwicklungsschritte erforderte noch ausgefeiltere Technologien und verringerte gleichzeitig die negativen Einflüsse der bisherigen und aktuellen Technologien auf die Umwelt.

Es gibt eine Vielzahl von weiteren Beispielen dafür, dass der technische und wissenschaftliche Fortschritt uns überhaupt erst in die Lage versetzt hat, über Fragen der Nachhaltigkeit zu sinnieren. Für den größten Teil der Menschheitsgeschichte bestand die einzig mögliche Reaktion auf die Übernutzung von Ressourcen in der Suche nach Ersatz und der Anpassung an neue Verhältnisse.

Wege aus der Angst

In diesem Buch habe ich mich auf vergleichsweise wenige Meme konzentriert. Natürlich unterliegen die modernen Angst-Themen einem zeitlichen Wandel. So etwa bewirkte die Stabilisierung der nuklearen Bedrohung nach der im Abschnitt »Krieg durch Zufall« behandelten Kuba-Krise einen deutlichen Rückgang der Befürchtungen vor einem nuklearen Krieg bis zum Beginn der 1980er-Jahre – und zwar ohne dass damals bekannt gewesen wäre, wie nahe wir der Katastrophe wirklich waren.

Es steht außer Frage, dass wir zahlreiche weitere Ängste von Menschen, die sich gesellschaftlich auswirken, nicht behandelt haben. Als Beispiel können die sehr realen Ängste vor Jobverlust und sozialem Abstieg dienen. Allerdings werden diese manchmal überschätzt. So ist in einer kürzlich durchgeführten Umfrage die Angst vor einem Jobverlust auch mitten in der Corona-Krise mit »nur« 13 Prozent der Befragten sehr gering gewesen.[472]

Solche Ängste konnten auch erfolgreich überwunden werden. Als gutes Beispiel dafür kann die *Digitalisierung* dienen, früher als *Automatisierung* bezeichnet. Gegen Ende der 1950er-Jahre herrschte in Deutschland eine aufgeregte Debatte darüber, was die Automatisierung als logische Nachfolgerin der *Rationalisierung* der Vorkriegsjahre der Welt bringen würde. Die Prognosen reichten von »Massenarbeitslosigkeit und Elend«[473] bis zur »Gefahr für Freiheit, Familie und menschliche Beziehungen«.[474] Die seinerzeitige Intensität der Debatte kann man durchaus mit der heutigen Diskussion um das Thema Luftverschmutzung vergleichen. 2021 sieht die Realität allerdings anders aus, denn nur ein kleiner Teil der deutschen Beschäftigten befürchtet einen Verlust des Arbeitsplatzes aufgrund der Digitalisierung – obwohl die Mehrheit von einer starken Veränderung der Arbeitswelt ausgeht.[475] Offenbar akzeptieren die meisten Menschen derzeit die Digitalisierung als Chance für die Zukunft und fürchten sie nicht mehr als Bedrohung ihrer Existenz. Das kann man in Form einer gelehrten Hypothese gießen:

> Die digitalen Vorteile für alle Lebensbereiche, die sich insbesondere durch die Verbreitung von Smartphones in der Gesellschaft ergeben haben, sind die Ursache dafür, dass die Angst vor der Automatisierung überwunden wurde.

Man kann es aber auch pragmatischer ausdrücken: Die Menschen in Deutschland haben keine Angst mehr davor, dass der Computer sie überflüssig machen würde. Sie ärgern sich vielmehr darüber, wie langsam das Internet an ihrem Wohnort ist.

Häufig stehen diese individuelleren Ängste mit den großen Angst-Memen in Zusammenhang. So etwa entwickelt sich gerade in Deutschland eine sehr reale Bedrohung der Zukunft junger Familien durch den dramatischen Anstieg der Preise für Wohneigentum. Die Preise für neue Wohnimmobilien sind allein im Zeitraum von 2015 bis 2021 um 33 Prozent gestiegen,[476] und zum Teil ist dieser Anstieg auf die unrealistischen Ziele der Klimaneutralität zurückzuführen. So etwa will die 2021 ins Amt gewählte grün-schwarze Landesregierung Baden-Württembergs für Neubauten ab 2022 die Pflicht zum Einbau einer Solaranlage gesetzlich verankern, die neue Bundesregierung hat ebenfalls solche Ambitionen. Vaclav Smil, der bereits im Abschnitt »Energiewende – oder die Zukunft der Kernenergie« zitierte Vordenker der weltweiten Energieerzeugung, kommentierte schon 2018 die deutsche Fixierung auf Solarenergie ziemlich sarkastisch als:[477]

True German engineering: the nation doubled its hypothetical capacity to create electricity but has gotten minimal environmental benefit.

Wahrhaft deutsche Ingenieurskunst: Das Land hat seine hypothetische Kapazität zur Erzeugung von Elektrizität verdoppelt, aber nur minimale Vorteile für die Umwelt erzielt.

Als Betreiber sowohl einer Fotovoltaikanlage als auch einer solarthermischen Anlage kann ich ihm nur beipflichten. In einer Toplage können wir zwar unseren elektrischen Energieverbrauch durch Solarenergie weitgehend decken. Eine Deckung des Gesamtenergieverbrauchs durch Solar- und Windenergie ist aber jenseits der Möglichkeiten, die wir in Deutschland haben.

Automatisierung und Atome wurden noch vor 50 Jahren in einem Atemzug genannt, sie galten als die Zeichen des »neuen Zeitalters«. Carl-Friedrich von Weizsäcker, den wir im Abschnitt »Der Weg zur Bombe« als engagiertes Mitglied der deutschen Uranforschung und späteren Gegner der nuklearen Rüstung kennengelernt haben, sah durchaus die Risiken dieses Zeitalters. In seinem Buch *Wege in der Gefahr*[478] setzte er sich 1976 als Gründungsdirektor des *Max-Planck-Instituts zur Erforschung der Lebensbedingungen der wissenschaftlich-technischen Welt* sehr eindringlich mit der Frage auseinander, wie man die rapide herannahenden Umwälzungen in den Griff bekäme. Die Kompetenz dieses Instituts in technischen Fragestellungen ging jedoch 1980 mit seinem Eintritt in den Ruhestand zurück. Auch sein Nachfolger Jürgen Habermas konnte den Niedergang in seiner sehr kurzen Amtszeit nicht aufhalten, sodass es 1984 geschlossen wurde.

Mit Erhard Eppler setzte 1981 ein weiterer Vordenker unserer Zeit diesem Ansatz die *Wege aus der Gefahr*[479] entgegen. Dieses Buch kann als ein weiteres Gründungsdokument der Umwelt- und Friedensbewegung gesehen werden. Allerdings bleibt es in mancher Hinsicht dem verhaftet, was ich in den vorangehenden Kapiteln mehrfach kritisiert habe: einer unscharfen Definition dessen, was eine *Gefahr* wirklich bedeutet. Halten wir das noch einmal deutlich fest:

Um diese Gefahren loszuwerden (und somit wirklich einen Weg
aus der Gefahr zu finden), müssten wir uns für eine vorwissen-
schaftliche, vorindustrielle Gesellschaft entscheiden. Dieses Ziel
hat der verbrecherische Unabomber Ted Kaczynski, den wir
schon im Abschnitt »Terrorangst als Krankheit der Gesellschaft«
kennengelernt haben, in seinem Manifest als Punkt 206 formuliert:[480]

206. *With regard to revolutionary strategy, the only points
on which we absolutely insist are that the single overriding goal
must be the elimination of modern technology, and that no other
goal can be allowed to compete with this one.*

206. *Hinsichtlich einer revolutionären Strategie sind die einzigen Punkte, auf denen wir absolut bestehen müssen, dass das
ausschlaggebende einzige Ziel die Vernichtung der modernen
Technologie sein muss und dass keine anderen Ziele daneben
bestehen sollen.*

Ich unterstelle keiner politischen Gruppierung von irgendeiner
Bedeutung, dass sie dieses Ziel ernsthaft verfolgt. Denn es ist eindeutig klar, dass sich die damit verbundenen Nachteile nicht vermeiden ließen: Neben einer kurzen Lebensspanne aller Menschen wären wir allen Naturkatastrophen und sogar den
einfachsten Krankheiten hilflos ausgeliefert.

Mehr noch: Der Hauptgrund, warum ich in diesem Buch an
vielen Stellen weit in der Menschheitsgeschichte zurückgegangen
bin, ist die Dokumentation der fehlenden *Stabilität* und *Nachhaltigkeit* einer vorindustriellen Gesellschaft. Die vorindustriellen, vorwissenschaftlichen Gesellschaften waren Umweltver-

schmutzer, Klimakiller und rücksichtslose Ausbeuter des Planeten Erde. Keineswegs lebten sie, wie uns die »Acker-Wald-und-Boden«-Ideologie weismachen will, im Einklang mit der Natur. Darüber hinaus waren diese Gesellschaften auch den aggressiven Bestrebungen ihrer Mitmenschen ausgesetzt, die sich einfach nicht in das Schema der glücklichen, in Harmonie lebenden Menschheit der »Acker-Wald-und-Boden«-Ideologie einfügen wollten. Erst seit 200 Jahren haben wir, wie Steven Pinker und viele andere feststellen, die Möglichkeiten zum *Großen Entkommen* aus dieser Situation. Es geht uns deshalb heute, in der modernen Zivilisation, besser als jemals zuvor in der Menschheitsgeschichte.

Einen Weg aus der Gefahr gibt es also nicht, wir müssen diese akzeptieren und mit ihr leben. Es gibt aber *Wege aus der Angst,* die wir beschreiten können. Dazu müssen wir Wissen und Fähigkeiten nutzen, um die Risiken hinter den Gefahren zu erkennen und zu minimieren. Ob es sich nun um Atome, Gene, Pandemien, Gifte oder den Klimawandel handelt: Der Weg, die damit verbundenen Risiken zu erkennen und zu verringern, ist nicht Verzicht, denn Verzicht bedeutet, sich dem Zukunftsschock zu ergeben.

> Den Zukunftsschock zu überwinden heißt, unser Wissen und unsere Fähigkeiten zu erweitern.

Wichtig ist deshalb, dass wir uns vor den Gefahren keine Angst *machen lassen,* sondern an jeder Stelle den wissenschaftlichen Konsens nachfragen und einfordern, der sich aus der Vielfalt der wissenschaftlichen Meinungen ergibt. Die noch *nicht bewiesene Ungefährlichkeit* kommender Ereignisse, die uns am Jahresende 2021 das Leben schwer macht, darf nicht zum Maßstab unseres Handelns werden. Wir müssen Wissenschaft als Prozess begreifen, der Irrtümern und Fehlern unterliegt und uns nur in der Summe seiner multidisziplinären Ergebnisse voranbringt.

Das erfordert Mut, auch den Mut, einmal getroffene politische Entscheidungen so zu hinterfragen, wie sich die Wissenschaft immer wieder selbst hinterfragt. »Hört auf die Wissenschaft« heißt also auch, den Weg der Menschheit immer wieder an die aktuellen Erkenntnisse anzupassen – und dabei mit Innovationen voranzuschreiten, nicht mit Verzicht und Buße rückwärtszugehen. Die Überwindung der Angst wird uns in die Freiheit führen, in ein für alle Menschen gleichermaßen lebenswertes Leben.

PERSONENREGISTER

LITERATURVERZEICHNIS UND KOMMENTARE

Viele der in diesem Verzeichnis aufgeführten Quellen sind frei verfügbar im Internet zu finden. Für alle diese ist das Abrufdatum jeweils im Zeitraum Februar bis Dezember 2021. Ich habe mir erspart, dieses Abrufdatum jeweils einzeln zu notieren.

Bei anderen Publikationen habe ich versucht, soweit möglich, einen Digital Object Identifier (DOI) anzugeben, die Quelle für den doi: xxx finden Sie unter https://www.doi.org/xxx

INFORMATION OVERLOAD

1   Simon, H. A.: *A Behavioral Model of Rational Choice*. The Quarterly Journal of Economics, Vol. 69, No. 1 *(1955)*, p. 99–118

2   Christensen-Szalanski, J. J.: *Problem solving strategies: A selection mechanism, some implications, and some data. Organizational Behavior & Human Performance*, 22(2), p. 307–323. doi:10.1016/0030-5073(78)90019-3

3   Iyengar, S.; Lepper, M.: *When Choice is Demotivating: Can One Desire Too Much of a Good Thing?* Journal of Personality and Social Psychology 79(6) (2001) p. 995-1006, doi:10.1037/0022-3514.79.6.995

4   Henning, P.: *Netzwelten. Zur Notwendigkeit einer Internetkultur*. Reihe Herrenalber Forum Nr. 33, Evangelische Akademie Baden 2003

5   Osnos, E.: *Choking on Choices*. The Chicago Tribune, 7. September 1997. https://www.chicagotribune.com/news/ct-xpm-1997-09-07-9709070121-story.html

6   Schwartz, B.: *The Paradox of Choice: Why More Is Less*. Harper Perrenial, 2005, p. 399

7   Chernev, Alexander: *Product Assortment and Individual Decision Processes*. Journal of personality and social psychology, 85 (2003) p. 151–162. doi:10.1037/0022-3514.85.1.151

8   Simon, H. A.: *Rational choice and the structure of the environment*. Psychological Review, 63(2), (1956) p. 129–138. doi:10.1037/h0042769

9   Payne, J. W. et al.: *Adaptive strategy selection in decision making*. Journal of Experimental Psychology: Learning, Memory, and Cognition, 14(3), (1988) p. 534–552. doi:10.1037/0278-7393. 14.3.534

10 Payne, J. W. et al.: *The Adaptive Decision Maker*. Cambridge University Press 1993

11 Henning, P.: *Wenn Bagdad brennt und Columbia explodiert*. das baugerüst, Zeitschrift der Evangelischen Jugendarbeit in Bayern Nr.3 (2003) p. 28–31

12 Toffler, A.: *Future Shock*. Random House, New York 1970; dt. *Der Zukunftsschock*, Goldmann Sachbuch

13 De Montesquieu, C. L. (1748): *De l'esprit des loix,* dt. Vom Geist der Gesetze. Reclam, 1994

14 Arendt, H.: *Elemente und Ursprünge totalitärer Herrschaft*. Piper, München 1991, p. 715

15 Schredelseker, K.: *On the Value of Information in Financial Decisions – A Simulation Approach*. U Innsbruck 2001

16 Pfeifer, C.; Schredelseker, K., et al.: *On the negative value of information in informationally inefficient markets: Calculations for large number of traders*. European Journal of Operational Research, Vol. 195, No. 1 (2009) p. 117–126 doi:10.1016/j.ejor.2008.01.015

17 Dawkins, R.: *The Selfish Gene*. Oxford University Press 1976. Dt. als *Das egoistische Gen*, Springer, Heidelberg 1976

18 Biess, F.: *Republik der Angst. Eine andere Geschichte der Bundesrepublik*. Rowohlt, Hamburg 2019

19 Pinker, S.: *Enlightenment Now – The Case for Reason, Science, Humanism and Progress*. Viking, New York 2018

20 Thukydides: *Der Peloponnesische Krieg*. Reclam 2000

KRIEG UND TERROR

21 Goodall, J.: *The chimpanzees of Gombe: patterns of behavior*. Belknap Press of Harvard University Press, 1986

22 Goodall, J.: *Through a Window: My Thirty Years with the Chimpanzees of Gombe*. Houghton Mifflin Harcourt, 2010

23 *Sicherheitsreport;* https://www.sicherheitsreport.net/sicherheitsreport2020/, entsprechend für andere Jahre

24 CNN Berichterstattung vom 11. September 2001; https://www.youtube.com/watch?v=4iwlFFM3DDQ

25 Verlängerung des Ausnahmezustandes vom 12. September 2001; https://www.whitehouse.gov/briefing-room/presidential-actions/2021/09/09/notice-on-the-continuation-of-the-national-emergency-with-respect-to-certain-terrorist-attacks/

26 Bolton, J.: *The Room where it happened*. Simon & Schuster New York 2020, p. 133

27 Guantanamo Stand 2018, New York Times, 16.September 2019. https://www.nytimes.com/2019/09/16/us/politics/guantanamo-bay-cost-prison.html

28 Aust, S.: *Ein Krieg der Lügen*. Die WELT, 11.9.2021 https://www.welt.de/politik/ausland/plus233664616/9-11-und-seine-Folgen-Ein-Krieg-der-Luegen.html

29 Beschreibung des Bildes »Die Vier Reiter der Apokalypse« von Albrecht Dürer, https://www.albrecht-duerer-apokalypse.de/sein-werk/die-apokalypse/apokalyptische-reiter/

30 Morgan, T. E.: *Plague or Poetry? Thucydides on the Epidemic at Athens*.

Transactions of the American Philological Association. Vol. 124 (1994) p. 197–209

31 Namouchi, A. et al.: *Integrative approach using Yersinia pestis genomes to revisit the historical landscape of plague during the Medieval Period*, Proceedings of the National Academy of Sciences of the US, PNAS December 11, 2018 115 (50) E11790-E11797. doi:10.1073/pnas.1812865115

32 Hacker, J. D.: *A Census-Based Count of the Civil War Dead. Civil War History*. The Kent State University Press, Vol. 57, No. 4, December 2011, pp. 307–348, doi:10.1353/cwh.2011.0061

33 Schroeder-Lein, G. R.: *The Encyclopedia of civil war medicine*. Routledge 2015

34 Klein, A.: *Die Kosten des Terrors*. Analysen und Argumente Nr. 41, Konrad Adenauer Stiftung 2007

35 Bush, G. W. (2001): *Address to the Nation*, https://www.americanrhetoric.com/speeches/gwbush911addresstothenation.htm

36 Crawford, N. C.: *Human Cost of the Post-9/11 Wars: Lethality and the Need for Transparency*. Brown University 2018, https://watson.brown.edu/costsofwar/files/cow/imce/papers/2018/Human%20Costs %2C%20 Nov%208%202018%20CoW.pdf

37 Body Count des IPPNW http://www.ippnw.de/commonFiles/pdfs/Frieden/BodyCount_internationale_Auflage_deutsch_2015.pdf

38 Crawford, N. C.: *United States Budgetary Costs and Obligations of Post-9/11 Wars through FY2020: $6.4 Trillion*. Brown University 2019; https://watson.brown.edu/costsofwar/files/cow/imce/papers/2019/US%20Budgetary%20Costs%20of%20Wars%20November%202019.pdf

39 Geissler, E.: *Biologische Waffen – nicht in Hitlers Arsenalen: biologische und Toxin-Kampfmittel in Deutschland von 1915 bis 1945*. LIT Verlag, Münster 1998, p. 341

40 Bärnighausen, T. W.: *Medizinische Humanexperimente der japanischen Truppen für biologische Kriegsführung in China, 1932–1945*. Dissertation, Heidelberg 1998

41 Domagoj, V.: *Operation Vegetarian: in 1942, the British planned on killing millions of Germans by dropping anthrax onto their pastures*. The Vintage News, 10. Januar 2018

42 Inglesby, T. V. et al.: *Anthrax as a Biological Weapon*. Journal of the American Medical Association. Vol 18, No. 81, 1999, pp.1735–1745, PMID 10328075

43 Read, T. D., Salzberg, S. L., Pop, M.: *Comparative Genome Sequencing for Discovery of Novel Polymorphisms in Bacillus anthracis*. Science 14 Jun 2002: Vol. 296, Issue 5575, p. 2028-2033 doi:0.1126/science. 1071837

44 Ivins, Bruce E.: Patente Nr. 6316006 (2001; Asporogenic B anthracis expression system) und Nr. 6387665 (2002; Method of making a vaccine for anthrax)

45 Charroux, R.: *Histoire inconnue des hommes depuis cent mille ans*. France Loisirs, Paris 1995

46 Milzbrandausbruch 2016: http://siberiantimes.com/other/others/news/n0691-40-now-hospitalised-after-anthrax-outbreak-in-yamal-more-than-half-are-children/

47 Milzbrand durch Heroin: https://www.welt.de/gesundheit/article5909373/ Acht-Tote-durch-Milzbrand-verseuchtes-Heroin.html

48 Rede des US-Außenministers Colin Powell vor dem Sicherheitsrat der Vereinten Nationen, 3. Februar 2003; https://2001-2009.state.gov/secretary/former/powell/remarks/2003/17300.htm

49 Convention on the Prohibition of the Development, Production and Stockpiling of Bacteriological (Biological) and Toxin Weapons and on their Destruction, https://ihl-databases.icrc.org/applic/ihl/ihl.nsf/Treaty.xsp?documentId= BACF97285A9CB2A2C12563CD002D6C88&action=openDocument

50 Krüger, D. (Hrsg.): *Schlachtfeld Fulda Gap. Strategien und Operationspläne der Bündnisse im Kalten Krieg.* Schriftenreihe Point Alpha. Bd. 2., Parzeller, Fulda 2014

51 Clancy, T.: *Red Storm Rising.* Putnam Adult 1986, dt. als *Im Sturm,* Goldmann 1986

52 Anderson, P.: *King of the »Techno-Thriller«.* In: The New York Times Magazine. 1. Mai 1988; https://www.nytimes.com/1988/05/01/magazine/king-of-the-techno-thriller.html

53 Outlaw, L. B.: *Red Storm Rising – A primer for a future conventional war in Central Europe.* In: United States Army War College. Carlisle Barracks, Pennsylvania. 27. Mai 1988

54 Augstein, R. et al.: *Roter Schnee. Krieg zwischen Russland und China?* Titelstory zur Einleitung einer Artikelserie, Der SPIEGEL Nr. 6 (1970), 1.2.1970, https://www.spiegel.de/politik/roter-schnee-a-e1c7715f-0002-0001-0000-000045225456

55 Verbindungen von Gert Bastian mit dem MfS der DDR, FOCUS Nr. 17/1993, https://www.focus.de/politik/deutschland/gert-bastian-stasi-schrieb-die-reden_aid_143948.html

56 *DOD's successfull efforts to remove U.S. chemical weapons from Germany.* United States General Accounting Office, Washington DC 1991

57 Spiers, E. M.: *Deterring Chemical Warfare.* In: Chemical Warfare. Palgrave Macmillan, London 1986; doi:10.1007/978-1-137-10454-0_9

58 Demick, B. (2013): *North Korea tried to ship gas masks to Syria, report says.* L. A. Times https://www.latimes.com/world/la-xpm-2013-aug-27-la-fg-wn-north-korea-syria-gas-masks-20130827-story.html

59 Ein nicht verifizierter Augenzeugenbericht zum Einsatz von Sarin in Damaskus. https://www.praxisvita.de/sarin-wie-giftgas-im-koerper-wirkt-6613.html

60 *BND beschaffte Nervengift »Nowitschok« in den 90er Jahren.* Süddeutsche Zeitung, 16. Mai 2018

61 Identifikation Chepiga, https://www.bellingcat.com/news/uk-and-europe/2018/09/26/skripal-suspect-boshirov-identified-gru-colonel-anatoliy-chepiga/

62 Identifikation Mishkin, https://www.bellingcat.com/news/uk-and-europe/2018/10/08/second-skripal-poisoning-suspect-identified-as-dr-alexander-mishkin/

63 Arendt, H.: *The Aftermath of Nazi Rule. Report from Germany.* Commentary 10 (1950) 342

64 Glaesmer, H., Brähler, E. et al.: *The Association of Traumatic Experiences and Posttraumatic Stress Disorder With Physical Morbidity in Old Age: A*

German Population-Based Study. Psychosomatic Medicine 73:401Y406 (2011) 401

65 Glaesmer, H, Hauffa, R. et al.: *Lifetime Traumatic Experiences and Posttraumatic Stress Disorder in the German Population. Results of a Representative Population Survey.* The Journal of Nervous and Mental Disease & Volume 199, Number 12, December 2011

66 Levi, P.: *Se questo è un uomo.* 1947 (dt. *Ist das ein Mensch?* dtv 1992)

67 Levi, P.: *La tregua.* 1963 (dt. *Die Atempause,* dtv 1994)

68 Levi, P.: *I sommersi e i salvati.* 1986 (dt. *Die Untergegangenen und die Geretteten.* dtv 1993)

69 Niederland, W. G.: *Folgen der Verfolgung: Das Überlebenden-Syndrom, Seelenmord.* Suhrkamp-Verlag, 1980, p. 10

70 Baeyer, W. v., Baeyer-Katte, W. v.: *Angst.* Suhrkamp-Verlag, Frankfurt 1971

71 Tedeschi, R. G., Calhoun, L. G.: *Posttraumatic Growth. Conceptual Foundatins and Empirical Evidence.* Psychological Inquiry 2004, Vol. 15, 1, 1–18

72 Hall, B. J., Canetti-Nisim, D., Hobfoll, S. E.: *Posttraumatic growth following terrorism: A review of several studies in Israel.* In: Buchwald, P., Ringeisen, E.; Eyesnck, M (Hrsg.), *Stress and Anxiety – Application to Life Span Development and Health Promotion* (pp. 111–120). Logos, Berlin 2008

73 Maercker, A., Forstmeier, S., Wagner, B. et al. (2008): *Posttraumatische Belastungsstörungen in Deutschland.* Nervenarzt 79, 577 (2008). doi: 10.1007/s00115-008-2467-5

74 Bundesministerium der Verteidigung: *Anzahl Bundeswehrsoldaten mit PTBS.* Antwort des Bundesministeriums der Verteidigung auf eine schriftliche Anfrage der Fraktion die LINKE im Deutschen Bundestag, Bundestagsdrucksache 19/31438 vom 8. Juli 2021 https://dserver.bundestag.de/btd/19/314/1931438.pdf

75 Bode, S.: *Kriegsenkel.* Klett-Cotta 2019

76 Clark, C.: *Die Schlafwandler: Wie Europa in den Ersten Weltkrieg zog.* Deutsche Verlags-Anstalt 2013

77 Boyne, W.: *Big Bang. Going Nuclear over the Pacific.* In: AIR FORCE Magazine, December 2012, https://www.smithsonianmag.com/history/going-nuclear-over-the-pacific-24428997

78 Filippovych, D. N., Ivkin, W.: *Die strategischen Raketentruppen der UdSSR und ihre Beteiligung an der Operation »Anadyr«.* In: Filippovych, D. N., Uhl, M. (Hrsg.): *Vor dem Abgrund.* R. Oldenbourg, 2005

79 Hechelheimer, B.: *Der Bundesnachrichtendienst und die Kuba-Krise* (Memento vom 24. März 2014 im Internet Archive), 2012-10-12. Mitteilungen der Forschungs- und Arbeitsgruppe »Geschichte des BND« Nr. 3, Bd. 1, S. 11

80 Video des Starfish Prime Events; https://www.youtube.com/watch?v=KZoic9vg1fw

81 Presseerklärung zum 40. Jahrestag der Kuba-Krise; https://nsarchive2.gwu.edu/nsa/cuba_mis_cri/press1.htm

82 Coleman, D. G.: *The Missiles of November, December, January, February...*

The Problem of Acceptable Risk in the Cuban Missile Crisis Settlement.
Journal of Cold War Studies. 9, 3, 2007, p. 5–48

83 Kennedy, Robert F.: *13 DAYS: A Memoir of the Cuban Missile Crisis.* W. W. Norton 2006

84 Lebedev, A. (2004): *The Man Who Saved the World Finally Recognized;* http://www.worldcitizens.org/petrov2.html

85 Kaczynski, T. J.: *Industrial Society and Its Future.* Autorisierte handschriftliche Version aus dem Jahr 2003; https://archive.org/details/fc.manifesto. Deutsch als Kaczynski, T. J.: *Die industrielle Gesellschaft und ihre Zukunft:* durchgesehene und erweiterte Ausgabe 2019, (Eigenverlag 2019)

86 Weiss, B.: *Botschaften aus einer totalitären Gesellschaft.* Die WELT, 5.3.2021; https://www.welt.de/debatte/kommentare/plus227703515/ Bari-Weiss-Botschaften-aus-einer-totalitaeren-Gesellschaft.html

87 Presserklärung zum Sicherheitsreport 2020; https://www.presseportal.de/ pm/115329/4191811

DIE ANGST VOR DEM ATOM

88 Nikolaou, S. M.: *Die Atomlehre Demokrits und Platons Timaios. Eine vergleichende Untersuchung.* Beiträge zur Altertumskunde, Bd. 112 (1998) S. 42

89 Teresi, D.: Lost Discoveries: *The Ancient Roots of Modern Science – from the Babylonians to the Maya.* Simon & Schuster, 2003

90 Kettenreaktion mit Mausefallen; https://www.youtube.com/watch?v= nM-_XaBVneE

91 Einsteins Brief an Roosevelt; https://www.atomwaffena-z.info/glossar/ e/e-texte/artikel/780ff0793b3329549986ee629932184e/einsteins-brief-an-roosevelt.html

92 US Department of Energy: *An Interactive History of the Manhattan Project.* https://www.osti.gov/opennet/manhattan-project-history/ Events/1939-1942/piles_plutonium.htm

93 Clark, R. W.: *Albert Einstein. Leben und Werk.* Bechtle Verlag, Esslingen 1988

94 Weizsäcker, C. F. von; Patententwurf, Frühjahr 1941; tw. abgedruckt und analysiert in Brandt, R., Karlsch, R .(2007): *Kurt Starke und das Element 93: Wurde die Suche nach den Transuranen verzögert?* In: Karlsch, R.; Petermann, K. (Hrsg.): *Für und Wider »Hitlers Bombe« – Studien zur Atomforschung in Deutschland.* Cottbuser Studien zur Geschichte von Technik, Arbeit und Umwelt, Band 29. Waxmann, Münster 2007, p. 293–326

95 Bernstein, J.: *Heisenberg, Bohr und die Atombombe.* Spektrum der Wissenschaft 7/1995; https://www.spektrum.de/magazin/heisenberg-bohr-und-die-atombombe/822401

96 *How many people worked in the Manhattan Project?;* http://blog. nuclearsecrecy.com/2013/11/01/many-people-worked-manhattan-project/

97 J. Robert Oppenheimer, Bhagavad Gita Quote; https://www.youtube.com/ watch?v=pqZqfTOxFhY

98 Robert Jungk: *Heller als tausend Sonnen. Das Schicksal der Atomforscher.* Scherz Verlag 1956
99 http://www.trinityremembered.com/
100 Gar Alperovitz: *Atomic Diplomacy.* New York 1965
101 Die WELT, 2. April 1946
102 Bulletin of the Atomic Scientists; https://thebulletin.org
103 Edward Teller: *Testimony in the Matter of J. Robert Oppenheimer.* 28. April 1954
104 Schaaf, M.: *Es ist wichtig, in die richtige Richtung zu gehen. Zum 100. Geburtstag des Atomphysikers und Menschenrechtlers Andrej Sacharaow.* Physik Journal No. 5 (2021) p. 30–35
105 Visualisierung der etwa 2425 Bombentests; https://www.youtube.com/watch?v=zTTTCM02mY4
106 Duck and Cover; https://archive.org/details/DuckandC1951
107 Glasstone, S., Dolan P.: *The Effects of Nuclear Weapons.* United States Department of Defense and the Energy Research & Development Administration 1977
108 Pausewang, G.: *Die letzten Kinder von Schewenborn oder ... sieht so unsere Zukunft aus?* Ravensburger 1983
109 Hargittai, I.: *Judging Edward Teller: A Closer Look at One of the Most Influential Scientists of the Twentieth Century.* Prometheus Books, 2010
110 Küsters, H. J.: *Souveränität und ABC-Waffen-Verzicht. Die deutsche Diplomatie auf der Londoner Neunmächte-Konferenz 1954.* Vierteljahrshefte für Zeitgeschichte 42 (1994), S. 499–536
111 Atomwaffensperrvertrag; https://www.auswaertiges-amt.de/blob/207392/b38bbdba4ef59ede2fec9e91f2a8179b/nvv-data.pdf
112 Konrad Adenauer, Pressekonferenz am 5. April 1957
113 Nuklearwaffenlager in Deutschland; https://www.spiegel.de/politik/deutschland/us-atomwaffen-in-deutschland-die-atom-eier-von-buechel-a-1251697.html
114 Bundesministerium des Innern: *Jeder hat eine Chance.* Broschüre zum Zivilschutz 1961
115 Weltweite Atomwaffenzählung der ICAN; https://www.icanw.de/fakten/weltweite-atomwaffen/
116 SIPRI: *The SIPRI Yearbook 2021*; https://www.sipri.org/sites/default/files/2021-06/yb21_10_wnf_210613.pdf
117 North Atlantic Treaty Organization (2010): *Strategic Concept for the Defence and Security of The Members of the North Atlantic Treaty Organisation*; https://www.nato.int/cps/en/natohq/topics_56626.htm
118 Treaty on the Prohibition of Nuclear Weapons; https://treaties.un.org/doc/Treaties/2017/07/20170707%2003-42%20PM/Ch_XXVI_9.pdf
119 Dean, J. R.: *Is There an Isotopic Signature of the Anthropocene?*, The Anthropocene review, 1 Nr. 3 (2014) p. 8
120 Stamoulis, K. C. et al.: *Strontium-90 Concentration Measurements in Human Bones and Teeth in Greece.* The Science of the Total Environment 299 (1999) p. 165–182
121 Evakuierung von Rongelap durch Greenpeace; https://wayback.archive-it.

org/9650/20200403033212/http://p3-raw.greenpeace.org/international/en/
about/history/mejato/

122 Entschädigung der Einwohner von Rongelap; https://geneva.usmission.
gov/2012/09/18/hrc-statement-on-u-s-efforts-to-address-the-impacts-of-nuc-
lear-testing-in-the-marshall-islands/

123 Bordner, A. S., et al.: *Measurement of background gamma radiation in the
northern Marshall Islands.* Proceedings of the National Academy of
Sciences of the US, PNAS June 21, 2016 113 (25) p. 6833–6838; June 6,
2016; doi:10.1073/pnas.1605535113

124 Schrader, C.: *Das Erbe der Atombomben.* Spektrum der Wissenschaft Juni
2016; https://www.spektrum.de/news/das-erbe-der-atombomben/ 1418771

125 Weiss, A.: *Elemententstehung im frühen Universum* in: Einstein Online
Band 02 (2006), 02–1111; https://www.einstein-online.info/spotlight/bbn/

126 Kepler, J.: *Gründtlicher Bericht Von einem ungewohnlichen Newen Stern*,
fünf Ausgaben 1604 und 1605 in Prag, Straßburg und Amberg

127 Kepler, J.: *De Stella nova in pede Serpentarii.* Prag und Frankfurt am Main
1606

128 Radon-Information des BfS; https://www.bfs.de/DE/themen/ion/umwelt/
radon/vorkommen/gebauede.html

129 Jaupart, C., Labrosse, S. et al.: *Temperatures, Heat, and Energy in the
Mantle of the Earth.* In: Schubert, G. (Hrsg): *Treatise on Geophysics,* 2nd
edition, Vol. 7. Oxford: Elsevier; 2015. p. 223–270

130 The KamLAND Collaboration, Gando, A., Gando, Y. et al.: *Partial
radiogenic heat model for Earth revealed by geoneutrino measurements.*
Nature Geosci 4, p. 647–651 (2011); doi:10.1038/ngeo1205

131 Nimmo, F., Primack, S. et al.: *Radiogenic Heating and Its Influence on
Rocky Planet Dynamos and Habitability.* The Astrophysical Journal, 2020;
903 (2): L37; doi:10.3847/2041-8213/abc251

132 Hess, V. F.: *Über die Beobachtung der durchdringenden Strahlung bei
sieben Freiballonfahrten.* Phys. Z., Band 13, 1912, p. 1084–1091

133 Strahlenschäden in Halbleiterbauteilen; https://www.all-electronics.de/
hoehenstrahlung-sic/

134 Ortsdosisleistung in Deutschland; https://odlinfo.bfs.de/DE/index.html

135 Krebsrisiken bei Flugpersonal; https://www.bfs.de/DE/themen/ion/umwelt/
luft-boden/flug/flug.html

136 McNeely, E., Mordukhovich, I., Staffa, S. et al.: *Cancer prevalence among
flight attendants compared to the general population.* Environ Health 17,
49 (2018); doi:10.1186/s12940-018-0396-8

137 Gauthier-Lafaye. F.: *2 billion year old natural analogs for nuclear waste
disposal: the natural nuclear fission reactors in Gabon (Africa).* C. R.
Physique 3, Nr. 7, p. 839–849 (2002); doi:10.1016/S1631-0705(02)01351-8

ENERGIE AUS ATOMKERNEN

138 Das Zitat ist umstritten; vgl. https://en.wikiquote.org/wiki/Abraham_
Lincoln

139 Wüstenhagen, H. H.: *Bürger gegen Kernkraftwerke. Wyhl der Anfang?* rororo aktuell, Reinbek bei Hamburg 1975

140 Albers, H.: *Gerichtsentscheidungen zu Kernkraftwerken, Argumente in der Energiediskussion.* Hrsg.: Volker Hauff. Band 10. Villingen–Schwenningen 1980

141 Ministerpräsident Hans Filbinger am 27. Februar 1975 im Landtag von Baden-Württemberg

142 Kepplinger, H. M.: *Die Kernenergie in der Presse. Eine Analyse zum Einfluss subjektiver Faktoren auf die Konstruktion von Realität.* Kölner Zeitschrift für Soziologie und Sozialpsychologie, 40 (4), (1988) p. 659–683

143 Gamson, W., Modigliani, A.: *Media Discourse and Public Opinion on Nuclear Power: A Constructionist Approach.* American Journal of Sociology, 95(1), (1989) p. 1–37; http://www.jstor.org/stable/2780405

144 Kepplinger, H. M.: *Vom Hoffnungsträger zum Angstfaktor.* In Grawe, J., Picaper, J.-P. (Hrsg.): *Streit ums Atom. Deutsche, Franzosen und die Zukunft der Kernenergie.* Piper, München 2000, p. 61–103

145 Overhoff, K.: Die *Politisierung des Themas Kernenergie. Theorie und Forschung.* Roderer, Regensburg 1984

146 Sauzay, B.: *Vernunft oder Gefühl: Die Wahrnehmung der Kernenergie in Deutschland.* In Grawe, J., Picaper, J.-P. (Hrsg.): *Streit ums Atom. Deutsche, Franzosen und die Zukunft der Kernenergie.* Piper, München 2000, p. 187–200

147 Rogovin, M., Frampton, G. T.: *Three Mile Island. A report to the commissioners and to the public.* 4. Mai 1979

148 Weart, S. R.: *The Rise of Nuclear Fear.* Harvard University Press 2012

149 Teller, E.: *I was the only victim of Three-Mile Island.* In: Wall Street Journal. 31. Juli 1979, p. 24–25

150 Stephens, M., Edison, N. G.: *News Media Coverage of Issues during the Accident at Three-Mile Island.* Journalism Quarterly, Volume: 59 issue: 2 (1982), p. 199–259; doi:10.1177/107769908205900201

151 Nimmo, D.: *TV Network Coverage of Three Mile Island: Reporting Disasters as Technological Fables.* International Journal of Mass Emergencies and Disasters (1984). p. 115–145

152 Archivradio SWR; https://www.swr.de/swr2/wissen/archivradio/broadcast-contrib-swr-29702.html

153 Abkommen WHA 12-40 zwischen der Weltgesundheitsorganisation WHO und der Internationalen Atomenergiebehörder IAEA, https://independent-who.org/en/who-and-aiea-aggreement/

154 The Other Report on Tchernobyl (TORCH); http://www.chernobylreport.org

155 Internationale Strahlenschutzkommission: *ICRP Publication 99, Low-dose Extrapolation of Radiation-related Cancer Risk.* Annals of the ICRP 35 (4). Elsevier, 2005

156 Ketchum, L. E.: *Lessons of Chernobyl: SNM Members Try to Decontaminate World Threataened by Fallout.* Journal of Nuclear Medicine 28 No. 6 (1987) p. 933–942; http://jnm.snmjournals.org/content/28/6/933.citation

157 Kepplinger, H. M. (Hrsg.): *Realitätskonstruktionen.* Wiesbaden: VS Verlag für Sozialwissenschaften 2011

158 Teichert, W. (1987):*Tschernobyl in den Medien. Ergebnisse und Hypothesen zur Tschernobyl-Berichterstattung.* Rundfunk und Fernsehen Bd. 35 (1987), p. 185 - 204

159 Wasserstoffexplosion in Fukushima; https://www.youtube.com/watch?v=OO_w8tCn9gU

160 Bericht des Bundesamtes für Strahlenschutz über die Havarie in Fukushima; https://www.bfs.de/DE/themen/ion/notfallschutz/notfall/fukushima/unfall.html

161 Presseerklärung der Bundesregierung vom 14.3.2011; https://archiv.bundesregierung.de/archiv-de/dokumente/pressestatements-von-bundeskanzlerin-angela-merkel-und-bundesaussenminister-guido-westerwelle-zu-den-folgen-der-naturkatastrophen-in-japan-sowie-den-auswirkungen-auf-die-deutschen-kernkraftwerke-844652

162 UNSCEAR 2021: *The Fukushima-Daiichi Nuclear Power Station Accident: An overview;* http://www.unscear.org/unscear/en/fukushima.html

163 Bericht über die UNSCEAR-Ergebnisse im Ärzteblatt; https://www.aerzteblatt.de/nachrichten/121871/UN-Report-Strahlenschaeden-durch-Fukushima-statistisch-nicht-belegbar

164 Reaktorsicherheitskommission im Mai 2011; https://www.bmu.de/themen/atomenergie-strahlenschutz/nukleare-sicherheit/fukushima-folgemassnahmen/kurzbericht-ueber-die-arbeiten-der-reaktorsicherheitskommission-im-jahr-2011/

165 Ethikkommission Sichere Energieversorgung (2011): *Deutschlands Energiewende – Ein Gemeinschaftswerk für die Zukunft;* https://www.bundesregierung.de/breg-de/suche/ethikkommission-441116

166 Zitiert nach Wetzel, D.: *Einfach abgenickt?* Die WELT, 31.Mai 2021; https://www.welt.de/wirtschaft/article231463371/Wegen-Zustimmung-zum-Atomausstieg-Vorwuerfe-gegen-Ethikkommission.html

167 Murakami, M., Tsubokura, M. et al.: *New »loss of happy life expectancy« indicator and its use in risk comparison after Fukushima disaster.* Science of The Total Environment, Volume 615, 2018, p. 1527–1534; doi:10.1016/j.scitotenv.2017.09.132

168 Kepplinger, H. M., Lemke, R. (2014): *Framing Fukushima. Zur Darstellung der Katastrophe in Deutschland im Vergleich zu Großbritannien, Frankreich und der Schweiz;* https://www.researchgate.net/publication/266386026_Framing_Fukushima_Zur_Darstellung_der_Katastrophe_in_Deutschland_im_Vergleich_zu_Grossbritannien_Frankreich_und_der_Schweiz

169 Fukushima und Tsunami, dpa-Medung vom 10. Oktober 2016

170 Entscheidung des Beschwerdeausschusses 1 des Deutschen Presserates in der Beschwerdesache 0264/17/1-BA vom 13.6.2017, Original beim Autor

171 Tweet von Baerbock, A. zum 11. März 2021; https://twitter.com/Abaerbock/status/1369933719885189128

172 *Webseite Häufig gestellte Fragen.* Bündnis 90/Die Grünen; https://www.gruene.de/service/haeufig-gestellte-fragen

173 Webseite *Politische Grundsätze.* Bündnis 90/Die Grünen; https://cms.gruene.de/uploads/documents/Politische_Grundsaetze_Buendnis90DieGruenen.pdf

355

174 Kramer, D.: *Lawrence Livermore claims a milestone in laser fusion.* Physics Today, 17. Aug 2021; doi:10.1063/PT.6.2.20210817a, https://physicstoday.scitation.org/do/10.1063/PT.6.2.20210817a/full/

175 Jarvis, J. Dechenes, O., Jha, A.: *The Private and External costs of Germany's Nuclear Phase-Out.* Working paper 26598, National Bureau of Economic Research (NBER), Cambridge, December 2019; doi:10.3386/w26598

176 IPCC: *Climate Change 2014: Mitigation of Climate Change. Contribution of Working Group III to the Fifth Assessment Report of the Intergovernmental Panel on Climate Change.* Cambridge University Press, Cambridge, United Kingdom and New York, NY, USA 2014

177 Fritsche, U. et al.: *Treibhausgasemissionen und Vermeidungskosten der nuklearen, fossilen und erneuerbaren Strombereitstellung.* Öko-Institut Freiburg e.V. 2007; https://www.oeko.de/publikationen/p-details/treibhausgasemissionen-und-vermeidungskosten-der-nuklearen-fossilen-und-erneuerbaren-strombereitste/

178 Miller, L.; Kleidon, A.: *Two methods for estimating limits to large-scale wind power generation.* Proceedings of the National Academy of Sciences, 24. August 2015; doi:0.1073/pnas.1408251112. Bericht darüber unter https://www.mpg.de/9379767/windenergie-wind-strom

179 Smil, V.: *Power Density: A Key to Understanding Energy Sources and Uses.* MIT Press 2015

180 World Nuclear News, 29. December 2020; https://www.world-nuclear-news.org/Articles/China-starts-building-second-CFR-600-fast-reactor

181 Zur Technologie des Rubbiatron; https://de-academic.com/dic.nsf/dewiki/1203851

182 Francis, T. J. G.: *Effect of earthquakes on deep-sea sediments.* Nature, 233, 98 (1971)

183 Bericht über Small Modular Reactors; https://www.tagesschau.de/wirtschaft/technologie/mini-reaktoren-small-modular-reactors-atomkraft-kernenergie-101.html

184 Dual Fluid Reactor; https://dual-fluid.com/

VORSICHT, GIFT IN LUFT UND ESSEN

185 Schubert, E.: *Essen und Trinken im Mittelalter.* wbg Philipp von Zabern, Darmstadt 2016

186 Gasow, A.: *Lebensmittelverfälschungen und -verunreinigungen im Mittelalter. Maßnahmen zur Kontrolle der Lebensmittelqualität am Beispiel der Stadt Berlin.* Studienarbeit 2014; https://www.grin.com/document/310374

187 Umweltbundesamt zu mechanischer Bodenbearbeitung; https://www.umweltbundesamt.de/themen/boden-landwirtschaft/umweltbelastungen-der-landwirtschaft/bodenbearbeit

188 Saatgutbeize und Bodenorganismen; https://www.schweizerbauer.ch/pflanzen/ackerbau/beizung-hemmt-bodenorganismen/

189 Campact e.V. zum Bienensterben; https://www.presseportal.de/pm/64126/4797438

190 Rinderhaltung und Methangas; https://www.wiwo.de/technologie/green/methan-wie-rinder-dem-klima-schaden/19575014.html

191 Solidarische Landwirtschaft; https://www.solidarische-landwirtschaft.org

192 Shotyk, W. et al.: *History of atmospheric lead deposition since 12,370 (14) C yr BP from a peat bog, jura mountains, switzerland*, Science 1998 Sep 11;281(5383):1635-40; doi:10.1126/science.281.5383.1635

193 Nriagu, J.: *Lead and lead poisoning in antiquity*. John Wiley, New York and Chichester 1983

194 Loveluck, C.: *Alpine ice and the annual political economy of the Angevin Empire, from the death of Thomas Becket to Magna Carta, c. AD 1170–1216*, Antiquity / Volume 94 / Issue 374 / April 2020

195 Evelyn, J. (1661): *Fumigifugium*; https://archive.gyford.com/2009/04/28/www.geocities.com/Paris/LeftBank/1914/fumifug.html

196 Foster, J. B.: *Introduction to John Evelyn's »FUMIFUGIUM«*, Organization & Environment, Vol. 12, No. 2 (June 1999), p. 184–186

197 Graunt, J.: *Natural and Political Observations mentioned in a follow-ing Index, and made upon the Bills of Mortality*. London 1665

198 Nemery, B. et al.: *The Meuse Valley fog of 1930: an air pollution disaster*. The Lancet, Vol. 357, No. 9257 (2001) p. 704–708; doi:10. 1016/S0140-6736(00)04135-0

199 *Donora Smog held near catastrophe; Expert Asserts Slightly Higher Concen-tration Would Have Depopulated Community*. The New York Times, December 25, 1948; https://www.nytimes.com/1948/12/25/archives/donora-smog-held-near-catastrophe-expert-asserts-slightly-higher.html

200 Wilkins, E. T.: *Air pollution aspects of the London smog of December 1952*. In: Quarterly Journal of the Royal Meteorological Society, Band 80, 1954, p. 267–271.

201 Carson, R.: *Silent Spring*. Simon & Schuster 1962, dt. als *Der Stumme Frühling*, Ch. Beck 1976

202 Bruckmann, P., Pfeffer, U., Hoffmann, V.: *50 years of air quality control in Northwestern Germany – how the blue skies over the Ruhr district were achieved. In: Gefahrstoffe – Reinhalt. Luft.* 74, Nr. 1/2, 2014, p. 37–44

203 Umweltbundesamt zu Schwefeldioxid-Immissionen; https://www.umwelt-bundesamt.de/daten/luft/luftschadstoff-emissionen-in-deutschland/schwefel-dioxid-emissionen

204 Umweltbundesamt zu Stickstoffoxid-Immissionen; https://www.umweltbun-desamt.de/daten/luft/luftschadstoff-emissionen-in-deutschland/stickstoff-oxid-emissionen

205 Umweltbundesamt zur Luftqualität; https://www.umweltbundesamt.de/themen/luft/daten-karten/entwicklung-der-luftqualitaet

206 Metzger, B.: *Erst stirbt der Wald, dann du! Das Waldsterben als west-deutsches Politikum (1978–1986)*. Campus-Verlag, Frankfurt 2015

207 Plenarprotokoll der 9. Plenarsitzung des Deutschen Bundestages vom 20. Mai 1983; http://dipbt.bundestag.de/doc/btp/10/10009.pdf

208 https://www.news.de/gesundheit/855761248/grillsaison-2020-giftige-fehler-

beim-grillen-krebserregende-grillfehler-alu-holzkohle-und-abloeschen-mit-
bier/1/

209 Stavric, B., Klassen, R.: *Dietary effects on the uptake of benzo[a]pyrene.*
Food and Chemical Toxicology, Vol. 32, No. 8, (1994) p. 727–734

210 Puangsombat, K., Gadgil, P. et al.: *Occurrence of heterocyclic amines in
cooked meat products.* Meat Science 90 (2012) p. 739–746

211 Dennis, C., Karim, F. et al.: *Evaluation of Maillard Reaction Variables and
Their Effect on Heterocyclic Amine Formation in Chemical Model
Systems.* J. Food Science 80 (2015) p. T472–T478

212 Shane, L. E., Porto Fett, A. C. et al.: *Effect of fermentation and post-fermen-
tation heating times and temperatures for controlling Shiga toxin-producing
Escherichia coli in a dry-fermented-type sausage.* Italian Journal of Food
Safety (2018); doi:10.4081/ijfs.2018.7250

213 Van Hecke, T., Ho, P. L. et al.: *The potential of herbs and spices to reduce
lipid oxidation during heating and gastrointestinal digestion of a beef
product.* Food Res Int. Vol. 102 (2017) p.785–792; doi:10.1016/j.
foodres.2017.09.090

214 Sobral, M., Ferreira, I. et al.: *Influence of culinary practices on protein and
lipid oxidation of chicken meat burgers during cooking and in vitro
gastrointestinal digestion.* Food Chem Toxicol. 2020 Jul;141: 111401;
doi:10.1016/j.fct.2020.111401

215 Törnqvist, M., Tareke, E. et al.: *Acrylamide: a cooking carcinogen?*
Chemical Research in Toxicology. Vol. 13, No. 6, (2000), p. 517–522

216 Törnqvist M.: *Acrylamide in Food: The Discovery and Its Implications.* In: Friedman M., Mottram D. (Hrsg): *Chemistry and Safety
of Acrylamide in Food.* Advances in Experimental Medicine and Biology,
Vol. 561. Springer, Boston, MA. 2005; doi:10.1007/0-387-24980-X_1

217 Mucci, L. A.; Dickman, P. W. et al.: *Dietary acrylamide and cancer
of the large bowel, kidney, and bladder: Absence of an association in a
population-based study in Sweden.* British Journal of Cancer. 88 (2003)
p. 84; doi:10.1038/sj.bjc.6600726

218 Berna, F., Chazan, M. et al.: *Microstratigraphic evidence of in situ fire in the
Acheulean strata of Wonderwerk Cave, Northern Cape province, South
Africa.* Proceedings of the National Academy of Sciences of the US, PNAS
April 2, 2012; doi:10.1073/pnas.1117620109

219 Pelucchi, C.; Bosetti, C. et al.: *Dietary acrylamide and cancer risk: an
updated meta-analysis.* International Journal of Cancer. Vol. 136, No. 12
(2015) pp. 2912–2922, doi:10.1002/ijc.29339

220 Bundesinstitut für Risikobewertung zum Thema Acrylamid; https://www.bfr.
bund.de/de/acrylamid__gesundheitliche_bewertung_durch_das_bfr-1134.html

221 Zink, A., Salmadelli, M. et al.: *Possible evidence for care and treatment in
the Tyrolean Iceman.* Int. Journal of Paleopathology. Vol 25 (2019) p.
110–117; doi:10.1016/j.ijpp.2018.07.006; https://www.sciencedirect.com/
science/article/abs/pii/S1879981718300883

222 Kuhnert, N.: *Hundert Jahre Aspirin – Die Geschichte des wohl erfolgreichsten Medikaments des letzten Jahrhunderts.* Pharm Unserer Zeit. Vol
29 (2000) pp. 32–39

223 Vahle, W. (2004): *Informationen – Die Homöopathie ist ein großer Irrtum.* Promed e. V. Verein gegen unlautere Praktiken im Gesundheitswesen; https://web.archive.org/web/20071022035056/http://www.promed-ev. de/modules/wfsection/article.php?articleid=3

224 Prokop, O.: *Homöopathie. Was leistet sie wirklich?* Ullstein Taschenbuch, Berlin 1995

225 Hawke, K., van Driel, M. L.: *Homeopathic medicinal products for preventing and treating acute respiratory tract infections in children.* Cochrane Database of Systematic Reviews 2018, Issue 4. Art. No.: CD005974; doi:10.1002/14651858.CD005974.pub4; https://www.cochranelibrary.com/ cdsr/doi/10.1002/14651858.CD005974.pub4/pdf/abstract

226 Test von Kosmetika auf Aromatische Kohlenwasserstoffe; https://www.test. de/Mineraloele-in-Kosmetika-Kritische-Stoffe-in-Cremes-Lippenpflegepro-dukten-und-Vaseline-4853357-0/

227 Bundesinstitut für Risikobewertung BfR: *Hochraffinierte Mineralöle in Kosmetika: Gesundheitliche Risiken sind nach derzeitigem Kenntnisstand nicht zu erwarten,* Stellungnahme Nr. 008/2018 des BfR vom 27. Februar 2018; doi:10.17590/20180219-123914

228 Bundesinstitut für Risikobewertung BfR (2018): *Verwendung von Parabenen in kosmetischen Mitteln.* Stellungnahme Nr. 009/2011 des BfR vom 28. Januar 2011

229 Pressemitteilung der AG der Wissenschaftlichen Medizinischen Fachgesellschaften (2018): *Sichere Blutprodukte: Blutspendeempfänger wirksam schützen;* https://idw-online.de/de/news700713

230 Esoterische Darstellung der Pasteurisierung; https://www.zentrum-der-ge-sundheit.de/ernaehrung/lebensmittel/milchprodukte/kuhmilch-qualitaet-ia

231 Erläuterung über das moderne Rückstandsmonitoring in Milch; https:// www.milchpruefring.de/laborbetrieb/rueckstandsmonitoring

232 Guasch-Ferré, M., Hu, F.: *Are Fruit Juices Just as Unhealthy as Sugar-Sweetened Beverages?* JAMA Netw Open. 2019;2(5) p. 193109. doi: 10.1001/jamanetworkopen.2019.3109

233 Saft-Einmaleins; https://ido.bio/saft-einmaleins/

234 Thyssen-Krupp (2018): *Hauptbroschüre HPP;* https://www.thyssenkrupp-industrial-solutions.com/high-pressure-processing/

235 Almond Boad of Califormia (2018): *Almond Pasteurization;* http://www. almonds.com

236 Robert Koch-Institut zur Salmonellose; https://www.rki.de/DE/Content/ Infekt/EpidBull/Merkblaetter/Ratgeber_Salmonellose.html

237 Koch J., Schrauder, A., Alpers, K. et al.: *Salmonella agona outbreak from contaminated aniseed, Germany.* Emerg Infect Dis 2005; 11: 1124–1127

238 Werber, D., Dreesman, J., Feil, F. et al.: *International outbreak of Salmonella Oranienburg due to German chocolate.* BMC Infect Dis 2005; 5:7

239 Europäische Behörde für Lebensmittelsicherheit EFSA: *Report of the Task Force on Zoonoses Data Collection on the Analysis of the baseline survey on the prevalence of Salmonella in broiler flocks of Gallus gallus, in the EU, 2005–2006 [1] – Part A: Salmonella prevalence estimates.* The EFSA Journal (2007) 98, p. 1–85

240 The Pew Charitable Trusts (2013): *Antibiotics for meat and poultry production;* https://www.pewtrusts.org/en/research-and-analysis/articles/2013/02/06/recordhigh-antibiotic-sales-for-meat-and-poultry-production

241 Cassini, A., Diaz Högber, L. et al.: *Attributable deaths and disability-adjusted life-years caused by infections with antibiotic-resistant bacteria in the EU and the European Economic Area in 2015: a population-level modelling analysis.* The Lancet, Vol. 19, Issue 1, p. 56–66, January 01, 2019; doi:10.1016/S1473-3099(18)30605-4

242 CDC: *Antibiotic Resistance Threats in the United states,* 2019; https://www.cdc.gov/drugresistance/pdf/threats-report/2019-ar-threats-report-508.pdf

243 Keys, A.: *Human Atherosclerosis and the Diet.* Circulation 5, No. 1, 1952, pp. 115–118; doi:10.1161/01.CIR.5.1.115

244 Sieben-Länder-Studie; https://www.sevencountriesstudy.com/

245 Keys, A.: *Seven countries: a multivariate analysis of death and coronary heart disease.* Harvard University Press, Cambridge, Mass. 1980

246 Yudkin, J.: *Pure, White and Deadly.* Davis-Poynter Ltd. 1972 (dt. *Süß, aber gefährlich.* Hoffmann und Campe, Hamburg 1974)

247 Siri-Tarino, P. W., Qi, S. et al.: *Saturated fat, carbohydrate, and cardiovascular disease.* The American Journal of Clinical Nutrition, Volume 91, Issue 3, March 2010, p. 502–509; doi:10.3945/ajcn.2008. 26285

248 de Souza, R. et al.: *Intake of saturated and trans unsaturated fatty acids and risk of all cause mortality, cardiovascular disease, and type 2 diabetes: systematic review and meta-analysis of observational studies.* BMJ. Aug 11;351 (2015) p. h3978; doi:10.1136/bmj.h3978

249 Glantz, S. A., Kearns, C. et al.: *Sugar Industry and Coronary Heart Disease Research. A Historical Analysis of Internal Industry Documents.* JAMA Intern Med. 2016;176(11) pp. 1680–1685; doi:10.1001/jamainternmed.2016.5394

250 McGandy, R., Hegstedt, M., Stare, F.: *Dietary Fats, Carbohydrates and Atherosclerotic Vascular Disease.* New England Journal of Medicine NEJM 1967; 277: p. 186–192 und p. 245–247

251 Wie die Zuckerindustrie den Fetten die Schuld gab; https://www.aerzteblatt.de/nachrichten/70463/Wie-die-US-Zuckerindustrie-den-Fetten-die-Schuld-gab

252 Hooper, L. et al. (2015): *Reduction in saturated fat intake for cardiovascular disease. Cochrane Database of Systematic Reviews;* doi:10.1002/14651858.CD011737.pub2; https://www.cochranelibrary.com/cdsr/doi/10.1002/14651858.CD011737.pub2/information

253 Deutsche Gesellschaft für Ernährung, Leitlinie Fett; https://www.dge.de/wissenschaft/leitlinien/leitlinie-fett/

254 Mensink, R.: *Metabolic and health effects of isomeric fatty acids.* Curr. Opinion Lipidol. 2005 16 (1) p. 27–30

255 Jacobsen, M. et al.: *Intake of ruminant trans fatty acids and risk of coronary heart disease.* Int. J. Epidemiology 2008 Feb. 37(1) p. 173–182

256 Wüpper, G.: *Das verseuchte Paradies.* Die WELT, 5.11.2018; https://www.welt.de/wirtschaft/article183253826/Guadeloupe-und-Martinique-Das-verseuchte-Paradies.html

257 Della-Negra, O., Saaidi, L. P.: *Angriff auf ein Umweltgift*. Spektrum der Wissenschaft 5/2021 p. 55

258 Bier mit Glyphosat, Öko-Test (2019); https://www.oekotest.de/essen-trinken/Bier-Test-Glyphosat-Reste-in-jedem-dritten-Pils_111655_1.html

259 Schmitz, P. M., Garvert, H.: *Die ökonomische Bedeutung des Wirkstoffes Glyphosat für den Ackerbau in Deutschland*. Journal für Kulturpflanzen 2012, Vol. 64, No. 5, p. 150–162 ref.13

260 Barfoot, P., Brookes, G.: *Key global environmental impacts of genetically modified (GM) crop use 1996–2012*. In: GM Crops & Food. Band 5, Nr. 2, 2014, p. 149–160; doi:10.4161/gmcr.28449

261 Heap, I., Duke, S. O.: *Overview of Glyphosate-Resistant Weeds Worldwide*. In: Pest Management Science. 10. Oktober 2017; doi: 10.1002/ps.4760

262 Culpepper, A. A., Grey, T. L. et al.: *Glyphosate-resistant Palmer amaranth (Amaranthus palmeri) confirmed in Georgia*. Weed Sci. Volume 54, 2006, p. 620–626; doi:10.1614/WS-06-001R.1

263 Wetzel, D. K., Horak, M. J. et al.: *Transferal of Herbicide Resistance Traits from Amaranthus palmeri to Amaranthus rudis*. Weed Science 47(5), 1999, p. 538–543

264 Richard, S., Moslemi, H. et al.: *Differential Effects of Glyphosate and Roundup on Human Placental Cells and Aromatase*. Environmental Health Perspectives. Vol. 113, Nr. 6 2005, p. 716–720

265 Steinborn, A., Costa Pinheiro, N. et al.: *Determination of Glyphosate Levels in Breast Milk Samples from Germany by LC-MS/MS and GC-MS/MS*. Journal of Agricultural and Food Chemistry. Band 64, Nr. 6, 2016, p. 141–142

266 IARC Monographs: *Some Organophosphate Insecticides and Herbicides: Diazinon, Glyphosate, Malathion, Parathion, and Tetrachlorvinphos,* Auszug Glyphosat Band 112, 2015

267 https://www.bfr.bund.de/de/fragen_und_antworten_zur_unterschiedlichen_einschaetzung_der_krebserzeugenden_wirkung_von_glyphosat_durch_bfr_und_iarc-195575.html

268 https://www.wiwo.de/unternehmen/industrie/fall-mit-krebsopfer-dewayne-johnson-us-gericht-lehnt-berufung-von-bayer-in-glyphosat-verfahren-ab/26302722.html

269 BfR: *Einschätzung zu Gehalten von Glyphosat in Bier*. Mitteilung Nr. 012/2018 des BfR vom 24.05.2018

270 Noack, P.: *Precision Farming – Smart Farming – Digital Farming. Grundlagen und Anwendungsfelder*. vde-Verlag 2018

271 DJI P4 Drohne; https://droneparts.de/dji-p4-multispectral-drohne-fuer-land-wirtschaft

272 Briscoe, J.: *Infrastructure First? Water Policy, Wealth and Well-Being*. Technology and Policy, January 28, 2012; https://www.belfercenter.org//publication/infrastructure-first-water-policy-wealth-and-well-being

273 Henning, P., bereits zitiert unter Nr. 4

274 Klingholz, R.; Sütterlin, S.; Hinz, C.; Kaps, A.: *Leapfrogging Africa. Sustainable Innovation in Health, Education and Agriculture*. Berlin

Institute for Population and Development 2020; https://www.berlin-institut.
org/en/detail/leapfrogging-africa

275 Chakravorti, B.; Shankar Chaturvedi, R.: *How Technology Could Promote Growth in 6 African Countries*. Harvard Business Review, 4. Dezember 2019; https://hbr.org/2019/12/research-how-technology-could-promote-growth-in-6-african-countries

DIE ANGST VOR DEN GENEN

276 Mendel, G.: *Versuche über Pflanzenhybriden*. Verhandlungen des Naturforschenden Vereines in Brünn. Bd. IV. 1866. p. 3–47

277 Darwin, C.: *On the origin of species by means of natural selection, or the preservation of favoured races in the struggle for life*. John Murray, London 1859; http://www.biolib.de/darwin/origin/origin.html

278 Schrödinger, E.: *Was ist Leben? – Die lebende Zelle mit den Augen des Physikers betrachtet*. 2. Aufl. Leo Lehnen Verlag, München 1951

279 Baldwin, M.: *Credibility, peer review, and Nature, 1945–1990*. Notes Rec R Soc Lond. 2015 Sep 20; 69(3): p. 337–352; doi:10.1098/rsnr.2015.0029

280 Nutman, A. P. et al.: *Rapid emergence of life shown by discovery of 3,700-million-year-old microbial structures*. Nature. Band 537, 2016, p. 535–538; doi:10.1038/nature19355

281 Adam, Th.: *Die Maul- und Klauenseuche des Rindes*. Wschr. Tierheilk. 15, 265 (1871)

282 Loeffler, F., Frosch, P.: *Berichte der Kommission zur Erforschung der Maul- und Klauenseuche bei dem Institut für Infektionskrankheiten*. Zentralblatt für Bakteriologie, Parasitenkunde und Infektionskrankheiten, Vol. 23, H. 9/10 1898, p. 371–391

283 Adenoviren; https://www.infektionsschutz.de/erregersteckbriefe/adenoviren.htm

284 Pockenimpfungen; https://www.nlga.niedersachsen.de/startseite/infektions-schutz/krankheitserreger_krankheiten/pocken/pocken-19309.html

285 Bericht über die Eigenentwicklung von Impfstoffen; https://www.aerztezei-tung.de/Wirtschaft/Ermittlungen-gegen-Arzt-nach-Einsatz-eigener-Corona-Vakzine-417680.html

286 Pressemitteilung der Polizeidirektion Lübeck vom 27.11.2021; https://www.presseportal.de/blaulicht/pm/43738/5084452

287 Australien: *Fälle von Hautkrebs nehmen zu*. Dtsch Arztebl 1997; 94(47): A-3150 / B-2670 / C-2478

288 Gürtelrose; https://www.msdmanuals.com/de/heim/infektionen/herpesviru-sinfektionen/g%C3%BCrtelrose

289 Brown, P. et al.: *A new small-bodied hominin from the Late Pleistocene of Flores, Indonesia*. In: *Nature*, Band 431, 2004, p. 1055–1061; doi:10.1038/nature02999

290 Stephenson, R. L.: *Strange Case of Dr. Jekyll an Mr. Hyde*. Longmans, Green & Co., London 1886; dt. als *Der seltsame Fall des Doktor Jekyll und des Herrn Hyde*. Verlag Robert Lutz 1900

291 Matheson, R.: *I am Legend*. Gold Medal Books 1954

292 Robnik, D.: *Der Körper ist OK – Die Splatter Movies und ihr Nachlass.* In: Felix, J. (Hrsg.): *Unter die Haut – Signaturen des Selbst im Kino der Körper.* Gardez! – Verlag St. Augustin 1998

293 Körperbild Jugendlicher; https://www.schau-hin.info/sicherheit-risiken/medialer-koerperkult-gefaehrliche-ideale

294 Miyatake, T. et al: *Is death-feigning adaptive? Heritable variation in fitness difference of death-feigning behaviour.* In: Proceedings of the Royal Society London Series B. 271, 2004, p. 2293–2296; doi:10.1098/rspb.2004.2858

295 Al-Haddad, M.: *Neurobiological correlates of panic disorder and agoraphobia.* J Postgrad Med. Jan-Mar 2001; 47(1), p. 55–61

296 Morschitzky, H.: *Häufigkeit und Verlauf von Angststörungen – Ein Überblick.* In: *Angststörungen.* Springer, Wien 1998; doi:10.1007/978-3-7091-3729-1_4

297 Domschke, K. et al.: *Neuropeptide S receptor gene – converging evidence for a role in panic disorder.* Mol Psychiatry. 2011 Sep;16 (9) p. 938–948; doi:10.1038/mp.2010.81

298 Ahrens, P.: *Fall Pechstein: Ärzte schließen Doping aus.* In: Spiegel Online. 15. März 2010

299 Jackson, V.: *The decade-long humiliation of Caster Semanya.* Slate, Mai 2019; https://slate.com/technology/2019/05/caster-semenya-testosterone-gender-appeal-ruling.html

300 Linnér, R. K., Biroli P. et al.: *Genome-wide association analyses of risk tolerance and risky behaviors in over one million individuals identify hundreds of loci and shared genetic influences.* Nature Genetics, 14 January 2019; doi:10.1038/s41588-018-0309-3

301 Bollongino, R. et al.: *Modern taurine cattle descended from small number of Near-Eastern founders. Molecular Biology and Evolution* 29:9, p. 2101–2104, 14. März 2012; doi:10.1093/molbev/mss092

302 Geschichte der sächsischen Merino-Schafe; https://www.sachsen-lese.de/index.php?article_id=430

303 Doudna, J.A., Charpentier, E. et al.: *A Programmable Dual-RNA–Guided DNA Endonuclease in Adaptive Bacterial Immunity.* In: *Science.* Band 337, Nr. 6096, 17. August 2012, p. 816–821; doi:10.1126/science.1225829, PMID 22745249

304 European Academies Science Advisory Council zu CRISPR/Cas; https://easac.eu/fileadmin/PDF_s/reports_statements/Genome_Editing/EASAC_and_New_Plant_Breeding_Techniques_July_2018_final.pdf

305 Nationale Akademie der Wissenschaften Leopoldina zu CRISPR/Cas; https://www.leopoldina.org/publikationen/detailansicht/publication/chancen-und-grenzen-des-genome-editing-2015/

306 EUGH-Urteil; https://curia.europa.eu/juris/document/document.jsf?docid=204387

307 Freisetzungsrichtlinie; http://eur-lex.europa.eu/resource.html?uri=cellar:303dd4fa-07a8-4d20-86a8-0baaf0518d22.0002.02/DOC_1&format=PDF

308 Kritik am EUGH-Urteil zu CRISPR/Cas; https://www.spektrum.de/kolumne/der-lange-schatten-der-ideologien/1580714

309 Masello, J. F. et al.: *Additive Traits Lead to Feeding Advantage and Reproductive Isolation, Promoting Homoploid Hybrid Speciation.* Molecular Biology and Evolution, Volume 36, Issue 8, August 2019, p 1671–1685; doi:10.1093/molbev/msz090

310 Studer, A. et al.: *Identification of a functional transposon insertion in the maize domestication gene tb1.* Nature Genetics, 43, p.1160–1163 (2011); doi:10.1038/ng.942

311 Weltgesundheitsorganisation WHO (2003): *WHO Framework Convention on Tobacco Conrol;* https://www.who.int/fctc/text_download/en/

312 Schule, A.: *Das Design von Tabakabhängigkeit.* 2.Deutsche Konferenz für Tabakkontrolle, Deutsches Krebsforschungszentrum 2004; http://www.dkfz.de/de/tabakkontrolle/download/Deutsche_Konferenzen_fuer_Tabakkontrolle/2_Deutsche_Konferenz_fuer_Tabakkontrolle/Alexander_Schulze_04.pdf

313 Bodnar, A .(2010): Risk Assessment and Mitigation of AquAdvantage Salmon; https://aquabounty.com/wp-content/uploads/2014/02/Risk_Assessment_Mitigation_of_AAS-Oct2010.pdf

314 Food and Drug Administration (2015): *FDA Has Determined That the AquAdvantage Salmon is as Safe to Eat as Non-GE Salmon;* https://www.fda.gov/ForConsumers/ConsumerUpdates/ucm472487.htm

315 Center for Foord Safety (2020): Federal Court Declares Genetically Engineered Salmon Unlawful. https://www.centerforfoodsafety.org/press-releases/6186/federal-court-declares-genetically-engineered-salmon-unlawful

316 Sundström, L. F., Devlin, R. H.: *Increased intrinsic growth rate is advantageous even under ecologically stressful conditions in coho salmon (Oncorhynchus kisutch).* Evolutionary Ecology. 25 (2), 2010, p. 447–460; doi:10.1007/s10682-010-9406-1

317 Tunyasuvunakool, K. et al.: *Highly accurate protein structure prediction for the human proteome.* Nature 596, p. 590–596 (2021); doi:10.1038/s41586-021-03828-1

318 Tripathi, L., Tripathi, J., Kiggundu, A. et al.: *Field trial of Xanthomonas wilt disease-resistant bananas in East Africa.* Nat Biotechnol 32, p. 868–870 (2014); https://doi.org/10.1038/nbt.3007

319 Tripathi, J. N., Ntui, V. O., Ron, M. et al.: *CRISPR/Cas9 editing of endogenous banana streak virus in the B genome of Musa spp. overcomes a major challenge in banana breeding.* Commun Biol 2, 46 (2019); doi:10.1038/s42003-019-0288-7

320 Gemeinsame Stellungnahme europäischer Wissenschaftler zur Einstufung von CRISPR/Cas; https:/ givegenesachance.eu/

DIE ANGST VOR DER PANDEMIE

321 Strophe aus dem Text der Restaurationsstele Tutanchamuns; http://www.land-der-pharaonen.de/Literatur/Maechte/Restaurationsstele/body_restaurationsstele.html

322 Haeser, H.: *Historisch-pathologische Untersuchungen. Als Beiträge zur*

Geschichte der Volkskrankheiten. 1. Band. Verlag von Gerhard Fleischer, Dresden/Leipzig 1839, p. 107–108

323 Gerste, R.: *50 Millionen Europäer starben im Mittelalter an Pest.* Ärztezeitung 30.8.2004; https://www.aerztezeitung.de/Panorama/50-Millionen-Europaeer-starben-im-Mittelalter-an-Pest-324602.html

324 Dean, K. R, Schmid, B. V. et al.: *Human ectoparasites and the spread of plague in Europe during the Second Pandemic.* Proceedings of the National Academy of Sciences of the US, PNAS February 6, 2018 115 (6) p. 1304–1309; doi:10.1073/pnas.1715640115

325 Schmid, B. V., Büntgen, U. et al.: *Climate-driven introduction of the Black Death and successive plague reintroductions into Europe.* Proceedings of the National Academy of Sciences of the US, PNAS March 10, 2015 112 (10) p. 3020–3025; doi:10.1073/pnas.1412887112

326 Rascovan, N.; Sjögren, K. G. et al.: *Emergence and Spread of Basal Lineages of Yersinia pestis during the Neolithic Decline.* Cell Vol. 176, No.1-2, (2019) p. 295–305; doi:10.1016/j.cell.2018.11.005

327 *Bericht über die Schweißsucht vom J. 1529,* abgedruckt in Lisch, G. C. F.: *Die Schweißsucht in Meklenburg im Jahre 1529 und der fürstliche Leibarzt, Professor Dr. Rhembertus Giltzheim.* Jahrbücher des Vereins für Mecklenburgische Geschichte und Altertumskunde. Bd. 3 (1838), p. 60–83

328 Naumann, M.: *Handbuch der medicinischen Klinik Band 3.* August Rücker, Berlin 1831

329 Poe, E. A: *The Masque of the Red Death.* Graham's Magazine, Philadelphia 1842

330 Kopetzky, S.: *Monschau.* Rowohlt, Reinbek 2021

331 Roeck, B.: *Das historische Auge. Kunstwerke als Zeugen ihrer Zeit. Von der Renaissance zur Revolution.* Vandenhoeck & Ruprecht, Göttingen 2004

332 Abraham a Sancta Clara (1680): *Mercks Wienn;* http://www.zeno.org/Literatur/M/Abraham+a+Sancta+Clara/Satirischer+Traktat/Mercks+Wienn

333 Worobey, M. et al.: *Direct evidence of extensive diversity of HIV-1 in Kinshasa by 1960.* Nature. 455, Nr. 2008-10-02, 2008, p. 661–664

334 Gottlieb, M.: *Epidemiologic Notes and Reports: Pneumocystis Pneumonia–Los Angeles.* Morbidity and Mortality Weekly Report, 5. Juni 1981/30(21); p.1–3

335 Chigwedere, P., Seage, G., Gruskin S. et al.: *Estimating the Lost Benefits of Antiretroviral Drug Use in South Africa. In: J Acquir Immune Defic Syndr.* 2008 Oct 16. PMID 19186354

336 Valcheva, K. (2007): *Ich bin in der Hölle gewesen.* Knaur Verlag, 2007

337 Taubenberger, J. et al.: *Morens: 1918 Influenza, the Mother of All Pandemics.* Emerging Infectious Diseases. Band 12, Nr. 1, 2006, p. 15–22

338 Niall, P. A. et al.: *Updating the Accounts: Global Mortality of the 1918–1920 »Spanish« Influenza Pandemic.* Bulletin of the History of Medicine 76, 2002, p. 114

339 Worobey, M. et al.: *The origins of the great pandemic.* Evolution, Medicine, and Public Health. Jg. 2019, Ausgabe 1, p. 18–25

340 Markel, H. et al.: *Nonpharmaceutical Interventions Implemented by US Cities During the 1918–1919 Influenza Pandemic.* Journal of the American Medical Association (JAMA), Band 298, 2007, p. 644–654

341 Pantenius, W. H.: *Wilhelm Gotthilf Büchsel.* Stralsunder Hefte 9/2020, Kruse Verlag Stralsund

342 Taubenberger, J. el al.: *Characterization of the 1918 influenza polymerase gene.* Nature. Band 437, 2005, p. 889–893; doi:10.1038/nature04230

343 Rengeling, D. (2017): *Vom geduldigen Ausharren zur allumfassenden Prävention: Grippe-Pandemien im Spiegel von Wissenschaft,* Politik und Öffentlichkeit. Nomos-Verlag 2017

344 Moynahan, E. J.: *Radiation and Influenza mutation.* Lancet 269 (1957) p. 1354, doi:10.1016/S0140-6736(57)91872-X

345 Pirie, N. W.: *Radiation and Influenza mutation.* Lancet 269 (1957) p. 1246, doi:10.1016/S0140-6736(57)91816-0

346 o.A.: *Grippevirus durch Kernbombenversuche beeinflusst?* FAZ vom 15.6.1957, p. 17

347 Archivradio SWR2 mit Originalaufnahmen von 1957; https://www.swr.de/swr2/wissen/archivradio/asiatische-grippe-in-deutschland-1957-100.html

348 o.A.: *Eine Bonner Epidemie.* Die ZEIT vom 24.10.1957, p. 3

349 Witte, W.: *Die Grippepandemie 1968–1970: Strategien der Krisenbewältigung im getrennten Deutschland.* DMW – Deutsche Medizinische Wochenschrift 2011; 136(51/52): p. 2664–2668, doi:10.1055/s-0031-1292869

350 Buchholz, U.: *Todesfälle durch Influenzapandemien in Deutschland 1918 bis 2009.* Bundesgesundheitsblatt 2016; https://www.readcube.com/articles/10.1007/s00103-016-2324-9

351 Pressemitteilung des Robert Koch-Instituts vom September 2019; https://www.rki.de/DE/Content/Service/Presse/Pressemitteilungen/2019/10_2019.html

352 »Schweinegrippe« – die Pandemiegefahr wächst. DAZ 2009, Nr. 18, p. 19, 30.04.2009

353 Ahmed, S. S. et al.: *Antibodies to influenza nucleoprotein cross-react with human hypocretin receptor* 2. Science Translational Medicine 01 Jul 2015: Vol. 7, Issue 294, p. 294ra105; doi:10.1126/scitranslmed.aab2354

354 Doshi P.: *Pandemrix vaccine: why was the public not told of early warning signs?* BMJ 2018; p. 362 :k3948; doi:10.1136/bmj.k3948

355 Bloom, J. D., Chan, Y. A. et al.: *Investigate the origins of COVID-19.* Science 14 May 2021: Vol. 372, Issue 6543, p. 694; doi:10.1126/science.abj0016

356 Robert Koch-Institut (2021): *Virologische Basisdaten zu SARS-CoV-2;* https://www.rki.de/DE/Content/InfAZ/N/Neuartiges_Coronavirus/Virologische_Basisdaten.html

357 Iwasaki, A., Wong, P.: *Covid19 – Immunabwehr im Chaos.* Spektrum der Wissenschaft 3/2021, p. 44

358 Zeberg, H., Pääbo, S.: *The major genetic risk factor for severe COVID-19 is inherited from Neanderthals.* Nature, 30 September 2020. doi:10.1038/s41586-020-2818-3

359 Rieg, T.: *Desinfektionsjournalismus. Die Corona-Berichterstattung ist kein Leuchtturm der Orientierung.* In: Journalistik, 2, 2020, 3. Jg., p. 159–171; doi:10.1453/2569-152X-22020-10684-de; https://journalistik.online/ausgabe-2-2020/desinfektionsjournalismus/

360 Schultz, T.: *Ungerechte Medienkritik. Die Corona-Krise ist kein Beispiel*

für das Versagen, sondern für den Wert des Journalismus.
In: *Journalistik*, 2, 2020, 3. Jg., S. 172–178; doi:10.1453/2569-152X-
22020-10688-de

361 Franzkowiak, P. (2018): *Präventionsparadox;* https://leitbegriffe.bzga.de/
alphabetisches-verzeichnis/praeventionsparadox/
362 Gabriel, M.: *Angriff auf die Vernunft.* Die WELT, 23.4.2021
363 Post, S. et al. (2021): *Politische Kommunikation im Lockdown. Wie gut
fühlten sich die Bürger informiert?;* https://www.uni-goettingen.de/de/
document/download/db811b184f1d4d8bbfccc91916d20652.pdf/Politi-
sche%20Kommunikation%20im%20Lockdown.pdf
364 Interview mit Senja Post, Die WELT, 22.4.2021
365 Gräf, D., Hennig, M (2020): *Die Verengung der Welt. Zur medialen
Konstruktion Deutschlands unter Covid-19 anhand der Formate ARD
Extra, Die Coronalage und ZDF Spezial;* https://www.researchgate.net/
publication/343736403_Die_Verengung_der_Welt_Zur_medialen_Konstruk-
tion_Deutschlands_unter_Covid-19_anhand_der_Formate_ARD_Extra_-
Die_Coronalage_und_ZDF_Spezial
366 Jarren, O. (2020): *Das öffentlich-rechtliche Fernsehen in Zeiten von
Corona.* epd medien 13:3-6; doi:10.5167/uzh-186723; https://www.zora.
uzh.ch/id/eprint/186723/1/jarren_corona.pdf%20
367 Meyer, F. A. (2019): *Deutscher Journalismus wird herrschaftshörig;* https://
www.blick.ch/meinung/frank-a-meyer/frank-a-meyer-die-kolumne-im-bett-
id15353465.html
368 Kunstaktion Alles Dichtmachen; https://allesdichtmachen.de/
369 Richter, D. (2020 und 2021): *Das Corona-Ermächtigungsgesetz – ein
schlechtes Beispiel für Europa? Machtfülle des Bundesgesundheitsministers
und Entmachtung des Gesetzgebers durch das neue deutsche Infektionsschutzgesetz.* Blogbeitrag https://jean-monnet-saar.eu/?page_id=2498
370 Dowideit, A., Nabert, A.: *Wenn der Staatssekretär Wissenschaftler zu
»maximaler Kollaboration« aufruft.* WELT am Sonntag, 08.02.2021
371 Lauterbach, K. in der WELT am Sonntag vom 16.5.2021, S. 5
372 Gabriel, M.: *Das Präventionsparadox-Paradox.* Die WELT, 20.5.2021;
https://www.welt.de/kultur/plus231201333/Lockdown-Mythen-Das-Prae-
ventionsparadox-Paradox.html
373 Bodderas, E. (2021): *Ein Patient wird unter Umständen doppelt gezählt.*
Interview mit Reinhard Busse. Die WELT, 17. Juni 2021
374 Kubicki, W. in der WELT vom 16.12.2021, p. 5
375 Lampert, T. ; Kroll, L.: *Soziale Unterschiede in der Mortalität und
Lebenserwartung.* GBE 2/2014, Robert Koch-Institut
376 Sozio-ökonomisches Panel; https://www.diw.de/de/diw_01.c.412809.de/
presse/glossar/sozio_oekonomisches_panel_soep.html
377 Günther, T.; Huebener, M.: *Bildung und Lebenserwartung: Empirische
Befunde für Deutschland und Europa.* Deutsches Institut für Wirtschaftsforschung 2018; http://www.diw.de/publikationen//2018_0126/bildung_und_
lebenserwartung__empirische_befunde_fuer_deutschland_und_europa.html
378 Schleicher, A.: *Education at a Glance.* OECD 2020; https://www.oecd.org/
education/education-at-a-glance/

379 OECD/European Union. *Health at a Glance: Europe 2018: State of Health in the EU Cycle* (OECD Publishing, Hrsg.). OECD Publishing; https://www.oecd-ilibrary.org/content/publication/health_glance_eur-2018-en (Stand: 18.2.2020).

380 Rabe-Menssen, C. et al.: *Report Psychotherapie 2020*, DtPV

381 Pifarré, I. et al. (2021): *Years of life lost to COVID-19 in 81 countries.* Scientific Reports Max Planck Gesellschaft

DIE ANGST VOR DEM KLIMAWANDEL

382 Weimer, W. (2019): *Die erstaunlichen Geschäfte der Greta Thunberg-Lobby.* The European, 25.8.2019; https://www.theeuropean.de/wolfram-weimer/greta-und-die-geschafte-ihrer-hintermanner/

383 Ruddiman, W. F.: *The antropegenic greenhouse era began thousands of years ago.* Climatic Change Vol. 61, (2003) p. 261–293

384 Cheng Z., Weng C. et al.: *Anthropogenic modification of vegetated landscapes in southern China from 6,000 years ago.* Nature Geoscience 2018; doi:10.1038/s41561-018-0250-1

385 Vinther, B.; Buchardt, S. L. et al.: *Holocene thinning of the Greenland ice sheet.* Nature, Vol. 461, 17 September 2009; doi:10.1038/nature 08355 385 https://www.nature.com/articles/nature08355

386 Website des Nationalparks Wattenmeer; https://www.nationalpark-wattenmeer.de/

387 Website des World Wildlife Fund zum Thema Mangroven; https://www.wwf.de/themen-projekte/meere-kuesten/schutz-der-kuesten/mangroven

388 Rösener, W.: *Agrarwirtschaft, Agrarverfassung und ländliche Gesellschaft im Mittelalter.* De Gruyter Oldenbourg, München 1992

389 Abel, W.: *Agrarkrisen und Agrarkonjunktur. Eine Geschichte der Land- und Ernährungswirtschaft Mitteleuropas seit dem Hochmittelalter.* Paul Parey, Hamburg–Berlin 1962

390 Tandecki, J.: *Weinbau im mittelalterlichen Preußen.* Beiträge zur Geschichte Westpreußens, 12 (1991), p. 83–99

391 Koch, A., Brierley C. et al.: *Earth system impacts of the European arrival and Great Dying in the Americas after 1492.* Quaternary Science Reviews Vol. 207, (2019) p. 13–36; doi:10.1016/j.quascirev. 2018.12.004

392 Herschel, W.: *Observations tending to investigate the nature of the sun, in order to find the causes or symptoms of its variable emission of light and heat; with remarks on the use that may possibly be drawn from solar observations.* Philosophical Transactions of the Royal Society of London. Band 91, 1801, S. 265; doi:10.1098/rstl.1801.0015; https://royalsocietypublishing.org/doi/10.1098/rstl.1801.0015

393 Eddy, J.: *The Maunder Minimum.* Science. 192, Nr. 4245, Juni 1976, p. 1189–1202: doi:10.1126/science.192.4245.1189

394 Jörg, C.: *Teure, Hunger, Großes Sterben. Hungersnöte und Versorgungskrisen in den Städten des Reiches während des 15. Jahrhunderts.* Hiersemann, Stuttgart 2008

395 Camenisch, C. et al.: *The 1430s: a cold period of extraordinary internal climate variability during the early Spörer Minimum with social and economic impacts in north-western and central Europe.* Climate of the Past. 2016; doi:10.5194/cp-12-2107-2016

396 Kerr, R. A.: *Milankovitch Climate Cycles Through the Ages: Earth's orbital variations that bring on ice ages have been modulating climate for hundreds of millions of years.* Science. 235 (4792), 1987, p. 973–974; doi:10.1126/science.235.4792.973

397 Rampino, M., Caldeira, K., Zhu, Y.: *A pulse of the Earth: A 27.5-Myr underlying cycle in coordinated geological events over the last 260 Myr.* Geoscience Frontiers, Vol. 12, No. 6, 2021, 101245; doi:10.1016/j. gsf.2021.101245; https://www.sciencedirect.com/science/article/pii/S1674987121001092

398 Fowden. G: *The petrology of Tambora volcano, Indonesia: A model for the 1815 eruption.* Journal of Volcanology and Geothermal Research 27, Vol. 1–2, Januar 1986, p. 1–41

399 Nimmo, F. (2020): a.a.O., siehe Literaturhinweis 151

400 European Climate Change Service Copernicus (2021): *European State of the Climate Report* 2020; https://climate.copernicus.eu/esotc/2020

401 Lomborg, B.: *The Skeptical Environmentalist: Measuring the Real State of the World. Cambridge University Press 2001, dt. als Apocalypse No!: Wie sich die menschlichen Lebensgrundlagen wirklich entwickeln.* Klampen 2002

402 Rörsch, A., Frello, T. et al.: *On the opposition against the book The Skeptical Environmentalist by B. Lomborg.* Journal of Information Ethics. 14 (1), 2005, p. 16–28; doi:10.3172/JIE.14.1.16

403 Fog, K.: *The real nature of the opposition against B. Lomborg.* Journal of Information Ethics. 14 (2), 2005, p. 66–76; doi:10.3172/JIE.14.2.66

404 Alvarez, L. W., Alvarez, W. et al.: *Extraterrestrial cause for the Cretaceous-Tertiary extinction.* Science. 208 (4448), 1980, p. 1095–1108; doi:10.1126/science.208.4448.1095

405 Glišović, P.; Forte, A. M.: *On the deep-mantle origin of the Deccan Traps.* Science Vol. 355, Issue 6325, (2017) p. 613–616; doi:10.1126/science.aah4390

406 Kopp, J. E. et al.: *The Paleoproterozoic snowball Earth: A climate disaster triggered by the evolution of oxygenic photosynthesis.* Proceedings of the National Academy of Sciences of the US, PNAS. Vol. 102, Nr. 32, 2005, p. 11131–11136; doi:10.1073/pnas.0504878102

407 Grard, A. et al. (2005): *Basaltic volcanism and mass extinction at the Permo-Triassic boundary: Environmental impact and modeling of the global carbon cycle.* Earth and Planetary Science Letters 234 (2005), p. 207–221

408 Sol'e, R., Manrubia, S.: *Extinction and self-oranized criticality in a model of large-scale evolution.* Phys. Rev. B54(1) (1996) p. R42–R45

409 Henning, P. A.: *Computational Evolution.* In: Schredelseker K., Hauser, F. (Hrsg.): *Complexity and Artificial Markets.* Lecture Notes in Economic and Mathematical Systems 614, Springer 2008, p. 175–194

410 Stocker, T. F., Quin, D., Plattner G-K.: *Sea Level Changes: Scientific Understanding and Uncertainties*. In *Climate Change 2013: The Physical Science Basis*, Intergovernmental Panel on Climate Change 2013; https://www.ipcc.ch/site/assets/uploads/2018/03/WG1AR5_SummaryVolume_FINAL.pdf, 47-59

411 Website des Dutch Water Sector (2019): *Bangla Desh Delta Plan 2100*; https://www.dutchwatersector.com/news/bangladesh-delta-plan-2011

412 Daten über Bangladesch abgerufen von der Weltbank; https://data.worldbank.org/indicator/SP.DYN.TFRT.IN?locations=BD

413 Sen, A.: *Poverty and Famines. An Essay on Entitlement and Deprivation*. Clarendon Press, Oxford 1982

414 Website des BMZ; https://www.bmz.de/de/themen/klimaschutz/Landwirtschaft-und-Klima/index.html

415 Claussen, M., Brovkin, V., Ganopolski, A. et al.: *Climate Change in Northern Africa: The Past is Not the Future*. Climatic Change 57, p. 99–118 (2003); doi:10.1023/A:1022115604225

416 Brandt, M., Tucker, C. J., Kariryaa, A. et al.: *An unexpectedly large count of trees in the West African Sahara and Sahel*. Nature 587, p. 78–82 (2020); doi:10.1038/s41586-020-2824-5

417 Website der Tschadsee-Kommission; http://www.cblt.org/en/history-lake-chad-basin

418 Daten über Niger abgerufen von der Weltbank; https://data.worldbank.org/indicator/SP.DYN.TFRT.IN?locations=NE

419 Diekhans, A.: *Wenn das Wasser alles schluckt*. Deutschlandfunk, 26.1.2021; https://www.deutschlandfunkkultur.de/hochwasser-in-kenia-wenn-das-wasser-alles-schluckt.979.de.html?dram:article_id=491511

420 Moyo, D.: *Dead Aid. Why Aid is not working and how there is another way for Africa*. Penguin 2008. dt. als *Dead Aid. Warum Entwicklungshilfe nicht funktioniert und was Afrika besser machen kann*. Haffmans und Tolkemitt 2008

421 Relotius, C. et al.: *London, Paris und Polen sind untergegangen*. Der Spiegel, 30.11.2018; https://www.spiegel.de/politik/klimawandel-szenarien-london-paris-und-polen-sind-untergegangen-a-00000000-0002- 0001-0000-000161087440

422 Evers, M. (2018): *Warum Tuvalu nun doch nicht untergeht*. Der Spiegel, 23.2.2018; https://www.spiegel.de/spiegel/inselstaaten-wie-tuvalu-trotzen-dem-steigenden-meeresspiegel-a-1194295.html

423 Kench, P. S., Ford, M. R., Owen, S. D.: *Patterns of island change and persistence offer alternate adaptation pathways for atoll nations*. Nat Commun 9, 605 (2018); doi:10.1038/s41467-018-02954-1

424 Movono, L.: *Tuvalu PM refutes AUT research*. Fiji Times, 12.2.2018; https://www.fijitimes.com/tuvalu-pm-refutes-aut-research/

425 Daten über Kiribati abgerufen von der Weltbank; https://data.worldbank.org/indicator/SP.DYN.TFRT.IN?locations=KI

426 Nakada, S.; Yamano, H. et al.: *Evaluation of Aquifer Salinization in the Atoll Islands by Using Electrical Resistivity*. Journal of The Remote Sensing Society of Japan Vol. 30 No. 5 (2010) p. 317–330; doi:10.11440/rssj.30.317

427 Kench, P. S., Sengupta, M., Ford, M: *Shoreline changes in coral reef islands of the Federated States of Micronesia since the mid-20th century.* Geomorphology (2021) Vol. 377, 15 March 2021, p. 107584; doi:10.1016/j.geomorph.2020.107584

428 Ford, M.: *Shoreline changes on an urban atoll in the central Pacific Ocean: Majuro Atoll, Marshall Islands.* Journal of Coastal Research 28 (1), 2012, p. 11–22

429 Svoboda, E.: *Hilfe für Korallenriffe.* Spektrum der Wissenschaft, September 2021, p. 34

430 Borgudd, J.: *Reducing risk for erosion in Maldives Comparative case study of local people's and resort's adaptive capacity in Laamu atoll.* Dissertation, Lund University 2014

431 Food and Agriculture Organizations for the United Nations FAO (2015): *Global Forest Resources Assessment;* http://www.fao.org/forest-resources-assessment/past-assessments/fra-2015/en/

432 Schepaschenko, D., Moltchanova, E., Fedorov, S. et al.: *Russian forest sequesters substantially more carbon than previously reported.* Sci Rep 11, p.12825 (2021); https://doi.org/10.1038/s41598-021-92152-9

433 Warman, R.: *Global Wood Production from Natural Forests has Peaked.* Biodiversity and Conservation 23 No. 5 (2014) p.1063–1078; doi:10.1007/s10531-014-0633-6

434 Talkkari, A. (1998): *The development of forest resources and potential wood yield in Finland under changing climatic conditions.* Forest Ecology and Management 106 (1998) p. 97–106

435 Lloyd, A. H., Christopher, L.: *Spatial and Temporal Variability in the Growth and Climate Response of Treeline Trees in Alaska.* Climatic Change 52 (2002) p. 481–509

436 Barber, V. A., Juday G. P. et al.: *Reduced growth of Alaskan white spruce in the twentieth century from temperature-induced drought stress.* Nature 405 (2000) p. 668–673

437 Solomon, A. M.; Kirilenko, A. P.: *Climate change and terrestrial biomass: what if trees do not migrate?* Global Ecology and Biogeography Letters 6 (1997) p. 139–148

438 Haesen, S., Lembrechts, J. et al.: *ForestTemp – Sub-canopy microclimate temperatures of European forests.* Global Change Biology, 00 (2021) p. 1–13; doi:10.1111/gcb.15892

439 Website des European Flood Awareness System EFAS; https://www.efas.eu

440 Mathiesen, K.; von der Burchard, H.; Gehrke, L.: *Over 100 die in Germany, Belgium floods despite early warnings.* Politico, 15. Juli 2021; https://www.politico.eu/article/germany-floods-dozens-dead-despite-early-warnings/

441 Woollings, T., Barriopedro, D., Methven, J. et al.: *Blocking and its Response to Climate Change.* Curr Clim Change Rep 4, 287–300 (2018); doi:10.1007/s40641-018-0108-z

442 Krüger, J., Pilch Kedzierski, R. et al.: *Impact of North Atlantic SST and Jet Stream anomalies on European Heat Waves.* Weather Clim. Dynam. Discuss. 2020; doi:10.5194/wcd-2020-32

443 Smith, D. and the PAMIP: *Observationally constrained multi-model atmo-*

spheric response to future Arctic sea ice loss. EGU General Assembly 2021, online, 19–30 Apr 2021, EGU21-9633; doi:10.5194/egusphere-egu 21-9633

444 Seel, K. A.: *Dokumentation geschichtlich belegter Ahr-Hochwässer;* https://www.kreis-ahrweiler.de/kvar/VT/hjb1983/hjb1983.25.htm

445 Kreiswiki Ahrweiler: *Ahr-Hochwasser vom 21. Juli 1804;* https://www.aw-wiki.de/index.php/Ahr-Hochwasser_vom_21._Juli_1804

446 Mertens, A.: *Beiträge zur Morphographie und Siedlungskunde des Ahrgebiets, Ahrweiler 1910.* Zitiert nach Seel, K. A (Literaturhinweis 444)

447 Kreiswiki Ahrweiler: *Das Ahr-Hochwasser vom 13. Juni 1910;* https://www.aw-wiki.de/index.php/Hochwasser_vom_13._Juni_1910

448 Schäfer, A., Kunz, M., Daniell, J. et al.: *Hochwasser Mitteleuropa, Juli 2021 (Deutschland). Bericht Nr. 1 »Nordrhein-Westfalen & Rheinland-Pfalz«.* CEDIM Forensic Disaster Analysis (FDA) Group. KIT, 2021; doi:10.5445/IR/1000135730 https://www.cedim.kit.edu/download/FDA_HochwasserJuli2021_Bericht1.pdf

449 World Meteorological Organization WMO (2021): *Unified Data Policy Resolution;* https://public.wmo.int/en/our-mandate/what-we-do/observations/Unified-WMO-Data-Policy-Resolution

450 Becker, P., Becker, A. et al.: *Die Entwicklung von Starkniederschlägen in Deutschland. Plädoyer für eine differenzierte Betrachtung.* Deutscher Wetterdienst 2016; https://www.dwd.de/DE/leistungen/besondereereignisse/niederschlag/20160719_entwicklung_starkniederschlag_deutschland.pdf

451 Bildungspläne Baden-Württemberg; http://www.bildungsplaene-bw.de/,Lde/LS/BP2016BW/ALLG/GYM/GEO/IK/9-10/04/01

452 Spratt, S., Dunlop, I.: *Existential climate-related security risk: A scenario approach.* Breakthrough – National Centre for Climate Restoration 2019; https://docs.wixstatic.com/ugd/148cb0_a1406e0143ac4c469196d-3003bc1e687.pdf

453 Riahi, K., Grübler, A., Nakicenovic, N.: *Scenarios of Long-Term Socio-economic and Environmental Development Under Climate Stabilization,* Technogical Forecasting and Social Change 74 no. 7 (2007) 887–935. doi:10.1016/j.techfore.2006.05.026

454 FAO: *The Future of Food and Agriculture – Alternative Pathways to 2050,* (Rome, United Nations 2018); http://www.fao.org/global-perspectives-study/food-agriculure-projections-to-2050/en

455 Umweltbundesamt (2021): *Klimawirkungs- und Risikoanalyse;* https://www.umweltbundesamt.de/presse/pressemitteilungen/neue-analyse-zeigt-risiken-der-erderhitzung-fuer

456 Hausfather, Z., Peters, G. P.: *Emissions – the »business as usual« story is misleading.* Nature 577, 618-620 (2020); https://www.nature.com/articles/d41586-020-00177-3. doi:10.1038/d41586-020-00177-3

457 Shellenberger, M.: *Apocalypse Never. Why Environmental Alarmism Hurts us All.* HarperCollins, New York 2020

458 Murswiek, D.: *Ökonomisch und ökologisch unsinnig, verfassungsrechtlich falsch.* Die WELT, 19.8.2021; https://www.welt.de/wirtschaft/plus233215175/Klima-Urteil-Oekonomisch-und-oekologisch-unsinnig-verfassungsrechtlich-falsch.html

459 Hawking, S. in der BBC Reid Lecture vor der Oxford University Union am 15.11.2016, zitiert nach Holley, P. (2016): *Stephen Hawking just gave humanity a due date for finding another planet.* The Washington Post, 17.11.2016

460 Zollner, A.; Müller-Kroehling, S.; Kudernatsch, T.: *Wälder und ihre Biodiversität.* LWF aktuell, Mitteilungen der bayerischen Landesanstalt für Wald- und Forstwirtschaft 3/2019; https://www.lwf.bayern.de/biodiversitaet/biologische-vielfalt/222535

461 Connell, J.; Lowman, M. D.: *Low-Diversity Tropical Rain Forests: Some Possible Mechanisms for Their Existence.* The American Naturalist Vol. 134, No. 1 (Jul., 1989), p. 88–119; https://www.jstor.org/stable/2462277

462 Mann, C.: 1493: *Uncovering the New World Columbus Created.* Alfred A. Knopf, New York 2011; dt. als *Kolumbus' Erbe. Wie Menschen, Tiere, Pflanzen die Ozeane überquerten und die Welt von heute schufen.* Rowohlt, Reinbek 2013

463 Meadows, D., Meadows, D., Behrens, W.; Randers, J.: *The Limits to Growth. A Report for the Club of Rome's Project on the Predicament of Mankind.* New York 1972, dt. als *Die Grenzen des Wachstums.* dva informativ, Stuttgart 1973. Digitale Version unter http://www.dartmouth.edu/~library/digital/publishing/meadows/ltg/

464 Meadows, D., Meadows, D., Randers, J.: *Beyond the Limits.* Chelsea Green Publishing, New York 1992, dt. als *Die neuen Grenzen des Wachstums.* Dva, Stuttgart 1993

465 Henning, P. (2003): a.a.O., siehe Literaturhinweis 4

466 Krempel, S.: *EU-Stromnetz: Umspannanlage in Kroatien verursachte beinahe Blackout.* Heise online 21.6.2021; https://www.heise.de/news/EU-Stromnetz-Umspannanlage-in-Kroatien-verursachte-beinahe-Black-out-5037378.html

467 Elsberg, M.: *Blackout.* Blanvalet 2011

468 Biess, F. (2019): a.a.O., siehe Literaturhinweis 18

469 Pinker, S.: *Enlightenment Now: The Case for Reason, Science, Humanism and Progress.* Penguin Publishing Group 2019

470 Ein Internationaler Dollar ist eine von der Weltbank berechnete fiktive Währungseinheit, die globale Vergleiche der Kaufkraft ermöglicht. Er entspricht der Kaufkraft eines US-$ in den USA.

471 Fouquet, R., Pearson, P.: *The Long Run Demand for Lighting: Elasticities and Rebound Effects in Different Phases of Economic Development.* Economics of Energy and Enviromental Policies 1 No. 1 (2012) p. 83–100, doi:10.5547/2160-5890.1.18

472 Wolter, U.: *Trotz Corona wenig Angst vor Jobverlust.* Personalwirtschaft 18.1.2021; https://www.personalwirtschaft.de/der-job-hr/corona-special/artikel/mehrheit-der-deutschen-hat-trotz-corona-krise-keine-angst-vor-job-verlust.html

473 Spaethen, R: *Wirtschaft-Technik-Gewerkschaft.* Gewerkschaftstag der DAG München, 9.10.1957, Archiv der DAG

474 Röpke, W.: *Der Mensch im Zeitalter der Automation*. Das Neue Journal. Wissenswertes aus Politik, Wirtschaft und Kultur 7/26 (1958) 6

475 Tagesschau: *Kaum »German Angst« vor Automatisierung*. 28.4.2021; https://www.tagesschau.de/wirtschaft/technologie/technologie-deutsche-studie-jobverlust-101.html

476 Gerth, M.: *Der Bauboom treibt die Kosten – besonders in drei Bereichen*. Wirtschaftswoche vom 21. April 2021; https://www.wiwo.de/technologie/blick-hinter-die-zahlen/blick-hinter-die-zahlen-60-baukosten-der-bauboom-treibt-die-kosten-besonders-in-drei-bereichen/27091268.html

477 Voosen, P.: *Meet Vaclav Smil, the man who has quietly shaped how the world thinks about energy*. Science, 21 May 2018; https://www.sciencemag.org/news/2018/03/meet-vaclav-smil-man-who-has-quietly-shaped-how-world-thinks-about-energy

478 Weizsäcker, C. F.: *Wege in der Gefahr: Eine Studie über Wirtschaft, Gesellschaft und Kriegsverhütung*. Carl Hanser Verlag, München 1976

479 Eppler, E.: *Wege aus der Gefahr*. Rowohlt, Reinbek 1981

480 Kaczynski, T. J. (2019): a.a.O., siehe Literaturhinweis 85